16	3	2	13
5	10	11	8
9	6	7	12
4	15	14	1

Carlos Guilherme Mota

IDEOLOGIA DA CULTURA BRASILEIRA
(1933-1974)
Pontos de partida para uma revisão histórica

Prefácio de Alfredo Bosi

editora 34

EDITORA 34

Editora 34 Ltda.
Rua Hungria, 592 Jardim Europa CEP 01455-000
São Paulo - SP Brasil Tel/Fax (11) 3811-6777 www.editora34.com.br

Copyright © Editora 34 Ltda., 2008
Ideologia da cultura brasileira (1933-1974) © Carlos Guilherme Mota, 1977/2008

A FOTOCÓPIA DE QUALQUER FOLHA DESTE LIVRO É ILEGAL E CONFIGURA UMA
APROPRIAÇÃO INDEVIDA DOS DIREITOS INTELECTUAIS E PATRIMONIAIS DO AUTOR.

Edição conforme o Acordo Ortográfico da Língua Portuguesa.

Capa, projeto gráfico e editoração eletrônica:
Bracher & Malta Produção Gráfica

Revisão:
Daniel Bonomo
Fabrício Corsaletti
Sérgio Molina

1ª Edição - 1977, 2ª Edição - 1977 (10 Reimpressões) (Editora Ática, São Paulo),
3ª Edição - 2008, 4ª Edição - 2014

CIP - Brasil. Catalogação-na-Fonte
(Sindicato Nacional dos Editores de Livros, RJ, Brasil)

Mota, Carlos Guilherme
M871i   Ideologia da cultura brasileira (1933-1974):
pontos de partida para uma revisão histórica /
Carlos Guilherme Mota; prefácio de Alfredo Bosi —
São Paulo: Editora 34, 2014 (4ª Edição).
424 p.

ISBN 978-85-7326-405-0

1. Brasil - Vida intelectual. 2. Cultura -
Brasil. 3. Brasil - História moderna e contemporânea.
4. Sociologia da cultura. 5. Ciência política -
Ideologias. I. Bosi, Alfredo. II. Título.

CDD - 301.981

IDEOLOGIA DA CULTURA BRASILEIRA
(1933-1974)
Pontos de partida para uma revisão histórica

Apresentação a esta edição 7

Prefácio, *Alfredo Bosi* 35

Introdução 59
   A) Uma história da cultura brasileira? 59
   B) Por uma periodização da produção cultural
       nos últimos quarenta anos 63
       1. Marcos na historiografia geral do Brasil 63
       2. Quadro referencial para uma análise da produção cultural 88

1. Cristalização de uma ideologia: a "cultura brasileira" 93
   A) Segundo Gilberto Freyre 93
   B) Segundo Fernando de Azevedo 113

2. O "quinto ato conclusivo": *Testamento de uma geração* (1944) 123
   A) Matrizes ideológicas 123
   B) Mário de Andrade: consciência-limite? 143

3. Raízes do pensamento radical 149
   A) *Plataforma da nova geração* (1945) 149
       1. Uma geração política: Edgar da Mata-Machado 151
       2. O desaparecimento do "Brasil formal": Paulo Emílio 156
       3. Antonio Candido e o combate
           às formas de pensamento reacionário 164
       4. Mário Schenberg e o progressismo historicista 171
   B) O I Congresso Brasileiro de Escritores (São Paulo, 1945) 175

4. Nacionalismo, desenvolvimentismo, radicalismo:
   novas linhas da produção cultural 193
   A) Tendências e problemas 193
   B) A ideologia sem aspas: Hélio Jaguaribe 196
   C) O "ser" da cultura dependente: Roland Corbisier 203
   D) Contra o nacionalismo deformante: Antonio Candido 212
   E) Razões da frustração do aparecimento
       da "cultura brasileira": Raymundo Faoro 217

F) Uma trajetória radical: Florestan Fernandes 220
    1. Florestan e Antonio Candido: dois estilos 221
    2. Perfil, obras e ideias de Florestan 224

5. A época de revisões radicais e aberturas teóricas (1965-1969) 243
    A) A *Revista Civilização Brasileira* (1965-1968):
       história de uma radicalização... 245
       1. O conceito de *cultura popular* 249
       2. Paulo Freire e seu método 253
       3. O processo de radicalização da *RCB* 257
       4. Luiz Izrael Febrot: impasses e soluções.................................. 264
    B) Ferreira Gullar: *Vanguarda e subdesenvolvimento* 270
    C) Dante Moreira Leite e a "superação" das ideologias:
       diálogo com um intérprete... 280
    D) Vanguarda e conformismo, segundo Roberto Schwarz 285
    E) Antonio Candido: da literatura e da consciência nacional.
       Análise de uma proposta
       para uma história da cultura no Brasil 289

6. Impasses da dependência cultural (1969-1974) 299
    1. Situação da produção cultural brasileira 300
    2. A reflexão científica e universitária... 309
    3. Cultura Brasileira ou Ideologia da Cultura Brasileira?
       Para uma História da Cultura no Brasil 315
    4. Fechando o circuito 322

Conclusões 325

Posfácio (1977) 333
Caderno fotográfico 337
Bibliografia... 401
Opiniões sobre a obra 409
Índice onomástico 413

Apresentação a esta edição

Carlos Guilherme Mota

> "Imagino o seu susto, leitor, lendo isto. Não tenho tempo para explicar: estude, si quiser. O nosso primitivismo representa uma nova fase construtiva. A nós compete squematizar, metodizar as lições do passado..."
>
> MÁRIO DE ANDRADE, "Prefácio interessantíssimo", *Pauliceia desvairada*, 1922

Após duas edições e mais de uma dezena de reimpressões, *Ideologia da cultura brasileira (1933-1974)* é republicado, agora em casa nova e roupagem diferente.

O livro de 1977 quase não foi alterado em sua feitura original, até porque a revisão do texto foi-me então generosamente oferecida pelo saudoso amigo José Paulo Paes, ensaísta, poeta e tradutor.

O que mudou nesta edição? Quase nada. Nela, modificamos um pouco a documentação fotográfica, introduzindo alguns personagens e ideias, nem todos diretamente presentes no livro, muito embora tenham inspirado o autor em diferentes momentos de sua caminhada.

Vale recordar que, no clima ditatorial de então, o caderno fotográfico causou celeuma no meio acadêmico por inusual, inovador, provocativo e, para os mais conspícuos, demasiado "jornalístico", nada "sério". Pois acadêmicos e jornalistas discriminavam-se reciprocamente, inscrevendo mais esse preconceito no extenso e variadíssimo rol que marca a chamada "Cultura Brasileira". Em outros países, cultos, tais especializações profissionais não causam constrangimento.

Tal caderno, sintonizado com o espírito do livro, foi produzido em 1976 num só embalo com meu então editor Granville Ponce, em longa jornada dentro da noite da última ditadura. Carregava uma forte preocupação didático-política e se voltava mais aos jovens leitores de então, sobretudo aos pós-graduandos do Departamento de História da Faculdade de Filosofia da USP, muitos deles não sabendo localizar, por exemplo, o significado, os limites e as implicações da teoria marxista aplicada ao Brasil pelos historiadores Caio Prado Jr. (exilado naqueles anos) e, a seu modo, Nelson Werneck Sodré.

Outros perguntando em salas de aula se o economista Celso Furtado ainda vivia ou se Florestan Fernandes também fora desterrado, e assim por diante. Corações e mentes deambulavam em Paris, no Quartier Latin...

A desinformação geral era marcante: o poeta e crítico Ferreira Gullar, exilado no Uruguai, não passava de personagem exótico e distante, pouquíssimo lido pelos universitários paulistas. O quase "desconhecido" Raymundo Faoro ainda não tinha sido eleito presidente da OAB e o singelo método de alfabetização de Paulo Freire, embora despertasse as iras da ditadura e da pedagogia oficial, tornara-se conhecido — apenas superficialmente, diga-se — pelas esquerdas docentes e setores progressistas da Igreja católica. No mais, vivíamos no mundo das trevas, sombras, medo e — pior de tudo — mediocridade e desinformação.

Pois, de Norte a Sul do país, predominava a face mais festejada da "Cultura Brasileira", a oficial, alimentada pelo regime militar e seus apaniguados civis, ornamentada com as ideias de Gilberto Freyre, satisfeito da vida em sua varanda de Apipucos. Saboreando a adoção pelo regime ditatorial de seu pitoresco discurso luso-tropicalista, suas teses harmoniosas sobre a "democracia racial" sustentavam o sistema pedagógico-cultural e político que servia bem ao projeto do "Brasil potência emergente", com a insuportável ideologia da (mal-conceituada) cordialidade e do jeitinho, tudo justificando o sucesso do "milagre econômico" brasileiro, cujos resultados podem, hoje como ontem, ser encontrados nos presídios lotados, na violência urbana e rural, na ascensão de uma burguesia grosseira e mal-educada ao poder econômico-financeiro, político e educacional deste país. Mais precisamente, de uma lúmpen-burguesia e um lúmpen-proletariado que hoje encontram seu lugar ao sol, sem projeto histórico-social denso e moderno. E justificados pelo sucesso do tal "milagre", o brutal aperto da censura, a institucionalização da tortura, dos "esquadrões da morte", dos "justiceiros", o desaparecimento de cidadãos e o aplastamento da inteligência crítica.

Muitas dessas marcas deixadas pela última ditadura remanescem, firmando-se na mentalidade coletiva e no modo pelo qual a problemática social e cultural é encarada até hoje. Ou seja, apesar de inúmeras manifestações de indignação, uma incipiente e acuada sociedade civil vê agora suas lideranças deprimidas em face da mediocridade com que se implementam "reformas" no país, ao longo dos governos FHC e Lula, dois protagonistas importantes da história do Brasil e que constituíam o que de melhor existia nos horizontes políticos, intelectuais e sociais neste país na virada da década de 70.

Nos primeiros anos daquela década tenebrosa, vencidas as vanguardas da luta armada, com mortes e numerosos desaparecidos, além de exilados, humilhados e escorraçados, a universidade e a imprensa amordaçadas ou domesticadas, vivia-se o pesado clima do "ame-o ou deixe-o" neste país que embarcara no *American way of life* ao longo da Guerra Fria, sob os olhares amigos dos generais Eisenhower, Vernon Walters e seus correspondentes nativos.

* * *

Impressiona ao autor destas linhas o fato de que, nos dias atuais, em que há facilidade de acesso a tanta informação, até mesmo jovens universitários mais alertas, obcecados com o "resgate histórico" (expressão equivocada e pretensiosa) de vários temas e problemas de nosso passado e das mentalidades coletivas, não tenham ainda ideia muito clara daqueles negros anos de barbárie, exclusão e assustador silenciamento, nem do clima sufocante, mediocrizante em que vivíamos. E que, de resto, continuamos a viver, sob outras formas menos asfixiantes. Tempos ainda tão próximos de nós. Desmemórias...

Todavia, não é de espantar que a tais processos de desmemoriação histórica correspondam os de desmobilização social e despolitização nacional. Processos que continuam a plasmar a bendita "Ideologia da Cultura Brasileira". Tal ideologia permanece praticamente inalterada, quase imóvel e congelada, reconstruindo-se e se realimentando a cada dia, aprofundando suas raízes pela ação compacta da cultura do marketing nesta sociedade do espetáculo. Pois remanescem todas as perversões da "Cultura Brasileira" e da entranhada visão estamental de cultura diagnosticada por Lourival Gomes Machado, Faoro, Florestan, Carlos Nelson Coutinho, Leandro Konder, o vigilante e cuidoso Fábio Magalhães, Wanderley Guilherme, Luiz Werneck Vianna e tantos outros críticos da cultura.

Mas, enfim, sobrevivemos. De Gilberto Freyre a Gilberto Gil, o Brasil mudou um pouco, embora não exatamente na direção que esperávamos nós, sintonizados com as frágeis constelações mais progressistas de nossa *intelligentsia* política, universitária, jornalística, científica e religiosa.

Que cada leitor faça seu exercício, lembrando-se de nomes em todos os campos de atividade, que hoje fazem tanta falta, de esquerdistas de calibre ou mesmo de liberais densos e bem formados. A lista é longa. Cabe relembrar: havia, atuante, uma liderança viva no jornalismo, na ciência, na crítica da cultura, no magistério, nas TVs, na historiografia e nas ciências humanas (aí incluídas as Ciências Políticas e Sociais, o Direito, a Psicologia e até a Economia), na Igreja progressista e na Teologia da Libertação, e em vários nichos de direção universitária espalhados pelo país, direção hoje mediocrizada e burocratizada, sem *virtù* nem utopia. Agora, os olhares de esperança se deslocam para atores jovens da nova sociedade civil, que atuam em salas de aula, na mídia, nas promotorias públicas, na magistratura, nos laboratórios de pesquisa e também no campo.

Não caminhamos no sentido de uma República presidida por uma efetiva e eficiente justiça social, pela universalização da educação e da saúde, da alimentação e da habitação, pelo combate desassombrado à impunidade, com a universidade à frente do processo histórico, iluminando o presente e indicando as trilhas para o futuro, como queriam Anísio Teixeira, Florestan, Darcy Ribeiro, Paulo Freire (intelectuais sempre citados porém quase nunca seguidos) e muitos, inúmeros outros mestres e escritores. E também ensaiaram uns poucos administradores universitários, como o ilustrado Edgard Santos, da Bahia — cuja ação foi magnificamente estudada por Antonio Risério em seu livro *Avant-garde na Bahia*[1] —, reitor-médico que, auxiliado pela arquiteta Lina Bo Bardi, o maestro Koellreutter e tantos outros, polarizou o clima intelectual em que despontariam Emanoel Araújo, Gil, Caetano, Glauber Rocha. Esse é o ponto: tais mestres, reitores, estudiosos, pesquisadores, professores e artistas ajudaram a criar um clima intelectual inspirador, sem o qual, nada feito... Não é disso que sentimos falta, nos dias que fluem, perdidos que estamos em meio a *coffee-breaks*, *power-points*, *pen-drives* e *workshops*, sem *follow-up* nem *background* histórico-cultural?

Sonhava-se então com a instauração de uma nova ordem republicana, baseada nos poderes públicos democratizados e na transparência na gestão do bem comum, ordem a ser implantada *pari passu* com a desmontagem desse poderoso modelo autocrático-burguês disfarçado de pseudodemocracia liberal ainda vigente. E que trouxesse no bojo uma profunda revolução cultural e de mentalidades, o que não ocorreu. Muito ao contrário, pois, em vários Estados da abalada Federação, ao clientelismo das oligarquias sucedeu o nepotismo desbragado...

Perdura, inabalado, o tal modelo autocrático-burguês, disfarçado por medidas de cunho, por assim dizer, popular. Modelo com estrutura firme e solidamente implantada, a desafiar a imaginação histórico-sociológica e política daqueles que ainda procuram cultivar algum pensamento utópico.[2]

---

[1] São Paulo, Instituto Lina Bo e P. M. Bardi, 1995.

[2] Tal conceito de *modelo autocrático-burguês* (que não se confunde com o modelo democrático-burguês, adotado em várias repúblicas contemporâneas, como as da União Europeia ou a dos Estados Unidos) foi elaborado por Florestan Fernandes em 1975, em seu clássico *A revolução burguesa no Brasil: ensaio de interpretação sociológica* (Rio de Janeiro,

Pois, na verdade, o que aí está não passa de uma democracia *neoliberal* — custei a admitir esse conceito, que não é preciso, mas sinaliza alguma coisa de errada neste vice-reino tropical — altamente centralizada, com leves toques socializantes, populistas e grosseiramente assistencialistas. O que, diga-se, não podíamos imaginar, nem muito menos admitir, em 1975, quando, ainda nas primeiras horas da distensão do regime, já se vislumbrava um futuro melhor para o país, socializante ou pelo menos liberal-democrático decente. Não esperávamos que, passados mais de trinta anos, viéssemos a desembarcar em uma "república de aspones" pendurados no Estado, com a complacência do Planalto, alimentados por alguns bancos e vários intermediários da lúmpen-burguesia.

"Faltam-nos Robespierres", observara Faoro no início dos anos 90 ao então senador Severo Gomes e ao jornalista Mino Carta. E sem esse tipo de pessoas não se fazem revoluções, nem sequer reformas para valer. Sim, Faoro evocava Maximilien Robespierre, que, às vésperas de seu guilhotinamento, afirmara à Convenção Nacional, em 21 de dezembro de 1792:

> "Nenhum homem tem o direito de açambarcar as porções de trigo [dando] as costas a seu semelhante que morre de fome. O primeiro dos direitos é o de existir."[3]

Valendo lembrar ainda que, passados muitos anos da execução desse jacobino incorruptível, entre seus discursos famosos permanece latejante o datado de 26 de julho de 1794:

> "Sou talhado para combater o crime, não para governá-lo."[4]

Zahar, 1975), procurando responder à questão: existe ou não uma "revolução burguesa" no Brasil? Há uma nova edição (a 5ª) da Editora Globo, de 2006, com prefácio de José de Souza Martins, que não inclui o importante prefácio da 2ª edição da Zahar, de 1976. Ver também o estudo de Gabriel Cohn, "*A revolução burguesa no Brasil*", em Lourenço Dantas Mota (org.), *Introdução ao Brasil: um banquete no trópico*, São Paulo, Senac-SP, 1999.

[3] "Nul homme n'a le droit d'ammasser des morceaux de blé à côté de son semblable, qui se meurt de faim. Le premier des droits c'est celui d'exister", citado em Amable Guillaume P. Brugière de Barante, *Histoire de la Convention Nationale*, t. 2 (Paris: Furne/Langlois & Leclerc, 1852), p. 381. O discurso de Robespierre cujo trecho foi citado dirige-se contra os "*accapareurs*" (monopolistas, especuladores).

[4] "Je suis fait pour combattre le crime, non pour le governer", citado em Augustin Chalamel, *Histoire-musée de la République Française, depuis l'Assemblée des notables jusqu'a l'Empire*, t. 2 (3ª ed., Paris, Gustave Havard, 1858), p. 56. E Robespierre continua: "Le temps n'est point arrivé où les hommes de bien peuvent servir impunément la patrie. Les

O contexto de 1975 e o livro de 1977

Voltando à história deste livro. A tese universitária iracunda de 1975 logo se transformou em um *livro do contra*, como o definiu o professor Antonio Candido.[5] Livro que, publicado em 1977, evocava fotograficamente a memória do professor e jornalista Vladimir Herzog, assassinado pela ditadura. Personalidade que fora incluída não por acaso no caderno fotográfico, pois em sua mesa na redação da revista *Visão*, à rua Sete de Abril, em São Paulo, ele deixara os originais desta tese de Livre-Docência pouco acadêmica, defendida em junho daquele ano tenebroso de 1975. Ensaio sobre o qual ele estava redigindo uma de suas belas matérias, dentro do melhor jornalismo cultural que aprendera a fazer, aqui e em Londres.

Intitulada *Ideologia da cultura brasileira (1933-1974): pontos de partida para uma revisão histórica*, a tese foi discutida publicamente, em sessão muito concorrida, no isolamento campestre a que fora relegada a Cidade Universitária no Butantã. Pois bem, vítima do sistema ideológico-cultural e militar, Vlado não teve tempo de escrever a resenha crítica sobre a tese para a revista; em contrapartida, pude eu tristemente homenageá-lo alguns meses depois, inserindo no "livro do contra" uma bela foto sua em Nova York (não em Moscou, Cuba, ou Pequim, como se imaginava no DOI-CODI da rua Tutoia), ao lado de Clarice.[6]

Pude também evocar ao final, fotograficamente, ardendo em chamas, nossa velha Faculdade de Filosofia, *Ciências* e Letras, a *ínclita escola* da rua Maria Antonia, em que estudei, aprendi a pensar e a cultivar a interdisciplinaridade. Foi aí e então, naqueles inícios dos anos 60, que eu compreendi toda a complexidade, a beleza e o papel das Ciências Humanas, dos Estudos Históricos, da Crítica da Cultura e a importância da fraternidade laica. A tal *fraternité* das Revoluções Francesas de 1789, 1793 e de 1848 (a palavra só foi aplicada de fato pelos revolucionários *quarant-huitards*). Em nossa escola consegui sistematizar um pouco o que já havia observado em nossos

---

defenseurs de la liberté ne seront que proscrits tant que la horde des fripons dominera", isto é, "Ainda não chegou o tempo em que os homens de bem possam servir impunemente à pátria. Os defensores da liberdade não passarão de proscritos enquanto dominar a horda de velhacos". Documento deveras importante para o "leitor sem medo" meditar sobre a história do Brasil contemporâneo.

[5] Antonio Candido, "O tempo do contra" (1978), em *Textos de intervenção*, organização de Vinicius Dantas, São Paulo, Duas Cidades/Editora 34, 2002, pp. 369-79.

[6] Cf. o livro de Paulo Markun, *Meu querido Vlado* (Rio de Janeiro, Objetiva, 2005), e o filme de João Batista de Andrade, *Vlado, 30 anos depois* (também de 2005).

professores do Colégio Estadual Presidente Roosevelt (rua São Joaquim), João Vilalobos sobretudo, mas também nas aulas de Deusdá Magalhães Mota, meu pai, e em seguida com Sérgio Milliet, de quem fui modesto auxiliar na Biblioteca Municipal Mário de Andrade, à altura de sua aposentadoria como diretor, em 1959. Milliet lembrava-me a figura de meu avô, Máximo de Moura Santos, educador e companheiro de Sud Mennucci. Professores do segundo grau ou universitários, ensaístas ou boêmios, eram todos intelectuais "da pesada", grandes *leitores* de História, Filosofia, Sociologia, da Literatura e do Teatro.

Já na ditadura, no contexto de resistência político-cultural de meados dos anos 70, urgia "recomeçar, recomeçar como canções e epidemias...", verso com que Aldir Blanc e João Bosco sinalizavam o sentido da luta a ser travada naqueles duros e tristes tempos, em sua música "Caça à raposa".

O *livro do contra* continua devendo a muitos. A Paulo da Silveira, a Heloisa Fernandes, Janice Theodoro, Gabriel e Amélia Cohn, aos saudosos Francisco Iglésias, Michel Debrun, Octavio Ianni e José Paulo Paes. E ainda a Granville Ponce, então na Editora Ática, e a Pedro Paulo Poppovic, que, cúmplice, facilitou-me generosamente fotos da Editora Abril. No primeiro semestre de 1975, na batalha para a desmontagem de uma banca examinadora da direita articulada na Congregação de nossa Faculdade, foi decisiva a atuação de meus colegas e amigos Alfredo Bosi, Maria Sylvia de Carvalho Franco, Aziz Simão, Marilena Chaui, Walnice Galvão, Aziz Ab'Sáber e do saudoso diretor Eurípedes Simões de Paula, além de outros colegas. Desmontada a banca ardilosamente preparada pela direita, que dificilmente aceitaria as ideias contidas na tese, esses colegas também articularam a eleição dos novos membros externos da tal banca examinadora, intelectuais de relevo: o jurista Raymundo Faoro (a quem essa mesma direita da Faculdade rejeitava, cobrando-lhe o título de "notório saber", pois não era doutor...), o hipercrítico *normalien* Michel Debrun e o grande mestre pernambucano Manuel Correia de Andrade, todos infelizmente desaparecidos há poucos anos.

As arguições públicas efetuadas por esses críticos, ao longo de quatro dias, marcaram época em nosso meio, para enorme alegria e algum "sofrimento" do candidato. Como me advertiu com peculiar *sense of humour* o jurista gaúcho — que eu não conhecia pessoalmente e se tornaria um de meus melhores amigos — no primeiro dia de exame:

> "Viemos aqui para 'churrasqueá-lo', Dr. Mota. Mas fique tranquilo. Como eu disse ao Manuel Correia no hotel: uma tese dessas eu esperava que surgisse só daqui a dez anos..."

Apresentação a esta edição

Ao Alfredo Bosi, uma palavra especial. Além do apoio decisivo que ofereceu em minuto de temor e vacilação ("seja fiel a este seu momento", disse-me em março de 1985 no bar da Faculdade), devo o belíssimo e generoso prefácio, mantido nesta nova edição, com sua aprovação. Longo prefácio, em que o historiador e crítico da literatura desenhou um painel denso da questão da cultura no Brasil no século XX e ao mesmo tempo, antecipadamente, aparou eventuais críticas ou retaliações, que aliás vieram com vigor inusitado das searas gilbertianas, da direita empedernida e da velha esquerda "marxista" dogmática.

Sim, também da esquerda dogmática stalinista que, tardiamente, se reviu bastante em suas posições pré-megalíticas, *hélas*. Há poucos anos, um ex-militante carioca daquele estranho e tosco marxismo, já *aggiornato*, revelou-me, sorrindo, o ódio profundo que sentira por este "professorzinho reacionário da USP". Atualizou-se, felizmente, após ouvir o professor Florestan, cassado, que lhe narrou nossa resistência no Butantã e em outros fóruns. Não fazia ele a mínima ideia — confessou — de o quanto gramávamos em São Paulo, nós que não fôramos cassados e continuávamos firmes em salas de aula, ensinando Dobb, Hobsbawm, Soboul, Godechot, Hauser, Weber, Huizinga, Magalhães Godinho, Heckscher, participando de assembleias com alunos radicalizados à esquerda, e de outros atos públicos em que corríamos algum risco; e, por outro lado, enfrentando as direitas empedernidas encasteladas na USP, PUC, Unesp, Unicamp, na Escola de Sociologia e Política (praticamente destruída), ativas também em inúmeras outras escolas. Na Faculdade de Filosofia da USP, a direita barrava nossos movimentos, impedindo a contratação de novos talentos, denunciando-nos reiteradamente aos "agentes da ordem", cujas iras eram aplacadas por nosso diretor da Faculdade, Eurípedes Simões de Paula, ex-oficial da FEB e um dos criadores de nossa escola... Pior: dávamos aula sabendo que em nossas salas havia agentes infiltrados, em geral de baixíssimo nível, outros industriados por nossos colegas da direita universitária uspiana, como hoje pode ser constatado em documentação das forças da repressão existentes nos arquivos. Alguns desses colegas, afoita e indignamente, logo assumiram os postos dos colegas cassados, por meio de concursos de fancaria. Seus nomes são conhecidos, alguns inscritos no *Livro negro da USP* — os três principais responsáveis pelas aposentadorias foram, além dos militares, os professores Moacyr do Amaral Santos (da Faculdade de Direito), Jerônimo Campos Freire (da Medicina) e Theodureto Souto (da Politécnica) —, mas ainda falta contar toda essa história, incluindo bastidores e a atuação ambígua de muitos professores, alguns dos quais ainda rastejam furtivamente pelo campus.

Contra a maré, continuávamos a tocar nossos cursos, inclusive de pós-graduação iniciados em 1974, acolhendo muitos jovens colegas brilhantes de outros Estados e cidades que vinham a São Paulo — de ônibus, noite adentro — em busca de um título acadêmico necessário em suas faculdades e carreiras. Aproveitavam para dar um respiro em suas vidas aflitas nas respectivas províncias; vários deles viriam a escrever livros importantes sobre temas fundamentais de nossa história e sobre a própria esquerda brasileira. Em nossas salas de aula (mas de olho na porta), com tais alunos/colegas debatíamos livremente temas e problemas da atualidade e sonhávamos com um tempo melhor, sem fascistas iracundos, sem intelectuais liberais "de meia-confecção", nem os "aloprados" de hoje. Vários grandes autores nos inspiravam e iluminavam nosso caminho, além dos citados acima: Gramsci, Florestan, Furtado, Antonio Candido, Faoro, Stavenhagen, Pablo González Casanova, Mariátegui e Manuel Correia de Andrade, para ficarmos em uns poucos nomes de estudiosos empenhados. Mas também, ainda jovens professores, discutíamos e aprendíamos com os alunos — Fernando Novais, eu, István Jancsó, Emília Viotti, Barradas de Carvalho, o pernambucano Reynaldo Xavier Pessoa e os mais novos, como Ana Maria Camargo e Maria Helena Capelato — as obras de Antonil, Fernand Braudel, Jacob Burckhardt, Antonio José Saraiva, Caio Prado, Celso Furtado, Luzzatto. Tempos de crítica viva, valendo notar que nem todos os autores por nós cultivados — alguns desde o colégio estadual — eram marxistas...

Como se vê, este livro inscreve-se na história de resistência político-cultural, intelectual e universitária, a ser escrita, na qual vários colegas e as associações de docentes por certo ocuparão um lugar de enorme relevo. Minha comovida homenagem, pois, a todos aqueles combatentes — raramente militantes em algum partido — que resistiram à barbárie nas noites frias do Butantã, nas tardes quentes e esfalfantes de Barão Geraldo (Campinas), na PUC da rua Monte Alegre, nas profundezas de Ribeirão Preto, Araraquara, Assis, Presidente Prudente, Porto Alegre, Recife, Natal, no Fundão no Rio de Janeiro e em inúmeros e vigiados *campi* e escolas espalhados pelo país. E nas brechas e fugas, encontravam-se no Redondo, na Biblioteca Mário de Andrade, no Paribar, na "universidade" Riviera, no Gato que Ri, na pizzaria Paulino, no Bar do Zé da rua Maria Antonia, no antigo Gigetto, no Ferro's (onde conheci, com Gigi, Ulysses e Heleny Guariba, o luminoso Paulinho da Viola, em início de carreira, e o pessoal da Rosas de Ouro). Lugares históricos em que sempre topávamos, às vezes conduzidos por Heleny — já engolfada pelo teatro —, com Gianfrancesco Guarnieri, Renato Consorte, Paulo José, Dina Sfat, Pereio, Raul Cortez, Oswaldo Mendes e todo o pessoal do Arena e do Oficina, com Zé Celso, Renato Borghi e Ítala Nandi à frente, além de nossos colegas Bento Prado Jr., Célia Quirino, José Chico, Claudio Vouga, Roberto Salinas, Walnice Galvão, Eduardo Kugelmas, Elena Andreoli, as irmãs Campello, Gabriel Bolaffi... Por vezes, uns "estrangeiros" aculturadíssimos, como Warren Dean, Joaquim Barradas e Michael Hall, e "passantes" como Joseph Love, Stuart Schwartz, Perry Anderson, Albert Fishlow, Berthold Zilly. Éramos muitos, todos bons de copo e de cabeça.[7]

Homenagem cabe aqui também aos meus "afilhados" historiadores das IFCH de Ouro Preto (UFOP) e de Belo Horizonte (UFMG), nas quais fui paraninfo nos anos 70, em sessões testemunhadas pelo saudoso Francisco Iglésias, amigo de toda vida. Na capital mineira, um agente de segurança arrancou de minhas mãos o discurso de formatura, no final da leitura, e saiu correndo para me "entregar"... O então jovem formando Amílcar Martins, orador da turma, partiu em seu encalço e conseguiu resgatar as páginas do discurso, que fora aplaudido em pé pela assistência, no qual eu falava da necessidade de retorno às suas cátedras dos mestres e pesquisadores cassados pelo regime e a abertura da universidade, citando o nome de cada um, para espanto e logo aplauso crescente da plateia a cada nome mencionado. O *Estadão* chegou a imprimir a notícia dessa rara cerimônia, censurada antes mesmo de o jornal sair à rua. Foi mais uma conferência de risco. Mas estivemos, alunos e professores, à altura do desafio.[8]

Este livro é, portanto, muito dedicado. Talvez devesse agora incluir na dedicatória tantos leitores que, no Brasil ou no Exterior, leram-no e o apreciaram criticamente, completando-o com suas pesquisas e seus livros, por vezes tomando outros rumos, corrigindo-o e até, eventualmente, renegando-o. Dentre os críticos daquele momento, inscrevo, dentre tantos, os nomes de Geraldo Mayrink, Luiz Weis, Sérgio Augusto, Mino Carta, Jefferson Del Rios, Eduardo Portella, Miguel Urbano Rodrigues, Stanley e Barbara Stein (da Princeton University), Leslie Bethell, o iracundo Paulo Sérgio Pinheiro, Socorro Ferraz, Miguel Reale Jr. (então presidente da Associação dos Ad-

---

[7] Desta época, ficou especialmente na memória a peça *Liberdade, liberdade*, que estreou no dia 21 de abril de 1965, no Rio de Janeiro, numa produção do Grupo Opinião e do Teatro de Arena de São Paulo, com Paulo Autran, Nara Leão, Oduvaldo Vianna Filho e Tereza Rachel.

[8] Nessas conferências mais combativas, em que havia de fato algum risco, eu tomava a precaução de informar meu amigo, o jornalista Laerte Fernandes, do *Jornal da Tarde*, para que enviasse um correspondente. Ele me telefonava onde quer que eu estivesse, em hotéis ou faculdades. Em caso de prisão, ele poderia tomar providência adequada.

vogados de São Paulo), José Resende, Jomard Muniz de Brito (o crítico dos "nordestinados"), Antonio Dimas, Miguel Pereira, Nirlando Beirão, Silviano Santiago, Walnice Nogueira Galvão, Dalmo de Abreu Dallari (da Comissão de Justiça e Paz), padre Oscar Beozzo, Berthold Zilly e Willi Bölle (então na Alemanha), Nello Avella (Itália), Luiz Felipe de Alencastro (exilado na França), José Gregori, Severo Gomes, Goffredo da Silva Telles Jr. e Mary Ventura.[9] E também os comentários escritos de Florestan, Faoro, Debrun, Manuel Correia de Andrade e Antonio Candido. O historiador Richard Graham merece referência e agradecimento especial.[10]

Do grupo-geração mais jovem, incluo meus leitores/amigos Candido Malta Campos Neto (crítico, amigo e companheiro de sala de aula na FAU-Mackenzie), Isabel Alexandre, Francisco Alambert, Karen M. Lisboa, José Geraldo Simões, Lincoln Secco, Oscar Vilhena Vieira, Carlota Boto, Ronald Polito, Carlos Fico, Joaci Pereira Furtado, Tarcisio Costa, Vladimir Sacchetta e Otavio Frias Filho (com quem trabalhei em editoriais da *Folha de S. Paulo* e no "Folhetim" nos anos 1979-81), todos intelectuais "oblíquos"... como Sérgio Milliet, figura central e quase esquecida da geração que antecedeu a dos "chato-boys". Além, é claro, de Adriana Lopez, minha mulher, escritora que também participou de muitos desses altos e baixos.

Mas hoje quero também dedicar o livro agora reeditado sobretudo aos meus colegas que não se exilaram nem se deixaram acovardar. *Ficaram no país, resistindo e formando novas gerações*. Educadores de todas as áreas, juristas, jornalistas, profissionais do teatro e do cinema, artistas plásticos, universitários e não universitários, lutando com extrema dificuldade pela construção do espaço do Estado Democrático de Direito, atuando com lu-

---

[9] Mary Ventura elaborou uma cuidadosa e polêmica matéria para o *Jornal do Brasil* de 8 de abril de 1977 contrapondo minhas teses às de Gilberto Freyre e Darcy Ribeiro, meu saudoso amigo e empedernido "gilbertiano"...

[10] No fim daquele tenebroso ano de 1975, Richard Graham acolheu, durante alguns meses na Universidade do Texas, a mim e Janice Theodoro (que havia sido presa anteriormente), bem como nossa filha Tereza, então com dois anos, pois corríamos algum risco em São Paulo. Lá pudemos articular um colóquio sobre o recém-publicado livro de Florestan, então lecionando em Toronto, *A revolução burguesa no Brasil*, com o mestre presente, mais Emília Viotti da Costa, já desterrada em Yale, Silviano Santiago, Juarez Lopes, os solidários David Jackson, Fred Ellison (raro *gentleman* texano), Gérard Behague e o inquieto Alejandro Losada. No campus de Austin, o bravo liberal Graham teve ainda que enfrentar um grupo de estudantes brasileiros de direita em "turismo cultural", rebentos grosseiros do "milagre econômico", que lá aterrisaram em avião fretado, nos achincalharam e cuspiram, denunciando-nos como "comunistas". Era o "Brasil potência emergente" chegando ao Texas...

cidez extrema em meio ao fogo cruzado entre a extrema esquerda — a do "assalto ao céu" de que falava Marx — e a direita pré-megalítica. Se a mediocridade cultural não anda pior do que está, muito se deve a eles, que formaram gerações sob a ditadura.

Dedico ainda esta nova edição àquele jovem poeta negro, pernambucano, cujo nome não sei, que, numa noite gélida, interrompeu-me em meio a uma aula na Cidade Universitária, no Butantã, para alertar-me, entre preocupado e eufórico, sobre uma ululante sessão de desagravo a Gilberto Freyre que ele assistira dias antes na Universidade Federal de Pernambuco, o escritor de corpo presente, por conta de meu livro. Descobri naquele jovem poeta um aliado anônimo, vindo da noite pernambucana amena para as geleiras do Butantã.

Isso porque, até hoje, nem todos esses colegas da resistência — professores, jornalistas e outros cidadãos comuns mortais, como o jovem poeta pernambucano — tiveram o reconhecimento devido em sua luta, aberta ou surda, contra a ditadura e o pensamento autoritário, seja fascista ou, ainda mais difícil de compreender, stalinista. Pois os linhas-duras do stalinismo (os "trombas", segundo Sérgio Augusto), também eles, deram trabalho para aqueles que sempre acreditamos no socialismo com democracia plena e renegamos "aspones", neolobistas e lúmpen-oportunistas de toda sorte, que aliás transitaram em diferentes partidos e remanescem em algumas facções do PT, do PDT, do PPS, do PMDB (ah! o PMDB...) e em alguns órgãos, agências e empresas federais, estaduais e municipais. No contexto da Revolução Francesa, a de 1793, o jacobino Robespierre os enviaria todos para a guilhotina, sem pestanejar (entende-se por que quase todos oportunistas de esquerda preferem Danton a Robespierre...).

Tempos nada interessantes, diria Hobsbawm. E que o nome da veneranda Faculdade de Filosofia da rua Maria Antonia, enunciado por alguns desses novos "aspones" e lobistas, não seja mais usado em vão, como andou ocorrendo até há pouco. Sim, a Faculdade de Filosofia que terminou em 1968. Ano que, diz com razão Zuenir Ventura, não acabou...

* * *

Mais do que outros livros que escrevi, este livro está datado. Daí ter decidido, com meu editor, deixar o texto em sua forma inicial, como documento de época, mantendo o prefácio mas também o posfácio de 1977, no qual se testemunha o clima de retomada da crítica em várias frentes da produção intelectual. Crítica que, nos vinte anos seguintes, radicalizou-se, aprofundou-se, adensou-se e diversificou-se em várias frentes da produção cultural e científica, universitária ou não, mas que, lamentavelmente, vem nos últimos lustros padecendo de graves indícios de senilidade precoce. Como a universidade brasileira, aliás, tão silenciosa, pacífica, abandonada. Vivo estivesse, o bravo Frei Caneca repetiria o que disse em 1824:

"Para quando se guardam esses jovens, que não se levantam?"

Algo que talvez mereça ser mencionado, e que poderia justificar esta reedição: até 1975-77, eram mencionados como renovadores da interpretação de nossa história os nomes de Gilberto Freyre, Caio Prado Jr. e Sérgio Buarque de Holanda, tendo eles publicado, logo após 1930, obras reveladoras de um outro Brasil. Pois bem, *Ideologia da cultura brasileira* procurou trazer para o centro das discussões as *obras de formação* de Antonio Candido, Florestan Fernandes e Raymundo Faoro, produzidas no contexto da passagem dos anos 50 para 60. O autor hoje reconhece terem faltado reflexões sobre as obras de Manoel Bomfim, nos anos 1920/30, mas também sobre as obras e intervenções de Monteiro Lobato, Mário de Andrade, Anísio Teixeira, Nestor Duarte, Lucio Costa e, da geração seguinte, de Celso Furtado, Darcy Ribeiro, Vilanova Artigas, Josué de Castro, Paulo Freire, Nestor Goulart Reis e dezenas de outros intérpretes do Brasil. Com efeito, não se tratava — nem era essa a intenção — de apresentar um levantamento sistemático, mas apenas uma *proposta de revisão*.

Para o autor, está claro que muitas coisas mudaram nos últimos trinta anos, para melhor, muito embora a crítica da cultura venha sendo relegada cada vez mais ao limbo, em crescente processo de preocupante banalização. Para efeito de comparação, observe-se o que se passa em outros centros culturais, em que se podem acompanhar os caminhos de pensamento contemporâneo, em altíssimo nível.[11] Nessa perspectiva, as duas últimas décadas da história deste país trouxeram um certo ceticismo (filosófico, entenda-se) a este aprendiz de historiador. Ceticismo que se aprofunda a cada dia, em um sentido que me aproxima do universo político e existencial de Sérgio Milliet, com quem convivi um pouco no fim da juventude, na Biblioteca Municipal Mário de Andrade, como mencionado. Mas também do ceticismo militante

---

[11] Uns poucos títulos de revistas e suplementos literários marcam a diferença avassaladora: *New York Review of Books*, *Babelia* (suplemento de cultura do jornal espanhol *El País*), *Times Litterary Suplement*, *Spectator*, *London Review of Books*, *Magazine Littéraire*, *Le Nouvel Observateur*... Quais bibliotecas públicas ou universitárias assinam tais periódicos?

de Raymundo Faoro e, um pouco mais à esquerda, de Florestan. E de céticos mais bem-humorados, críticos, como Eduardo Portella, Alberto da Costa e Silva e Luís Fernando Veríssimo, para citar apenas três nomes... Em suma, éramos menos céticos em 1975, porque vislumbrávamos um Brasil desenredado da herança colonial e imperial, distante do legado político, ideológico e mental do império bragantino, hoje tão edulcorado pela historiografia áulica e anacrônica em moda.[12]

O mundo, entretanto, mudou muito desde então, inclusive "o mundo que o português criou", com a Revolução dos Cravos em Portugal e as independências das colônias portuguesas na África, que eclodiram à época da defesa da tese.[13] Os leitores mais jovens não têm ideia de o quanto nos amargurava — e mesmo horrorizava — ver algumas ideias de Gilberto Freyre serem manipuladas pelo regime salazarista-colonialista e pelo governo de transição de Marcelo Caetano, enquanto as obras de Florestan, Furtado, Chico Buarque, Charles Ralph Boxer, Caio Prado Jr., José Honório Rodrigues, Antonio Candido e muitos outros eram proibidas pelo regime.[14] Em

---

[12] Tais heranças, projetos reformistas falhados ou não, impedimentos estruturais e vicissitudes históricas procuramos analisar em *História do Brasil: uma interpretação* (São Paulo, Senac-SP, 2008), obra em coautoria com Adriana Lopez.

[13] Foi marcante o I Congresso Luso-Afro-Brasileiro de Ciências Sociais, em Coimbra, de 2 a 5 de julho de 1990, coordenado por Boaventura de Sousa Santos, publicado na *Revista Crítica de Ciências Sociais*, em junho de 1991, nº 32, vol. 1. Na mesa de abertura do congresso, da qual participaram Fernando Henrique Cardoso, Marilena Chaui, José Reis e João Ferreira de Almeida, analisei o conceito de cultura de resistência, na perspectiva de Amílcar Cabral, recordando as linhas de pensamento que nos três continentes vinham se opondo à concepção de cultura harmônica que está na base da ideologia luso-tropicalista, das ditaduras e do pensamento autoritário. Naquele congresso, em que se celebraram os 700 anos da Universidade de Coimbra, foi concedido o título de doutor *honoris causa* a Florestan Fernandes.

[14] Em 1970, minha dissertação de mestrado, das primeiras a serem defendidas no Departamento de História da FFLCH-USP, não pôde ser editada no Brasil. Mas em Portugal também não pôde, com o título original *Ideia de revolução no Brasil (1789-1801): estudo das formas de pensamento*. Foi então mudado o título, e publicada e prefaciada pelo professor Vitorino Magalhães Godinho com o inodoro nome de *Atitudes de inovação no Brasil, 1789-1801*, pela Livros Horizonte, em 1970, com muitas desculpas do editor pela censura salazarista. Tampouco aprovaram anteriormente a alternativa *O viver em colônias*, expressão do século XVIII retirada de obra de Luís dos Santos Vilhena. Afinal, no pacífico "mundo que o português criou" nunca se admitiu haver revolução, nem colônias, nem ideias... Cinco anos depois, eclodia a Revolução dos Cravos, e Godinho, de formação socialista, seria ministro da Educação do novo regime, não por muito tempo...

contrapartida, das oposições de Portugal e de suas colônias, além das críticas à ideologia luso-tropicalista de Freyre, vinham sinais de resistência armada, de ideias novas, como as do tão notável quão desconhecido das novas gerações, o revolucionário Amílcar Cabral, da Guiné-Bissau, assassinado em 20 de janeiro de 1973:[15]

"Cultura, fator de libertação? Não, libertação, fator de cultura!"

No Brasil, da distensão à abertura que desembocaria no Congresso Constituinte em 1987, ocorrida somente dez anos depois da publicação deste livro, uma *nova sociedade civil* começou a despontar, embora de modo lento, incompleto e desigual. Ou melhor, dramaticamente incompleto até hoje. Pois descobrimos, com espanto e horror, que a herança colonial é muito mais difícil de ser demolida e ultrapassada do que imaginávamos nos anos 60 e 70. Nesta longa transição/transação, o que prevaleceu na história do país foi um regime republicano de meia-confecção, marcado pelos *entulhos autoritários*, como a *Folha de S. Paulo* denunciou em editoriais em 1980-81, ainda sob o governo Figueiredo. Ou seja, persistiam as pesadas remanescências político-institucionais e ideológicas do regime ditatorial, que consagrou e fez cristalizar quadros mentais, costumes e valores responsáveis pelo indisfarçável atraso histórico do país. Heranças das quais ainda não nos libertamos.

Perdera-se o sentido das coisas, seja na perspectiva liberal-democrática, seja na visão do socialismo democrático. Observou Eduardo Portella em dezembro de 1995, comentando um livro de Florestan na revista *Tempo Brasileiro*:

"O Estado Nacional imitado perdeu o rumo da história, por ser exclusivamente nacional e excessivamente imitado. Aqui, o imitado nunca foi delimitado. Procurou-se resolver essas questões pendentes, esse contencioso persistente, no âmbito global ou no

---

[15] Ou seja, um ano e meio antes do reconhecimento da independência de seu país por Portugal, que em 25 de abril de 1974 deu início à revolução portuguesa. Naquele ano de 1973, a 24 de setembro, deu-se a proclamação do Estado da Guiné-Bissau nas zonas libertadas, e a 3 de novembro a ONU reconheceu a independência do novo Estado africano. Ver a publicação *Amílcar Cabral: sou um simples africano*. Exposição, catálogo das ilustrações e documentos e CD com o mesmo título, no âmbito do Projeto de Salvaguarda dos Documentos de Amílcar Cabral, no Arquivo Mário Soares; organização a cargo de Alfredo Caldeira, Iva Cabral e outros, em associação da Fundação Mário Soares com a Fundação Portugal-África e o Instituto Camões.

facilitário da modernidade. No limiar do terceiro milênio, ainda nos encontramos às voltas com o legado moderno, sem saber ao certo o que ele possa ter de lição e de mal-entendido."

Mais grave é que, na atualidade, no plano internacional, o advento da Era Bush-Ratzinger-Putin-Sarkozy-Berlusconi vem demarcando a vida cultural e política, impondo o atual *mores* de mediocridade política internacional brutalizante. De fato, não se vislumbra por ora qualquer contrapartida culta, civilizada e laica, em escala planetária, ao afloramento de costumes retrógrados, religiosidades primitivas e fundamentalistas, de ideologias e de organizações político-partidárias nada democráticas.[16] Ou seja, revigoram-se formas bárbaras ou semibárbaras de vida, em todos os quadrantes, com valores que supúnhamos há muito ultrapassados. E como se não bastasse, mais recentemente, a brutal escalada na predação do meio-ambiente. No universo capitalista, terminada a Guerra Fria e saindo da "Era de Incertezas" de que falava Galbraith, transitamos para uma nova era de barbárie, sob o título de "globalização", termo demasiado genérico para definir a nova (des)ordem mundial. Nessa perspectiva, no plano internacional, surge como melhor horizonte e referência a experiência da União Europeia.

No Brasil, em condição periférica, e dado que o tema da educação nunca foi e continua a não ser enfrentado com rigor, assiste-se não à expansão de uma *nova sociedade civil* educada, democrática e politizada, mas à irresistível ascensão de frações de lúmpen-proletariado e de uma lúmpen-burguesia mal formados e ávidos de poder, contingente social aliás criticado por Karl Marx, vivendo de ganhos fáceis e em busca de um lugar "de prestígio" e altos salários nos aparelhos de Estado e de organizações paraestatais e sindicais de vocação duvidosa. Do outro lado do balcão, engorda uma nova e robusta burguesia despreparada. O que leva alguns analistas, como o vigilante Chico de Oliveira, a definir a atual fase histórica no Brasil como a do *fim da era política* entre nós. Será?

---

[16] A vitória de um candidato democrata — um negro bem formado intelectualmente — nas eleições norte-americanas deste ano (2008) por certo ajudará a mudar o panorama internacional e cultural. Barack Obama, possivelmente com Hillary Clinton como vice-presidente, tem condições pessoais e intelectuais de abrir um novo diálogo mais duradouro com as forças progressistas do mundo contemporânaeo. A conferir.

Transição pelo alto. Ou: da transação

> "A gente que trabalha na universidade tem que contestar os cretinos."
> Aziz Ab'Sáber[17]

Mas o fato é que também o país mudou muito pouco, sobretudo no plano das ideologias e mentalidades. Após a publicação da primeira edição de *Ideologia da cultura brasileira*, novos partidos políticos surgiram, como o PT, o PSDB, o PFL (agora *Democratas*), o PPS, um novo PSB, o PV e, mais recente e crítico, o PSOL. Entretanto, a frente ampla democrática reunida no MDB dissolveu-se no fisiologismo do PMDB, que nos dois primeiros anos do segundo mandato do presidente Lula, este refém do Congresso, passou a funcionar como o fiel da balança da vida da República, fenômeno histórico assemelhado, durante a Revolução Francesa, ao da República do Diretório (1795-1799), república da conciliação a qualquer preço. Literalmente a qualquer preço, como se viu em 2007, com tantas dificuldades criadas pelos próprios parlamentares da base do governo para o afastamento do senador alagoano Renan Calheiros da Presidência do Senado. Tal processo, que praticamente paralisou a vida política do país, pôs à mostra as entranhas de nosso renitente subdesenvolvimento político, ideológico e mental, mas logo cairá no esquecimento nacional.

Como se recorda, foi numa esquina da história semelhante que a Revolução Francesa se perdeu, com a atuação dos inefáveis deputados e senadores do "Centrão", enredados em negociatas e interesses particulares, beneficiários e alimentadores da maldita ideologia da conciliação. Nessa medida, a eleição de um metalúrgico para a Presidência da República passou a significar pouco, pois o modelo político-social continua inabalado, enquanto a imensa maioria dos parlamentares brasileiros reproduzem caricaturalmente o que os deputados franceses do *marais* ("pântano") ou os clientelistas do Segundo Reinado brasileiro tinham de pior, porém sem o menor vestígio de suas escassas qualidades. Claro que há as exceções, como Fernando Gabeira, Jefferson Péres e Artur da Távola (os dois últimos recentemente falecidos), Cristovam Buarque, Eduardo Suplicy, Chico Alencar, Ivan Valente e outros. E outras, como Luiza Erundina, Luciana Genro, Marina Silva e, fora do Congresso, na ação social, Ruth Corrêa Leite Cardoso (também falecida recentemente).

---

[17] Inclusive alguns deles que trabalham *na* universidade, valeria completar a tese do professor Aziz. Ver "Uma voz contra a corrente", entrevista de Aziz Ab'Sáber em *Forum*, julho de 2007, concedida a Anselmo Massad, Glauco Faria e Mouzar Benedito.

A grande diferença entre aqueles dias difíceis dos anos 70 e os atuais é que então havia um horizonte nítido pelo qual lutar. Os sonhos também eram límpidos. O horizonte chegou, porém com nuvens pesadas, agravantes, heranças socioculturais malditas, entulhos jurídico-políticos, atavismos e patologias que não imaginávamos: ao lado dos velhos "coronéis" e suas famílias, figuras imbatíveis dos referidos lúmpen-proletariado e lúmpen-burguesia subiram junto com a vanguarda sindical que se instalou no Planalto. Triste é que muitos provêm de uma esquerda que imaginávamos heroica.[18]

O que esperávamos surgisse no Brasil em 1977, concomitantemente ao processo de distensão e abertura? Uma cultura de verdadeiros partidos modernos, com densidade ideológica, lideranças educadas e base social sólida, como enfatizamos em entrevistas às "Páginas Amarelas" da revista *Veja*[19] em 1975 e às "Páginas Vermelhas" das revistas *Senhor* e *IstoÉ/Senhor*,[20] ou nas páginas do *Jornal do Brasil*, do *Estadão* e da *Folha de S. Paulo*.

Porém, da distensão à abertura, das campanhas pelas Diretas-Já e pela Constituinte, de 1987-88 até esta data, o conceito de cultura democrática dos partidos políticos foi tragado por eles próprios, afogando-se no enorme brejo das almas nacional. Partidos, entenda-se, que viessem a expressar projetos sociopolíticos, econômicos e culturais de uma *nova sociedade civil que, criada na resistência à ditadura, se esboçava e procurava se afirmar*, com suas lideranças críticas, efetivamente democráticas, educadas, menos provincianas, mais internacionalistas. Hoje, quem preenche tais quesitos?

Após tantos embates, logrou-se apenas uma transição pelo alto. Em verdade, uma grande *transação*, depois da conciliação Tancredo-Sarney. Transação consagrada na Constituição de 1988, resultante de um Congresso

---

[18] A bem da verdade, do primeiro governo Lula nem todos. Veja-se a trágica entrevista concedida pelo ex-líder estudantil de 1968 e ex-ministro Chefe da Casa Civil da Presidência da República José Dirceu de Oliveira à revista *Piauí*, n° 16, janeiro de 2008. Mais sóbria, a entrevista publicada em *Caros Amigos*, ano IX, n° 106, janeiro de 2006, pp. 39-45. Ver no mesmo número a análise de João Pedro Stédile, dirigente do MST e da Via Campesina Brasil, "O campo exige mudanças: balanço dos três anos do governo Lula" (p. 14), com onze cobranças: "Mais do que ficar distribuindo bolsa-família, que é um paliativo temporário, o governo precisa tomar as seguintes providências...".

[19] Entrevista a Geraldo Mayrink, "Uma cultura de ideologias", *Veja*, "Páginas Amarelas", 2/7/1975, pp. 3-8.

[20] Entrevista a Antonio Carlos Prado, "Morreu o brasileiro cordial", *IstoÉ/Senhor*, n° 1.058, 27/12/1989, pp. 5-10. Ver também "O que o futuro dirá de 1978", *IstoÉ/Senhor*, 1/3/1978, n° 72, pp. 32-3.

Constituinte.[21] Desafortunadamente, nestes últimos três lustros, mercê de um padrão histórico-cultural indestrutível, o personalismo visceral característico de nosso *mores* político arcaizante predominou sobre os novos partidos (alguns nem tão novos, convenhamos) criados no longuíssimo processo de abertura, um dos mais demorados da história contemporânea.

Com sinalizações por vezes antitéticas, de Collor e Itamar a Lula, passando por Fernando Henrique, assim tem sido, com pequenas variações. No primeiro semestre de 2007, o próprio ex-presidente Cardoso definiu como "patética" a atitude de seu partido, o PSDB, enquanto entidade político-ideológica, reforçando o diagnóstico cruel e preocupante de que, na última década, tais partidos — e não apenas o PSDB — não revelaram de fato consistência — ou seja, coesão e defesa de alguns princípios — para enfrentar as desde sempre esperadas mudanças sociais e institucionais, em profundidade. "Quais são as instituições que dão coesão a uma sociedade? Família, religião, partidos, escola. No Brasil, tudo isso fracassou", disse o ex-presidente em matéria elaborada por João Moreira Salles para a revista *Piauí*. E, indo mais longe:

> "A única coisa que organiza o Brasil hoje é o mercado, e isso é dramático. O neoliberalismo venceu. Ao contrário do que pensam, contra minha vontade."[22]

Uma velha história, notada por Raymundo Faoro, que todos conhecemos bem. Ou pelo menos deveríamos conhecer:

> "Deitou-se remendo de pano novo em vestido velho, vinho novo em odres velhos, sem que o vestido se rompesse nem o odre rebentasse. O fermento contido, a rasgadura evitada gerou uma civilização marcada pela veleidade, fada que presidiu o nascimento

---

[21] Ver Michel Debrun, *A "conciliação" e outras estratégias* (São Paulo, Brasiliense, 1983, prefácio de Paulo Sérgio Pinheiro), obra fundamental para a discussão do modelo identitário brasileiro. Debrun deixou inacabado seu livro *Ideologia da realidade brasileira*. Ver ainda, de Carlos Guilherme Mota (org.), *Viagem incompleta: a experiência brasileira, 1500-2000*, vol. 2, "A grande transação" (São Paulo, Senac-SP, 2000).

[22] Talvez. O que teria faltado ao então governante? Em sua entrevista, de agosto de 2007 àquela revista (nº 12), reponta um estranho ceticismo: "Que ninguém se engane, o Brasil é isso mesmo que está aí. A saúde melhorou, a educação também e aos poucos a infraestrutura se acertará. Mas não vai haver espetáculo do crescimento algum, nada que se compare à Índia ou à China. Continuaremos nessa falta de entusiasmo, nesse desânimo". Ver a entrevista completa em www.revistapiaui.com.br.

Apresentação a esta edição

de certa personagem de Machado de Assis, claridade opaca, luz coada por um vidro fosco, figura vaga e transparente, trajada de névoas, toucada de reflexos, sem contornos, sombra que ambula entre sombras, ser e não ser, ir e não ir, a indefinição das formas e da vontade criadora. Cobrindo-a, sobre o esqueleto de ar, a túnica rígida do passado inexaurível, pesado, sufocante."[23]

Nessa perspectiva, como falar em "Cultura Brasileira" senão enquanto construção altamente ideológica, uma invenção que o Estado, seus ideólogos e seus funcionários civis e militares criaram em determinado contexto histórico[24] para sustentar um *statu quo* harmonioso em que as diferenças e as dissidências são eliminadas e as brutais desigualdades sociais, anestesiadas e suavizadas, passam a ser entendidas como quase "naturais", próprias "desse nosso jeito de ser"?

Recorde-se que Caetano Veloso advertia nos anos 60:

"Eu me recuso a folclorizar minha pobreza..."

A (ESTRANHA) ATUALIDADE DE ALGUMAS TESES

Como a história dos últimos trinta anos ainda não foi escrita e os cientistas políticos apenas balbuciam hipóteses vagas para a próxima década, o campo para conjecturas se abre infinita e indefinidamente. Nada obstante, algumas teses, ideias e propostas estudadas neste livro de 1977 permanecem atuais, como as de Antonio Candido, Oduvaldo Vianna Filho e Ferreira Gullar. E continuam extremamente operantes as do citado Faoro[25] e de Flo-

---

[23] *Os donos do poder: formação do patronato político brasileiro*, 3ª ed. revista e acrescida de índice remissivo, São Paulo, Globo, 2001, p. 838.

[24] Do mesmo modo, corresponderia a perguntar a um catalão, basco ou galego o que vem a ser a "Cultura Espanhola", a um occitano o que vem a ser a "Cultura Francesa", e assim por diante.

[25] Ver, de Raymundo Faoro, *A República inacabada*, organização e prefácio de Fabio Konder Comparato, São Paulo, Globo, 2007. O estudo "Existe um pensamento político brasileiro?" foi a conferência inaugural do Instituto de Estudos Avançados da Universidade de São Paulo, criado na gestão do reitor José Goldemberg, em agosto de 1996, com apresentação de Antonio Candido.

restan,[26] indicando que, ao longo da história do Brasil das últimas quatro décadas, assistiram-se a poucas mudanças estruturais, efetivas, profundas.

De fato, os dois livros principais de Florestan e Faoro — que a meu ver se complementam — permanecem estranhamente atuais, sobretudo quando procuramos extrair implicações concretas e conclusões de suas análises que iluminem o atual contexto histórico-político. Constata-se, porém, que são autores/personagens valorizados em teoria, mas cujas ideias permanecem quase desconhecidas na prática. Embora suas obras sejam sempre citadas e referidas, ritual e compungidamente (inclusive pelo presidente Luiz Inácio da Silva), são incompreendidas pelos partidos da esquerda brasileira. Diria que as teses de Faoro, contundentes, não foram captadas pelos poucos liberais progressistas da terra, em sua quase totalidade, enquanto as de Florestan não parecem ter sido entendidas nem mesmo pela esquerda do PT mais lida (a lista não é muito extensa), nem pela mais viajada e congresseira (a lista é extensa...).

Genericamente, a militância acata com fervor seus nomes, mas não parece ou não quer entender suas mensagens profundas e radicais, sobretudo as de Florestan. Chega-se a duvidar que seus textos tenham sido objeto de leitura efetiva, pacienciosa, meditada, com seus ideólogos e leitores procurando se politizar, buscando horizontes históricos para além da retórica de ocasião e do apetite dos "aloprados" (para usarmos termo adotado e desadotado pelo presidente atual).[27]

Resta indagar, se vivo estivesse, que diria o professor Florestan Fernandes dos rumos tomados pelo Partido dos Trabalhadores. E Raymundo Faoro, o que pensaria, por exemplo, de Edison Lobão no Ministério de Minas e Energia? Quem leu seus livros e artigos, e acompanhou suas atitudes corajosas e coerentes, bem pode imaginar.

---

[26] A reedição do livro de Florestan Fernandes, *A revolução burguesa no Brasil* em 2006 deve-se à iniciativa da Editora Globo (com prefácio de José de Souza Martins). Já em livro póstumo, *Contestação necessária* (São Paulo, Ática, 1995), Florestan estuda o perfil de vários intelectuais, mostrando por que "a revolução ficou contida nos cenários históricos e políticos de uma revolução interrompida", e como os intelectuais e políticos de esquerda, salvo raras exceções, desdenham o estudo das "raízes de uma revolução que continua oscilante e incapacitada para desencavar mudanças sociais espremidas entre o controle interno e externo das massas insatisfeitas".

[27] Convivi, nada obstante, com uns poucos e brilhantes alunos/trabalhadores, ligados ao MST, que os leram, e muito empenhadamente, sobretudo a obra de Florestan Fernandes, no Serviço Social da PUC-SP.

O "MODELO AUTOCRÁTICO-BURGUÊS" *VERSUS* "NOVA SOCIEDADE CIVIL"

> "Creio que fizemos um instrumento político de liberdade e de democracia, mas temo que essa liberdade continuará sendo um apanágio de poucos neste nosso tempo."
>
> SEVERO GOMES, discurso de despedida do Senado Federal, 13/12/1990, referindo-se à Constituição de 1988[28]

Como o Brasil permanece em condição periférica, as formas de pensamento e ação da alta burguesia dependente e associada, sua *mentalidade pseudoliberal e pseudoprogressista*, estratificada ao longo dos últimos séculos, encontra seu contraponto perfeito no *modus operandi* do já referido lumpesinato pequeno-burguês que vem galgando o poder em torno de uma liderança operária originalmente moderna. Liderança agora vitoriosa, mas extasiada pelos valores e mentalidade da pequena burguesia. Grave questão sociocultural, com trágicas implicações político-institucionais, que aguarda estudos.

Por seu lado, a alta burguesia dependente, deseducada, que sempre enviou seus filhos para estudarem no exterior, porém não consegue sequer manter em ordem seu bairro nem a higiene nas calçadas das principais capitais para circulação dos cidadãos (e do capital), engrossa a tal "elite branca e má". Elite identificada na denúncia que o então governador de São Paulo, Cláudio Lembo, fez em março de 2006 (praticamente só, pois a "sociedade civil" desaparecera...), quando as rebeliões nos presídios aterrorizaram as "pessoas de bem" e fizeram parar a metrópole paulistana, a capital do capital no país. Uma burguesia de raiz colonial-estamental de valores ético-culturais duvidosos, não diríamos instruída, mas grosseiramente adestrada numa colônia de *exploração* e não de *povoamento*, que não logrou fazer em tempo sua revolução de independência em profundidade, para afirmar-se enquanto Estado-Nação moderno.

* * *

Nessa perspectiva, de um ponto de vista da crítica político-ideológica, não é difícil compreender as razões do mal-estar atual de nossa cultura e do desencanto de parcela ponderável de nossa *intelligentsia*. Falamos aqui da grave *malaise*, mais gritante no Rio de Janeiro e em São Paulo, metrópoles que adentraram no reino do caos urbano-social, aparentemente sem saída

---

[28] Brasília, Centro Gráfico do Senado Federal, 1990, p. 8.

sequer a médio prazo, que só as igrejas fundamentalistas e as tropas de elite parecem controlar. Em verdade, hoje são anticidades, ou cidades-pânico, diria Paul Virilio.

Pois, apesar do relativamente positivo IDH, o Brasil permanece como o velho "país do futuro" promissor.

Daí ser preocupante o fato de, passados trinta e tantos anos, permanecer atualíssima a tese do professor Florestan Fernandes, um dos personagens principais deste livro agora reeditado, sociólogo que detectou em 1974 a existência desse *modelo autocrático-burguês* que engessa a história do Brasil contemporâneo. Modelo autocrático-burguês edulcorado pela cultura do marketing nesta sociedade do espetáculo em condição periférica, que permanece extremamente operante, definindo as características e os estreitos limites da revolução burguesa no Brasil.

Valeria a pena os jovens cientistas sociais, educadores, historiadores e jornalistas, juristas, arquitetos e outros brigadores desta *nova sociedade civil* que desponta, se indagarem se o próprio professor Florestan, vivo estivesse, ainda estaria militando no Partido dos Trabalhadores, sobretudo após os dois últimos anos de governo petista. Sua derradeira intervenção pública, em memorável programa da TV Cultura de São Paulo,[29] permite levantar e sustentar tal indagação, para entendermos os descaminhos da história atual.

Enfatizo, desse modo, a importância da trajetória do professor e sociólogo Florestan, principal personagem de nosso estudo, intelectual cuja trajetória acompanhamos em vários capítulos até 1975, e depois ao vivo, até sua morte.[30] Uma trilha que já delineava o perfil do importante estadista da República que ele passou a ser nas duas décadas seguintes. Nesse meio-tempo, graças ao esforço de seu jovem amigo Vladimir Sacchetta, a Editora Ática publicou em 1995 seu livro póstumo *Contestação necessária*, em que o professor e ensaísta se revela ainda mais, ao traçar os perfis de Luís Carlos Prestes, Carlos Marighella, Gregório Bezerra, Lula, Henfil, dos jornalistas Hermínio Sacchetta, Claudio Abramo, de outros intelectuais latino-americanos, desde seu ex-professor Fernando de Azevedo (da geração anterior, outro personagem de nosso livro), até Richard Morse e Octavio Ianni (seu ex-assistente na USP). E ainda de Antonio Candido (personagem que também comparece com destaque em alguns capítulos de *Ideologia da*

---

[29] Programa *Roda Viva*, em 1994, sob coordenação de Heródoto Barbeiro, tendo como debatedores Luiz Weis, Clóvis Rossi e Marcelo Beraba, entre outros.

[30] O leitor já dispõe de um bom número de teses, artigos e ensaios sobre sua obra.

cultura brasileira), seu colega e amigo dileto, e companheiro de percurso. Compreende-se então como Florestan acompanhou ao longo do tempo intelectuais ou militantes que tiveram um papel de destaque na vida brasileira, ajudando a definir seu próprio lugar no campo das ideias e do mundo, enquanto intelectual socialista entranhadamente engajado na discussão dos problemas nacionais e internacionais.

Mudanças. Quais mudanças? A nossa inatualidade

> "Você está reparando de que maneira costumo andar sozinho."
> Mário de Andrade, "Prefácio interessantíssimo",
> *Pauliceia desvairada*, 1922

Com efeito, o mundo mudou muito nos dois últimos lustros, mas forçoso é constatar que, em várias esferas da vida político-cultural brasileira, nada se alterou. A ideia de nação naufragou, sufocada sob a carapaça político-institucional-ideológica denunciada por Faoro, com o tal estamento burocrático — suprema ironia da história — coordenado em Brasília por um presidente da Câmara dos Deputados, Aldo Rebelo, militante do PC do B, e por um presidente do Senado, Renan Calheiros, oriundo das hostes alagoanas do ex-presidente Collor.

A pouca substância ideológica dos partidos, sem falar da infidelidade de tantos militantes e membros que se fizeram passar por "modernos", são a melhor expressão desse naufrágio, razão pela qual o historiador Caio Prado Jr., que, poucos anos antes de falecer, repetia e repetia, desolado:

> "O Brasil é um país atrasado... muito atrasado..."

O que aconteceu logo depois de 1977 a esta parte é história ainda a ser esmiuçada e refletida. Travou-se tremenda batalha comandada pelos estamentos senhoriais, os neocoronéis do país agrário, associados à elite do capital financeiro internacionalizado, todos sob a cobertura dos ex-*tenentes* — Ernesto Geisel foi o último deles — que aderiram ao udenismo capitalista, contra as forças emergentes da *nova sociedade civil*. Nova sociedade civil, diga-se, composta das débeis vanguardas da nova burguesia, do novo proletariado, das novas lideranças rurais (tanto empresariais como trabalhadoras) e da nova Igreja.

Na história do Brasil recente, acelerou-se o ritmo, porém com diminuto aprofundamento das melhorias sociais. As elites neocoloniais continuam a animar a sociedade do espetáculo periférica, em que seus *yuppies*, ilhas de *Caras*, Daslus, shoppings, lojas de automóveis blindados e helicópteros têm todo o espaço. Uma sociedade caricata que escapa de crítica até dos antigos e geniais cartunistas, que "restaura" e atualiza a seu modo velhos padrões socioculturais, dando seu toque de classe "neocolonial" com estranhas inserções de (pós)modernidade. Enquanto isso, a cultura do narcotráfico prospera nas classes abastadas, alcançando segmentos da juventude pequeno-burguesa emergente.

A *sociedade de massas* vai sendo ampliada e engrossada por setores de uma operosa e desavisada pequena burguesia de serviços, que se proletariza aceleradamente, amarrando-se em crediários, e também por frações do proletariado tradicional e do referido e crescente lúmpen-proletariado. Uma *sociedade de massas* ideologicamente anestesiada, com precaríssima formação cultural e engolfada pelas igrejas salvacionistas, cujos membros diretores articulam com facilidades e presença governamental as malhas de seu poderoso e abrangente sistema radiotelevisivo, que opera diuturnamente. Tais linhas de força apontam para um desastre coletivo futuro com hora marcada. Que já começou.

Para concluir. Passados tantos anos, alguns vícios mentais da esquerda parecem entretanto remanescer em militantes de partidos que deveriam ser atualizadores do pensamento nacional. Com efeito, como entender o modesto grau de indignação de intelectuais de esquerda que, no Brasil, silenciam em face da escassíssima liberdade de pensamento e expressão em Cuba, Haiti e na América Central? Ou o desconhecimento em relação à história contemporânea das ex-colônias portuguesas na mãe-África, que à época de nossa política externa independente esteve tão próxima? Ou o desprezo solene que as vanguardas vêm revelando em relação à crise da universidade brasileira, acentuada nos governos do professor Fernando Henrique Cardoso? Esses e muitos outros temas merecem uma análise mais detalhada, pois se fala muito em "globalização", pós-modernidade, "novos paradigmas da educação" etc., mas os currículos permanecem desatualizados, congelados, e boa parte dos manuais escolares constituem baluartes ideológicos cristalizados de um passado serôdio. Ou então "modernamente" superficiais, apresentando pastiches de disciplinas diversas, em nome de mal compreendida "interdisciplinaridade". Um caos.

Em suma, nossa inatualidade é arrasadora, sob qualquer ângulo de observação. Não será esse, entretanto, o novo traço estrutural da Ideologia da Cultura Brasileira, em que, cada vez mais, confundimos o *modo* com a *moda*, como denunciou o geógrafo e saudoso professor Milton Santos? Resta a esperança e a expectativa de que as novas gerações de pesquisadores retomem a discussão sobre o significado histórico, usos e malversações da expressão "Cultura Brasileira", não somente do ponto de vista do que ela contém, mas sobretudo do que esconde, "harmoniza" e mistifica. Em seu nome, com todos os usos e abusos ideológicos, quantos crimes foram cometidos, tantos financiamentos obtidos, outros desativados, e glórias, medalhas e títulos conquistados?

Certamente, não foi por acaso o historiador Eric J. Hobsbawm, em seu livro *A era dos extremos*, no qual analisa a história mundial do século XX, dedica uma única menção ao nosso país:

"Brasil, um monumento à negligência social..."[31]

* * *

Agradecimento especial ao meu amigo (editor criterioso e empenhado) Paulo Malta Campos, da Editora 34, que se interessou pela reedição deste livro-proposta, ao completar trinta anos de sua primeira edição. Aos colegas do Instituto de Estudos Avançados da USP e ao ex-reitor José Goldemberg, com os quais pude desenvolver várias ideias, críticas e indagações contidas nesta obra. O livro continua a ser dedicado a minhas filhas queridas Tereza (e agora também à minha neta Katharina), Carolina e Julia.

---

[31] São Paulo, Companhia das Letras, 1995, p. 555.

IDEOLOGIA DA CULTURA BRASILEIRA
(1933-1974)
Pontos de partida para uma revisão histórica

Um testemunho do presente

Alfredo Bosi

> "Os discursos de quem não viu, são discursos; os discursos de quem viu, são profecias."
>
> PADRE VIEIRA

Balanço dos balanços que alguns dos nossos intelectuais fizeram ou estão fazendo do Brasil: este me parece o objetivo primeiro do ensaio de Carlos Guilherme Mota que tenho a satisfação de apresentar.

A sua questão candente, que atravessa o livro de ponta a ponta é: o que tem significado a expressão *cultura brasileira* tão empregada por aqueles intelectuais nos últimos quarenta anos? Mas o interesse maior do autor, diria mesmo a sua paixão, é medir a profundidade das raízes ideológicas que se escondem sob as várias definições de cultura brasileira ou de "consciência nacional" que sustêm os ideários de tantos homens de pensamento dentro ou fora da nossa Universidade.[1]

O projeto de Carlos Guilherme Mota não é só complicado, é complexo. É complicado porque fazer um balanço das ideias contemporâneas sobre cultura brasileira é arriscar-se a perder-se em um labirinto de textos históricos, literários, políticos, sociológicos... O *corpus* abre-se em grande leque e as omissões são quase fatais. E é complexo porque, dentro do balanço, as ideologias não são tão definidas quanto aparentam ser. Sob a máscara do tradicionalismo, pode encontrar-se um convite ao contato direto de aspectos sociais bem concretos e um salutar empirismo; ou, no outro extremo, um fácil jargão dialético-literário pode esconder teimoso modelo funcional ou positivista.

Complicado na hora da escolha do material, complexo na hora da interpretação, o projeto ambicioso de Carlos Guilherme encontrou, porém, um modo de cumprir-se que dá testemunho de uma erudição sequiosa e móvel

---

[1] Carlos Guilherme Mota é Livre-Docente de História Moderna e Contemporânea na Faculdade de Filosofia, Letras e Ciências Humanas da Universidade de São Paulo. Seus outros livros estão voltados para o ocaso do sistema colonial e cruzam igualmente o limiar da história de nossas ideologias: *Atitudes de inovação no Brasil (1789-1801)* (Lisboa, Livros Horizonte, 1970) e *Nordeste 1817* (São Paulo, Perspectiva, 1972).

e de uma inquietude de pensamento rara de ver em um profissional universitário, sobretudo quando posto diante da tarefa de compor e defender uma tese de livre-docência.

O trabalho começa com o ajuizamento de alguns grandes estudiosos que se impuseram na década de 30, Gilberto Freyre e Sérgio Buarque de Holanda, aproximáveis pela sua leitura do Brasil, leitura rica e fascinante, servida embora por uma psicologia social antiquada, amante de tipologias humorais e contrastes retóricos, tudo embalado complacentemente por uma prosa literária, mais solta no primeiro, mais travada ao gosto antigo no segundo, ambas sinuosamente esquivas à dialética das classes cujos ângulos mais agudos elas encurvam sob a mole de notações eruditas e documentos pitorescos. É o ensaísmo histórico das causas étnicas, das concausas geográficas e das subcausas psicológicas, descontraído então pela experiência norte-americana em Gilberto Freyre e pela prática modernista em Buarque de Holanda. Daí o caráter singularmente misto de ambas, oscilantes entre o arcaico e o contemporâneo.

A mestiçagem, em Gilberto Freyre, como no velho Sílvio Romero, e a posição excêntrica da Ibéria amarrada ao psiquismo luso, em Sérgio Buarque, acabam respondendo por traços indeléveis da civilização brasileira, e acabam ocupando o lugar que caberia, na visão de outros intérpretes (como Caio Prado Jr., por exemplo), ao sistema colonial e ao concurso, que nele se operou, dos regimes escravista e mercantil.

Nessa linha de juízo, o primeiro capítulo da tese, "Cristalização de uma ideologia: a 'cultura brasileira'", prolonga a crítica pioneira feita por Dante Moreira Leite, em seu *Caráter nacional brasileiro*, a alguns dos enfoques daqueles eminentes explicadores do Brasil.

Mais adiante, a passagem pela obra de Fernando de Azevedo dá o acesso ao *locus* sagrado: a Faculdade de Filosofia, Ciências e Letras da Universidade de São Paulo. Acho muito feliz a análise do liberalismo de Fernando de Azevedo, cuja palavra e cuja prática educacional marcaram o momento de intersecção da burguesia ilustrada com a Universidade Paulista. Nesta, uma brilhante linhagem de formação francesa, positivista, e, logo depois, anglo-americana, funcionalista, foi absorvendo, por força das necessidades e da sua própria sede intelectual, fontes díspares como Max Weber, Mannheim, Freud, Marx, Sartre, Adorno, Lévi-Strauss...; o que, afinal, constituiu, durante mais de quarenta anos, a cultura "uspiana": operosa, eclética, bem-pensante, segura de si, um tantinho ciosa das suas origens (e aí enfatuada como qualquer academia), mas sempre disposta a encarecer a liberdade de expressão, e às vezes até mesmo a irônica autocrítica. Ficando a meio caminho entre os apocalípticos e os integrados, marchando ora um passo atrás, ora um passo à frente da modernização das elites. Modernização cujo espelho mais claro se encontrará em outros centros universitários, mais céleres na fabricação de ídolos e na sua quebra, menos lastreadas de uma formação de tipo sociológico como a que a Universidade Paulista herdou dos mestres estrangeiros que a aleitaram nos primeiros anos de vida. O trabalho de Carlos Guilherme Mota pertence a essa mesma tradição, nele voltada, em boa parte, para si mesma, ou, esparsa e discretamente, contra si mesma.

Mas vamos à crônica das origens. Fernando de Azevedo teria dado o exemplo do ideólogo que pretende reconstruir e regenerar a cultura a partir da escola. Um idealismo que concilia os contrastes reais resolvendo-os em noções genéricas de "humanismo leigo". O mal não estaria, aliás, nos valores últimos propostos, mas na cândida aceitação de um progressismo fatal que os realizaria harmoniosamente mediante a escolarização do povo brasileiro. Carlos Guilherme lembra que o pioneiro da educação democrática de 1932 e 1934 (dois momentos de luta antigetulista da política estadual) acabaria aplaudindo a Constituição do Estado Novo, de 1937, no que esta dispõe sobre a "profissionalização da escola para as classes pobres", medida que, no pensar de Gramsci, dá armas ao capitalismo fascista para perpetuar a divisão das classes e remeter cada aluno para a escola que convém ao seu nível de renda familiar e às suas expectativas de trabalho. O vínculo entre Indústria e Escola não aparecia, então, aos olhos ingênuos do liberalismo como aquilo que é: uma forma de reprodução planejada do sistema social. A ingenuidade parece fatal em todo homem que funde na sua ação duas formas enleantes de boa consciência: a de cidadão prestigiado pela oligarquia e a de intelectual eficiente. O melhor do passado combina-se com o melhor do presente: que mais se poderia desejar? O "elitismo" engendra-se e embala-se nesse culto da própria dignidade intelectual que se lustra com as águas da contemporaneidade. Os equívocos ideológicos que daí se seguem são tanto mais lastimáveis quanto mais a túrgida fusão dos homens com as suas instituições impede qualquer revisão de valores; a tentação é entrar para a História oficial da cultura, que não pede outro alimento senão aqueles mesmos equívocos.

Finda a II Guerra, a boa consciência liberal se reforça pela certeza de não ter aderido ao Estado Novo. O caminho da burguesia, culta ou inculta, conhecerá então um novo ídolo: o desenvolvimentismo. Superar o Brasil periférico, arcaico, ignaro e supersticioso, cuja agonia, aliás, se prova com miudezas de observação em pesquisas universitárias. O que não tem função "morra e pereça": não é outro o sentido do novo progressismo, vestido agora à americana, e forrado de palavras de ordem: pela industrialização, pela urbanização, pela tecnologia; e logo: pelo controle racional em todos os níveis. Para obtê-lo, não se cogita, porém, em mudar o modo de produção vigente. O par de opostos fundamental passa a ser chamado subdesenvolvimento/desenvolvimento, não só no Brasil, como em toda a América Latina e nos países egressos dos impérios coloniais. O modelo, a rigor neocapitalista, vai arrastando quase todas as frentes; até mesmo intelectuais radicais esperam os benefícios de uma "revolução burguesa". A consciência do seu caráter antipopular não se formula com a instauração do processo; virá nos anos 60 quando se consumar aos olhos de todos a aliança das multinacionais com os regimes de exceção. Este é o ponto: a consciência, que é a fratura, o mal-estar, a negatividade da História; a consciência, que dá o sentido da realidade e a esperança de sua superação, sempre vem depois. No momento áureo da corrida, pelos fins da década de 50, a integração Brasil-Imperialismo produzia arremedos de resistência, como o nacionalismo desenvolvimentista, à ISEB: ideologia conciliante e ineficaz, pois tendia a imitar, a curto prazo, os males que a fizeram nascer, males do gigantismo industrial e burocrático. O alvo era a passagem, ou melhor, o "arranque" salvador graças ao qual teríamos uma infraestrutura nacional sem passar pelo inconveniente do Estado opressor. Indústria pesada garantida pelo sufrágio universal. O resultado está aí, e é triste mas instrutivo: não temos a grande infraestrutura nacional, mas, para escarmento dos liberais, temos um estado autoritário. Foi no que deu o desenvolvimentismo cego: ele nadava com a maré, e a maré o levou para onde bem quis.

Carlos Guilherme Mota escolheu momentos públicos e expressivos do processo na sua área mais intelectualizada: há um capítulo muito bem documentado sobre a "geração" que emerge do Estado Novo. A guerra chegava ao fim, os Aliados (compreendida a União Soviética) desbaratavam as tropas de Hitler; parecia triunfante a ideia da liberdade, que sofrera golpes sangrentos na década anterior, pontuada pelo dilema: coletivismo ou democracia. É o momento dos testamentos e, sobretudo, das plataformas. Um pouco assim como hoje (1977), mas talvez com maior paixão, o alvo imediato dos intelectuais em 1944 é a defesa do pensamento contra as sombras dos governos autoritários. Com a "redemocratização", a tônica passará da conquista política e jurídica, que se supunha alcançada com a Constituição de 1946, para a economia e a técnica: o Brasil, enfim livre do Estado Novo, deveria pôr-se a par das grandes potências emancipando-se também no plano da indústria. O sistema de apoio ao governo federal, PSD-PTB (sucessivamente:

Dutra, Getúlio, Juscelino), contrastado no plano meramente partidário pela UDN, assume o papel de *modernizar as estruturas* sem tocar nem nos meios nem nas relações sociais da produção. Alia-se, para tanto, estreitamente aos Estados Unidos, quer financeira, quer militarmente, mas sustenta-se, para uso interno e eleitoral, em um esquema nacional-populista.

Nesse contexto, é o caso de perguntar: o que fazia a inteligência universitária de São Paulo, que é um dos eixos temáticos do estudo de Carlos Guilherme Mota? Ela não se empenha manifestamente no projeto nacional-populista: filha de 1932 e de 1934, ela combateu o Estado Novo; guarda, por isso, boas distâncias em relação ao trabalhismo crescente dos anos 50 e tende a identificar todo e qualquer nacionalismo com ditadura de direita. No conjunto, o seu "desenvolvimentismo" vai ater-se ao plano educacional: as suas bandeiras serão o aperfeiçoamento do ensino superior (de que a USP era exemplo no país) e a defesa da escola pública. Assim, enquanto o nacionalismo teórico vazava-se nos textos do ISEB e nas revistas de tendência esquerdista, à Universidade (bloqueada a simpatia por qualquer projeto nacional-popular) restava a reafirmação dos princípios liberais que tinham como referência central a Escola.

Esquematizando: o "centro" ideal puro, o culto à democracia, achava-se na Universidade de São Paulo, acolitada então pelo jornal *O Estado de S. Paulo*; o centro móvel, impuro, que pendia ora para a direita, ora para a esquerda, achava-se no governo (o ISEB é oficial), nos partidos populistas, na prática dos sindicatos, nas folhas nacionalistas, na vida política enfim.

Creio que a diferença não se deva apenas às origens de classe da Faculdade de Filosofia. Deve-se também à responsabilidade muito limitada que a Universidade teve no processo decisório global. Responsabilidade de um observador privilegiado: daí, o seu pendor crítico-liberal. O professor ou o pesquisador puro, que ganha a vida fazendo descrições e interpretações da sociedade, não precisa, como o Estado populista, do aval periódico dos eleitores, nem deve produzir com urgência planos quinquenais. Para ele, o importante, o vital, é garantir a cultura letrada, a sua difusão universal e livre. Tudo o mais são hipóteses, contra-hipóteses, especulações, releituras dos clássicos, comentários, teses. Daí o seu distanciamento em relação a um projeto amplo, nacional-popular, em um tempo em que a vertente mais ativa da esquerda aceitava teses nacionalistas imediatas; em um tempo em que a inquietude popular, ora manipulada, ora espontaneamente, espoucava nos comícios e em centenas de greves operárias.

A cultura universitária de São Paulo escapou à vertente nacionalista, ou antes, ela nada teve que ver com qualquer prática nacional-popular. Para entender as suas razões profundas, creio que, além de reconhecer a sua filiação (primeiro oligárquica, depois de classe média nobilitada pelo *status* na hierarquia docente); além de notar a sua desconfiança em relação a todo nacionalismo; além de verificar o seu descentramento em face do poder, é preciso pôr-se nos meandros da sua prática intelectual. A Universidade fez ciência social nos moldes franceses e americanos, correndo, às vezes conscientemente, o risco de ser positivista e funcionalista, logo "cientificamente" neutra, e de alhear-se, durante largos anos, ao processo de "conscientização" que se promovia em outras áreas menos acadêmicas da inteligência brasileira, das quais saiu, certamente, o mais belo projeto de cultura popular que se conhece na História da América: o método de alfabetização de Paulo Freire. Aquele afastamento de qualquer prática popular foi o tributo pago por uma universidade asséptica, laboriosa e penetrada até o âmago dos ideais de rigor acadêmico.[2]

Carlos Guilherme mostra, ao longo da tese, que a Universidade saiu-se com as mãos limpas dos embates ideológicos do tempo, mantendo-se ao largo do nativismo retórico dos isebianos e da demagogia dos vários populismos. Mãos limpas, mãos vazias, dirá algum maldoso. E maldosamente perguntará: que esperança ela deu, ou podia ter dado, àqueles que ela estudava tão exemplarmente? Aos homens da fábrica, aos homens do mundo caipira, aos marginais das favelas, aos migrantes da periferia, aos pretos discriminados, aos índios acuados, a não ser o prognóstico realista de que todos estavam condenados à urbanização sociopática, à mais-valia, à alienação, à miséria, à morte. A ciência, obtida com tanto labor, duplicava afinal com o signo da sua autoridade o senso comum do homem oprimido que vê nos males do presente o triste mas fatal preço da civilização que, no caso vertente, se confundia com um subproduto do desenvolvimento capitalista. A atitude moral que enformava, então, os trabalhos universitários, gostaria de que esse preço não fosse tão alto, mas não podia ir além de um piedoso voto. *Vae Victis!*

Em outros termos: a cultura mais coerente estava fazendo um trabalho de reconhecimento da realidade empírica. Esta se apresentava como uma série de "fatos" ou de "traços" peculiares a um momento de aceleração do sistema capitalista dentro e fora do Brasil. Ocupada com o retrato objetivo da "transição do tradicional para o moderno", ela não poderia ter visto que

---

[2] Uma análise veemente e, em mais de um ponto, autocrítica, das relações entre a Universidade e a sociedade, nesse período, lê-se em Florestan Fernandes, *A Sociologia no Brasil* (Petrópolis, Vozes, 1977), especialmente nos capítulos "A geração perdida" e "Sociologia e socialismo".

a ciência "pura" acompanha o curso da dominação. De onde o seu ar de precoce necrológio do objeto estudado.

De meados dos anos 60 em diante, a memória guarda principalmente a curva do Estruturalismo, de resto ainda inacabada. O seu ponto alto coincidiu com a face mais ostensiva da reprodução do código econômico vigente. A História e suas mudanças qualitativas pareciam, então, agonizantes. Davam-se como regularidades algébricas a produção, a circulação e o consumo das mercadorias e dos signos, principalmente dos signos. O sistema, apesar de inchado, começava a exibir os ossos, isto é, a "estrutura". E todas as ciências humanas como que de repente puseram-se a pensar que não lidavam com formações vivas e diferenciadas, mas só com formas invariantes: esquemas, paradigmas, modelos. No entanto, esse tipo de pensamento, que espacializava a vida social e nela via um mecanismo de partes logicamente interligadas, não nascia de uma percepção justa do processo histórico que, no Brasil, se encaminhava para mais uma crise de amplo espectro: *econômica* (1960-64...), *política* (1964-...), *cultural* (1968-...).

O planejamento, *in abstracto*, revelou-se um equívoco. Nenhuma política democrática, nenhum cuidado de humanização do cotidiano pobre guiou o processo de industrialização e urbanização. Na linguagem de um grande economista que viveu as suas diversas fases: "A maioria dos investimentos industriais efetuados no Brasil entre 50 e 60 não contribuiu em nada para a mudança da estrutura de emprego da população".[3] O "desenvolvimento", nos moldes em que foi executado, agravou os desníveis econômicos e políticos. E a urbanização virou máquina de favelamento na periferia, congestionamento no centro, poluição em toda parte.[4] O desenvolvimentismo brasileiro deu, concretamente:

— no plano macroeconômico: o triunfo das multinacionais;
— no plano social: a reprodução acelerada da divisão de classes;
— no plano político: o governo autoritário, a tecnocracia;
— no plano cultural: a *mass communication* e a repressão.

As coisas movem-se. A partir de 1970, o nosso pensamento social, a imagem da História que se está recompondo, tende a perder aquela confiança

---

[3] Celso Furtado, "O Brasil ou os entraves ao desenvolvimento", *Paz e Terra*, ago. 1967, ano 1, n° 4, p. 171.

[4] Para um diagnóstico preciso, ver os resultados de uma pesquisa urbana reunidos no livro *São Paulo, 1975: crescimento e pobreza* (São Paulo, Loyola, 1976).

no reformismo puramente verbal e no saber que permeava as visões "integrativas" de anos anteriores. Pensa-se menos no quadro das "funções" em equilíbrio e mais em um espaço plural onde se impôs a hegemonia de classes e grupos. Nesse sentido, foi proveitosa a inflexão althusseriana do Estruturalismo, embora ela mutuasse com o jargão do racionalismo tecnocrático o ódio a toda subjetividade; o que é a sua face antiquada e superável.

A teoria da cultura tem retomado coerentemente os princípios fundamentais da dialética hegeliana relida mediante Lukács, Gramsci, Horkheimer e Adorno, deixando para trás os dualismos fáceis com a sua fácil passagem do "mal" ao "bem", isto é, do tradicional ao moderno, do religioso ao profano, do artesanal ao mecânico; tem mostrado, antes, o convívio das contradições dentro de um sistema amplo, inclusivo, neocolonial, capitalista.

A virada pode parecer, tal é a força da negação da negação, um convite a novos irracionalismos. Mas não se trata de um "retorno": só há retornos e "nostalgias" na cabeça dos que planejam e vendem modas. Trata-se de uma resposta. As verdadeiras vanguardas espirituais de hoje estão pondo em xeque todo o projeto pseudorracional que nos arrastou ao ponto em que estamos; e têm oposto, vigorosamente, a ecologia e a tecnologia sem riscos humanos ao industrialismo cego; os grupos de base às organizações-polvo; o projeto de um socialismo pobre ao frenesi do consumo; a conversa entre os que trabalham aos ditames da burocracia; a voz, o canto e o gesto ao fetiche da página impressa...

As formas religiosas voltam a interessar os estudiosos do Brasil, já não como "resíduos" de uma mentalidade atrasada e bárbara, mas como estímulos poderosos à vida em comum, saídas grupais do desespero e da opressão, sem falar em sua qualidade de fontes poéticas e musicais inexauríveis. Nesse particular, o fenômeno é profundo e vinca toda a cultura popular: há uma viragem socializante no interior da Igreja que desafia as interpretações clássicas; e junto a ela, uma disseminação de crenças pentecostais e umbandistas nas quais os fiéis pobres e, não raro, analfabetos, são elevados à categoria de pastores e curadores, graças ao reconhecimento, pela comunidade, de seus dotes ("carismas"): o que é uma democratização rápida e fundamental em uma sociedade que há séculos delega só a letrados e a doutores (estes pagos a peso de ouro) as funções de ensinar e curar. E o assunto me puxa para outro setor crucial da negação: a crítica saudável à medicina do dinheiro que se desdobra na denúncia à indústria dos remédios nocivos e caros, talvez o efeito mais sinistro da "modernização" compulsiva que as multinacionais promovem na América Latina.

A antipsiquiatria será apenas um fruto menor, mas sintomático, desse novo contexto mental que se define, às vezes impropriamente, como "contracultura". E que não é. Contracultura seria, a rigor, neobarbárie, violência programada, excitação artificial dos instintos, estímulo a condutas sadomasoquistas, crime. Mas as formas de pensamento que se marcaram acima nasceram no coração sofrido dos que resistem como podem à barbárie requintada do capitalismo tardio. São, portanto, cultura de resistência, e não "contracultura".

Antes da viragem, os sociólogos rematavam as suas brilhantes descrições do mundo operário ou do mundo rústico brasileiro auspiciando a integração das camadas pobres no sistema racional inclusivo. Fora da integração funcional na esfera "desenvolvida", a ciência só via "anomia" e "regressão". Hoje, o que se lastima é precisamente a rapidez e a violência da "integração" a qualquer custo que destrói a natureza e ameaça os valores de dignidade e solidariedade familiar e vicinal do pobre dando-lhe, em troca, laços de dependência econômica mais apertados. Não se trata, portanto, de esperar pela integração na rede da produção dominante, mas de pôr a nu a irracionalidade do sistema global.

A mudança principal, porém, me parece ser a consciência cada vez mais viva do caráter autoritário que o sistema industrial-burocrático assumiu entre nós na sua expansão máxima a partir de 1970. A perda clamorosa e quase simultânea, em quase toda a América Latina, das franquias políticas, justamente quando se fazia mais evidente a integração na economia imperial, desvendou a lógica, aliás simples, do sistema colonial: *quanto mais integrado, mais dependente*. Diz Florestan Fernandes:

> "Este desfecho mostra aonde leva a aceleração do desenvolvimento capitalista dependente, concebida e posta em prática pela dominação burguesa como um fim em si e para si, e em condições nas quais o resto da sociedade não pode impedir o monopólio exclusivo do poder do Estado por um conglomerado de classes privilegiadas."[5]

As perguntas liminares são agora: quem controla as forças da economia, da política, da cultura? Para que fim o desenvolvimento dessas forças tem sido acionado? E a cultura desejaria, hoje, não ir mais a reboque dos vencedores.

---

[5] *A Sociologia no Brasil*, op. cit., p. 263.

Remontando os caminhos da teoria: o equívoco nascia de uma forma de racionalismo puro, não dialético, que exigia do pesquisador a mesma "imparcialidade", a mesma suspensão de empatia que um modelo abstrato de ciência preconizava como o método ideal. A distância que essa abordagem produzira na mente do observador acabava por adaptá-la a um foco de visão colonizador. O seu polo positivo e valor maior era a modernização europeia ou norte-americana, exatamente como nos pensadores do século passado, mesmo os mais dramáticos: um Sílvio Romero, um Euclides da Cunha. Os resultados, apesar das diferenças de requinte na apresentação do material, acabavam-se assemelhando, pois o letrado colonizado tende a introjetar os valores da metrópole na forma por que esta os veicula.

O ponto de vista tende, agora, a inverter-se. Quer-se conhecer não tanto as andanças do colonizador no Brasil quanto o *drama interno*, raramente expresso em letras de forma, da situação colonizada, a qual abraça fundamentalmente a condição cativa em cujo meio se gestou a sociedade brasileira. A "sociologia da dependência", a polêmica entre as "ideias fora de lugar" e as "ideias no seu lugar"[6] e os estudos sobre Colônia e escravidão tornam-se o núcleo desse novo tempo cultural. O mesmo, e mais agudamente, dá-se com a sociologia dos movimentos messiânicos populares.

Nesse esforço para conhecer a alma dos dominados, haverá, quem sabe, algum risco de "cair" nas redes populistas de um passado próximo. O risco existe, mas é simétrico ao do internacionalismo de elite que tem seduzido os intelectuais puros. Mas o medo crônico aos "desvios" se parece bastante com o abuso da assepsia, que mata o germe nocivo, mas destrói ao mesmo tempo as bactérias necessárias à vida do organismo. A pergunta está no ar: um projeto de liberação do povo que "vive em colônias" (expressão cara a Carlos Guilherme) poderá deixar de atravessar a formação social, ou até mesmo, regional, em que esse povo está enraizado?

---

[6] "Ideias fora do lugar": título de um brilhante ensaio de Roberto Schwarz, que aponta para o caráter desfocado dos ideais liberais e democráticos durante o regime escravista brasileiro (*Cadernos Cebrap*, 1973, nº 3). Uma réplica encontra-se em Maria Sylvia de Carvalho Franco, "As ideias estão no lugar", texto que procura pôr em evidência a correlação básica entre a vida econômica dos senhores do café e a sua ideologia (em *Cadernos de Debate, 1 — História do Brasil*, São Paulo, Brasiliense, 1976). O contraste de pontos de vista, ainda genérico, poderá ser aprofundado pela análise comparativa de situações europeias e situações brasileiras para que se descubra, caso por caso, até que ponto as ideologias da "periferia" se acham simplesmente coladas às do centro. Ou, na tese oposta, até que ponto se pode falar em uma condição específica da sociedade brasileira capaz de engendrar os seus estilos ideológicos de pensamento.

O projeto nacional-popular (que não conhecemos no Brasil senão mistificado por manobras eleiçoeiras) foi um instrumento na história da libertação política de pequenas formações sociais europeias durante o século XIX (países eslavos, bálticos, escandinavos, balcânicos) e da maioria dos povos da África e da Ásia. Ele esteve indissoluvelmente ligado ao processo mundial de descolonização. Diria mesmo: foi o seu ponto de partida.

Gramsci aclarou de modo acutíssimo os dados do problema, perguntando-se: "como, segundo a filosofia da práxis, na sua manifestação política, a situação internacional deva ser considerada no seu aspecto nacional".

O internacionalismo — ao qual tende, a rigor, o melhor das perspectivas socialistas — deverá, porém, "depurar-se de qualquer elemento vago e puramente ideológico (em sentido pejorativo)", se quiser ter "um conteúdo de política realista".

> "Uma classe de caráter internacional, enquanto guia estratos sociais estritamente nacionais (intelectuais), (...) deve 'nacionalizar-se', em certo sentido, e neste sentido, que não é, aliás, muito estrito, porque, antes de se formarem as condições de uma economia segundo um plano mundial, é necessário atravessar múltiplas fases em que as combinações regionais (de grupos de nações) podem ser várias. Aliás, é preciso não esquecer nunca que o desenvolvimento histórico segue as leis da necessidade até o momento em que a iniciativa tiver passado nitidamente para o lado das forças que tendem à construção segundo um plano de pacífica e solidária divisão do trabalho. Que os conceitos não nacionais (isto é, sem referência a cada país singular) estejam errados, vê-se pelo absurdo de que tenham levado à passividade e à inércia."[7]

O que Gramsci criticava era a atitude puritana do internacionalismo; exigindo que se começasse por um fim ideal, não começava nunca.

Escrevendo no cárcere, em pleno período fascista, sob o delírio do pior nacionalismo, Gramsci preconizava "uma nova atitude em relação às classes populares, um novo conceito do que é 'nacional', diferente do conceito da Direita histórica".[8]

---

[7] Antonio Gramsci, *Note sul Machiavelli, sulla politica e sullo Stato moderno*, Turim, Einaudi, 1949, pp. 114-5.

[8] Antonio Gramsci, *Letteratura e vita nazionale*, Turim, Einaudi, 1950, p. 20.

Um bom critério para saber se o nacionalismo vai deteriorar-se em mito opressor é sondar se há nele algum traço de imperialismo em miniatura. Marx falava do "comunismo da inveja", pelo qual alguns queriam apenas arrancar as riquezas e as mulheres dos ricos, imitando, assim, o modo de vida dos dominadores. Há também um nacionalismo de inveja que, logo que pode, mostra as garras e cobiça os bens dos outros povos: assim fizeram a Alemanha e a Itália ressentidas com a expansão imperial da França e da Inglaterra na África. E há casos comuns, mas instrutivos, do forte que se queixa do mais forte enquanto vai pisando o mais fraco. A frente nacional--popular, tal como a pensava Gramsci, cresce para suprimir-se, para ceder lugar a um socialismo aberto que compreenda todos os povos, e tenha por horizonte uma só humanidade. Uma das lutas cruciais da primeira geração cristã, nos fins do século I, foi estalar os quadros de seita nacional-judaica (motivo por que foi tão perseguida pelos fariseus) e, abolindo as diferenças de sangue, instituir um regime de universalidade: "Aí não há mais grego e judeu, circunciso e incircunciso, bárbaro, cita, escravo, livre, mas Cristo é tudo em todos" (*São Paulo aos Colossenses*, 3, 11).

De qualquer modo, a superação das formações históricas particulares só se cumprirá se e quando se atravessarem os vários momentos do processo: e essa é, em síntese, a lição genuinamente hegeliana que Gramsci tira do termo "nacional-popular". Está claro que se o projeto dito "nacionalista" parte dos aparelhos do Estado burguês, então nada há a fazer: não é por aí que vai passar a libertação do povo. O estudo que Carlos Guilherme Mota faz da ideologia do ISEB é, nessa ordem de ideias, esclarecedor.

Um dos tentos do ensaio de Carlos Guilherme é este: mostrar que o período que vai de 1945 a 1964 não deve ser visto em bloco, mas ajuizado à luz das contribuições específicas que os homens de luta e de pensamento estavam dando; do contrário, a história das ideias, reduzida à sucessão de ideologias, teria virado um funeral. Assim, a aceleração de um trabalho em torno da "cultura popular" (1962-64) redime largamente o caráter híbrido, populista, da década anterior: é a hora em que se afirma a União Nacional dos Estudantes e se formam os Centros Populares de Cultura, o Teatro de Arena, os Violões de Rua, o Movimento de Educação de Base, a Frente Nacional do Trabalho, a Ação Popular, e em que se funda um jornal como *Brasil Urgente*, que deu o empurrão que faltava para "conscientizar" (palavra-chave naqueles dias) o disperso cristianismo de esquerda brasileiro. Foram tempos fortes que fermentaram os intelectuais chegados, hoje, em torno dos quarenta anos e que, portanto, entravam, naquela altura, na idade das opções públicas. Essa faixa cultural que não é só etária, mas política, pôde enfrentar criticamente os apelos ultrarracionalistas do Estruturalismo escolar e os apelos ultrairracionalistas do Tropicalismo, uns e outros aglutinados nos fins da década de 60.

A Universidade cresceu, a partir de 1950, em um sentido que acabou sendo (poderia deixar de ser?) paralelo ao crescimento das grandes instituições empresariais e burocráticas. A divisão do trabalho, a competição em todas as juntas da hierarquia, e um difuso racionalismo técnico, que é a boa consciência do profissional, afastaram-na, em geral, de uma empatia mais profunda com a condição oprimida. Houve um aburguesamento rápido do estilo de vida familiar, dos valores éticos, e uma inflexão teórica para o conhecimento puro ou, nos casos menos graves, para o reformismo liberal e modernizador. Mas este ledo e cego engano a Fortuna não deixa durar muito. Os conflitos interclasses e intraclasses continuavam agindo e, um belo dia, também os grupos letrados acabam sofrendo na pele (1969-...). A Universidade e a Imprensa então acordam para protestar e estudar as raízes do autoritarismo que vinham sendo adubadas durante toda a escalada neocapitalista.

Carlos Guilherme Mota salienta, com toda justeza, o papel crítico de revistas como a *Civilização Brasileira* e *Paz e Terra* (1965-68) e *Teoria e Prática* (1967), e os ensaios que para elas escreveram, por exemplo, Leandro Konder, Roberto Schwarz e Ferreira Gullar. Do último veio um livro bastante provocador, *Vanguarda e subdesenvolvimento* (1969), obra que procura recuperar os valores políticos de um passado recente e levedá-los com fermentos radicais e libertários. O caminho já se abria para a crítica da "indústria cultural" que os letrados tecnicistas então celebravam, na esteira do malabarista McLuhan, sob o nome de "comunicação de massa". 1967-68-69: hora de ler Marx e Hegel como contraponto às teorias que duplicam ingenuamente o sistema dominante.

Os textos de Konder, Schwarz e Gullar e, em geral, os ensaios polêmicos da *Revista Civilização Brasileira* mostram o quanto os escritores, os artistas e boa parte do público brasileiro tendem a introjetar antropofagicamente (isto é: acriticamente) os ideais e as técnicas do poder cultural internacional. Fazem-no para alertar o brasileiro culto contra as insídias da dominação. Sua linha é frontalmente anticapitalista e antiburguesa. Quanto ao texto de Antonio Candido, "Literatura e consciência nacional" (1969), situado por Carlos Guilherme junto àqueles, nasce, antes de mais nada, de uma recusa de qualquer mancha nacional-populista que porventura possa ainda turvar a consciência do intelectual brasileiro moderno: o seu contexto preciso é o espaço aberto pela oposição nacionalismo-universalismo, oposição vivida dramaticamente pela geração modernista e, em particular, pela crítica literária e musical de Mário de Andrade.

A opção de Antonio Candido é conhecida pela sua coerência: uma posição antirromântica, que opõe a disciplina clássica, introduzida pelo colonizador no século XVIII, às "tentações da vulgaridade e ao perigo potencial de absorção pelo universo do folclore". O veio antinativista já penetrava fundo nas páginas iniciais da *Formação da literatura brasileira* (1957) em que esta aparece, fundamentalmente, como ramo da portuguesa. Quanto à "consciência nacional", teria advindo de um transplante da "mentalidade e normas do Ocidente culto" na vida brasileira. O que é plausível se pensarmos em "consciência nacional" como a consciência que uma fração das classes hegemônicas tem do processo histórico.

Antonio Candido postula o "vínculo placentário", a "inevitável dependência" da nossa literatura em relação aos códigos europeus: a língua, os estilos, os esquemas ideológicos. Eles teriam dado, a partir das Academias do século XVIII, a forma culta, transnacional, a que se teriam subordinado os conteúdos da paisagem e da sociedade colonial. A história da literatura brasileira teria sido uma história de integrações, mais ou menos felizes, da nossa realidade aos padrões cultos europeus. Diante desse fenômeno de civilização que é, em primeira instância, um fenômeno de transplante e de adaptação, soariam românticas, isto é, falsas, as visões nacionalistas do processo. No ensaio citado e em "Literatura e subdesenvolvimento", que o completa, só quando o colonizado interioriza e refaz as pressões culturais do colonizador, é que ele tem condições de compor uma obra nova, à altura da civilização que o determinou.

Há, pois, uma coerência axiológica na bela, rica e complexa trajetória de Antonio Candido; coerência que Carlos Guilherme Mota ressalta em mais de um momento, mas que deixou de vincular à sua matriz teórica, que é a concepção de cultura como instrumento de modernização, de emparelhamento do Brasil com os centros irradiadores da civilização ocidental. O valor a ser atingido, aí, é a superação cultural do subdesenvolvimento, a passagem de etapas mentais atrasadas, provincianas, que se fará mediante a liberdade de expressão, o rigor científico e o planejamento mais razoável das instituições. Trata-se de uma concepção neoilustrada cujo limite é a ideia de que a modernização age como fator de democratização. O progresso adviria do exercício livre, mas escrupuloso, de uma cultura sem fronteira, sem cores nacionalistas nem sombras folclorizantes.

Como ideal, esse projeto me parece que encontra o seu espaço privilegiado na Universidade e numa produção literária fortemente personalizada.

Mas fora dessa condição, isto é, no meio de uma sociedade de classes desequilibrada, como a brasileira, os códigos dominantes, que regem a indústria da massificação e a linguagem universal do poder, traduzem mal, ou não traduzem o cotidiano popular.

Tudo indica que a interação do nacional com o supranacional só consegue ser fecunda quando o primeiro polo dispõe de liberdade e de condições espirituais para dialetizar o segundo, absorvendo-o no sangue dos seus próprios significados. É o caso de alguns grandes romancistas, compositores e pintores para os quais a lição europeia tem sido antes um estímulo feliz que um obstáculo para exprimir a sua experiência brasileira ou mesmo regional: o exemplo de Guimarães Rosa vale por todos.

Mas essa interação enriquecedora, ideal, não acontece com a maior parte dos brasileiros para os quais a escrita se impõe como técnica de engano, alienação e domínio. Quando o consumo da "cultura" é apenas sinônimo de adequação à engrenagem, cessam as suas virtudes de liberação.

Em termos de História: desde a implantação da cultura letrada portuguesa no Brasil, ficaram abaixo do *limiar da escrita* quase todos os conteúdos da vida indígena, da vida escrava, da vida sertaneja, da vida artesanal, da vida rústica, da vida proletária, da vida marginal; abaixo do limiar da escrita ficaram as mãos que não puderam contar, no código erudito, a sua própria vida.

O problema não está, portanto, resolvido; talvez nem sequer formulado. *Quais as relações que os códigos "altos" entretêm com a vida e a mente do povo?* Relações de libertação, de controle, ou, simplesmente, de ausência e indiferença? Por enquanto, "cultura popular" e "código culto, escrito" são conjuntos altamente diferenciados cuja área de intersecção é reduzida. A análise textual parece ainda não ter instrumentos para responder à pergunta: lidando com um repertório feito de objetos que, por sua própria natureza, já ultrapassaram o limiar que separa o pobre iletrado do homem de letras, a sua perspectiva não vai além da literatura. Esta vive a sua própria temporalidade na qual assumem caráter muito específico os contatos com as formas artísticas supranacionais. O mesmo, repito, não acontece com a cultura do povo, que não tem na escrita o seu fulcro.

O ensaio de Carlos Guilherme Mota sobrevoa, enfim, algumas expressões de crítica cultural dos últimos anos, até 1974. Sob as sombras da censura e da massificação, a pletora de publicações de todo tipo é de uma luxúria melancólica. A zoeira do neopopulismo selvagem mistura-se com os lamentos do purismo acadêmico. O paroxismo dos ataques secunda o paroxismo das manifestações epigônicas.

Para muitos, cultura é o coro de desabafos terroristas alternados com o que restou do jargão semiótico. A contracultura do ultimíssimo Barthes brinca, maliciosa, em meio a cacos espelhantes do mosaico formalista, que há algum tempo se partiu. Mas tudo isso talvez seja muito secundário. Carlos Guilherme, pelo menos, não se preocupou com nada que não fosse a cultura realmente empenhada, aquela que enfrenta o outro drama: o da luta pensada contra as formas autoritárias; e que se desdobra, nos momentos de maior lucidez, na outra luta, ainda mais radical e mais incerta, contra a expropriação da força de trabalho. Aqui, e só aqui, mora a visão profética, a utopia concreta, a "consciência possível" da inteligência brasileira de hoje. Talvez conviesse remontar a Lukács e a Goldmann para esclarecer esse último conceito. Mas vamos, antes, pôr no uso a prata de casa. Dizia o Padre Vieira no segundo "Sermão da Terceira Dominga do Advento" (1669), cujo tema é a profecia:

> "Os discursos de quem não viu, são discursos; os discursos de quem viu, são profecias.
> Os Antigos, quando queriam prognosticar o futuro, sacrificavam os animais, consultavam-lhes as entranhas, e conforme o que viam nelas, assim prognosticavam. Não consultavam a cabeça, que é o assento do entendimento, senão as entranhas, que é o lugar do amor; porque não prognostica melhor quem melhor entende, senão quem mais ama. E este costume era geral em toda a Europa antes da vinda de Cristo, e os Portugueses tinham uma grande singularidade nele entre os outros gentios. Os outros consultavam as entranhas dos animais, os Portugueses consultavam as entranhas dos homens. A superstição era falsa, mas a alegoria era muito verdadeira. Não há lume de profecia mais certo no mundo que consultar as entranhas dos homens. E de que homens? De todos? Não. Dos sacrificados. (...) Se quereis profetizar os futuros, consultai as entranhas dos homens sacrificados: consultem-se as entranhas dos que se sacrificaram e dos que se sacrificam; e o que elas disserem, isso se tenha por profecia. Porém consultar de quem não se sacrificou, nem se sacrifica, nem se há-de sacrificar, é não querer profecias verdadeiras; é querer cegar o presente, e não acertar o futuro."

São Paulo, julho de 1977

"Coisas da velha Escola: assim todos nós, publicamente ou no segredo de nossos corações, temos legitimamente dedicado fragmentos de nossa obra a esses companheiros de nossa juventude que foram os confidentes de nossos sonhos e de nossos trabalhos, aqueles que foram os primeiros a conhecer nosso jovem pensamento; mas muitas vezes nós fomos também os primeiros a conhecer o pensamento de outros..."

Lucien Febvre

"O meu passado não é mais meu companheiro.
Eu desconfio do meu passado."

MÁRIO DE ANDRADE, 1942

"Ah, recomeçar, recomeçar
Como canções e epidemias
Ah, recomeçar como as colheitas,
Como a lua e a covardia,
Ah, recomeçar como a paixão e o fogo
E o fogo
E o fogo..."

ALDIR BLANC e JOÃO BOSCO,
numa era de "Caça à raposa"

"Sou eu, o poeta precário
que fez de Fulana um mito
nutrindo-me de Petrarca,
Ronsard, Camões e Capim;

Que a sei embebida em leite,
carne, tomate, ginástica,
e lhe colo metafísicas,
enigmas, causas primeiras.

Mas, se tentasse construir
outra Fulana que não
essa de burguês sorriso
e de tão burro esplendor?

Mudo-lhe o nome; recorto-lhe
um traje de transparência;
já perde a carência humana;
e bato-a; de tirar sangue.

E lhe dou todas as faces
de meu sonho que especula;
e abolimos a cidade
já sem peso e nitidez.

E vadeamos a ciência,
Mar de hipóteses. A lua
fica sendo nosso esquema
de um território mais justo.

E colocamos os dados
de um mundo sem classe e imposto;
e nesse mundo instalamos
os nossos irmãos vingados."

(Extraído de "O mito", CARLOS DRUMMOND DE ANDRADE,
A rosa do povo, 1943-1945)

Agradecimentos

Aos saudosos Eurípedes Simões de Paula, nosso decano, presente até 1978 em todas as etapas de minha carreira; Francisco Iglésias, sempre disposto a "conferir opiniões", de modo fraterno, no melhor estilo universitário e mineiro; Michel Debrun, questionador constante das premissas desta investigação, amigo fraterno e arguidor contundente; e Octavio Ianni, que retificou meu roteiro intelectual mais de uma vez. A Paulo da Silveira, cuja perspectiva crítica muito auxiliou na feitura deste ensaio. Aos meus amigos e colegas da Faculdade de Filosofia, em especial a Alfredo Bosi, Eduardo Ayrosa, Heloisa Fernandes, Maria Sylvia de Carvalho Franco, Walnice Nogueira Galvão, Marilena Chaui, Ulysses Guariba e João Sebastião Witter. A Maria de Lourdes Rabetti, que auxiliou na preparação dos originais, nem sempre poupando críticas, e a Maria Cristina Cortez.

À Banca Examinadora, composta pelos professores Manuel Correia de Andrade, Raymundo Faoro, Michel Debrun, Sônia Apparecida Siqueira e Eduardo d'Oliveira França, que arguiu a tese em 15 de maio de 1975, meu particular agradecimento. A José Paulo Paes e a J. A. de Granville Ponce.

Em memória de Heleny Guariba e Vlado Herzog.

Introdução

A) UMA HISTÓRIA DA CULTURA BRASILEIRA?

> "O difícil não era construir um sistema brilhante — mas sim não se afogar, sob pretexto de amplidão de espírito, em um ecletismo abstrato e sem vigor. O difícil era ser *historiador*. Colocar-se inicialmente diante das realidades, das ideias preconcebidas. Olhá-las de frente."
>
> LUCIEN FEBVRE

> "Acho que a postura mais popular que existe é a conquista da tragédia, a descoberta da tragédia; olhar nos olhos da tragédia é fazer com que ela seja dominada."
>
> ODUVALDO VIANNA FILHO, 1974

O termo *ensaio*, sempre sujeito a tantas (in)definições, talvez seja o menos desajeitado e impróprio para cobrir o campo vasto e aberto no qual se instala esta investigação preliminar. Trata-se, com efeito, de um ensaio prévio, entrecortado por questões de método — para algumas das quais sequer se pode vislumbrar o encaminhamento — e por veredas que nem sempre reconduzem à problemática originária. Teríamos escrúpulos, ao menos um, de denominar esta proposta de investigação como sendo uma *história da consciência social*,[1] de maneira taxativa, de vez que, como regra geral, serviu-se das formulações oferecidas por escritos e depoimentos dos próprios agentes do processo cultural no Brasil nas últimas décadas. Tampouco poder-se-ia denominar este relato de *história da cultura*, *tout court*, de vez que

---

[1] Não se rejeitou essa conceituação, todavia, no decorrer do ensaio. Procurou-se utilizá-la dentro das coordenadas teóricas gerais sugeridas e veiculadas nas interpretações de Magalhães Godinho, Florestan Fernandes, Octavio Ianni, E. J. Hobsbawm, Albert Soboul, dentre outros. Na verdade, a validade do conceito já foi testada em *Nordeste 1817* (1970). A preocupação com o estudo das raízes do nacionalismo, por outro lado, data de 1966/67, conforme se esboçou na introdução a *Atitudes de inovação no Brasil (1789-1801)*.

o esforço permanente está justamente na tentativa de instauração de uma história das *ideologias* a partir da crítica às "visões", às "interpretações" realizadas a propósito da chamada Cultura Brasileira. Uma das proposições subjacentes reside exatamente na crítica reiterativa às noções de "cultura" tal como foram operadas, por exemplo, por autores como Fernando de Azevedo, Roland Corbisier ou Nelson Werneck Sodré. Não se trata, pois, de uma nova história da cultura brasileira. E, menos ainda, de uma *história intelectual*[2] do Brasil, onde o arrolamento sistemático dos principais intelectuais, bem como a indicação das respectivas "influências"[3] recebidas ou exercidas se erigiria em conhecimento científico: a primeira dúvida se poderia insinuar na base de tal empresa, em perspectiva neopositivista, sempre incidindo no caráter "incompleto", lacunar ou pontilhista do inventário esboçado. O que se pretende, afinal?

Pretende-se, como ponto de partida, e tentando não recair na velha tradição historicista de "contar a história tal qual ela se passou", apreender alguns momentos mais significativos em que a intelectualidade se debruçou sobre si mesma para autoavaliação ou, ainda, sobre o objeto de seu labor para defini-lo, situando-o em relação ao contexto vivido. Os pressupostos ideológicos que jazem na base de formulações sobre o que seja uma cultura ("brasileira", "nacional", "popular", de massa etc.), eis o que importa neste estudo.

Na raiz da investigação acha-se a inquietação absorvida nesta área dependente nos últimos dez ou doze anos. De uma era populista e desenvolvi-

---

[2] A chamada história intelectual vem sofrendo uma série de reformulações. Além das perspectivas abertas por Gramsci (e retomadas por Portelli) sobre o papel do intelectual, vejam-se as análises de Felix Gilbert, "Intellectual History: Its Aims and Methods"; Frank Manuel, "The Use and Abuse of Psychology in History" e Benjamin Schwartz, "A Brief Defense of Political and Intellectual History... with Particular Reference to Non-Western Countries". In: *Historical Studies Today*, Nova York, F. Gilbert e S. Graubard (eds.), W. W. Norton and Co., 1972. Coletânea em que se destacam também os ensaios de Hobsbawm, Furet e Le Roy Ladurie. Os colóquios de Saint-Cloud trouxeram importantes elementos para a renovação da temática (*História social: problemas, fontes e métodos* e *Níveis de cultura e grupos sociais*, publicados ambos na Coleção Coordenadas, Lisboa, Cosmos, sob orientação de V. Magalhães Godinho). Fundamental para esta abordagem é a posição de Hobsbawm em face do problema, publicada no artigo "Intellectuals and the Class Struggle". In: *Revolutionaries*, Nova York, Pantheon Books, 1973. Sobre a noção de crítica cultural, buscou-se alguma inspiração em T. W. Adorno, *Crítica cultural y sociedad*, sobretudo no último capítulo, "La crítica de la cultura y la sociedad", Barcelona, Ariel, 1970.

[3] Ver, por exemplo, a crítica contundente à noção de "influência" realizada por G. Bachelard, "Conhecimento comum e conhecimento científico". In: *Epistemologia*, Tempo Brasileiro, 1972, n° 28, espec. p. 32.

mentista, transitou-se para as malhas de um Estado autoritário, suficientemente articulado, e até sofisticado, para absorver e consentir formas "ilustradas" de reflexão e produção cultural. Numa palavra, colocamo-nos como problema indagar dos dilemas enfrentados e nem sempre resolvidos pela intelectualidade, num processo cultural que, em virtude de seu embasamento ideológico, e em virtude dos contextos vividos, assume dimensões políticas críticas. Cultura e política tornaram-se, mais do que nunca, componentes indissolúveis do mesmo processo: dizer que constituem níveis distintos de uma mesma realidade parece pouco mais que sonegar o essencial.[4]

Ouve-se falar, com frequência, estar-se vivendo, atualmente, no Brasil o fim de um ciclo cultural. Sem entrar no mérito da questão de fundo — a da existência de "ciclos culturais" — e sem arriscar demasiado no esforço (óbvio, de resto) de privilegiar o momento presente como pedra de toque para a localização da perspectiva a ser adotada, poder-se-ia afirmar que o ensaio, se assim cabe chamá-lo, ocupa-se a maior parte do tempo em rediscutir algumas matrizes de formas de pensamento no Brasil, em angulação que se pretende histórica. Apenas que não se trabalhará com a documentação ("textos") levando em conta apenas as estruturações internas, tão exclusivamente, para apontar as eventuais descontinuidades entre tipos diversos de "discursos". Pelo contrário, e muito embora não desprezando essa problemática, que é fascinante, o que se pretende é redimensionar a noção de produção cultural, reinstaurando o conceito de *processo* ideológico, menos atentos às descontinuidades — tema que tanto absorveu os analistas, estruturalistas sobretudo, no último lustro — que às continuidades.

A preocupação em não considerar certas vertentes do pensamento conservador que, no Brasil, cuidou da "história das ideias"[5], prende-se menos à idiossincrasia contumaz em relação às variadas formas em que se apresenta tal pensamento que ao interesse de buscar, às vezes de modo algo compulsivo, as motivações básicas do pensamento (por assim dizer) progressista — pensamento que às vezes se apresenta radical, mas nem sempre revolucionário, como apontou Antonio Candido em recente entrevista. Ainda que correndo o risco de cair num certo sociologismo (pior seria certamente o historicismo),

---

[4] Cumpre sugerir que o tema está presente em diversos momentos da História Contemporânea — sobretudo naqueles em que se assistiu, ou se assiste, a processos de descolonização. Bons exemplos da ocorrência de reflexões sobre a problemática referida podem ser colhidos em *De L'Impérialisme à la Décolonisation*, Jean-Paul Charnay (org.) (vários autores), Paris, Les Éditions de Minuit/CNRS, 1965. Em cuja publicação se inserem as intervenções de Jacques Berque, Kostas Axelos, Ben Barka, Charles Bettelheim, dentre outras.

[5] A qual, a rigor, segundo Marx, não existe.

buscou-se o conhecimento de algumas das determinações sociais das formas de pensamento estudadas.

As dificuldades não foram pequenas, e seria ocioso delas tratar nesta reflexão prévia. Mas uma merece atenção especial, de vez que se inscreve na esfera das coisas consabidas e, por essa razão, desprezadas. Referimo-nos ao tom opaco de certos diagnósticos, de certos conceitos, de certas formulações que parecem dar por encerrado o debate e conhecido o objeto do estudo. De fato, foi esse tom opaco[6] que funcionou como estimulante primeiro da busca do tema central do ensaio. O tom opaco — aparentemente sem importância — de certos diagnósticos muito difundidos por "intérpretes" da história do Brasil, na verdade veiculavam termos bastantes genéricos como "cultura brasileira", "cultura nacional", ou formulações amplas carregadas de ideologia, como "aspirações nacionais", "consciência nacional" ou ainda "caráter nacional da expressão estética" etc... Acabaram por sugerir uma "leitura" menos superficial de textos que, à primeira vista, pareciam óbvios, não problemáticos. Recuando no tempo, chegou-se a esbarrar, em 1933 — época das publicações das obras fundamentais de Caio Prado Jr. e Gilberto Freyre, bem como da fundação da Faculdade de Filosofia da USP — com formulações produzidas por um escritor que se inscrevia, a essa altura, nas frentes do pensamento radical, Carlos Drummond de Andrade:

"— Que notícia me dás, Itabira, da Associação Brasileira de Mineração, último esforço para manter o caráter nacional dos nossos depósitos minerais, hoje entregues ao estrangeiro tão arrebentado quanto nós para explorá-los?"[7]

Deixando de lado a atualidade da temática do nacionalismo enquanto ideologia (e realidade), colocou-se como tarefa inadiável rever alguns códigos que repousavam nas estruturas de textos considerados representativos — o que obrigou à remetência ao contexto, sempre que se fez necessário, até porque o "externo frequentemente se transforma no interno", na boa lição de Jakobson. Entretanto, mais que a descida aos meandros dos contextos que assistiram às produções focalizadas no ensaio — descida, de resto, inesgotável e que demandaria certamente trabalho de equipe — cedeu-se à urgência da necessidade de visualização e estabelecimento de um lineamento geral, em perspectiva cronológica, o que conduziu à inevitável (e sempre lacunar)

---

[6] Segundo Tzvetan Todorov, um texto pode valer por sua opacidade, e não por sua transparência. "Formalistes et futuristes", *Tel Quel*, 1968, nº 35, p. 42.

[7] "Confissões de Minas". In: *Obra completa*, Aguilar, p. 559. Escrito em 1933.

e arriscada montagem de um quadro referencial. *Quadro referencial que, no caso presente, surge entendido apenas como uma periodização prévia*[8] que permita a consideração de momentos significativos da Historiografia em geral e, em particular, das ocasiões em que algumas matrizes básicas de pensamento foram definidas ou reelaboradas no Brasil.

O tom geral é de proposta, de tentativa de situar o objeto e definir o traçado geral de linhagens de pensamento significativas para a instauração de uma *história das ideologias* no Brasil. Em suma: *trata-se de uma reflexão prévia.*[9] Um exercício de memória.

B) POR UMA PERIODIZAÇÃO DA PRODUÇÃO CULTURAL NOS ÚLTIMOS QUARENTA ANOS

1. Marcos na historiografia geral do Brasil

> "A certa altura da vida, vai ficando possível dar balanço no passado sem cair em autocomplacência, pois nosso testemunho se torna registro da experiência de muitos, de todos que, pertencendo ao que se denomina uma geração, julgam-se a princípio diferentes uns dos outros e vão, aos poucos, ficando tão iguais, que acabam desaparecendo como indivíduos para se dissolverem nas características gerais da sua época."
>
> Antonio Candido, 1967

O roteiro ora apresentado procura indicar os momentos decisivos do processo de conhecimento histórico no Brasil, esboçando uma periodização

---

[8] Para o período imediatamente anterior, há análises referenciais de largo alcance, como as de Alfredo Bosi, *O pré-modernismo* (3ª ed., São Paulo, Cultrix, 1969), e Antonio Candido, "Literatura e cultura de 1900 a 1945" (In: *Literatura e sociedade*, 3ª ed., São Paulo, CEN, 1973). Bem como os artigos de Adalberto Marson, "Dimensões políticas do Modernismo na década de 1920" (*Ciência e Cultura*, nov. 1973, v. 25, nº 11), e João Luiz Lafetá, "Estética e ideologia" (*Argumento*, nov. 1973, nº 2). Que a temática do nacionalismo na esfera da produção cultural vem inquietando pesquisadores da nova "geração", demonstram-no pesquisas em desenvolvimento como as de Maria de Lourdes Rabetti, *Nacionalismo na imprensa: estudo das manifestações ideológicas da imprensa literária da cidade do Rio de Janeiro nas décadas republicanas*, e a de Adalberto Marson sobre *A ideologia nacionalista em Alberto Torres*, tese de doutoramento, USP, 1975, mimeo., sob minha orientação.

[9] A tarefa docente, sobretudo em nível de pós-graduação, mais especificamente nos

plausível, apontando os temas predominantes em cada momento, bem como alguns traços metodológicos e os conteúdos ideológicos das principais produções. A análise da função social do historiador surgirá a cada passo, ora em termos de constatação (quando para tanto dispusermos de informações), ora em termos de problemas. Os problemas, aliás, não são simples, mesmo quando os focalizamos em termos mais gerais. Exemplo? Escrevendo sobre os marginalizados social e culturalmente, um lúcido crítico brasileiro, Roberto Schwarz, indicava em 1970 que a chamada "cultura brasileira" não chegaria a atingir, com regularidade e amplitude, 50 mil pessoas, num país de 90 milhões de habitantes. Não será difícil, a partir dessa referência, afirmar que a historiografia brasileira é altamente elitizante, sua elaboração ficando nas mãos de um segmento social muito restrito, servindo no mais das vezes para recompor a saga das oligarquias em crise, ou justificar a ação política da hora. O oficialismo esterilizou em não poucas oportunidades o trabalho intelectual, propiciando o surgimento de uma historiografia cortesã — que, diga-se de passagem, não foi privilégio do Brasil. Portugal, por exemplo, foi um dos países que mais alto pagou o preço da esterilização cultural, acompanhada do êxodo de cérebros para outros centros de livre investigação e crítica. Não se trata apenas de um exemplo; configura, antes, uma advertência.

Nem mesmo a implantação de universidades verificada a partir dos anos 30 modificou significativamente o quadro dos estudos históricos. Registre-se, com Francisco Iglésias, que algumas das obras mais valiosas de História não foram escritas por historiadores, mas especialistas de outros campos. Podem ser apontados Oliveira Vianna e Gilberto Freyre, na seara política e no estudo social, respectivamente; e, mais recente, a obra de Celso Furtado, sobre a formação do Brasil, em perspectiva econômica.[10] Note-se, neste passo, que nem

---

anos 1971-1974, em que coordenamos o projeto *Mudanças Sociais e Estruturas Mentais e Ideológicas no Brasil (1789-1945)*, propiciou discussões e confrontos de várias linhagens do pensamento historiográfico relativo ao Brasil e à América Latina. A necessidade de estabelecer um conjunto de proposições referenciais, de situar elementos historiográficos (teóricos e ideológicos) até então insuficientemente testados, e de elaborar problemática que funcionasse como linha-diretriz para pesquisas individuais (sobre temas tão amplos como as insurreições de 1824 e 1848, ou sobre a crise da ordem escravocrata, ou sobre manifestações ideológicas após 1930 etc.) provocou, de maneira mais imediata, o presente ensaio. Daquele grupo de pesquisadores, destacam-se Maria Helena Capelato, Maria Lígia Prado, Edgard De Decca e Izabel Marson, entre outros.

[10] Cf. *Anais de História*, Faculdade de Filosofia, Ciências e Letras de Assis, São Paulo, p. 46. Francisco Iglésias, ao lado de José Honório Rodrigues, Stanley Stein, Emília Viotti da Costa, Odilon Nogueira de Mattos, Amaral Lapa, Dante Moreira Leite e poucos mais, vem

Caio Prado Jr. (possivelmente o historiador mais significativo do Brasil), José Honório Rodrigues e Sérgio Buarque de Holanda tiveram suas formações e carreiras definidas pela vivência universitária. Vale lembrar que também Gilberto Freyre não é fruto de vivência universitária no Brasil, mas sim no Exterior. Só mais recentemente, e de maneira quase excepcional, a universidade produziu contribuição significativa, crítica, empenhada. No geral, quando as obras surgiram empenhadas (raramente surgiram engajadas), carregadas de potencial crítico, seus autores não foram tolerados pelo sistema. Basta que se lembre que uma das mais brilhantes escolas de explicação histórico-sociológica, centralizada em Florestan Fernandes, Octavio Ianni, Fernando Henrique Cardoso, Emília Viotti da Costa, Paula Beiguelman — talvez a única escola que se desenvolveu dentro dos quadros acadêmicos — sofreu, após 1968, aposentadoria coletiva, tendo sido seus elementos recrutados por universidades ou centros como a Sorbonne, Yale, Columbia, Toronto, Oxford e o Colégio de México.

A criação de Faculdades de Filosofia (data-base: 1934) não propiciou, na primeira hora, a renovação dos estudos de História do Brasil. Visto em conjunto, o processo criativo favoreceu mais outras áreas de investigação, como Sociologia, Política, Antropologia, Geografia e Economia — marcadas, de resto, por uma vocação histórica significativa.[11] De maneira geral, pode-se concordar com Cecília Westphalen, para quem a proliferação de estabelecimentos de ensino superior onde se lecionasse História do Brasil propiciou o recrutamento de docentes entre os eruditos locais, sem formação universitária (técnica, teórica e metodológica). "Sobretudo os professores de História do Brasil", escreve Cecília Westphalen, "catedráticos de primeiro provimento, que permaneceriam muitos por mais de 20 anos, foram recrutados entre os membros dos Institutos Históricos e as Academias de Letras, não apenas totalmente despreparados como portadores de uma orientação superada."[12]

---

realizando análises percucientes sobre a produção historiográfica no Brasil. Sejam registradas, como pontos de referência, as análises de Alice Canabrava, apresentadas no I Seminário de Estudos Brasileiros, e de Antonio Candido, sobre o significado de *Raízes do Brasil*, de Sérgio Buarque de Holanda, estudo realizado em 1967.

[11] Note-se que os professores europeus que vieram nas missões culturais carregavam sólida formação no campo da História. Geógrafos ou antropólogos, filósofos ou sociólogos, seus cursos e escritos não dispensavam a perspectiva histórica.

[12] *Anais do I Seminário de Estudos Brasileiros*, USP, 1972, p. 38. Embora muito conservadora e tendo servido no Ministério da Educação sob o regime militar, a profa. Westphalen fez uma observação pertinente.

Introdução

Abolido recentemente, o regime de cátedras deixou entretanto marcas profundas nas formas de organização e convívio universitário, que se manifestam, frequentemente, no baixo teor de criatividade, na inexistência de projetos articulados e sistemáticos de pesquisa, na dificuldade atávica de cooperação interdisciplinar. O trabalho permanece orientado para a elaboração de monografias relativamente desimportantes e desarticuladas de problemas maiores, problemas que estimulam a investigação teórica e empírica em centros de pesquisa de outros países. Os grandes problemas e temas contemporâneos ficam, na melhor das hipóteses, soterrados sob uma grande quantidade de trabalhos, inspirados na maior parte por um empirismo rústico, cultivado tanto na universidade como fora dela. Esse empirismo inibe o pesquisador/docente para o debate crítico com seus orientandos, cada vez mais entorpecidos pelos poderosos princípios da *cultura de massa*. Tal entorpecimento explica o baixo movimento editorial, ficando preteridos grandes temas como dependência, estratificação e estruturas sociais na América Latina, relações de raça e classe discutidas em perspectiva histórica, processos de formação de consciência de classe, o problema da existência de um modo de produção colonial, modelos de explicação dos movimentos sociais na história da América Latina.

Uma última reflexão prévia, e não menos inquietante: em raras ocasiões a produção historiográfica logrou libertar-se de vínculos externos excessivamente pesados. Desde Varnhagen e Capistrano de Abreu, marcados pela Escola Histórica Alemã, até Nelson Werneck Sodré, autor esquemático e apressado, chegando aos representantes locais da História quantitativa (tendência que, no Brasil, assumiu caráter geralmente neocapitalista e, pretendendo limitar o estudo econômico e social à coleção de números, gráficos e curvas, despreza a análise qualitativa) a *importação* cultural configura um fenômeno permanente. Nos últimos tempos, o interesse despertado pela América Latina intensificou o desenvolvimento de estudos sobre o passado do Brasil, especialmente o passado recente. Note-se que esses estudos vêm sendo conduzidos por equipes cujos polos principais se situam nos Estados Unidos ou Europa (França, sobretudo). Da superioridade técnica e material dessas equipes já se conhece o suficiente para indicar o atraso esmagador da pesquisa histórica no Brasil.[13] O convívio com representantes dessa vaga de

---

[13] O roteiro mais completo sobre a pesquisa histórica do Brasil é de autoria de José Honório Rodrigues: *A pesquisa histórica no Brasil*, 2ª ed., São Paulo, Cia. Editora Nacional, 1969. Obra de referência obrigatória.

pesquisadores — para os EUA, conhecidos pelo termo *brazilianists* — permite verificar as deficiências de *técnicas* e de infraestrutura para o desenvolvimento das investigações, da mesma forma que as carências de metodologia se revelam no convívio com os colegas franceses. As Faculdades de Filosofia, ao menos como projeto, poderão sanar alguns desses problemas, mas ainda não houve, como diz Cecília Westphalen, um debruçar efetivo dos historiadores universitários brasileiros sobre a História do Brasil.

No plano da Historiografia, em termos de importações, continua-se a copiar ou glosar, nesta área periférica, os aspectos mais exteriores das produções dos centros hegemônicos. Sobre o tema, muito haveria a comentar: o debate ficaria definido pela temática dependência/independência cultural, o foco central estando centrado no estudo das *condições de produção* de obras de História do Brasil maduras e originais. Não descartando o problema, que é grande e atinge a todos que se ligam aos estudos da Ciência Social na América Latina, firmamos nossa posição através da formulação perfeita de Antonio Candido, e que poderia igualmente servir de epígrafe para esta abordagem:

> "Um estágio fundamental na superação da dependência é a capacidade de produzir obras de primeira ordem, influenciadas não por modelos estrangeiros, mas por exemplos nacionais anteriores."[14]

Os marcos do processo

Na comunidade dos historiadores de ofício, a história da Historiografia geralmente é considerada o mais difícil dos gêneros. Dadas suas características e implicações, pressupõe que o analista reúna conhecimentos de metodologia, teoria da História e teoria das ideologias. E de História, naturalmente. Daí o tom de proposta para debate desta tentativa de interpretação: uma plataforma para futuras explorações.

No plano específico da história da Historiografia brasileira, a proposição de uma *periodização* plausível torna-se, em si mesma, empresa arriscada não só pela complexidade do tema, como pelo, relativamente baixo, índice de crítica historiográfica. Numa palavra, o comentário, a polêmica, a resenha crítica pouco marcaram os ambientes em que se exercitaram os expli-

---

[14] "Literatura e subdesenvolvimento", *Argumento*, São Paulo, out. 1973, n° 1, p. 17.

cadores do nosso passado. Se a crítica, no plano da literatura, não se instaurou plenamente, ficando seu exercício restrito a três ou quatro periódicos de traços provincianos,[15] no plano da Historiografia os sinais não são mais animadores. Raras as frentes em que o exercício da crítica historiográfica se exerce: por um lado, revistas mais consequentes como a *Revista Brasiliense* (dirigida por Caio Prado Jr.), ou a *Revista Civilização Brasileira* (dirigida por Ênio Silveira), ou *Anhembi* (dirigida por Paulo Duarte) deixaram de circular na última década,[16] por outro lado, os antigos "explicadores do Brasil" permaneceram extremamente zelosos em relação à sua produção.[17] Por essas razões torna-se difícil reconstruir através de resenhas, polêmicas e estudos, o rastilho dos debates que indicariam uma tendência ao maior (ou menor) amadurecimento no plano da produção historiográfica. Produção que não pode ser analisada adequadamente se desvinculada de outras frentes de atividades intelectual e política. As vicissitudes da produção historiográfica somente poderão ser compreendidas em sua complexidade após o estudo acurado dos impactos das obras sobre o meio intelectual — a ser realizado através da crítica. Afinal, muitos foram os trabalhos que não tiveram repercussão imediata,[18] da mesma forma, outros, que atestam plena maturidade cultural, permaneceram bibliografia restrita a reduzidíssimos estamentos intelectuais.[19]

---

[15] Hoje, as publicações um pouco mais "ousadas", como *Argumento*, encontram problemas com a censura.

[16] Mencionem-se revistas que ainda permanecem em atividade, embora por vezes com pequena tiragem e intermitentes: *Dados, Discurso, Estudos Cebrap*, entre outras. Mais permanentes são a *Revista de História* (SP), *Revista Brasileira de Estudos Políticos* (MG) e *Ciência e Cultura* (SP). A *Revista Brasileira de Ciências Sociais*, de excelente nível, publicada em Minas Gerais, desapareceu em 1964. E, em 1975, *Debate e Crítica*.

[17] Em algumas ocasiões, rancores pessoais transformaram-se em denúncias de ordem política, pelo que se depreende do parecer que o historiador A. J. Lacombe exarou sobre obra de Nelson Werneck Sodré e equipe. Cf. *Revista Civilização Brasileira*, set. 1965, nº 4, pp. 78 ss. Sobre a formação do diretor da Coleção Brasiliana, consulte-se o recente artigo de Hélio Trindade, "Plínio Salgado e a Revolução de 1930: antecedentes da AIB", na *Revista Brasileira de Estudos Políticos*, Minas Gerais, jan. 1974, nº 38, pp. 15-7. Observe-se, a propósito, que não foram poucas as vezes que tendências autoritárias marcaram a produção historiográfica brasileira.

[18] É o caso da obra de Vitor Nunes Leal, *Coronelismo, enxada e voto*, Rio de Janeiro, Revista Forense, 1948, só reeditada em 1975.

[19] É o caso, em larga medida, do importante *Visão do paraíso*, de Sérgio Buarque de Holanda (Rio de Janeiro, José Olympio, 1958).

Ao tentar-se o esboço dos momentos mais significativos da Historiografia brasileira nos últimos quarenta anos, não se pode deixar de mencionar as dificuldades acima, sob pena de se recair na velha tradição historicista em que o simples arrolamento de "escolas" que se "influenciam" fica erigido em conhecimento científico. Embora em termos de esboço, e levando em consideração apenas os momentos em que obras significativas vieram à luz, podem ser indicados cinco momentos decisivos:

1) Redescobrimento do Brasil (1933-1937);
2) Primeiros frutos da Universidade (1948-1951);
3) Era de ampliação e revisão reformista (1957-1964);
4) Revisões radicais (1964-1969);
5) Impasses da dependência (1969-1974).

1) Redescobrimento do Brasil (1933-1937)

O redescobrimento do Brasil pode ser registrado na própria sucessão das produções historiográficas posteriores à Revolução de 1930. A Revolução, se não foi suficientemente longe para romper com as formas de organização social, ao menos abalou as linhas de interpretação da realidade brasileira — já arranhadas pela intelectualidade que emergia em 1922, com a Semana de Arte Moderna, de um lado, e com a fundação do Partido Comunista, de outro. Assim como no plano da política, na seara historiográfica novos estilos surgiram, contrapondo às explicações autorizadas de Varnhagen, Euclides da Cunha, Capistrano de Abreu e Oliveira Vianna concepções até então praticamente inéditas, e que soariam como revolucionárias para o momento. *A Historiografia da elite oligárquica empenhada na valorização dos feitos dos heróis da raça branca*, representada pelo Instituto Histórico e Geográfico Brasileiro (fundado em 1838), vai ser contestada de maneira radical por um conjunto de autores que representarão os pontos de partida para o estabelecimento de novos parâmetros no conhecimento do Brasil e de seu passado. *Esse momento é marcado pelo surgimento das obras de Caio Prado Jr. (1933), Gilberto Freyre (1933), Sérgio Buarque de Holanda (1936) e Roberto Simonsen (1937).*

A obra que certamente representa o início do redescobrimento do Brasil é a de Caio Prado Jr., *Evolução política do Brasil* (1933), anunciando "um método relativamente novo", dado pela interpretação materialista. Organiza as informações de maneira a não incidir e esgotar o enfoque "na superfície dos acontecimentos — expedições sertanistas, entradas e bandeiras; substituições de governos e governantes; invasões ou guerras". Para o autor, esses acontecimentos constituem apenas um *reflexo* (termo que parasitará muitas das explicações posteriores) exterior daquilo que se passa no íntimo da História. Redefiniu a periodização corrente, valorizando os movimentos sociais como Cabanada, Balaiada e Praieira e demonstrando que "os heróis e os grandes feitos não são heróis e grandes senão na medida em que acordam com os interesses das classes dirigentes em cujo benefício se faz a História oficial". Uma crítica vigorosa à Historiografia oficial fica estabelecida de maneira sistemática e fundamentada, ao mostrar que autores difundidos como Rocha Pombo, em volumes alentados, dedicavam simples notas de rodapé a movimentos do porte da Cabanada (Pará, 1833-1836).

A preocupação em explicar as relações sociais a partir das bases materiais, apontando a historicidade do fato social e do fato econômico, colocava em xeque a visão mitológica que impregnava a explicação histórica dominante. É o início da crítica à visão monolítica do conjunto social, gerada no período oligárquico da recém-derrubada República Velha: *com as interpretações de Caio Prado Jr., as classes sociais emergem pela primeira vez nos horizontes de explicação da realidade social brasileira — enquanto categoria analítica.*

Mais divulgada e comentada, a obra de Gilberto Freyre, *Casa-grande & senzala* (1933), atingiu ampla popularidade pelo estilo corrente e anticonvencional; pelas teses veiculadas sobre relações raciais, sexuais e familiares; pela abordagem inspirada na antropologia cultural norte-americana e pelo uso de fontes até então não consideradas. A crítica mais recente não se demora em duvidar do caráter racista da obra na valorização dos traços mestiços da população brasileira. Se, antes, Oliveira Vianna considerava de forma negativa a mestiçagem, Gilberto Freyre agora a considera de forma positiva.[20] Demais, operando com noções como as de eugenia, branquidão, morenidade, passou a elaborar teses sobre a adaptação adequada de nossa cultura aos trópicos, o Brasil representando um país com poucas barreiras à ascensão de indivíduos pertencentes a classes ou grupos inferiores. Um de seus críticos mais radicais, Dante Moreira Leite, indica que a deformação mais visível da obra de Freyre "decorre da história dos últimos trinta anos onde se deve incluir a nossa história intelectual. Quando Gilberto Freyre publicou *Casa-grande & senzala*, em 1933, o livro foi interpretado como uma afirmação corajosa de crença no Brasil, no mestiço e no negro, sobretudo se pensamos no prestígio de um escritor como Oliveira Vianna e no predomínio das doutrinas racistas que dariam base ideológica ao nazismo. Hoje, com a

---

[20] Ver a crítica de Emília Viotti da Costa nos *Anais do I Seminário de Estudos Brasileiros*, v. 2, p. 55.

independência dos povos africanos e com a luta dos negros norte-americanos pelos seus direitos civis, a posição de Gilberto Freyre parece inevitavelmente datada e anacrônica. Finalmente, as posições políticas de Gilberto Freyre — tanto no Brasil como em relação ao colonialismo português na África — contribuíram para identificá-lo com os grupos mais conservadores dos países de língua portuguesa e para afastá-lo dos intelectuais mais criadores. Disso resulta que Gilberto Freyre é hoje, pelo menos no Brasil, um intelectual de direita, aceito pelos grupos no poder, mas não pelos jovens intelectuais".[21]

Embora não se possa deixar de considerá-lo um ideólogo da "cultura brasileira", diga-se, a favor do autor de *Casa-grande & senzala*, que sua obra representava uma ruptura com a abordagem cronológica clássica, com as concepções imobilistas da vida social do passado (e do presente). Para o momento em que surgiu, *Casa-grande & senzala* deslocava a importância de obras "antecipadoras" como as de Oliveira Vianna, ofuscando o ambiente intelectual e provocando a celeuma que pode ser acompanhada através das ásperas respostas dadas pelo autor à crítica mais reacionária (inclusive provenientes de setores do clero). A obra de Freyre teve o peso de uma denúncia do atraso intelectual, teórico, metodológico, que caracterizava os estudos sociais e históricos no Brasil. Ao bacharelismo, à cultura estagnada, suas análises contrapunham uma interpretação livre e valorizadora dos "elementos de cor" — enfeixadas numa obra de difícil classificação dentro dos moldes convencionais e compartimentados (Economia, História, Sociologia, Antropologia etc.). O enquadramento e a localização teórica de Freyre era difícil, porque o tipo de explanação adotada pelos "explicadores do Brasil" não se limitava a um campo específico: ainda quando tratam de uma região específica, generalizam as conclusões para o Brasil como um todo; e quando são especialistas em um ou dois séculos, extrapolam suas teses e conclusões para todos os tempos. Sob a capa de um tratamento científico, às vezes buscando instrumental na Antropologia e na Sociologia, deixam escorrer sua ideologia — como é o caso do luso-tropicalismo de Gilberto Freyre. O livro maior de Freyre não se prestava, assim, a enquadramento rígido nas bibliografias acadêmicas. Talvez pela teima dialética em se considerar escritor apontada por Antonio Candido,[22] sua interpretação conseguiu ofuscar alguns

---

[21] Dante Moreira Leite, *O caráter nacional brasileiro*, 2ª ed. refundida, São Paulo, Pioneira, 1969, p. 271.

[22] Em *Gilberto Freyre: sua ciência, sua filosofia, sua arte* (vários autores), Rio de Janeiro, José Olympio, 1962, p. 121.

dos principais historiadores que tentaram abordá-lo, como José Honório Rodrigues, Amaro Quintas e, no Exterior, Thomas Skidmore.[23] Só muito recentemente a crítica conseguiu avaliar com maior equilíbrio e profundidade a obra: registrem-se as posições de Antonio Candido, Dante Moreira Leite, Emília Viotti da Costa e, mais desafiadora, de Verena Martinez-Alier,[24] todas posteriores a 1967.

A terceira grande obra desse momento, *Raízes do Brasil* (1936), de Sérgio Buarque de Holanda, transformou-se num clássico, embora de menor repercussão na época. Trazia em seu bojo a crítica (talvez demasiado erudita e metafórica para o incipiente e abafado ambiente cultural e político da época) ao autoritarismo e às perspectivas hierárquicas sempre presentes nas explicações do Brasil. Lembre-se, neste passo, que o Brasil transitava para o fechamento da crítica nas estruturas do Estado Novo (1937-1945), e que o debate intelectual estava polarizado por revistas de direita como *Política* (de São Paulo), *Hierarchia* e *Revista de Estudos Jurídicos e Sociais* (do Rio de Janeiro). Até mesmo a extrema-direita já se impunha no debate, provocando desalento nos quadros do liberalismo oligárquico. *Raízes do Brasil*, cujo significado foi estudado brilhantemente por Antonio Candido, em 1967, forneceu aos jovens "indicações importantes para compreenderem o sentido de certas posições políticas daquele momento, dominado pela descrença no liberalismo tradicional e a busca de soluções novas".[25] A inspiração teórica registrava a afinidade do autor com a perspectiva culturalista alemã, temperada pelos avanços da metodologia francesa no plano da História Social. Um dos maiores estilistas brasileiros, o autor se notabiliza pelo "ritmo despreocupado e às vezes sutilmente digressivo" que, ainda na justa avaliação de Antonio Candido, representou um verdadeiro "corretivo à abundância nacional", cuja retórica bacharelesca marcava a produção política, literária e interpretativa da época.

---

[23] Cf. José Honório Rodrigues. "*Casa-grande & senzala*: um caminho novo na historiografia". In: *História e historiadores do Brasil*, São Paulo, Fulgor, 1965. Amaro Quintas, "Gilberto Freyre e a historiografia brasileira", *Revista de História*, São Paulo, 1970, n° 83. Thomas Skidmore, "Gilberto Freyre e os primeiros tempos da República brasileira", *Revista Brasileira de Estudos Políticos*, Minas Gerais, 1967, v. 22.

[24] A posição de Antonio Candido está fixada no estudo introdutório a *Raízes do Brasil*. O texto de Verena Martinez-Alier, "Cor como símbolo de classificação social", foi publicado na *Revista de História*, São Paulo, 1973, n° 96.

[25] "O significado de *Raízes do Brasil*". In: Sérgio Buarque de Holanda, *Raízes do Brasil*, 6ª ed., Rio de Janeiro, José Olympio, 1971, p. xii.

Obra de difícil classificação, dentro dos padrões tradicionais, reúne e combina elementos retirados da História Social, da Antropologia, da Sociologia, da Etnologia e da Psicologia. Como a de Gilberto Freyre, propõe até hoje problemas para o analista: segundo Emília Viotti da Costa, seria um trabalho de Psicologia Social,[26] ou simplesmente uma obra ideológica sobre o caráter nacional brasileiro, cujo foco estaria localizado na descrição intuitiva do brasileiro de classe alta,[27] segundo Dante Moreira Leite.

A crise da ordem oligárquica, com a Revolução de 1930, provocou a elaboração do conjunto de reflexões que atingiria seus pontos mais altos nas obras de Gilberto Freyre e Sérgio Buarque de Holanda. Novas formas de percepção e ajustamento à ordem vigente foram elaboradas — e não será difícil encontrar o saudosismo aristocrático perpassando as reflexões de ambos. Não parece o caso de Caio Prado Jr., que ultrapassou o momento.

O momento é o da descoberta das oligarquias, em sua vida social, política, psicológica, íntima. A mestiçagem passa a ser valorizada, numa erudita procura de convergência racial cordial. Nesse mesmo tempo, o Brasil urbano-industrial já vem despontando na Historiografia, através da produção docente e analítica do empresário paulista Roberto Simonsen, cujo livro *História econômica do Brasil* (1937) será um marco na história da Historiografia econômica. A volta ao passado, em perspectiva econômica, para a busca das verdadeiras raízes, entretanto, estava sendo realizada por Caio Prado Jr., que forneceu obra de maioridade dos estudos históricos entre nós, a *Formação do Brasil contemporâneo* (1942), um balanço do período colonial, magistralmente elaborado, discutindo o sentido da colonização e os componentes do sistema colonial, para avaliar suas persistências na vida brasileira. Em pleno Estado Novo, surgia essa obra renovadora, empenhada, com metodologia explícita e maduramente aplicada. A obra de Caio Prado Jr., possivelmente a melhor de quantas elaborou, embora não tenha sido publicada nos marcos do momento de redescobrimento do Brasil de nossa cronologia (1933-1937), tecnicamente pode nele ser enquadrada, se considerarmos o período de gestação da obra, quando o autor militava na vida política brasileira e internacional. Para tanto bastará recordar sua participação na Guerra Civil Espanhola. E o terceiro livro do autor, outro marco no conjunto das grandes obras de interpretação surgidas nessa época, já estava

---

[26] *Anais do I Seminário de Estudos Brasileiros*, v. 2, p. 57.

[27] *Op. cit.*, v. 2, pp. 291-2. Deixamos de lado considerações sobre o quadro ideológico em que foi gerada a noção de "homem cordial", superada pelo próprio curso da História do Brasil...

em projeto (anunciado desde 1933): trata-se da *História econômica do Brasil* (1945), fruto do mesmo momento político e intelectual.

Visto agora no conjunto da produção da época, o livro de Caio Prado Jr., em que pesem alguns deslizes dados por fórmulas e valores pouco satisfatórios que perpassavam a *intelligentsia* em geral,[28] tem efeito corretivo, em termos de perspectiva, sobre o estudioso da vida cultural e política da primeira metade do século XX no Brasil: faz recuar para um terceiro plano obscuro trabalhos como os de Paulo Prado, *Retrato do Brasil* (1928), Alcântara Machado, *Vida e morte do bandeirante* (1929), ou Cassiano Ricardo, *Marcha para o Oeste* (1943). E para um segundo plano estudos contemporâneos como os de Fernando de Azevedo, *A cultura brasileira* (1943), e Nelson Werneck Sodré, *Panorama do Segundo Império* (1938). E, vale enfatizar, estas obras, apesar de tudo, contrapunham-se à extrema mediocridade da Historiografia rançosa produzida nos Institutos Históricos e Geográficos e nas academias de província.

No plano da Historiografia estrangeira concernente ao Brasil, registre-se, nesse primeiro momento, a obra de Alan Krebs Manchester, *British Preeminence in Brazil* (1933), de grande significado para o estudo da inserção do Brasil nos processos de expansão colonialista portuguesa e imperialista inglesa. Trata-se de obra mestra, praticamente inaugural, para os estudos de dependência.

2) *Primeiros frutos da Universidade (1948-1951)*

Se o *primeiro momento* da produção historiográfica mais significativa do século XX no Brasil não está diretamente marcado pela vivência universitária de seus autores que, regra geral, estudaram no Exterior, ao *segundo momento* poderá ser consignada a primeira florescência significativa da Universidade. De fato, foi no final dos anos 40 que os resultados do labor universitário se fizeram sentir. Até então, já se disse alhures, a pesquisa histórica das Faculdades de Filosofia, criadas na década de 30, não pareceu um enriquecimento imediato, mas sim um descaminho. Em São Paulo, onde se instalou o centro mais importante de pesquisa no Brasil (1934), com a Faculdade de Filosofia, Ciências e Letras — núcleo da Universidade de São

---

[28] No clássico livro de Caio Prado Jr., *Formação do Brasil contemporâneo*, encontram-se referências à "empresa do colono branco, que reúne à natureza pródiga em recursos aproveitáveis para a produção de gêneros de grande valor comercial, o trabalho recrutado entre raças inferiores que domina: indígenas ou negros africanos importados", 7ª ed., p. 25. Claro que se trata de um deslize: basta que se leia o capítulo sobre "raças" para perceber o dimensionamento dado ao tema.

Paulo —, não foi na primeira hora que se sentiram os efeitos da renovação — notados em Geografia, Sociologia, Antropologia e mesmo em História Geral. As missões culturais francesas, italianas etc. propiciaram a vinda de mestres — ou de futuros mestres — do porte de Fernand Braudel, Claude Lévi-Strauss, P. Monbeig, R. Bastide, Ungaretti, criando uma tradição de raízes profundas e fisionomia marcada. Não será exagero afirmar que muitas carreiras universitárias de europeus (franceses notadamente) tiveram nestes "tristes trópicos" seu início. O modelo francês, que sempre impressionara a aristocracia rural do século XIX, voltava a ser utilizado, e de maneira metódica. De resto, a uma sociedade mais urbanizada deveria corresponder uma universidade *à la page*; a uma universidade nascida no momento da crise da oligarquia, os valores que lhe garantiam *permanência* ainda eram os de orientação francesa. O peso de Proust na Literatura, de Comte, Taine e Bergson na Filosofia, de Seignobos e Malet-Isaac na História, de Vidal de la Blanche na Geografia, ainda não foi devidamente avaliado na formação ideológica das elites intelectuais criadas à sombra do interventor Armando de Salles Oliveira.

Será por volta dos anos 50/51 que algumas produções vão-se delinear, prenúncios de uma eclosão que terá lugar dez anos depois, no período do reformismo desenvolvimentista, colocando à testa do processo cultural e político alguns de seus autores,[29] ou elementos que foram discípulos dessa vaga de professores e pesquisadores (bastará pensar na ação teórica e prática de personagens como Celso Furtado e Darcy Ribeiro). Obras das mais expressivas dessa fase são as de Vitor Nunes Leal, *Coronelismo, enxada e voto* (1948), João Cruz Costa, *O desenvolvimento da Filosofia no Brasil no século XIX e a evolução histórica nacional* (1950) e Alice Piffer Canabrava, *O desenvolvimento da cultura do algodão na Província de São Paulo, 1861-1875* (1951).

Possuindo traços teóricos, temáticas e estilos bastante distintos entre si, contêm, entretanto, alguns pontos em comum: procuram libertar-se seja da perspectiva mitológica, bandeirista, tipificadora dos Institutos Históricos, seja da orientação factualista ingênua, marcada entre nós pelo positivismo científico de Langlois-Seignobos. Vitor Nunes Leal, mineiro e professor universitário no Rio de Janeiro, produziu trabalho por muito tempo modelar para os estudos da vida política no Brasil *rural* — o que era importante para

---

[29] Dessa época é o *Manual bibliográfico de estudos brasileiros* (1949), de cunho semiacadêmico, bem como a tese de Florestan Fernandes, *A função social da guerra entre os Tupinambá*, de grande interesse para o historiador.

a primeira divisão dos estudos sociais no Brasil, descobrindo-se o rural, com estilos de organização e dominação política e social que muito se diferenciavam do *urbano*. Abriu ampla vaga de estudos sobre o coronelismo, numa época em que, no plano da ideologia das elites, a "modernização" esbarrava nas estruturas do Brasil "arcaico", "rural", "feudal", "tradicional", para retomar a terminologia das explicações dualistas no Brasil e que terão plena expansão nessa década.

Cruz Costa, um dos pioneiros da Faculdade de Filosofia de São Paulo, centrando a reflexão filosófica diretamente na realidade brasileira, já esboçara em 1945 um balanço preliminar intitulado *A Filosofia no Brasil*. Ao contrário de muitos de seus antecessores (e alguns sucessores), volta-se Cruz Costa para a história do pensamento no Brasil buscando captá-la em suas conexões com a "história universal", procurando constantes no sentido emprestado à atividade dos portugueses e brasileiros — que não revelam, segundo escreve, vocação para a especulação sobre problemas desvinculados do interesse imediato. Não faz a história da filosofia biografizante, e nisso reside mérito assinalável: foge ao esquema simples e difundido do tipo "vida e obra". Preocupado com "o sentido do que realmente somos", é na história do pensamento que vai buscar a chave. Para Cruz Costa, o "pensamento é sempre o produto sutil da atividade de um povo". Esse tipo de proposta faz com que ultrapasse os limites da história *événementièlle*, característica do período anterior.

De 1951 é a tese de Alice P. Canabrava. Surgiu calibrada por uma temática fértil e com domínio de técnicas que a qualificariam para servir como ponto de referência nos estudos históricos universitários. Preocupada com o desenvolvimento da cultura do algodão em São Paulo no século XIX, não desvincula os processos internos da conjuntura mais ampla, internacional, em que se produziram. A Guerra Civil nos EUA e a presença de interesses ingleses compõem a trama desse trabalho sólido, moderno, que inspiraria uma linhagem praticamente desconhecida entre nós: a de monografias de base, sobre temas fundamentais, conduzida segundo técnicas menos empiristas. Mencionem-se, lateralmente, suas pesquisas sobre o açúcar das Antilhas, o comércio do Prata e, mais recentemente, Demografia Histórica e Historiografia.

As três obras acima podem ser tomadas como amostras eficazes e marcam decisivamente o segundo momento por nós indicado. Considerada a produção universitária, que começa a se fazer presente, vale mencionar que os anos 50 vão assistir a produção de teses do nível das de Eduardo d'Oliveira França, *Portugal na época da Restauração* (1951), onde coloca problemas de método para a elaboração historiográfica — problemas que serão ampliados nessa década de maneira significativa. Inspirado na Escola Francesa dos *Annales*[30] e bastante marcado por Lucien Febvre, Oliveira França busca em seu estudo "o perfil daquele homem que colonizava o Brasil", tentando desvendar os traços básicos de sua mentalidade, num momento crítico da história de Portugal, com seus mitos sebastianistas, ideais aristocráticos de vida, frustrações, estilo barroco. E colocando problemas de método a cada passo. Como Febvre.

Nessa faixa de teses acadêmicas de bom nível poderiam ser mencionados outros trabalhos, e entre eles se encontraria certamente o de Olga Pantaleão, sobre a penetração inglesa nas Américas. Mas digna de registro nesse momento parece a *Revista de História*, da Universidade de São Paulo. Sob a direção de Eurípedes Simões de Paula — como Cruz Costa, da primeira turma da Faculdade de Filosofia — ganhou impulso e funcionou nesses anos 50 como verdadeiro polo centralizador da produção local, acolhendo resultados de pesquisas e reflexões de grande quantidade de mestres estrangeiros e de outros Estados. A interdisciplinaridade, meta da Faculdade de Filosofia, concretizou-se nesses anos na revista que, além de ser a mais importante no setor de Ciências Sociais, fora criada sob a inspiração da revista *Annales*, sabidamente aberta às diversas disciplinas que estudam o homem em sociedade.

3) Era de ampliação e revisão reformista (1957-1964)

Os anos 50 correspondem a um período de grande efervescência nos estudos sociais no país. Inicia-se sob a égide dos trabalhos acima mencionados, em que se inclui o *Manual bibliográfico de estudos brasileiros* (1949), com balanços de Caio Prado Jr., Alice Canabrava, Gilberto Freyre, Sérgio Buarque de Holanda, Octávio Tarquínio de Sousa, Rubens Borba de Moraes e a participação de Odilon Nogueira de Mattos na parte de História; e encontrará sua plena expressão no final da década, com o surgimento de trabalhos do porte dos de Celso Furtado, Raymundo Faoro, Sérgio Buarque de Holanda, *Visão do paraíso* (1958). Um novo sopro, entretanto, já estará

---

[30] Dentro dos quadros acadêmicos, ainda anestesiados pelo fascismo do Estado Novo, Oliveira França produziu um dos poucos trabalhos de pesquisa que não obedeceu ao estilo chocarreiro ou triunfalista. Trata-se de *O poder real em Portugal e as origens do absolutismo*, de 1946, em que se contesta, entre outras coisas, a existência de feudalismo na colonização do Brasil, comparando o sistema de capitanias com o regime feudal de modelo francês — ideia que será retomada pelos dualistas em geral, uma década mais tarde. Na introdução ficam visíveis as marcas deixadas pelo período anterior. "À minha geração", diz o autor, "cumpre empreender uma busca pela redescoberta do Brasil que uma conspiração de inércias contra o pensamento livre timbra ocultar", p. 10.

se fazendo sentir com o surgimento de produções da escola de Florestan Fernandes, notadamente *Metamorfoses do escravo*, de Octavio Ianni, escrito em 1960 e 1961 e publicado em 1962, e *Capitalismo e escravidão*, de Fernando Henrique Cardoso, nas mesmas datas, trabalhos que constituem o prenúncio de uma nova concepção de Ciência Social no Brasil. Raramente, aliás, se poderá empregar com precisão o termo "escola" no estudo das tendências histórico-sociológicas como neste caso.

Não será exagero afirmar que, nesse momento, encontram-se alguns divisores de águas, com os traços significativos das principais tendências do pensamento histórico, político e cultural no Brasil. Cada tendência corresponde a uma vertente importante da maneira pela qual os historiadores se debruçam sobre a realidade do país. O planejamento desenvolvimentista, típico do período juscelinista, estará representado na obra de Celso Furtado; a concepção culturalista, no livro de Sérgio Buarque de Holanda; o nacionalismo estará expresso na produção do ISEB (Instituto Superior de Estudos Brasileiros), embebido nas teorias dualistas de explicação da "realidade nacional" (as "soluções adequadas à realidade nacional"), acolhendo tanto as análises marxistas ortodoxas de Nelson Werneck Sodré, como as veiculadoras por vezes de ideia do progressismo da "burguesia nacional", como as de Wanderley Guilherme e Ignácio Rangel; os textos de José Honório Rodrigues representariam, nesse contexto, a vertente erudita do trabalhismo getulista, opondo-se de maneira candente à produção elitista dos Institutos Históricos e Geográficos, e ao saber esclerosado — um "modernizador" nacionalista e pugnador do revisionismo historiográfico. Hélio Vianna, representando a abordagem tradicionalista e arcaica, pode ser considerado a antítese do "revisionismo" de José Honório. Mencione-se, ainda, Raymundo Faoro, com o livro *Os donos do poder: formação do patronato político brasileiro* (1958) que se tornará clássico, colocando seu autor na vertente weberiana de explicação do Brasil, em perspectiva histórica.

Trajetória que merece referência especial é a de José Honório Rodrigues. Muito de sua produção data dos anos 50, como *A pesquisa histórica no Brasil*, que é de 1952. Mas será nos anos 60 que encontraremos o pesquisador erudito e de gabinete, metamorfoseado em polemista agressivo e embarcado nos grandes debates do tempo. O autor de *Aspirações nacionais: interpretação histórico-política* (1963) deixa entrever o historiador engajado nos problemas de seu tempo. *Aspirações nacionais* compõe-se de dois ensaios que foram lidos como conferências na Escola Superior de Guerra, entre 1957 e 1964. Está articulado a seu outro livro *Conciliação e reforma* (1965). Pugnador do "revisionismo" da Historiografia brasileira, colocou em xeque nesse segundo livro as teses clássicas sobre o Brasil e o "caráter nacional" do "brasileiro", mostrando que *a História do Brasil foi, no conjunto, uma história cruenta*. Sua radicalização, sempre dentro de parâmetros liberais e nacionalistas, leva-o a pensar (no prefácio à 4ª edição de *Aspirações nacionais*, 1970) que *toda a história política do Brasil, e não apenas a política atual, se caracteriza "não como modelo ou consenso social, ou um campo de controvérsia, mas como um exemplo de omissão"* (p. 8). José Honório, um dos maiores pontos de referência em Historiografia e Arquivística, produziu dois livros de excepcional importância para teoria e pesquisa em História do Brasil: *Teoria da História* (São Paulo, 1949, 1957 e 1969) e *A pesquisa histórica no Brasil* (Rio de Janeiro, 1952, e São Paulo, 1969). Pelo interesse do tema e pela trajetória do autor, mereceriam consideração à parte neste balanço, num ambiente em que o pensamento historiográfico pouco se debruçou sobre si mesmo para avaliação. Dada a falta de condições, trabalhando à margem das Universidades, não deixou propriamente uma escola — o que não significa necessariamente um demérito, uma vez que muitos catedráticos desse período também não o fizeram, tendo condições institucionais e financeiras para tanto.

Nos quadros acadêmicos, a escola mais inspirada do pensamento sociológico e histórico estará surgindo, com a colaboração por vezes de investigadores estrangeiros como Charles Wagley e Roger Bastide, em torno de Florestan Fernandes. Vistos em perspectiva, pode-se dizer, aliás, que Florestan Fernandes e Antonio Candido, ambos da Faculdade de Filosofia de São Paulo e ex-assistentes de Fernando de Azevedo, catedrático de Sociologia e autor de *A cultura brasileira*, representam em áreas distintas (Sociologia, Antropologia e História, Florestan; Sociologia, Antropologia e Teoria Literária, Antonio Candido) *os dois principais pesquisadores que dão o elo intelectual entre a geração dos antigos catedráticos* (Fernando de Azevedo, Cruz Costa, Sérgio Buarque de Holanda) *e a nova*, representada por Octavio Ianni, F. H. Cardoso, Roberto Schwarz, Maria Sylvia de Carvalho Franco, Bento Prado Jr., L. A. Costa Pinto, Emília Viotti da Costa, J. A. Giannotti.

Nos anos 50 e 60, serão dois dos mais ativos incentivadores da vida universitária e cultural, com atitudes consequentes, empenhadas e austeras, pouco afeitos ao reformismo desenvolvimentista, às explicações dualistas e aos nacionalismos culturais — ora difusa, ora pesadamente alimentados e/ou endossados pelas esquerdas. Todo seu labor pode ser acompanhado através de intensa produção. Antonio Candido, em 1954, defendera tese (doutoramento) sobre *Os parceiros do Rio Bonito*; tendo como ponto de partida o desejo de examinar as relações entre literatura e sociedade, acabou por estudar a "decomposição da vida do caipira" e a situação crítica do trabalhador rural — estudo ao qual não falta perspectiva histórica. Mas será em 1957 que Antonio Candido dará a primeira interpretação verdadeiramente renovadora, em termos de perspectiva *histórica*, da formação da literatura brasileira, em seus momentos decisivos. Note-se que, no ano seguinte (1958), Faoro surgirá com sua obra sobre a formação histórica do patronato político brasileiro, e Furtado (1959), com a formação econômica do Brasil. Os estudos em que *perspectiva histórica era o elemento essencial* vinham para a linha de frente. Pode-se dizer que, com esses três trabalhos, para não mencionar outros, os estudos históricos passaram para uma fase mais avançada; embora não fossem historiadores de ofício — e talvez por isso mesmo — conseguiram fornecer uma visão *integrada* da História do Brasil, no plano da literatura, da política e da economia. Visão integrada e sistemática. Anteriormente, só Caio Prado Jr., talvez, a tenha conseguido, em sua *História econômica do Brasil*.

Centralizada em Antonio Candido, desenvolveu-se uma constelação com uma certa concepção de trabalho intelectual que, embora guardando traços da antiga elite paulistana e mineira, se distancia muito dos parâmetros pedestres da vertente populista, representada na obra de um Nelson Werneck Sodré. Terá seus elementos mais radicais num Paulo Emílio Salles Gomes, mais moderados num Décio de Almeida Prado, ou mais propriamente universitários no falecido professor Lourival Gomes Machado, os quais, de uma maneira ou de outra, mais cedo ou mais tarde, produziram trabalhos com visível apelo ao histórico: mais cedo, com Lourival Gomes Machado, estudando o absolutismo e o barroco no Brasil do século XVIII; mais tarde, com Décio de Almeida Prado estudando a vida do homem de teatro, João Caetano. Da chamada geração *Clima*, Décio de Almeida Prado seria também, mais tarde, o diretor por muitos anos do "Suplemento Literário" de *O Estado de S. Paulo*, onde boa parte da produção literária, sociológica, historiográfica, etc. era adequadamente analisada. Do "Suplemento" participaram quase todos os principais representantes das diferentes correntes de pensamento entre nós, ao menos até por volta de 1964. Hoje, mais empenhados no debate sobre dependência cultural, permanecem Antonio Candido e Paulo Emílio.

Este grupo, embora propriamente paulistano, possui ramificações significativas, e não pode ser circunscrito a uma só região e especialidade: em Minas Gerais, o historiador Francisco Iglésias, especialista da história política de Minas Gerais no século XIX e autor de *História e ideologia* (1971), mantém vínculos com o conjunto, pelas afinidades intelectuais. Ainda em São Paulo, o crítico de teatro Sábato Magaldi elaborou uma excelente história panorâmica do teatro no Brasil. E, um dos melhores dramaturgos brasileiros, Jorge Andrade, integra-se nesse grupo: o grande sentido do histórico em sua obra teatral é bastante conhecido para ser esmiuçado aqui. O principal representante da crítica da nova geração, Roberto Schwarz, discípulo de Antonio Candido, analista bastante empenhado, não hesitou em partir, para a compreensão da vida social e intelectual do Brasil, em busca do passado: boa amostragem está em "As ideias fora do lugar",[31] texto-chave para o deciframento de nossa história literária pelo flanco histórico-sociológico.

Se apontamos que a *escola de Florestan Fernandes* representou um sopro de renovação nos estudos históricos, foi pelo efeito-contraste dos escritos do grupo — não só veiculadores de metodologia renovadora e de inspiração dialética, como expressões de identificação austera com as melhores posições políticas do momento. Embora Florestan não tenha produzido até essa época, como o fez Antonio Candido para a literatura, uma visão integrada e sistemática da formação social do Brasil, marcou entretanto sua trajetória acadêmica pela busca incessante de soluções aos problemas das relações raciais e de classe e pela instauração de padrões mais sólidos de pesquisa científica. Dessa época (1960) é sua coletânea *Mudanças sociais do Brasil*, de grande impacto, ao lado das obras de seus discípulos Octavio Ianni e F. H. Cardoso, já mencionadas.[32] Desde 1955 coordenou um programa amplo de investigações sobre a sociedade escravocrata e o negro no Brasil meridional, com pesquisadores de primeira plana, levantando problemas fecundos de métodos, técnicas e interpretação, que nutririam o amplo debate interdisciplinar que estava na base da redefinição de trabalho sociológico e historiográfico entre nós. A obra que de certa maneira serve para definir o ápice desse momento talvez seja *A integração do negro na sociedade de classes*, publicado em abril de 1964, obra em que estuda "a emergência do Povo na História".

Desde a desagregação do regime servil até 1950, Florestan Fernandes procura apanhar, para a área de São Paulo, "as conexões existentes entre a revolução burguesa, a desagregação do regime servil e a expulsão do 'negro' do sistema de relações de produção". Seria bizantinismo tentar discutir aqui até que ponto o trabalho é histórico, ou sociológico — discussão que alimentou por bom tempo pesquisadores locais ligados à Historiografia posivista,

---

[31] *Estudos Cebrap*, jan. 1973, n° 3.

[32] Pelo menos desde 1948 já vinha produzindo escritos de primeira ordem, pelo que se pode observar em "O estudo sociológico da economia primitiva", *Filosofia, Ciências e Letras*, São Paulo, 1948, n° 11. A preocupação interdisciplinar no estudo dos modos de produção constitui uma constante em sua trajetória.

assustados com pesquisas interdisciplinares e com a renovação da metodologia das Ciências Sociais.

Deixando de lado outros textos do autor, que marcaram época, como *A Sociologia numa era de revolução social* (1963), pode-se dizer que sua produção servirá como um registro eficaz para a periodização dos estudos sociais no Brasil — inclusive os historiográficos. Na esteira de seus trabalhos podem ser encontradas algumas das principais produções do momento, que ultrapassam eventualmente os marcos por nós estabelecidos, mas que são frutos que despontaram num mesmo contexto. Mencionem-se, sem preocupação de arrolamento, além dos trabalhos de Octavio Ianni, sobre escravismo e sobre Estado e capitalismo no Brasil, e F. H. Cardoso, sobre escravismo e capitalismo e sobre o papel do empresário industrial no desenvolvimento econômico do Brasil, os trabalhos de Emília Viotti da Costa, *Da senzala à Colônia* (1966); Luiz Pereira, *Trabalho e desenvolvimento no Brasil* (1965); Marialice Foracchi, *O estudante e a transformação da sociedade brasileira* (1965); Maria Sylvia de Carvalho Franco, *Homens livres na ordem escravocrata* (1964); Paula Beiguelman, *A formação do povo no complexo cafeeiro* (publicado em 1968); Francisco C. Weffort, *Classes populares e política* (1968); Maria José Garcia Werebe, *Grandezas e misérias do ensino brasileiro* (1963); Leôncio Martins Rodrigues, *Conflito industrial e sindicalismo no Brasil* (1966); Juarez R. Brandão Lopes, *Sociedade industrial no Brasil* (1964); Gabriel Cohn, *Petróleo e nacionalismo* (1968); José de Souza Martins, *Empresário e empresa na biografia do conde Matarazzo* (1957); e, no mesmo diapasão, L. A. Costa Pinto, *Desenvolvimento econômico e transição social* (1967); Luciano Martins, *Industrialização, burguesia nacional e desenvolvimento* (1968). Muitas são as vertentes desse conjunto, em que se encontram pesquisadores preocupados com as peculiaridades da implantação (ou não) do capitalismo no Brasil, outros com a crise do regime escravista e o crescimento e integração (ou não) de homens livres na nova ordem social, outros ainda com o papel do empresariado e do proletariado nos quadros do subdesenvolvimento. Os temas são diversos, mas procuram seus autores, em maior ou menor grau, as especificidades dos processos histórico-sociais na formação do Brasil contemporâneo, não descurando a problemática dos modos de produção, e procurando a historicidade dos fenômenos estudados. Estes, talvez, os traços distintivos da escola.

Desse momento são os trabalhos publicados em *Política e revolução no Brasil* (1966), de autoria de Octavio Ianni, P. Singer, G. Cohn e F. Weffort. E também os estudos enfeixados em *Brasil em perspectiva* (1966), em que se destacam os trabalhos de F. Novais, Emília V. da Costa, Maria do Carmo

Campello de Souza, Paula Beiguelman, G. Cohn e Boris Fausto: nessa publicação encontram-se os embriões de pesquisas que foram tratados de maneira superior e sistemática, resultando, no conjunto, um avanço.

A temática central dessas produções está ligada ao estudo das mudanças sociais e políticas no Brasil, em perspectiva histórica. Muitos autores foram diretamente ao cerne do processo histórico, procurando estudar a fisionomia própria (ou não) dos modos de produção no Brasil, e suas manifestações nas diversas instâncias da realidade, não descuidando totalmente da inserção do Brasil na economia mundial. A perspectiva geral era anti-imperialista, mas o estudo cuidadoso da temática da dependência ainda não se impusera. A América Latina não tinha sido "descoberta" pelos cientistas sociais brasileiros, como regra geral. Até esse momento, os estudos históricos sempre estiveram mais associados aos estudos de Geografia que aos de Sociologia e Política e a tônica geral não ultrapassava o neopositivismo, salvos os trabalhos anteriormente citados, e poucos outros.

Registre-se, para o período considerado (1957-1964), a obra coletiva sob coordenação de Sérgio Buarque de Holanda, *História geral da civilização brasileira* (1960-1964, 5 volumes publicados até então). Obra de referência fundamental, dada a eficiência de alguns capítulos individuais, não possui, entretanto, eixo(s) exploratório(s) esboçado(s), tornando não difícil, mas impossível sua classificação. E numa perspectiva marxista ortodoxa e linear, mas de grande divulgação às vésperas de (e pouco após) 1964, foram as obras de Nelson Werneck Sodré. *A história da burguesia brasileira* é desse ano, e a *Formação histórica do Brasil* surgiu no começo dos anos 60, resultado de cursos dados no ISEB. Numa perspectiva claramente ideológica, nas obras de Sodré a História do Brasil surge em *etapas* históricas a serem cumpridas evolutivamente, em termos de necessidade... Nesse período, encontram-se, ainda, representantes do biografismo, cujo exemplo mais completo é o de Octávio Tarquínio de Sousa, autor da *História dos fundadores do Império do Brasil* (1960, 10 volumes).

Dessa fase de formulação dos principais problemas da Historiografia brasileira recente, participaram Maria Isaura P. de Queiroz, com duas obras de importância: *La guerre sainte au Brésil: le mouvement messianique du Contestado* (São Paulo, 1957) e *Os cangaceiros: les bandits d'honneur brésiliens* (Paris, 1968). Mencionem-se obras em que há vincada perspectiva histórica, como as de Manuel Diégues Júnior, *Regiões culturais do Brasil* (1960) e de Manuel Correia de Andrade, *A terra e o homem do Nordeste* (1963). Nesse clima, foram produzidos trabalhos de historiadores de ofício como os de J. R. do Amaral Lapa, *A Bahia e a carreira das Índias* (1968) e Maria

Tereza Schorer Petrone, *A lavoura canavieira em São Paulo* (1968), que desvendam importantes aspectos da vida econômica colonial; de Nícia Vilela Luz, *A luta pela industrialização no Brasil* (1961), Hélio Silva, *Sangue na areia de Copacabana* (1º volume de uma longa série, 1964), Edgard Carone, *Revoluções do Brasil contemporâneo* (idem, 1965) e Vamireh Chacon, *História das ideias socialistas no Brasil* (1965).

No Exterior, registrem-se as obras de Vitorino Magalhães Godinho, *Prix et monnaies au Portugal* (Paris, 1955), de interesse para a História do Brasil, e dois livros de Stanley Stein, que se tornaram clássicos da bibliografia brasileira: *The Brazilian Cotton Manufacture* (Harvard, 1957) e *Vassouras: A Brazilian Coffee Country* (Harvard, 1957), bem como os trabalhos de Frédéric Mauro, *Le Portugal et l'Atlantique au XVIIe siècle* (Paris, 1960), Charles R. Boxer, *Race Relations in the Colonial Empire* (Oxford, 1963) e Joel Serrão (org.), *Dicionário de História de Portugal* (Lisboa, 1965-1971).

4) Revisões radicais (1964-1969)
Se o período anterior foi marcado por revisões reformistas dos estudos históricos no Brasil, cujas expressões podem ser encontradas em produções como as de Celso Furtado, José Honório Rodrigues ou Faoro, no período posterior os marcos serão dados pelas posições de Caio Prado Jr., *A revolução brasileira* (1966); Octavio Ianni, *O colapso do populismo* (1966); de alguns participantes de *Brasil: tempos modernos* (1967), representantes das mais variadas correntes do pensamento progressista no Brasil, como Furtado, Cardoso, F. Fernandes, Carpeaux, Weffort; Florestan Fernandes, *Sociedade de classes e subdesenvolvimento* (1968) e Dante Moreira Leite, autor de *O caráter nacional brasileiro* (2ª edição revista e ampliada, 1969).

Os diagnósticos sobre a história social do Brasil e sua dinâmica mereceram reparos profundos, realizados por analistas que procuravam tirar alguma lição dos desacertos da ideologia do desenvolvimentismo e da política populista que levaram à derrocada dos setores progressistas em 1964. Apesar de a produção do período anterior estar marcada por uma profunda preocupação em investigar aspectos estruturais da sociedade, um difuso dualismo ainda impregnava algumas interpretações da realidade brasileira.[33] No plano propriamente da Historiografia, não seria difícil encontrar exemplos

---

[33] Desnecessário lembrar que a obra de Jacques Lambert, *Os dois Brasis* (1959), teve ampla repercussão no Brasil, e nela colaboraram Anísio Teixeira, Darcy Ribeiro, Amoroso Lima, L. A. Costa Pinto e José Honório Rodrigues, que modificariam suas posições nos anos subsequentes — sobretudo após 1964.

de compromissos com o historicismo — às vezes mal encoberto pelo jargão dos estruturalismos... Não terá sido por outro motivo que "As sete teses equivocadas sobre a América Latina", de Stavenhagen, tiveram tanta repercussão no Brasil, ao serem publicadas na *Política Externa Independente* (1965), revista hoje desaparecida. Atacando duramente o dualismo, e somadas à derrota dos setores progressistas em 1964, provocaram uma revolução radical nos estudos históricos. Caio Prado Jr., em *A revolução brasileira*, retomará as posições imperantes na concepção de História da esquerda ortodoxa para combatê-las. Quanto ao proletariado, por exemplo, dirá que as esquerdas brasileiras,

> "não foram além de reivindicações salariais imediatas que a precipitada inflação tornava fácil não apenas levantar, como de conduzir a aparentes vitórias. Isso nas cidades, porque no campo onde o assunto se apresentava muito mais complexo, a coisa era pior, pois as prédicas para uma massa trabalhadora rural fantasiada para a circunstância de campesinato do tipo europeu dos séculos XVIII e XIX, e as imprecações contra o 'feudalismo' não encontravam aí, nem podiam encontrar nenhuma ressonância" (p. 24).

Octavio Ianni, em análise magnificamente conduzida, utilizando documentação de primeira linha, mostra o fim da era getuliana e o fim de certo estilo populista que envolvia a todos — inclusive membros dos quadros acadêmicos. Uma revisão das últimas décadas da História do Brasil ficava esboçada, em traços fortes e com rigor interpretativo.

Florestan Fernandes, em *Sociedade de classes e subdesenvolvimento* (1968) desloca o foco de suas análises para o estudo mais detido da História do Brasil no processo de expansão do capitalismo internacional, mostrando por que a estratificação e a dinâmica das classes *não pode ser estudada dissociadamente do quadro em que se processa a dependência*. Pontos para uma revisão da História do Brasil, da crise do sistema colonial português aos nossos dias, são propostos, bem como elementos para um reestudo de conceitos como *classe*, *estamento* e *casta* para abordagem da História Social do Brasil.

Numa coletânea dirigida por Celso Furtado, e publicada em *Les Temps Modernes* em 1967 (tradução Paz e Terra, 1968), uma série de pontos ficam levantados para uma reinterpretação da história recente do Brasil. A emergência do militarismo (Furtado), a estabilidade social pelo colonial-fascismo (Hélio Jaguaribe), o papel da burguesia na crise política brasileira (Cardoso), os mitos das relações raciais no Brasil (Florestan Fernandes) são, entre outros, temas lançados ao debate. Por essa mesma época, aliás, e na mesma revista

Les Temps Modernes, Roberto Schwarz publicava notas para uma apreciação da chamada cultura brasileira, de grande rigor crítico.

Ainda sobre os mitos que obscurecem a produção cultural no Brasil, anestesiando o espírito crítico, em 1969 ressurge um livro novo, daquela que fora tese de doutoramento defendida em 1954 na Faculdade de Filosofia (Cadeira de Psicologia). Trata-se de *O caráter nacional brasileiro*, de Dante Moreira Leite. Retraçando a história de uma ideologia — a do "caráter do homem brasileiro" —, o autor examina detidamente as ideologias que estão na base das interpretações de Gilberto Freyre, Sérgio Buarque de Holanda, Fernando de Azevedo, Oliveira Vianna, Alfredo Ellis Júnior, Paulo Prado, Vianna Moog, Cruz Costa, Caio Prado Jr., entre muitos outros. A natureza revisionista do trabalho permite o início da discussão sobre o caráter ideológico da própria noção de "cultura brasileira", tratada de maneira tão categórica por autores como, por exemplo, Fernando de Azevedo. Algumas de suas apreciações são positivamente radicais.

Registre-se que esse momento é de grande abertura, nas Ciências Sociais, para a *América Latina*: Celso Furtado escreverá uma *Formação econômica da América Latina* (1969) e, no plano externo, estarão surgindo estudos históricos do porte dos de Stanley e Barbara Stein, *Herança colonial da América Latina* (1970), e Tulio Halperin Donghi, *Historia contemporánea de América Latina* (1969). Aponte-se o livro de Richard Graham, *Britain and Modernization in Brazil (1850-1914)* (Cambridge, 1968), para o estudo da dependência do Brasil em relação à Inglaterra: um clássico.

Em conjunto, pode-se dizer que há, nesse momento, uma ligeira mudança de ênfase. Das relações sociais e raciais, das investigações sobre os *modos de produção* e sobre as características da vida política no Brasil, passa-se ao estudo mais sistemático da *dependência*, seja no plano econômico, seja no plano cultural e intelectual.

5) *Impasses da dependência (1969-1974)*

> "Temporizemos."
>
> Murilo Mendes

Nesse último momento, uma série de impasses parece caracterizar a reflexão historiográfica no Brasil. Sobre a revisão crítica da situação dos estudos históricos, pode-se ter boa medida nos *Anais do I Seminário de Estudos Brasileiros* (setembro de 1971, Universidade de São Paulo); algumas posições negarão francamente o papel das Faculdades de Filosofia no desenvolvimento dos estudos históricos, outras indicarão a necessidade de maior cooperação interdisciplinar (quase quarenta anos após a fundação da Universidade), outras, ainda, apontarão a falta de organização dos arquivos e a realização da maior parte de nossa produção historiográfica pelos chamados *brazilianists*, que assumiram papel de relevo nos debates sobre o conhecimento de nosso passado. Se éramos marcados pela Historiografia francesa, se ao regime de cátedras correspondeu a orientação da escola francesa, pode-se dizer, com um certo esquematismo, que à nova ordem (sistema departamental) corresponde o modelo norte-americano. Não é de estranhar tal presença — que se manifesta em outros níveis, e bem mais acentuadamente.

Paralelamente, vale mencionar o problema da demissão do grupo mais significativo da Universidade de São Paulo, que se redefiniu com a criação do Cebrap (Centro Brasileiro de Análise e Planejamento). Aí é realizada pesquisa interdisciplinar, da qual participam vários pesquisadores anteriormente mencionados. Fora da Universidade, Florestan Fernandes continua sua produção crítica isolada, tendo publicado recentemente *Capitalismo dependente e classes sociais na América Latina* (1973) e *Revolução burguesa no Brasil* (1975). Que a Universidade permanece ativa, demonstram-no trabalhos como os de Boris Fausto, *A Revolução de 1930* (1970), e Alfredo Bosi, com sua *História concisa da literatura brasileira* (1970), ou José de Souza Martins, *A imigração e a crise do Brasil agrário* (1973), bem como as análises renovadoras de Antonio Candido sobre literatura e subdesenvolvimento em *América Latina en su literatura* (Siglo XXI, 1972). Demonstra-o a grande quantidade de teses recentemente defendidas, algumas de real valor.[34]

No Exterior, registre-se a obra do historiador inglês Leslie Bethell, *The Abolition of the Brazilian Slave Trade* (1970), fundamental para a compreensão dos problemas da dependência do Brasil em relação à Inglaterra e do regime de trabalho no Brasil, na primeira metade do século passado.

De maneira geral e aproximativa, pode-se dizer que a discussão da temática da *dependência* surge vinculada aos desenvolvimentos do capitalismo monopolista e à emergência de regimes totalitários na América Latina. Como a emergência desses regimes tem acarretado o surgimento de certos traços *nacionalistas*, talvez não pareça estranho que a temática da dependência

---

[34] Os títulos apontados aqui possuem apenas valor de exemplificação. Várias dezenas de outros poderiam ser arrolados, se fosse o caso. Demais, produções significativas isoladas aparecem, malgrado as condições gerais da Universidade no Brasil: em Pernambuco, Minas Gerais, Rio Grande do Sul e poucos outros centros culturais. Ressalte-se, nesse sentido, a investigação de Fernando A. Novais sobre *Portugal e o Brasil na crise do antigo sistema colonial*, tese de doutoramento, USP, 1972, mimeo.

cultural esteja em foco, como está. Não é esta a primeira vez que ocorrem tais impasses; basta que se recorde o Estado Novo (1937-1945), assim como os problemas político-culturais à época da reabertura, em 1946 e nos anos subsequentes. Não será difícil concordar com Ronald Schneider, para quem "o erro dos historiadores e cientistas políticos que estudaram o Brasil nos últimos 40 anos foi presumir que os governos fortes intercalavam períodos democráticos, quando, na verdade, era evidente que os governos democráticos é que eram os entreatos de governos fortes".

2. Quadro referencial
para uma análise da produção cultural

De fato, no percurso trilhado pela intelectualidade nos últimos quarenta anos podem ser apontadas algumas ocasiões de debruçamento significativo sobre a própria atividade intelectual para autoavaliação. Para diagnósticos gerais, ou para visualização vivida; eventualmente, para compreender o processo em que se inscrevia sua atividade. Nessa perspectiva, nem sempre se estará no transcorrer do ensaio à busca de uma "cultura", entendida como conjunto de produções mais ou menos articuladas num universo comum de símbolos,[35] mas sim à procura de uma linha de reflexões de autoavaliação sobre o papel dos intelectuais nos diversos contextos vividos.

O ensaio pretende fixar alguns traços da passagem da concepção aristocrática de cultura para a cultura de massa. A viragem, que pode ser vislumbrada através da superação da perspectiva gilbertiana e seus mitos à perspectiva de um Ferreira Gullar, parece acompanhar o processo de caracterização e implantação de uma sociedade de classes. Embora nossa preocupação não seja a de retraçar a passagem de uma sociedade de estamentos e castas para uma sociedade de classes em área de implantação do capitalismo dependente, não descuidamos do fato de o "chão social" das produções ter-se alterado substancialmente no período. Há, de fato, amplo movimento social subjacente que alterou em profundidade as linhas de estruturação da sociedade brasileira de 1930 a 1974, no sentido de uma organização mais definida das relações de produção nos moldes do sistema capitalista. O capitalismo periférico ajustou-se aos poderosos princípios do capitalismo monopolista, que

---

[35] Autran Dourado, em recente entrevista, e preocupado com o marasmo atual, afirma, categórico: "Não chegamos a ter sequer uma ortografia...". Entrevista a Delmiro Gonçalves, *O Estado de S. Paulo*, 9/3/1975, p. 24.

transferiu para o subsistema algumas determinações da divisão internacional do trabalho, que viria a colocar por terra, em algumas regiões, concepções patriarcais da organização social e da produção cultural. No plano cultural, as coisas não se passam diversamente. De ensaios como *Interpretação do Brasil*, de G. Freyre, passa-se à elaboração de monografias de base que registram problemas como o da massificação e do esmagamento da "cultura popular" — de que os CPCs foram uma das últimas expressões significativas. Essa a tendência geral. Quanto ao momento atual, novo instrumental, novos enfoques vêm sendo dados à temática da caracterização da produção cultural no Brasil, mas ainda parece cedo demais para arriscar-se um diagnóstico.

Procurou-se, levando em consideração as dificuldades acima apontadas, e não desconhecendo os perigos que advêm da própria extensão do campo escolhido, realizar *cortes* em momentos que assistiram a produções culturais expressivas, bem como a reflexões *sobre* a produção cultural e seu(s) significado(s). Tais cortes foram efetuados tendo em vista a detecção de uma possível linha de estruturação de um *sistema cultural* em que acabou por se consolidar uma *ideologia da Cultura Brasileira, a despeito dos processos de massificação cultural (ideológica) que revestem a montagem do sistema. Tal sistema eliminou ou neutralizou gradativamente seus elementos críticos até o fechamento completo do debate.* A noção liberal de Cultura foi instrumento de abertura política no Estado Novo, ajudou na consolidação dos quadros da democracia liberal durante certo tempo (Universidades, Campanha da Escola Pública etc.) e, em seu nome, criaram-se também os argumentos para frear as manifestações que extrapolassem os interesses das classes dominantes. No momento em que segmentos populares iniciaram a mobilização de seu potencial crítico, foi em nome dos "interesses nacionais", da "cultura brasileira", da "cultura nacional" etc. que se cortaram as linhas dessa esfera da produção cultural. Não será, pois, um paradoxo, que exatamente nessa fase de pesada massificação a *ideologia da Cultura Brasileira* surja revigorada: corresponde à velha concepção da organização social em termos de *elite/ massas*, que substitui (ou mascara, quando menos) as concepções críticas que veiculavam a ideia de organização social baseada na divisão das *classes*.

Os momentos críticos que serão objeto de análise detida, e em que a temática da produção cultural veio à tona com maior intensidade, foram os seguintes:

I. Na década de 30, sendo marcantes as obras de Gilberto Freyre e Fernando de Azevedo, correspondentes à era do redescobrimento do Brasil;

momento das interpretações dos "grandes intelectuais", para retomar a expressão de Gramsci.

II. O fim do Estado Novo, apresentando duas frentes: uma, voltada para o passado, para o ideal aristocrático de cultura; outra, voltada para o futuro, caracterizada já pelos marcos do pensamento radical de classe média. Alguns frutos do labor deste se manifestarão através dos quadros universitários, num processo de institucionalização do saber. Assiste-se à substituição da *qualificação* intelectual pela *função* intelectual.[36] Esboçam-se algumas formas de pensamento radical, embora o pano de fundo ainda seja dado pelas concepções culturais criadas nos quadros das oligarquias.

III. Nos anos 50, a institucionalização de quadros intelectuais provoca o engajamento nas linhas do nacional-desenvolvimentismo. O nacionalismo como ideologia impregna os diagnósticos desenvolvimentistas. Formulações críticas surgem no fim dos anos 50, radicalizando-se na primeira parte dos anos 60. O pano de fundo é todavia dado pelo reformismo populista.

IV. Na segunda metade dos anos 60, revisões radicais rompem com os quadros de diagnósticos da era desenvolvimentista. O sistema reage aos avanços do populismo; o pensamento crítico se radicaliza, revendo-se, combatendo o reformismo populista, intensificando as pesquisas sobre as classes sociais, ampliando o debate sobre dependência.

V. Na última etapa, período de fechamento em resposta à radicalização. Linhas de produção são cortadas, com a neutralização radical ou eliminação dos intelectuais "orgânicos". Massificação e revitalização da ideologia da Cultura Brasileira. Fechamento de eventuais brechas no sistema ideológico.

> "E apliquemos o bom método: compliquemos o que parece bem simples."
>
> Lucien Febvre

Quanto ao procedimento técnico, foram detectadas formas de pensamento em que se veiculassem noções como a de "civilização brasileira", "cultura brasileira", "cultura nacional", "cultura popular", "cultura de massa". A partir da seleção do material empírico básico, foram realizados "recortes"

---

[36] Consulte-se o estudo de Hugues Portelli, *Gramsci y el bloque histórico*, para o estabelecimento dessa distinção (Buenos Aires, Siglo XXI, 1974).

nos textos que indicassem os *usos e significados* dessas noções, no sentido de *mascarar, justificar, desviar* ou *diagnosticar* os processos vividos — dando relevo, em especial, àquelas formulações em que os agentes buscassem seu próprio posicionamento na situação cultural vivida: nesse sentido, a análise busca, também, o dimensionamento político e social.

O terreno escolhido é sediço, uma vez que em cada época se reconstrói o passado e se projeta o futuro dentro dos parâmetros ideológicos existentes. Uma questão de método intransponível, e da qual se deu conta no decorrer da investigação, foi a da existência da simultaneidade de várias "camadas" culturais diferentes, que, embora contemporâneas, veiculavam valores e posturas não só diversas mas até antagônicas.

Claro, teoricamente, sempre há ideologias dominantes, considerado um determinado período histórico-cultural. Mais difícil todavia, será detectar, na prática, para cada momento determinado, a gama completa de linhagens de pensamento — ainda que se leve em conta *apenas* as formas de pensamento dominantes. Ou, em quadros de crise, como no fim do Estado Novo, ou às vésperas de 1964, as linhagens de pensamento que mais se ajustaram às reais possibilidades estruturais de modificação do sistema. É conhecido, hoje, o descompasso existente entre os diagnósticos de realidade elaborados pelo marxismo ortodoxo no início dos anos 60, dada a inadequação do instrumental teórico e a carência profunda de monografias de base — que indicassem, por exemplo, os verdadeiros dinamismos do operariado, do mundo rural, ou mesmo do empresariado. No plano das pesquisas sobre a chamada cultura popular, mal se iniciava a linhagem de investigações mais consistentes. A "autonomia" dos modelos de explicação revelavam a radical ruptura entre ideologia e realidade, e somente após 1966/67 é que a correção começará a se fazer sentir com o colapso do populismo: essa etapa de revisão torna-se importante porque nela se observam tendências novas, que emergem rompendo com os velhos quadros teóricos de explicação, dados por exemplo, por Werneck Sodré ou, em orientação (neocapitalista) superior, por Furtado ou pelos antigos "explicadores do Brasil". As explicações lineares, historicistas e/ou culturalistas são ultrapassadas pelas descobertas de descontinuidades, ou pela intervenção de técnicas do(s) estruturalismo(s), e pelas polêmicas nem sempre renovadoras dentro do marxismo. Carlos Estevam, autor de obra sobre os CPCs no início dos anos 60, chegara a registrar em 1966 o "estado de desorganização conceitual",[37] vigente nas

---

[37] Ver na revista *Dados* o artigo "Construção de teoria na ciência social brasileira", Rio de Janeiro, 1966, nº 1, p. 105.

ciências sociais, através da observação de algumas frentes significativas de reflexão. Ocioso seria apontar que os desvios e compromissos historicistas do *marxismo* nos anos 50 seriam substituídos por outros tantos, no transcorrer dos debates com os estruturalismos. Mas de tudo ficando um pouco e sendo superado esse quadro de crise, muitas técnicas vão sendo absorvidas no transcorrer do percurso, propiciando o enriquecimento do instrumental de análise dessa poderosa frente de investigação científica.

No andamento da exposição nem sempre se estará operando na esfera das formas de pensamento dominantes. Ao contrário, até, frequentes vezes se estará deliberadamente privilegiando e exalçando a exceção. A *tradição radical* — que se opõe à "tradição afortunada" — não se constitui em setor dominante, mas em fração diminuta da intelectualidade. Sobretudo em certos momentos de passagem (fim do Estado Novo, ou fim do populismo, por exemplo), notam-se diferenças significativas entre os *intelectuais orgânicos* e os *intelectuais tradicionais* — para utilizar a distinção gramsciana. A relação entre a esfera em que se locomovem os intelectuais e o mundo da produção não é imediata, diversamente do que ocorre com os grupos sociais fundamentais, mas sim mediata, segundo Gramsci.[38]

De toda forma, a emergência de novas camadas sociais não foi suficientemente acelerada para provocar tensões agudas entre os "grandes intelectuais" e os intelectuais orgânicos do novo bloco histórico. O advento de nova classe fundamental, ao tentar estabelecer sua hegemonia, absorveu os intelectuais da fase anterior, ao invés de suprimi-los.

---

[38] A melhor exposição dessa distinção entre tipos de intelectuais vislumbrada por Gramsci, encontra-se no estudo já citado de Hugues Portelli. Tais categorias serão aqui utilizadas de maneira um tanto livre, em face das singularidades dos processos histórico-culturais ocorrentes na Itália (notem-se seus estudos, por exemplo, sobre a burguesia piemontesa) e no Brasil — a começar pela incipiência (ou até inexistência, conforme a região) da esfera artesanal no Brasil.

1.

Cristalização de uma ideologia: a "cultura brasileira"

A) SEGUNDO GILBERTO FREYRE

> "Mucambo modelar
> Que tanto celebram
> os sociólogos do lugar."
>
> JOÃO CABRAL DE MELO NETO

> "Como vê, Mário Neme, aí está um caso em que o método cultural carrega água para o monjolo da Reação."
>
> ANTONIO CANDIDO, 1944

Depois de 1967, parece ao observador menos desatento aos caminhos da crítica no Brasil, tornou-se possível o balanço da produção, a avaliação dos trabalhos de Gilberto Freyre — o que não devia ser nada fácil antes dessa época, pelo que se pode verificar no livro comemorativo dos 25 anos de *Casa-grande & senzala*.[1] O passar do tempo, as múltiplas ocorrências sociais e políticas na história contemporânea da América Latina e no mundo (especialmente a crise do ultracolonialismo português na África), os entraves políticos e sociais com os quais a Sudene[2] deparou, a emergência de novas formas de organização do mundo do trabalho, como as Ligas Camponesas, acarretaram uma profunda revisão nas ciências sociais, que passaram a atacar vigorosamente as ideologias que se constituíram a partir de uma categoria tão abstrata como a de "homem brasileiro". O novo momento compeliu a uma abertura crítica que não fosse a louvação ingênua e duvidosa, visível até

---

[1] *Gilberto Freyre: sua ciência, sua filosofia, sua arte — ensaios sobre o autor de* Casa-grande & senzala *e sua influência na moderna cultura do Brasil*, Rio de Janeiro, José Olympio, 1962. Dentre os ensaios, encontram-se os de Astrojildo Pereira, Fernando de Azevedo, Jorge Amado, Antonio Candido, Antônio Callado, Miguel Reale, Anísio Teixeira, Luiz Viana Filho e Cavalcanti Proença.

[2] Superintendência de Desenvolvimento do Nordeste. Ver Amélia Cohn, *Crise regional e planejamento: o processo de criação da Sudene*, São Paulo, Perspectiva, 1976.

mesmo num Jorge Amado[3], ou a destruição apressada e juvenil. Só recentemente um conjunto de estudos, no qual se destacam as análises de Dante Moreira Leite e Antonio Candido, jogou novas luzes sobre a produção do mestre de Apipucos.

O estudo da trajetória e dos vários impactos da obra de Gilberto Freyre sobre os meios intelectuais assume grande importância por permitir a análise da *cristalização de uma ideologia com grande poder de difusão: a ideologia da cultura brasileira*. Sua postura se apresenta, ela mesma, como objeto de investigação estratégico: contém as ambiguidades daquilo que se poderia denominar uma "geração" de explicadores da "cultura brasileira". Gilberto Freyre é uma espécie de caso-limite.

Essa "geração" — por assim dizer —, caracterizada não só pelo peso de sua erudição, mas, sobretudo, pelo estilo de manipulação das informações, oferece ao investigador um material rico e complexo, se se tentar decifrá-lo pelo flanco ideológico. Uma abordagem sumária permite, desde logo, vislumbrar em seu comportamento intelectual — que também se traduz em nível político, possuindo enraizamento social e econômico — as expressões de um estamento dominante, embora em crise. Carrega consigo um certo sentido de mando, as marcas da distinção e do prestígio, uma visão senhorial do mundo, suavizada pelas condições gerais de vida criadas na esteira das transformações sociais e políticas com foco na crise de 1930. A emergência, aliás, de novas constelações sociais nas camadas médias, viria a revalorizar o tipo de produção desses estamentos.[4] *Um pouco de nobilitação para a burguesia, por assim dizer, por um lado; por outro, o ajustamento desses estamentos a uma sociedade de classes em formação.* Onde o processo foi mais lento, como no Nordeste, dada a industrialização "tardia", o canto foi mais longo, explicando, ainda hoje, o poder e prestígio do Senhor de Mello Freyre.

O resultado transparece na perspectiva modernizante, conjugada ao mandonismo do senhor de engenho: a própria crise vivida como que lhe impede articular uma história e ensaiar a formalização de uma cronologia,

---

[3] A mais completa apreciação sobre a obra de Jorge Amado, por sua vez, indicadora de uma época de revisão radical de "monstros sagrados" (inclusive do pensamento da esquerda no Brasil) encontra-se, a nosso ver, na obra de Alfredo Bosi (já citada).

[4] Augusto Meyer, em outro plano, e não menos importante, voltado para essa temática, estudou com rigor, do ponto de vista da sociologia linguística, certas formas de tratamento, como "seu" e "senhor", que encontram "uso mais generalizado nas camadas estamentais das chamadas classes médias". "Suplemento Literário" de *O Estado de S. Paulo*, 25/7/1964, p. 1.

estabelecendo uma periodização plausível através da qual se percebam os marcos do processo de decomposição de uma aristocracia rural. Nessa medida, *o ensaísmo não surge apenas como o terreno ideal, mas como o discurso possível*. O resultado, avaliado em termos de produção, se constitui em uma oscilação entre a saga da oligarquia e o desnudamento da vida interna do estamento ao qual pertence: o resultado global, considerada a história das relações de dominação, reponta na valorização de um tipo de relacionamento racial que dê abertura para a mestiçagem. Nesse ponto residiria o pretenso modernismo da obra freyreana.[5] Rompia-se, aparentemente, no nível da explicação — que até então se propunha como saber científico — uma compartimentação que os quadros ideológicos anteriores preservavam cuidadosamente: o da separação entre as "raças", elemento essencial a ser preservado numa sociedade de estamentos e castas.[6] Fortalecia-se a ideologia da democracia racial.

O tratamento dispensado ao tema sempre informa não apenas sobre o *objeto* mas, sobretudo, sobre *quem* analisa. O ângulo pelo qual se observam as coisas, as ideológicas em especial, talvez seja o melhor caracterizador de uma época. O tratamento dispensado ao tema, em *Casa-grande & senzala*, revela a dimensão do papel que a sociedade outorga ao herói-civilizador em cultura dependente. No caso concreto de Freyre, o "intérprete", sua preocupação vai do regional ao nacional sem apresentar e discutir mediações. A ideia de pertencer a uma geração nunca talvez terá sido tão marcante. Deixando de lado considerações teóricas sobre a validade e extensão do termo *geração*, que se presta especialmente a análises do tipo ideológico, lembremo-nos que no primeiro prefácio de *Casa-grande & senzala* (1933) o autor mostra sua preocupação e dos de sua "geração" com o papel que deveriam desempenhar no panorama intelectual brasileiro:

[5] Em outro nível de exploração, a contestação radical à participação de Freyre no movimento modernista do Nordeste, forjada pelo próprio autor, surge através de um dos personagens dessa época, Joaquim Inojosa, em "O movimento imaginário do Recife", em que explicita os "enganos" de Freyre quanto à sua própria participação. E ridiculariza o ("gramaticalmente longo") "movimento regionalista tradicionalista e, a seu modo, modernista, do Recife". "Suplemento Literário" de *O Estado de S. Paulo*, 25/6/1972, pp. 4-5.

[6] Tal como a concebe Florestan Fernandes em "As classes sociais na América Latina" (In: *Capitalismo dependente e classes sociais na América Latina*); e nos capítulos introdutórios de *Comunidade e sociedade*, bem como em *Sociedade de classes e subdesenvolvimento*. Não se vai aqui remontar às discussões sobre os usos e sentidos do termo *estamento* na História Social do Brasil.

"Creio que nenhum estudante russo, dos românticos do século XIX, preocupou-se mais intensamente pelos problemas da Rússia do que eu pelos do Brasil, na fase em que conheci o prof. Boas. Era como se tudo dependesse de mim e dos de minha geração, da nossa maneira de resolver questões seculares" (p. xxxi).

A enorme divulgação de seus escritos, somente talvez comparável no Brasil à das obras de Jorge Amado, bem como a presença do autor em várias frentes de atividade cultural e política (Conselho Federal de Cultura, Instituto de Pesquisas Sociais Joaquim Nabuco, convidado para ministro da Educação no governo Castelo Branco, elaborador de programa para a Aliança Renovadora Nacional, a Arena), não permitem a desclassificação do problema da análise crítica da ideologia gerada pelo autor: uma espécie de *"gommage des contradictions réelles"*, para usar a expressão de Régine Robin.[7]

O traço pouco acadêmico de G. Freyre levou-o a polemizar em várias frentes de pensamento, que ora repeliam ora incorporavam suas interpretações e "distabuzações" (Gilberto Amado). Inclusive suas posições pouco achegadas ao pensamento da Igreja no mundo luso-brasileiro (representado num padre Serafim Leite). Suas posições, aliás, só podem ser apreendidas em sua radicalidade se colocadas no contexto da época, de quase monopólio do ensino pela Igreja.

Para Dante Moreira Leite, o fato de ter estudado com missionários americanos protestantes ajuda a compreender talvez a sensibilidade aguçada para certos aspectos peculiares da religião no Brasil.[8] Sua tese de mestrado, defendida nos EUA, versava sobre as condições de vida do escravo que, no Brasil, seriam melhores que as do operário europeu no período correspondente.

Em recente entrevista, revelaria que, quando voltou do Exterior, sentiu que não iria se adaptar. "Não conseguia me aproximar das elites, achava-as muito artificiais. Mas, depois de algum tempo, comecei a achar isto aqui até que muito interessante. E acabei me adaptando."[9] Dessa adaptação talvez derive a ênfase com que afirma, no prefácio à 1ª edição de *Casa-grande & senzala*, ser a história social da casa-grande a história inteira de quase todo

---

[7] *Histoire et linguistique*, Paris, Colin, 1973.

[8] *O caráter nacional brasileiro: história de uma ideologia*, 2ª ed., São Paulo, Pioneira, 1969, p. 268.

[9] *Veja*, 21/6/1972, p. 46.

brasileiro. Que a ideologia de uma classe social, ou melhor, de um estamento dominante possa ser vislumbrada em suas formulações já é ponto bastante mencionado nos debates contemporâneos; mais interessará, nesta consideração, verificar os compromissos do autor com um quadro social e uma atmosfera mental em que se cristalizou uma ideologia que, até hoje, em maior ou menor medida, continua informando a noção de *Cultura Brasileira*.

A raiz social de sua ótica parece bem definida. Quando pensa em termos de História do Brasil (melhor seria, para ele, História Brasileira), em termos de continuidade social, não sonega os pressupostos de sua abordagem: "Nas casas grandes foi até hoje onde melhor se exprimiu o caráter brasileiro".[10] *Como para tantos ideólogos de seu tempo, o "caráter brasileiro" existe enquanto realidade tangível, e não como ideologia.* Realidade que flui na mesma direção de outra, igualmente cara ao autor: a de processo (em curso) de "democratização social no Brasil" (prefácio à 1ª edição) — em formulação que bastante se aproxima à de Afonso Arinos de Melo Franco ("democracia social").

No "quase prefácio" à 3ª edição, também publicado em 1938 na *Revista do Brasil*, ao tentar definir o significado de sua obra-mestra, vinculará as noções de *nacionalidade*, *raça* e *cultura*, que estão na base de uma concepção de *cultura* que ajudará a difundir, entre nós e no Exterior, uma nova imagem do Brasil e de sua História. Como característica essencial, registre-se com ênfase, ficam *habilmente eclipsadas nessa concepção as contradições de classe, e mesmo de raça*. A obra, segundo Freyre, é de "reconstituição e de interpretação de aspectos mais íntimos do passado *nacional* e ao mesmo tempo de sondagem de antecedentes de *raça* e principalmente de *cultura* da sociedade brasileira de formação mais profundamente agrário-patriarcal". A busca proustiana do passado "nacional" não pode dispensar uma categoria abstrata e escorregadia como a de "caráter brasileiro" — noção que volta a emergir no prefácio à 4ª edição. E a "formação brasileira" passa a existir como categoria histórica passível de manipulação por alguém que se arroga o direito de sugerir (até mesmo para o passado) "melhor aproveitamento da cultura e da gente indígenas...".

Segundo seu próprio entendimento, Gilberto Freyre inclina-se para a "interpretação dos fatos da formação social de um povo, como a que melhor corresponde à complexidade dos mesmos fatos". Mas a noção de interpretação *cultural* fica ampliada e (mais) relativizada pela abordagem "psicológica

---

[10] Prefácio à 1ª edição.

e, em alguns pontos, pela funcional, sem exclusividade rígida nem tendência para substituir o determinismo de raça pelo de cultura" (prefácio à 4ª ed.). Abordagem cultural, psicológica, funcional, buscando "antecedentes de raça", eis a síntese multifacetada, genérica e relativizadora do intento de Freyre.

Que conclui a obra? Como João Ribeiro, J. A. Castello informa que "o livro não conclui". O próprio Gilberto Freyre chegou a dizer que as conclusões são poucas, porém muitas as interpretações... Na verdade, algumas conclusões existem. A primeira delas é que o "regional" não deixa de ser "nacional", ou seja, a matriz-básica de organização social em todo o Brasil é a mesma, apoiada num certo tipo de miscigenação realizada na ordem patriarcal.

O grande relevo dado ao regionalismo deve ser apreciado no contexto de transição em que foi produzido, as diversas oligarquias regionais vendo contestado seu poderio pelos revolucionários de 1930, portadores de um projeto nacional, e com os quais, em certo grau, e conforme a região, souberam estabelecer uma política de compromisso. Obras como *Casa-grande & senzala*, produzida por um filho da República Velha, indicam os esforços de compreensão da realidade brasileira realizados por uma elite aristocratizante que vinha perdendo poder. À perda de força social e política corresponde uma revisão, à busca do tempo perdido. Uma volta às raízes. E, posto que o contexto é de crise, resulta o desnudamento da vida íntima da família patriarcal, a despeito do tom valorativo, em geral positivo, emprestado à ação do senhoriato colonizador, ação que se prolonga, no eixo do tempo, da Colônia até o século XX, na figura de seus sucessores, representantes das oligarquias.

Obras como essa, de alta interpretação do Brasil, produzidas pela vertente ensaística, na verdade *encobrem*, sob fórmulas "regionalistas" e/ou "universalistas", o problema real que é o das relações de dominação no Brasil. O ensaísmo de Freyre chegou a ofuscar um crítico do porte de F. Braudel, que o considerava "de todos os ensaístas brasileiros o mais lúcido". Não se trata de saber até que ponto atinge *status* internacional e dimensões universais reconhecidos pelos "mestres da Sorbonne" e pelas traduções sempre (provincianamente) mencionadas pelos autores (nesse tópico, pode-se dizer que Freyre é insuperável) ou pelos editores. O que está em pauta, antes de tudo, é saber até que ponto fórmulas regionalistas estreitas ou em contrapartida, universais demasiado genéricas, encobrem a história das relações de dominação, em que mitos como o da democracia racial e do luso-tropicalismo servem ao fortalecimento de um *sistema ideológico* no qual se perpetua a noção de *cultura brasileira*.

O eruditismo e o bem escrever constituem o revestimento do ensaísmo social característico dos filhos das oligarquias regionais. Acompanhar a história de vida, em seus traços gerais, sem dúvida auxilia a vislumbrar a curva do processo lento de perda de poder da oligarquia: as múltiplas composições, o encontro de diagnósticos, às vezes mais *modernistas* que *modernos*, para usar da feliz expressão de Alfredo Bosi, talvez sirvam para atestar as buscas de soluções para a superação de uma crise de longa duração, crise que se acelera com a implantação de novas formas de organização social do novo capitalismo,[11] das quais, no plano da dramaturgia, e para um período mais recente, Jorge Andrade fará o mais acabado relato.

O novo capitalismo será o pano de fundo explicativo de migrações como a de Carlos Drummond de Andrade para o Rio de Janeiro, onde será "Fazendeiro do Ar",[12] ou do sentido da obra de José Lins do Rego. E explicará a articulação de frases soltas — mas de clareza meridiana — como a de Gilberto Freyre: "o que estragou tudo foi a usina".

A história da vida de Gilberto de Mello Freyre pode ser recomposta através de grandes traços, para que se evite cair no vício do biografismo. Já existe, aliás, um clichê bem definido a respeito e que poderia se prestar a comentário do estudioso de história das ideologias, dada a maneira pela qual, catatonicamente, sempre se recomeça a biografia do mestre de Apipucos segundo a fórmula:

> "Gilberto Freyre nasceu em 1900, no Recife, filho de família tradicional pernambucana. Seus estudos iniciais foram realizados sob orientação de professores particulares. Estudou posteriormente no Colégio Americano Gilreath, em Pernambuco, para prosseguir na Universidade de Baylor, com pós-graduação em Ciências Políticas, Jurídicas e Sociais na Universidade de Columbia."[13]

---

[11] Alfredo Bosi destaca com muita justeza "a constância com que o ensaísmo social se tem dedicado à abordagem psicológica do nosso povo" (e é bem o caso de Freyre, assim como o de Sérgio Buarque de Holanda, Paulo Prado, e, em medida menor, Cassiano Ricardo). "Esse interesse que", completa Bosi, "pertence também ao legado dos modernistas à cultura de hoje", p. 426.

[12] Drummond, além de ter sido atraído para uma cidade menos provinciana, deixará registros os mais incisivos para a consideração dos avanços do imperialismo espoliador, que leva para o Exterior — "irreparável derrota" — as riquezas de Tutu Caramujo.

[13] A biografia básica de Gilberto Freyre poderá ser encontrada em extensa nota da Livraria José Olympio Editora (1969), provavelmente fornecida pelo próprio autor. E complementada pelas observações de um seu companheiro de geração, e amigo, Pedro Dantas

Interessa neste estudo tão-somente fixar alguns momentos mais significativos do caminho percorrido por Freyre, deixando de lado a biografia já "estabilizada" e convencional. Para tanto, bastará surpreendê-lo em 1926 organizando um congresso, no Nordeste, durante o qual lançou um *Manifesto Regionalista*, parte de um movimento cultural a que se ligaram vários escritores, como José Lins do Rego, José Américo de Almeida e Luís Jardim. O congresso regionalista provocou celeuma nos principais centros do país e, segundo o próprio organizador, chegou a ser tachado de separatista.

Gilberto Freyre viveu intensamente o final da República Velha no Nordeste. De 1923 a 1930 desenvolveu atividades de jornalista e de político, e teve viva participação na vida intelectual nos círculos pernambucanos, pelo que se depreende da leitura de revistas como *Cultura*. Como político, foi ligado ao governo de Pernambuco, o que explica seu exílio após a Revolução de 1930. Era identificado com as forças conservadoras da política. De fato, estava ligado a Estácio Coimbra — a quem acompanhou no exílio — e era diretor do jornal *A Província*.

"Em outubro de 1930 ocorreu-me a aventura do exílio", começa Freyre, em prefácio de 1933 à sua obra-mestra. Em 1931, em Lisboa, recebe convite para professor-visitante de Stanford, onde se mune de teorias sobre as relações de raça, cultura e ambiente desenvolvidas por Franz Boas, então na Universidade de Columbia, contato que lhe propiciou grande penetração nos meios intelectuais progressistas de então, por fornecer elementos para a redefinição de valores sociais que vinham no bojo do movimento de 1930 — e que se contrapunham às doutrinas autoritárias e racistas do período anterior, dentre elas as do prestigioso Oliveira Vianna.[14]

O colapso da Primeira República, dominada pelos estamentos senhoriais, permitiu o início do desvendamento das relações raciais — um dos pilares da organização estamental. A "estirpe", o "sangue", a hereditariedade marcaram as regras de ordenação social e constituíam o ponto de partida para o estabelecimento de critérios nas relações de dominação. A revisão propiciada pelo contato com as teorias de Boas carrearia para nosso ambiente intelectual "ideias modernas" que seriam facilmente adaptadas e abrandadas

---

(Prudente de Moraes Neto), em "Ato de presença". In: *Gilberto Freyre: sua ciência, sua filosofia, sua arte*, Rio de Janeiro, José Olympio, 1962. Para "desestabilizar" tal biografia, consulte-se o depoimento de Inojosa, de 1972 (já citado).

[14] A obra de Oliveira Vianna, aliás, vem sofrendo uma série de revisões. Além do capítulo a ele dedicado na obra de Dante Moreira Leite, ver artigos de Jarbas Medeiros e M. Stella M. Bresciani, citados na bibliografia.

pelos heróis-civilizadores locais. Gilberto Freyre, como já se apontou alhures,[15] conseguiu oferecer uma "leitura" de Boas que não fosse radical no tocante à organização do trabalho no Brasil; pelo contrário, num momento *não* radical relativamente às modificações do modo de produção, Freyre consegue mostrar as excelências dos negros e mestiços — como que criando um novo tipo de valorização dessa mão de obra, para incorporação menos conflituosa às novas formas que vinha assumindo o capitalismo no Brasil. Embora utilizando um termo que, sobretudo atualmente, sofre ampla revisão por parte de autores que o empregaram (Richard Graham, por exemplo), poder-se-ia denominá-lo, de maneira sintética: um modernizador.

No caso das ideias de Boas, Freyre passa a dar às raças um peso psicológico maior que o suposto pelo antropólogo, chegando a mencionar certas qualidades condicionadas pela raça, ou até mesmo indicando algumas "felizes predisposições de raça" (*Casa-grande & senzala*, p. 17). Como se sabe, Boas não vai tão longe; pelo contrário, o ambiente social funciona como coordenada básica para o estudo de comportamentos de diferentes grupos raciais. Apenas não afasta a possibilidade de existência de diferenças psicológicas entre as raças: e por essa brecha vazam os elementos teóricos que nutririam a ideologia de Freyre e dos representantes da velha visão liberal da cultura brasileira, calcada em "modernos" critérios antropológicos de convivência harmônica entre raças e classes.[16]

Demais, no momento de elaboração de sua obra fundamental, projetos de cunho nacionalista rondavam as formulações dos ensaístas e estudiosos da "história nacional". Para que se tenha uma medida da força de emergência de tais esforços nacionalistas, e de persistência nas formulações sobre cultura brasileira, bastará lembrar que não só a proposta de Freyre era de cunho regionalista (recorde-se do *Manifesto*), como a busca de um passado *nacional* está presente no ensaio. E a validade da extensão de suas teses para o plano nacional é defendida ferrenhamente pelo autor. Além disso, a teoria de Boas, utilizada por Freyre, "equivaleria à negação da possibilidade de uma descrição global da 'mentalidade do povo', ou do que seria denominado caráter nacional", como bem apontou um de seus críticos mais severos e sistemáticos.[17] Ora, a obra de Freyre repousa exatamente na perspectiva contrária.

---

[15] Dante Moreira Leite, *op. cit.*, p. 274.

[16] Deixamos de lado comentários a certas caracterizações como, por exemplo, relativas às "tendências semitas do português aventureiro para a mercância e o tráfico", p. xxxv.

[17] Dante Moreira Leite, na obra citada, marca com clareza as distâncias entre Boas

As literaturas de crise constituem, para os historiadores das ideologias, com relativa frequência, as produções mais fecundas para definir uma época. Alcançam o veio dramático do tempo, realizando o desnudamento das relações sociais e das instituições. O desvendamento da vida íntima do senhor de engenho que Freyre oferece ao leitor, testemunha a crise da oligarquia — e a busca, em vão, do tempo e da ordem perdidos. As reflexões de Lampedusa, em *Il Gattopardo*, não estariam porventura situadas no mesmo eixo? Que a saga dos senhores da terra, com seu gosto pelo popular, com a necessidade do reconhecimento externo ("Huxley gosta de xeretar em minhas plantas"), se organiza nesse período, não padece dúvida. O gosto pelo popular, de resto, compõe um traço peculiar à visão aristocrática do mundo, conforme a lição de Alfred Weber.

Note-se a grande quantidade de textos com esse significado (*Retrato do Brasil*, *Raízes do Brasil*, *Conceito de civilização brasileira*) e se perceberá o abalo que a sociedade experimentava nos anos próximos a 1930. Não se trata apenas da reconstrução do passado, ou do possível avanço positivo da ciência histórica; está-se, mais do que isso, em presença de textos de crise, de documentos que registram a trepidação da ordem social em que as oligarquias pontificavam nas diferentes regiões. "Nunca a História serviu tanto ao presente como um pouco antes e um pouco depois de 30", escreveu José Honório Rodrigues ao comentar a obra de Freyre. "Mas aos poucos", completa o autor da *Teoria da História do Brasil*, "cedeu-se ao gosto e ao estilo da Historiografia clássica brasileira, fazendo História pela História. A Historiografia brasileira não soube prosseguir seus estudos nos moldes clássicos e progredir atendendo aos apelos da problemática e da temática nova que correspondia a um Brasil novo". Parece claro que, ao rude golpe

e Freyre: "*Consequentemente, a teoria de Boas equivaleria à negação da possibilidade de uma descrição global da 'mentalidade de um povo', ou do que seria denominado caráter nacional*. Ora, as interpretações de Gilberto Freyre partem da suposição contrária, isto é, da ideia de que há certas características, não exclusivamente de raças, mas de povos, e que seriam determinadas pela interação de raça e ambiente. Neste sentido, Gilberto Freyre indiscutivelmente se afasta de Franz Boas e se aproxima da tradição de estudos brasileiros *de caráter nacional*. Mas, curiosamente, parece antecipar desenvolvimentos que, logo depois, apareceriam com discípulos de Boas — por exemplo, em Benedict e Mead. O que as duas antropólogas americanas fariam logo depois — embora de forma diversa e com material histórico e não propriamente antropológico — foi feito por Gilberto Freyre já em 1933. De qualquer forma, de Franz Boas, Gilberto Freyre conserva o princípio de que não existem raças superiores e inferiores — o que, no ambiente brasileiro da década de 1930-1940, era um princípio senão totalmente novo, pelo menos esquecido pela grande maioria", p. 273 (grifo nosso).

sofrido em 1930 por setores dominantes, a resposta se daria também no nível interpretativo: por um lado, refazendo as trilhas dos estamentos dominantes na formulação do Brasil e, por outro, despojando os elementos constituintes do mundo do trabalho dos atributos negativos que os marginalizavam no processo de construção da ordem a que José Honório denominava "Brasil novo", na obra comemorativa. Isso no plano — por assim dizer — nacional; porque, na esfera internacional, o que a obra oferecia era a "folclorização" do Nordeste e do Brasil, para consumo acadêmico e, não raro, mais do que acadêmico.[18] A contrapartida era o recolhimento em Apipucos dos galardões norte-americanos e europeus: o reconhecimento internacional. A perda de símbolos de prestígio e poder de seu estamento era compensada pelo reconhecimento de outras autoridades que conferiam, e ainda conferem, tais símbolos feudais (a rainha-mãe, universidades), tipificadores de sociedades que mantêm certos privilégios de *status* e prestígio. Símbolos mencionados e arrolados com volúpia e até mesmo exasperação: sintoma de crise, na lição de Huizinga.

Freyre desenvolveu uma série de mecanismos e artifícios para não ser facilmente localizável. Em certo sentido coloca-se como sociólogo; em outro sentido, não. É um liberal, mas critica os liberais ("o liberal não resolve nada porque foge das soluções"); e também um "revolucionário", porém... um "revolucionário conservador". Frequentes vezes diz fazer uma "quase ciência". Quando sua localização começa a ser feita, no terreno das linhagens antropológicas, transforma-se em simples escritor. Antonio Candido, aliás, já chegou a apontar o "sentido profundamente dialético na sua teima em considerar-se escritor": uma dialética, vale completar, que serve apenas para indefinir, mais do que para definir suas reais coordenadas. Que esconde essa postura?

Em primeiro lugar, esconde a busca real do sentido da colonização e da história das relações de dominação no Brasil — que, pela mesma época, e com um controle de variáveis teóricas *definidas*, vinha sendo realizada por Caio Prado Jr. Por exemplo, ao tentar discutir o velho tema do "feudalismo ou capitalismo?" no período colonial, dirá que "em suas formas a organização brasileira foi predominantemente feudal — embora um tanto capitalista desde o início — durante séculos".[19] Maneira de indefinir.

---

[18] Tiragem de *Casa-grande & senzala* em *paperback*, por exemplo: 50 mil exemplares, em Nova York, em 1964.

[19] *Sobrados e mucambos*, 3ª ed., 1961, pp. 354 e 573.

Cristalização de uma ideologia: a "cultura brasileira"

Em segundo lugar, ao tentar mostrar que o aristocrata é um democrata, Gilberto Freyre elimina as possibilidades de caracterização efetiva do senhoriato dominante. Talvez essa seja a expressão ideológica mais acabada da crise da sociedade oligárquica abalada pelo movimento de 1930. A relativização dos conceitos é tal que pareceria um disparate verificar-se, em fins dos anos 50 e nos anos 60, a resistência pouco "democrática" de remanescentes dos estamentos senhoriais encastelados nos latifúndios às iniciativas do planejamento desenvolvimentista (Sudene), à sindicalização do trabalhador rural (para a instalação de uma sociedade burguesa!), e às medidas do Proterra. Vejamos:

"Até o que havia de mais renitentemente aristocrático na organização patriarcal de família, de economia e de cultura foi atingido pelo que sempre houve de contagiosamente democrático ou democratizante e até anarquizante, no amalgamento de raças e culturas e, até certo ponto, de tipos regionais, dando-se espécie de despedaçamento das formas mais duras, ou menos plásticas, por excesso de trepidação ou inquietação do conteúdo."[20]

Em terceiro lugar, e decorrente da posição acima, elimina a possibilidade de caracterização dos setores dominados, enquanto tais.[21] Note-se que, a

---

[20] *Sobrados e mucambos*, p. 355.

[21] O desafio à posição de Freyre, do ponto de vista dos estudos sobre relações raciais, já foi feito por vários cientistas sociais (por exemplo Verena Martinez-Alier, antropóloga, artigo citado). De qualquer maneira causam espécie certas afirmações de Freyre no seu debate com os "puristas da raça" quando afirma que a miscigenação enriquece a "cultura regional ou nacional" citando um certo Prof. Günther, que estudou a relação entre genialidade e miscigenação. Para que se verifique os meandros ideológicos (políticos, inclusive, ao referir-se aos gaúchos), vale acompanhar as reflexões de Freyre sobre raça e religião:
"Os puristas de raça não devem esquecer-se desses muitos exemplos de enriquecimento de *cultura regional* ou *nacional* pela miscigenação. Um deles, o Professor Günther, admite no grupo de gênios que procurou estudar antropologicamente, dentro da teoria de que a capacidade de invenção e criação é suprema nos nórdicos, sangue de outras raças, ao lado do sangue nórdico — raramente encontrado triunfalmente puro, mesmo nos heróis dos países chamados nórdicos. Porque meio-sangue foi Lutero; meio-sangue, Schopenhauer; meio-sangue, Schumann; meio-sangue, Ibsen. Mas o sal dos países nórdico-alpinos e nórdico-mediterrâneos seria, para Günther, o sangue nórdico; a força daqueles gênios, estaria na metade de sangue nórdico em suas veias de híbridos. Argumento perigoso e frouxo. Ao mesmo tempo que reconhece a vantagem do cruzamento — pelo menos entre raças menos distanciadas nos seus característicos somáticos e nas suas especializações psicológicas — dá a Hertz o direito de perguntar com toda a fleuma: 'Mas se é verdade que a cultura da Grécia,

despeito de sua vastíssima produção, o autor não oferece o painel, ou o lineamento geral dos movimentos sociais que inequivocamente emergiram numa ordem perceptível através de critérios mais sólidos, como as insurreições de 1817, 1824, 1831 e 1848 no Nordeste, para não mencionarmos os levantes de negros, verificados quase a cada ano na primeira metade do século XIX. O mundo do trabalho surge desarticulado, quando não "folclorizado" (no que de pejorativo se pode atribuir ao termo). Quando Freyre se aproxima de explicação para a dinâmica dos relacionamentos entre "dominados" e "dominantes", intervém uma tal quantidade de problemas ligados a *status* e tutelagem familiar que o objeto evanesce. Menos perceptível, ainda, torna-se sua análise quando, após relativizar a definição do sistema ("feudal ou capitalista?"), ao esvaziar as polarizações entre dominantes e dominados, introduz uma variável que escapa a qualquer controle para um discurso que se pretenda científico: a noção de *região*. Ligada à problemática de *status*, *raça* etc., ter-se-ia, ainda, a considerar as diferenças entre os homens "litorâ-

---

a de Roma, a da Itália, a da Espanha, a dos eslavos é criação dos elementos nórdicos que entraram na formação desse povos, por que então o começo de todas essas culturas não foi nos centros de origem dos nórdicos — na Escandinávia e do norte da Alemanha? Por que essas regiões só fizeram seguir, em épocas relativamente recentes, os caminhos abertos pelos povos híbridos do Sul?'.

No Brasil, uma coisa é certa: as regiões ou áreas de mestiçamento mais intenso se apresentam as mais fecundas em grandes homens. A nossa Virgínia durante a monarquia, a mãe de grande parte dos presidentes de conselho e dos ministros de Estado foi — a comparação já tem ocorrido a mais de um estudioso da formação política do Brasil e não tem pretensão nenhuma a original — a Bahia, penetrada não só do melhor sangue que o tráfico negreiro trouxe para a América como da cultura mais alta que transmitiu da África, ao continente americano. A chamada Atenas brasileira, o Maranhão, foi outra sub-região de mestiçamento intenso, com seus muitos curibocas idealizados ou romantizados em caboclos. O maior deles, Gonçalves Dias. Minas Gerais foi ainda outra área de mestiçamento intenso, com predominância do negro sobre o índio entre os elementos de cor. Em contraste com os rio-grandenses-do-sul, mais brancos e tão cheios de radicalismos e de intransigências nas suas atitudes políticas — excetuados os mestiços da área *missionera*: caboclos dos quais o ensino jesuítico fez uma espécie de mulatos introvertidos ou apolíneos, pelo untuoso dos modos, pelo diplomático das atitudes — os homens da região de maior e mais profundo amalgamento de raças, alguns deles mulatos, vários negroides, têm levado para a administração pública em nosso País, para a política, para a diplomacia, para a direção da Igreja Católica, uma sabedoria de contemporização, um senso de oportunidade, um equilíbrio que fazem deles os melhores pacificadores, os melhores bispos, os diplomatas mais finos, os políticos mais eficientes.

E sem desprimor nenhum para a nossa Marinha de Guerra, recordaremos ainda uma vez que tendo-se constituído ela no maior viveiro de brancos ou quase-brancos no Brasil apresenta número relativamente insignificante de grandes homens. Nem mesmo um profes-

neos" (como o Andrada ou Maciel Monteiro) e os "matutos", os "homens do interior" (como Feijó ou Ibiapina)...

O resultado global, de um ponto de vista político, traz um conteúdo aparentemente neutro, a verdade poliédrica em perspectiva universalista-a--partir-do-regional. Na verdade, em Freyre, está-se no terreno do *à peu près*: fala em "quase ciência", matizando em tantos adjetivos suas definições que acaba por desfigurar o objeto de análise. Daí resultar, por exemplo, fórmulas tão desfrutáveis como a do "movimento regionalista tradicionalista e, a seu modo, modernista, do Recife", que Inojosa não lhe perdoaria...

Na verdade, ficam eliminadas, em seu discurso, as contradições reais do processo histórico-social, as classes e os estamentos em seus dinamismos específicos e seus conflitos e desajustamentos no sistema social global. *Do ponto de vista interpretativo-metodológico, o encaminhamento é hábil, de vez que opera sistematicamente com pares antagônicos para... esvaziar a contradição.* Apesar de trabalhar com duas categorias sociais bem definidas — os senhores e os escravos — não são as classes ou as raças que comandam o processo: a tarefa, com frequência, não se desenvolve no sentido de precisar, de definir contornos sociais, mas de imprecisá-los, de matizar a regra geral em tantos exemplos quantos sejam necessários, justamente para indefinir os contornos dos grupos sociais.[22]

Por outro lado, tome-se a obra *Nordeste*, onde se veicula uma visão incruenta da História do Brasil açucareiro, e leiam-se os documentos do apêndice, arrolados pelo próprio autor, sobre levantes de negros, preconceitos e outras expressões de estruturas sociais tensas, e que só fazem concluir

---

sor de matemática da estatura de Benjamim Constant, Saldanha da Gama e Jaceguay foram antes duas belas figuras de gentis-homens que dois autênticos grandes homens. Barroso e Tamandaré, dois burgueses gentis-homens, aos quais não faltava bravura que lhes suprisse a pobreza de imaginação marcial. O contraste com o Exército, de oficialidade, há anos, em grande parte mestiça e até negroide, imediatamente se impõe. E com o contraste, a ideia de que, pelo menos no sentido de melhor correspondência com o meio brasileiro e de adaptação mais fácil e talvez mais profunda aos seus interesses, aos seus gostos, às suas necessidades, o *mestiço*, o mulato, digamos delicadamente, o moreno, na acepção já assinalada por Sílvio Romero, parece vir revelando maior inteligência de líder que o branco ou o quase-branco", *op. cit.*, pp. 660-1.

[22] O resultado prático de sua análise foi apontado por T. Skidmore, em seu livro recente sobre raça e nacionalidade no pensamento brasileiro, *Black into White*: "The practical effect of his analysis was not, however, to promete such a racial egalitarianism. Rather, it served to reinforce the whitening ideal by showing graphically that the (primarily white) elite had gained valuable cultural traits from their intimate contact with the African (and Indian, to a lesser extent)", p. 192.

por uma História cruenta, como foi aquela da colonização portuguesa no Brasil — marcada pela escravidão que, em última análise, significa compulsão ao trabalho em sua instância mais violenta.

Esse andamento, dir-se-ia dialético, que Gilberto Freyre empresta ao relato utilizando jogos de pares chegou a embaçar o espírito crítico de um intelectual e político do porte de Astrojildo Pereira, que a certa altura destacou a importância da obra-mestra pelo fato de trazer para o primeiro plano da história social brasileira o fator "massa" (índios, negros, escravos, trabalhadores), deslocando os "heróis" oficiais e beneficiando os "heróis" coletivos e anônimos.[23] Não bastasse a própria vaguidão do termo "massa", poder-se-ia dizer, para mostrar a ineficácia da lembrança do autor de *Crítica impura*, que, à mesma época, Caio Prado Jr. trazia para a linha de frente dos acontecimentos, em interpretação globalizadora da História do Brasil, as *classes* sociais (e não o vago fator "massa"), introduzindo uma categoria analítica mais apropriada à organização das informações que a "colagem" técnica e relativizadora de Freyre. De resto, no verdadeiro *sistema ideológico* que aparece na obra comemorativa dos 25 anos de *Casa-grande & senzala* (e que veio à luz em 1962), talvez não tenha sido obra do acaso que Astrojildo Pereira, A. F. Schmidt e Miguel Reale surjam lado a lado — portadores de teorias da História antitéticas. Afinal, não é próprio do espírito gilbertiano operar com pares antagônicos para esvaziá-los? Esse fato talvez permita compreender, como sugere Dante Moreira Leite, porque tantos comentadores se referem à sua teoria sociológica sem entretanto dizer que teoria é essa...

Ao observador mais preocupado com a montagem de um *sistema ideológico* do que com uma "história das ideias" factualista, e que encontra G. Freyre numa das matrizes de pensamento mais significativas e difundidas no Brasil (e, no Exterior, sobre o Brasil), não podem passar despercebidas posições como as de José Honório Rodrigues, que não hesitou, em determinado momento, em mostrar os horizontes abertos com a utilização de fontes não acadêmicas, como "modinhas, lendas, folclore, canções, periódicos, enfim a toda cultura popular, que exprime uma experiência que não é monopólio de uma simples classe, mas posse de todos". De fato, o recurso a fontes documentais da esfera popular não permite dizer que o produto final seja popular: a elaboração que se processa a partir dessas fontes, obviamente, servirá a interesse de classe (no caso, a classe — ou estamento — à qual pertence Mello Freyre) dominante, "de uma simples classe", e não será "posse de

---

[23] *Gilberto Freyre: sua ciência, sua filosofia, sua arte*, p. 387.

todos". A elaboração que se faz dessas fontes surge angulada na perspectiva do senhoriato que, vivendo um momento crítico, ao se liberalizar, encontra essa esfera de "homens comuns e populares" a que se refere José Honório Rodrigues — e que pouco têm em comum com aqueles apontados por Octavio Ianni, nos anos 60, na *Revista Civilização Brasileira*.

Em conjunto, formulações como essa tendem a vincular o conhecimento que se tem das esferas populares à ótica do senhoriato, ótica que adquire foros de verdadeira ciência social. E, nela, Gilberto Freyre surgirá como "completo cientista social" (José Honório Rodrigues). Nesse sistema ideológico vincula-se com certa facilidade a cultura popular à cultura aristocrática — que aliás, às vezes, se ajustam com perfeição. Será o pensamento radical (não necessariamente revolucionário) das camadas médias urbanas, secretado sobretudo nas Universidades nos anos 50 e 60 e nos CPCs, que desvinculará os dois níveis de cultura. Florestan Fernandes, Dante Moreira Leite, Emília Viotti da Costa e Octavio Ianni serão talvez os melhores exemplos disso. E, na poesia, um João Cabral de Melo Neto — que tenta romper com o quadro ideológico da oligarquia latifundiária, cedendo passo a novas formas de pensamento.

Um dos depoimentos contemporâneos mais interessantes sobre *Casa-grande & senzala* talvez seja o de Adonias Filho à revista *Cultura*, de março de 1970, quando da comemoração dos setenta anos de Gilberto Freyre. Conduz à temática do nacionalismo das elites intelectuais ao dizer que a consciência intelectual de sua geração se faz imediatamente depois da publicação de *Casa-grande*. "Testemunhávamos e participávamos da reformulação política do Brasil, no começo do enquadramento dos problemas nacionais." Menciona a onda nacionalista que inundava o mundo, repercutindo no Brasil — e determinando o crescente interesse dessa geração por uma brasiliana, que levou seus representantes a ler em profundidade a obra de nossos historiadores. E ao lerem *Casa-grande & senzala* adquiriram "uma espécie de bússola, erguendo a reformulação inteira do que tínhamos como sendo a Brasiliana".

Participante de uma geração de impacto, fornecendo fórmulas a pensadores — sociólogos e educadores como Fernando de Azevedo — que seriam utilizadas para a estabilização de um conceito de cultura brasileira suficientemente sólido para arrostar os processos conflituosos de emergência da sociedade de classes (a cultura funcionando como fator de integração, e não de resistência à mudança), assumiu o papel de herói-civilizador, funcionando como ideólogo do sistema tanto em períodos de recessão do pensamento conservador como, frontalmente, nos de seu avanço. À medida que o tempo flui, cada vez mais vem à tona os elementos de base de sua ideologia: em seus depoimentos e entrevistas, o exótico passa a ocupar o lugar do antagônico, o futuro ganha o lugar do passado, o Exterior (mitificado) passa a ocupar o lugar do regional. E de esperança da "esquerda democrática" Gilberto Freyre passa a um dos teóricos (pouco ouvidos) da Aliança Renovadora Nacional.

Se a crítica mais empenhada já registrou a perda progressiva de vigor teórico na produção de Gilberto Freyre, visível inclusive na sua famosa trilogia, a curva de sua trajetória pessoal revela, por seu lado, vicissitudes de um pensamento que tende a abandonar as características progressistas.[24] Tome-se como ponto de partida sua prisão política em 1934, quando estava associado à Esquerda Democrática, em virtude de ter organizado o I Congresso Afro-Brasileiro. Nessa fase ascendente, polêmica e criativa, Gilberto chega a ser aclamado em 1943 no Congresso Nacional como líder do Nordeste, no movimento que visava à libertação do fascismo.

Deputado eleito pela UDN à Câmara Federal, atuou de 1946 a 1950,[25] e na Câmara era considerado a grande esperança da "esquerda aristocrática"

---

[24] O fato de ter escrito cerca de quarenta obras prolixas tem um peso na avaliação de sua trajetória. Corresponde a uma certa concepção do que "deve" ser o intelectual em área subdesenvolvida. Da mesma maneira, a teima em qualificar-se como "escritor", e não antropólogo, ou sociólogo etc.

[25] Sempre manifestaria sua ineficácia para a política. Muito possivelmente pelo fato de, na prática, as contradições de suas teorias se apresentarem com os contornos mais nítidos. Algumas delas podem ser surpreendidas, por exemplo, em 1948, na conferência proferida na Escola do Estado-Maior do Exército (publicada pela José Olympio, em 1949, sob o título *Nação e Exército*). Ao encerrar a conferência, define os limites entre as atividades civil e militar, apontando os riscos do militarismo e do "cesarismo de capote". "Devem saber conter-se para não se tornarem sozinhos, a Nação ou a defesa nacional" (p. 54). Essa a conclusão. Entretanto, no transcorrer da conferência, realizada a convite do general Tristão de Alencar Araripe, já explicitara não apenas a maneira de se resolver os antagonismos internos, como os temas e problemas sobre os quais o Exército deveria exercer sua tutela:

"Se recordo esses fatos é para destacar que, dentro da tendência ao equilíbrio de antagonismos, ao meu ver característica da formação brasileira como já fora da portuguesa, o Exército se tem, quase sempre, mantido entre nós, força de coordenação de contrários. Isto sem confundir esse seu papel de coordenador de tendências diversas, contanto que nacionais, com esforço ou obrigação de sujeitar pela violência o que é ainda plasticamente brasileiro a algum estreito interesse, credo ou aspiração de região ou de grupo que, materialmente poderoso no momento, tenha pretendido ou pretenda ser a Raça ou a Nação, o Povo ou o Estado, numa espécie de 'o Brasil somos nós' que ampliasse a frase célebre do rei de França: 'l'État c'est moi'. O Exército, por uma espécie de intuição que entre alguns dos seus líderes mais esclarecidos data de dias remotos, de sua responsabilidade antes de coordenador pacífico do Nordeste. Delegado brasileiro à ONU, conferencista da UNESCO em Paris, chegou em 1950 a defender, na Câmara, a constituição de um governo supranacional, sem anular os governos nacionais, com o objetivo de evitar-se guerras e lutas.

Em 1952 firma algumas posições que, segundo alguns críticos, representavam uma reaproximação de Getúlio Vargas, seu antigo algoz; opinando sobre o programa político do PTB, afirmou não estar seguro de que haveria "no Brasil um partido trabalhista que precise fixar em rígido programa sua orientação. (...) Anima-o a figura extraordinária de homem público, carismático, responsável por uma legislação social ou operária que de repente encheu de diretrizes sociais grande número de brasileiros das cidades, com evidente desprezo pelos homens do campo. Qualquer programa trabalhista que não irradie de Getúlio, corre o risco de morrer no papel". Um dos jornais populares da época, a *Última Hora*, fez uma denúncia nesse mesmo ano, afirmando que Gilberto Freyre queria se aproximar de Getúlio para ser nomeado embaixador ou ministro, esquecido de que fora deputado pela UDN...

---

que de ordenador violento e arbitrário dos contrários da vida nacional, vem principalmente acompanhando, entre as várias tendências brasileiras, as que parecem mais de acordo com as tradições, aspirações e necessidades gerais do Brasil; e não tentando impor-se às demais forças nacionais como a Nação; nem antecipando-se sistematicamente a elas como elemento ordenador daqueles contrários" (pp. 16-7).

"O ambiente brasileiro precisa de ser de tal modo saneado social e economicamente, no sentido de se sustar entre nós a alarmante degradação da gente média sob os efeitos da inflação e, também, no de se ampliar, quanto possível, a proteção ao trabalhador, tanto intelectual como manual, que às Forças Armadas e às Polícias quase não se deixe, neste particular, outra tarefa senão a de agirem militar e policialmente contra os excessos criminosamente demagógicos e contra as infiltrações estrangeiras de caráter político nas atividades nacionais. Nunca a incumbência de resolverem apenas policial ou militarmente problemas que não sendo exclusivamente policiais nem militares pedem soluções complexas.

O Exército, aliás, já vem reconhecendo este fato; e procurando cooperar com atividades civis que interessam à *segurança nacional*, sem dominá-las com seu critério predominantemente militar de solução dos mesmos problemas. Outro sentido não parece ter a extensão de sua atividade de defesa nacional a obras pacíficas de colonização do Brasil central com brasileiros e de valorização do indígena, como a realizada pelo General Cândido Rondon e iniciada pelo General Couto de Magalhães; como a da organização da siderurgia; como a "solução objetiva" para o problema do petróleo oferecida pelo General Juarez Távora e apoiada em estudos militares; como a de nacionalização e reeducação de filhos de imigrantes, empreendida, através do recrutamento, por chefes militares no Sul do Brasil, onde a Igreja — diga-se de passagem —, pobre de padres brasileiros, nem sempre tem podido agir no sentido do necessário abrasileiramento dos adventícios. Nem a Igreja nem o Ministério da Educação" (pp. 43-5).

Uma década mais tarde, em 1962, suas posições conservadoras se definem com maior nitidez, na radicalização do processo político e social: em entrevista ao jornal *O Estado de S. Paulo*, acusa Francisco Julião de ser agitador remunerado do Exterior e... afirma suas convicções na "Aliança para o Progresso", programa de ajuda norte-americano.

Em 1963 analisa o significado da palavra "esquerda", para o mesmo periódico, afirmando que o comunismo no Brasil atrai as massas, de vez que corresponde às aspirações messiânicas da população. No ano seguinte, 1964, escreve para a *Time*, indicando que o comunismo na sua forma mais arcaica estava tomando conta do Brasil.

Após o golpe militar de 1964, recebeu convite do presidente Castelo Branco para ser Ministro da Educação. Como colocou, para que aceitasse, a condição de que todos os reitores e conselhos universitários deveriam ser demitidos, não chegou a ocupar o posto. Foi igualmente convidado para Embaixador do Brasil junto à França, mas recusou o convite para não sair de Apipucos.

Em 1969, na radicalização do processo, e pouco após as manifestações estudantis, declarou que a glória do Brasil não são os jovens. Também nesse ano, Nelson Rodrigues, em uma de suas difundidas crônicas, reclamou sobre o tratamento dispensado pela imprensa a Gilberto Freyre. "Querem assassiná-lo pelo silêncio. A 'festiva' não deixa ninguém falar sobre o grande mestre. A esquerda festiva nos jornais exila Freyre." E o líder da direita católica, Gustavo Corção, em um de seus artigos, relata um sonho, tendo Freyre como paladino da Igreja, chegando a afirmar que nem tudo está perdido na Arquidiocese de Olinda e Recife...

Periodicamente o autor de *Casa-grande & senzala* faz alguns pronunciamentos: em 1969 convidou os ociosos de todo o mundo a reunirem-se em associações para evitar que o ócio seja canalizado em vícios, sexo e drogas. Mais recentemente, solicitado pela Arena para desenvolver um programa político, realizou-o, dando conta de sua tarefa à imprensa periódica do país.

Seu penúltimo livro, *Além do apenas moderno*, versa sobre futurologia; nele descreve três ou quatro futuros para o Brasil.

O processo de esvaziamento ideológico da aristocracia nordestina não parece tão acelerado, no período que se está considerando, tendo em vista a persistência (e a audiência) das formulações de Freyre. A liquidação da ordem estamental no Nordeste, não se tendo realizado em moldes revolucionários, também não se processou em moldes reformistas: cristalizou, assim, formas de pensamento que tem fulcro na ideologia da *cultura brasileira*, componente de outra, mais geral, a luso-tropical. Num plano não apenas episódico, a persistência de convites a Freyre para cargos em aparelhos de Estado parece reforçar o peso e o significado dessa ideologia, elemento componente de um sistema de relações de dominação. Parecerá claro, a partir daí, que a *produção cultural* não está situada numa esfera da realidade muito distante daquela em que operam os mecanismos de *controle social*.

O regionalismo, enquanto ideologia, por outro lado, não ocorre necessariamente em detrimento ou em contraposição a projeto nacional. Afinal, as diversas oligarquias propunham, e propõem, na luta política, uma perspectiva nacional. E nesse sentido não será de estranhar que seus filhos produzissem, e ainda produzam, obras em que se vê aprimorada a noção de "cultura nacional". Um projeto nacionalista não veicula necessariamente visões não oligárquicas. Pelo contrário, e considerando o nível do autor, seu discurso pode até ser uma justificativa ideológica do processo vivido: nesse sentido, pode-se afirmar que, em larga medida, Freyre sente, registra, mascara a crise, a lenta perda de poder do grupo oligárquico a que pertence, identificando-a como uma crise nacional.

Mas é claro que a sociedade de estamentos sofreu abalos mais fortes em outras regiões do país. Muitas são as frentes de pesquisa em que a ideologia de Freyre não tem penetração. À instalação da sociedade de classes corresponderam novas formas de organização do saber, nas quais se adensou massa crítica para elaborar instrumentos de análise científica inclusive para enfrentar a problemática da ideologia do caráter nacional, da cultura brasileira etc.

A partir do fim do Estado Novo, sobretudo, definiram-se novos horizontes teóricos, emergindo uma noção de cultura menos marcada pela visão oligárquica do mundo.

O pensamento radical no Brasil contemporâneo, produto em grande parte das tarefas críticas desenvolvidas a partir dessa época pela Universidade, em seus cursos, seminários e pesquisas que impõem constante renovação metodológica, acabou por gerar um quadro crítico do qual sairiam algumas posições contundentes que não só avaliariam contribuições como as de Freyre à ciência social no Brasil, como manifestariam seu desagrado pelas veredas escolhidas pelo autor de *Casa-grande & senzala*. Em 1967, Antonio Candido avalia criticamente a obra-mestra de Freyre, situando-a no contexto em que se produziu, e dizendo o que significou para os novos de então, lamentando os descaminhos políticos posteriores do autor. Num ensaio de localização da obra de Sérgio Buarque de Holanda, *Raízes do Brasil*, fornece os lineamentos gerais das obras de Buarque, Freyre e Caio Prado Jr. em relação ao momento que assistiu às suas elaborações e, pelo esforço do crítico, pode-se perceber a dificuldade em converter para a atualidade a modernidade da obra à sua época. Ainda numa linha crítica, ressurge em 1969 o livro de Dante Moreira Leite sobre a ideologia do Caráter Nacional, em texto radicalizado, e somente comparável pela sua contundência à postura de Emília Viotti da Costa em intervenção realizada no I Seminário Internacional de Estudos Brasileiros, na USP, em 1971. Mas esses autores, entre tantos outros, já se inserem na era das revisões radicais, e serão tratados e comentados em outro capítulo. Retenha-se, por ora, apenas, que ao lado de serem frutos de um momento de radicalização das posições, representam a vertente de pensamento progressista entre nós, e já produto de instituições como as Faculdades de Filosofia que permitiriam a ruptura essencial com a cultura oligárquica, e com a visão estamental do mundo. Uma perspectiva profundamente urbana, atenta mais aos conflitos que às harmonias entre as classes, ou no interior de uma comunidade. Uma rejeição clara às grandes interpretações-matrizes do pensamento oligárquico no Brasil emergirá com esse conjunto de críticos, que parecem apontar uma nova direção para a história da cultura e das ideologias no Brasil.

B) SEGUNDO FERNANDO DE AZEVEDO

> "... uma crise de cultura, ameaçando gravemente o princípio aristocrático ou de qualidade..."
>
> FERNANDO DE AZEVEDO

As formulações de Fernando de Azevedo ocorrem num período especialmente crítico da História do Brasil: o Estado Novo. Vivendo com intensidade a experiência renovadora das Faculdades de Filosofia, em ambientes de ensino ativados por novas técnicas de trabalho e por uma descida às fontes e aos debates sobre método, participando da fermentação intelectual dada pela presença de professores estrangeiros que compunham as missões culturais, Fernando de Azevedo produz em 1943 um quadro referencial de grandes planos, "à grande", como a ele referiu-se José Lins do Rego: trata-se de *A cultura brasileira*, obra elaborada inicialmente sob os auspícios do IBGE.[26] Não constitui tarefa demasiado difícil apurar alguns de seus

---

[26] A obra teve cinco edições, e sofreu algumas reformulações e ampliações. A estru-

envolvimentos ideológicos. O primeiro deles, e mais flagrante, reside em absorver os lineamentos gerais e a mesma postura de Gilberto Freyre, sobre cujas formulações irá concluir sua própria obra. E o mesmo andamento geral, apenas que mais otimista, em face talvez dos recursos disponíveis e colocados ao seu alcance para a tarefa educacional. Demais, o fato de ter participado em posição de destaque do *Manifesto dos Pioneiros da Educação Nova* (1932) dera-lhe desde algum tempo autoridade para enfrentar os embates políticos do entrecruzamento ideológico, acentuado no período de Entre-Guerras e do Estado Novo. A participação em postos-chave da administração escolar primária, secundária, normal e superior, acabou por torná-lo um dos principais responsáveis pela difusão e estabilização do conceito de *cultura brasileira*.

O tom geral da obra é otimista, equilibrado, incorporando em sua concepção de cultura as manifestações dos vários campos do saber e, nesses campos, as diversas tendências. Não há antagonismos aparentes entre as variadas "escolas" apresentadas. A plasticidade do conceito de cultura empregado garante a harmonia entre as diferentes posições. No máximo, pode-se registrar menos apreço pelas formas de organização do saber dentro dos quadros de instituições religiosas; afinal, o grande personagem é o ensino *público*, veiculador do saber laico — a fidelidade do pensamento de Fernando de Azevedo ao ensino laico vai permanecer como paradigma nas campanhas em defesa da Escola Pública, nos fins dos anos 50, das quais participou ao lado de Anísio Teixeira, Lourenço Filho e Almeida Júnior, figuras maiores da história da educação no Brasil contemporâneo. Figuras à sombra das quais se formaram representantes do pensamento radical no Brasil, como Darcy Ribeiro (discípulo dileto de Anísio Teixeira) e Florestan Fernandes e Antonio Candido (discípulos escolhidos por Fernando de Azevedo).

O "esforço incessante para a unidade", eis a meta de Fernando de Azevedo. As forças culturais devem ser assimiladas entre si, incorporando a experiência do passado, a "herança sagrada, que deve ser imortal, de nossa história e de nossas tradições" (p. 766). E nesse processo de assimilação dos contrários não teriam escapado elementos antagônicos representativos da democracia liberal e do socialismo, que se absorveram, compondo um todo orgânico e equilibrado. A "organização da família e da propriedade" por sua vez não se ressentiu com a aceleração dos processos de industrialização e

tura ideológica do trabalho, entretanto, permanece a mesma. Salvo os casos mencionados, utilizaremos a 5ª edição, de 1971 (São Paulo, Melhoramentos/Edusp).

urbanização, os quais poderiam ter desviado o país da rota geral, levando-o para "formas comunitárias dos tempos primitivos".

Conseguiu-se no Brasil, conforme indicava Gilberto Freyre, a "renovação da cultura sobre a base ao mesmo tempo personalista e socialista, universalista e regionalista". Nestas partes, concorda com Freyre, processa-se uma revolução lenta e incruenta — tese sobre a qual voltará, em perspectiva antiaristocrática (a falência da elite que se perpetua no poder) e populista, José Honório Rodrigues, mais de dez anos depois, em conferências na Escola Superior de Guerra (a nossa "Sorbonne"). Passando por alto os desacertos do Estado Novo, nesse esforço de arredondamento do conceito de cultura sem antagonismos internos de qualquer ordem, concluirá:

> "Nenhuma doutrina que desconheça uma metade do homem ou que, exagerando o aspecto técnico da civilização, estimule velhos instintos gregários e prepare hordas de bárbaros mecanizados, inscreveu-se até hoje nos planos da política nacional ou de qualquer dos programas de uma política de cultura e de educação."[27]

As políticas de cultura e educação devem ser vistas em íntima articulação e devem participar do movimento que aponta para "um socialismo que saiba combinar a pessoa e a comunidade, e para lançar à base da educação e da cultura, a liberdade de consciência e o respeito aos direitos e à dignidade da pessoa humana". Com essa formulação humanista, Fernando de Azevedo encerra sua obra, vislumbrando um socialismo que, assim genericamente concebido, bem poderia coincidir com o ideal da democracia liberal. *Aristocratismo e humanismo, socialismo e visão ilustrada do mundo constituem os eixos que definem a perspectiva do autor de* A cultura brasileira. O anticapitalismo de elite, para retomar a expressão de Roberto Schwarz, parece ser a tônica do pensamento de Fernando de Azevedo.[28]

---

[27] *A cultura brasileira*, p. 766.

[28] A propósito de suas raízes sociais, pode-se acompanhá-lo, através de suas memórias (*História de minha vida*, José Olympio, 1971):

"Não por me interessar por árvores genealógicas ou envaidecer-me com elas. Mas pela fidalguia do gesto de um homem ilustre, mais inclinado a motejos e irreverências do que a essas gentilezas. Nem por ser meu pai de uma família rica e importante e proceder, como se viu, dos primeiros povoadores de Aiuruoca, ancestrais pioneiros, eu me orgulharia mais da família de meu pai do que da de minha mãe. Meu pai que descendia de uma família rica, não tardou muito a perder toda sua fortuna. Na pobreza é que ele foi realmente grande, não só pela maneira com que a suportou, mas também, e sobretudo, pela imensa capacidade de

O anticapitalismo de elite de Fernando de Azevedo, se permite, por um lado, encerrar sua obra em cima de uma proposta de socialismo (brando) para o Brasil, não permite, entretanto, verificar como a Constituição de 1937, por exemplo, corresponde a um instrumento de articulação da sociedade de classes, capitalista. Seus louvores para com "a mais democrática e revolucionária das leis que se promulgaram em matéria de educação" (p. 694) parecem desmedidos, uma vez que, na verdade, a nova Constituição — ao instaurar por lei a cooperação entre as indústrias e o Estado — mais não estava fazendo do que estabelecer um vínculo entre o desenvolvimento capitalista e os quadros educacionais. Em suma, cuidava da qualificação técnica do trabalho (escolas de aprendizes para os filhos de operários; ensino profissional e técnico "às classes menos favorecidas") para o desenvolvimento industrial — numa linha que *não* apontava, certamente, para o socialismo.

O processo de desenvolvimento econômico articulava-se a outras frentes de atividades que ficavam, pela intervenção do Estado, integradas num mesmo projeto nacional. Que a laicização do saber estava ligada às linhas da montagem de um poderoso e complexo sistema ideológico de cunho nacionalista, parece atestar o fechamento de 774 escolas "desnacionalizantes" entre 1937 e 1941, substituindo-as por 885 escolas públicas, nos mesmos locais. A respeito dessa ação do Estado, que incidiu sobretudo nas áreas para onde se dirigiram imigrantes, Fernando de Azevedo dirá que obedecia ao "temperamento coletivo", à "vocação nacional".[29]

---

esquecer e perdoar, de que dava provas constantes, não permitindo aos amigos e aos próprios filhos, críticas àqueles que concorreram para levá-lo à ruína.

Já, do lado materno, minha família era mais simples e modesta. O pai de minha mãe, meu avô Domingos, um português que, como já lembrei, emigrou, ainda rapazinho, para o Brasil, onde passou por duras provações. Minha mãe descendia da família Lemos, família tradicional, em que havia mais pobres do que ricos. Um deles, o Barão do Rio Verde, seu tio-avô, era uma das figuras mais importantes e de maior prestígio de São Gonçalo. Homem forte e saudável, de bela aparência, chamava a atenção de todos quando saía a cavalo, a caminho de sua ou de suas fazendas. Morava no maior e mais imponente sobrado no alto da cidade. Era homem que se impunha ao respeito de todos por suas qualidades e iniciativas. Foi ele quem fundou a primeira indústria em Minas e teve a ideia de mandar filhos à Europa, não para estudarem Direito ou Medicina, mas para trabalharem em fábricas e se aperfeiçoarem nas técnicas da indústria de calçados e chapéus" (p. 8).

[29] Nesse sentido, Fernando de Azevedo comenta (*A cultura brasileira*, p. 698):

"A unificação dos sistemas educativos, não pela identidade de estruturas do ensino, mas pela unidade fundamental de diretrizes, ou por outras palavras, o ensino público organizado segundo uma política geral e um plano de conjunto, é um dos meios, certamente o mais poderoso e eficaz, de que pretendeu utilizar-se o novo regime, para realizar uma obra de assimilação e reconstrução nacional. Tornando de uso obrigatório em todo o país a ban-

"Vocação nacional", "temperamento coletivo" surgem como expressões caras à elite ilustrada que se outorgaria a "missão" educativa e se incumbiria de lançar os fundamentos de uma Escola Nova, e de vincular, do alto de suas posições, a Universidade, articulada por uma Faculdade de Filosofia responsável pela reflexão fundamental, à tradição da "Academia Platônica, na Grécia, e à Universidade, na Idade Média", numa combinação das mais antigas tradições, temperadas pelas modernas escolas europeias (francesas, notadamente) e norte-americanas.[30] Significativamente, ao lado de uma Faculdade de Filosofia, Ciências e Letras criava-se uma Faculdade de Ciências Econômicas, pelo mesmo decreto de 25 de janeiro de 1934.

Dentre os elementos que compuseram a comissão que elaborou o plano de criação da Universidade, destacavam-se Fernando de Azevedo (relator) e Júlio de Mesquita Filho.[31]

---

deira, o hino, o escudo e as armas nacionais, ao mesmo tempo que suprimiu outras bandeiras, hinos, escudos e armas (art. 2º); atribuindo privativamente à União fixar as bases e traçar as diretrizes da política escolar (art. 15); pondo sob a proteção da Nação, dos Estados e dos municípios os monumentos históricos, artísticos e naturais e equiparando os atentados contra eles aos cometidos contra o patrimônio nacional (art. 134), a Constituição de 1937 fazia vibrar com uma força vigorosa o sentido nacionalista em que se inspirou e fixava aspectos fundamentais dessa sensibilidade, através dos quais tocamos a um temperamento coletivo e talvez, mais longe ainda, a uma vocação nacional, cujo conteúdo não se esgotou sobre o plano político. O governo da União, retomando a política timidamente ensaiada em 1918, desenvolveu desde 1937 uma ação intensamente nacionalizadora das escolas no sul do país e, especialmente, em Santa Catarina e no Rio Grande do Sul, e, enfrentando fortes organizações que recebiam subvenções e influências estrangeiras, promoveu, por um conjunto sistemático de medidas, a adaptação dos imigrantes e seus descendentes ao meio nacional. Essa obra de nacionalização, em mais larga escala, o governo federal a empreendeu com vigor e conduziu metodicamente, quer amparando a iniciativa dos Estados, como no Rio Grande do Sul, Santa Catarina, Paraná, São Paulo e Espírito Santo, onde, desde 1937 a 1941, foram fechadas 774 escolas particulares "desnacionalizantes" e substituídas por 885 escolas públicas, abertas nos mesmos locais, quer concedendo em 1940 auxílio especial a esses Estados para a construção de prédios escolares nas aglomerações de população estrangeira, quer dando nova organização aos núcleos coloniais, cuja fundação se condicionou às exigências do interesse nacional."

[30] Lembre-se que, no período da Guerra, o relacionamento foi mais intenso com os EUA, a se avaliar pelo número de bolsistas que para aquele país se dirigiram.

[31] "O mais ardente propugnador da ideia da criação de uma universidade em São Paulo." Outros membros destacáveis da Comissão: A. F. de Almeida Júnior e Vicente Rao, pelas posições que iriam assumir, anos mais tarde. A melhor análise ideológica do pano de fundo da criação da USP encontra-se em *A ideologia liberal de O Estado de S. Paulo (1927-1932)*, de Maria Helena Rolim Capelato (São Paulo, FFLCH-USP, Tese de Mestrado defendida em 1974, mimeo).

Interpretando o "temperamento coletivo", vai-se invocar o "princípio aristocrático", o "princípio inerente a toda cultura superior", permanentemente ameaçada pelos perigos da democratização e de "nivelamento pelo domínio da massa".[32] O medo do nivelamento social e da participação mais direta da "massa" no processo político-educacional reavivava os traços elitistas desse estamento que se arvorava em semeador de uma cultura livre e desinteressada. Tal medo era a contrapartida do pensamento aristocrático, e gerava essa visão apocalíptica em relação ao nivelamento social e cultural — ideia que sempre estava presente nos momentos de revitalização liberal, desde os primeiros movimentos sociais no século passado. O perigo de nivelar a partir da massa, eis um tópico permanente nesse processo de integração de grandes contingentes populacionais à sociedade de classes que melhor se definia com a industrialização. A questão não era, evidentemente, mudar as relações sociais de produção, mas de qualificar e ilustrar o "povo" (outro conceito liberal, que elimina a noção de *classe social*) até o ponto em que estivesse apto a participar do processo político-cultural. E isso no âmbito ilustrado das Faculdades de Filosofia, a instituição mais moderna e progressista pela sua estrutura e pelas propostas em relação à dinamização cultural; porque, no geral, em outras instituições "modernizantes" o problema não era mais do que aquele de qualificar tecnicamente a mão de obra para a industrialização e urbanização florescentes.

Causava espécie ao autor de *A cultura brasileira* o "torvelinho da mediocridade social" e a possibilidade sempre presente de a cultura ver-se na contingência de se adaptar ao "nível das massas, às suas necessidades e aos seus gostos". Um "maior número" em comunhão com a cultura, tende a rebaixar a cultura,[33] esse o princípio central, explícito aliás, em que radicará todo o seu sistema ideológico. E, como respaldo teórico, a menção a Berdiaeff, que forneceria as coordenadas para pensar a crise de um ponto de vista sociológico. Isto é, "científico", dentro desses horizontes.

Conquanto não se possa deixar de apontá-lo e, ao grupo, como sendo progressistas para os horizontes mentais de então — sobretudo considerados

---

[32] *A cultura brasileira*, p. 700.

[33] Em edições posteriores a 1943, o autor vai mostrar o processo de "cogumelagem" de Faculdades de Filosofia e o crescimento quantitativo dos ginásios. Escrevendo dez anos após o surgimento de *A cultura brasileira*, vai indicar que, "de quatro em 1937, chegam a 15 as Universidades em 1953, ameaçando atingir a duas dezenas, entre oficiais e particulares, e as Faculdades de Filosofia que eram então apenas duas, já orçam por sete no Estado de São Paulo e se calculam em 40 ou perto disso, espalhadas pelo país" (p. 701).

os parâmetros que norteavam a organização da vida universitária, dados pela política de campanário, e pela postura bacharelesca atávica —, o elitismo parece marcar as linhas da arregimentação dos quadros universitários, mesmo na unidade mais "avançada", a Faculdade de Filosofia. Uma análise das raízes sociais, ainda que superficial, levará o investigador a esbarrar com os filhos da aristocracia do café. Ou, na melhor das hipóteses, com aquela outra apontada por Lévi-Strauss em *Tristes tropiques*, a elite italiana. É bem verdade que, no recrutamento, surgiam alguns filhos pauperizados do senhoriato do café, pais intelectuais, por sua vez, de uma pequena burguesia radical que se manifestaria politicamente anos mais tarde, nas décadas de 50 e 60. Esses elementos vão dar consistência a uma classe denominada, por uma historiadora local e de maneira não de todo imprópria, a "classe média destituída". Que retém, inclusive, traços estamentais em seu comportamento senhorial — e como que uma inadaptação à cidade e à implantação das regras duras do jogo capitalista que, em última instância, também defende.

O elitismo, convém insistir, permanece aceso nessa concepção de vida universitária e somente quem assistiu ao ritual de uma aula de um mestre francês — como Fernand Braudel, com suas luvas e ademanes — das missões culturais poderá avaliar o quanto compunha o quadro oligárquico-"modernizador" que procurava criar novas frentes de renovação para o ajustamento aos novos tempos. De toda forma, Fernando de Azevedo e equipe representavam a resposta laica, estatal, às orientações estagnadas e de cunho religioso.

Buscando cientistas em outros países, essa equipe abalava o poderio dos sábios de província, desorganizando a ordem natural de investimento no poder dos filhos da terra, zelosos da nobiliarquia. Ficavam alteradas — nem sempre necessariamente eliminadas — as regras de sucessão, às vezes pautadas pela sucessão familiar, de pai a filho, nas Universidades mais provincianas ou, em São Paulo, nas Faculdades anteriores à criação da Universidade, mais tradicionais, sufocadas pela tradição das grandes famílias.

Por essa brecha se daria a entrada de componentes radicais da classe média no processo de produção cultural dentro dos quadros institucionais, dos quais Antonio Candido e Florestan Fernandes, ex-assistentes de Fernando de Azevedo, constituiriam exemplos maiores.[34]

---

[34] Não cabe, neste passo, indicar algumas formas de organização política desses componentes, dentre elas a integração em determinado período, nos quadros de partidos extintos, como o Partido Socialista Brasileiro.

Importa reter, nesta trajetória, e visto em perspectiva o papel desempenhado por Fernando de Azevedo, sua atuação de caráter liberal (não propriamente socialista, como ele próprio afirmaria no final de sua obra clássica) progressista, contra as linhas mestras básicas da concepção religiosa da vida educacional e, sobretudo, como agente receptor, nos novos quadros educacionais — universitários, notadamente — dos valores aristocráticos do senhoriato de terras, do qual Gilberto Freyre seria a melhor expressão.[35]

A Universidade, inclusive nas áreas em fase de acelerada industrialização e urbanização, como São Paulo, capta e retém o sentido de "cultura brasileira" (no sentido de "cultura nacionalista", que não é, necessariamente, como bem observa Gérard Lebrun, o de cultura nacional), sentido profundamente impregnado dos valores do estamento dominante. As classes, tanto a burguesa como a proletária, não haveriam tão cedo de imiscuir-se nas salas de aula, nem mesmo como *temas* de pesquisa, e de fazer sentir os seus dinamismos próprios à organização acadêmica. Em São Paulo, onde a dinâmica de instauração de uma sociedade de classes estava mais ativada, os filhos (e até mesmo netos) da República Velha saberiam compor um sistema suficientemente forte e sofisticado para a "formação de nova elite", capaz de opor tenaz resistência aos processos permanentemente ameaçadores de "nivelamento".

A contrapartida de certo modo ingênua, mas não sem implicações políticas, dessa concepção de cultura pode ser avaliada quando se toca num dos elementos-chave desse *sistema ideológico*: o "caráter" do agente, ou seja, o "caráter nacional brasileiro". E também na temática da *importação* cultural e seu significado dentro de uma perspectiva política. Quanto ao primeiro ponto, Dante Moreira Leite já sistematizou e desvendou os ingredientes que compõem a ideologia da "psicologia dos povos" em geral, e do "povo brasileiro" em particular; quanto ao segundo aspecto, bastará observar a faceta acrítica da manipulação, por exemplo, do significado da presença cultural norte-americana no Brasil no após-guerra:

---

[35] Sua empatia pela obra de Freyre apresenta-se claramente no abstruso depoimento que prestou quando da comemoração dos 25 anos de *Casa-grande & senzala*:
"É um prazer acompanhá-lo nas suas visitas às casas grandes, onde nos faz respirar a atmosfera ainda quente da vida familiar; nos passeios aos canaviais e às fábricas de açúcar e em suas incursões pelas senzalas onde se acotovela a escravaria, depois dos rudes trabalhos, de busto nu, de sol a sol nas plantações e nos engenhos" (*Gilberto Freyre: sua ciência, sua filosofia, sua arte*, p. 72).

"As estatísticas das obras consultadas denunciam não somente um notável alargamento de cultura e maior variedade de tendências e ambições intelectuais, como ainda o interesse crescente pelas obras norte-americanas, sobretudo em São Paulo e no Rio de Janeiro, graças à influência das ideias norte-americanas no movimento de renovação educacional, ao impulso que tomou, sobretudo depois da guerra (1939), a política pan-americana, à penetração dos romances, de autores anglo-saxônicos, escoltados pelos grandes filmes, e à criação, em 1938, de instituições como o Instituto Brasil-Estados Unidos, fundado no Rio de Janeiro, e a União Cultural Brasil-Estados Unidos, que se inaugurou nesse mesmo ano em São Paulo, com o fim de facilitar a cooperação intelectual e promover, entre os dois países, um melhor conhecimento e mútua compreensão, por meio de conferências, exposições de livros americanos e outras iniciativas culturais" (pp. 706-7).

* * *

Numa palavra, o impacto da guerra, o risco corrido colocando o país à beira do nazi-fascismo, a pressão para o alinhamento ao lado dos Aliados, como que anestesiaram a intelectualidade que, com raras exceções, não registrou a entrada decisiva do Brasil para os quadros da dependência norte-americana. "A traição dos intelectuais", a "irresponsabilidade dos intelectuais" tornar-se-á um dos temas diletos da "novíssima" geração, ou seja, dos homens então por volta dos trinta anos, e que assistem ao colapso da anterior.

Nesses anos decisivos forjaram-se mais claramente matrizes de pensamento que vinham sofrendo lenta elaboração, desde mesmo o final do Império. Os pais desses autores viveram num outro regime, não apenas político, mas de trabalho. Filhos da ordem escravocrata, legariam, extinta a servidão, uma visão de mundo e um trato com a "cultura" em que não estava ausente um certo sentido de mando, e o tom de quem expõe do alto da hierarquia social. Na conferência de Mário de Andrade, por exemplo, que por vezes se aninhou nas fazendas do pensamento elitista dos "Prados e Penteados e Amarais", pode-se ter a profundidade da crise, exposta em seu famoso texto de 30 de abril de 1942:

"Meu aristocratismo me puniu."

Trata-se do ocaso de uma época. Novas matrizes estavam sendo fabricadas mas, na passagem de um momento a outro, e através dessas matrizes, filtrava-se, depurava-se e... passava a noção de Cultura Brasileira. Somente que, no após-guerra, ligada menos à ideia de "consciência nacional" (como no período anterior) que à de desenvolvimento. Nesse passo é que se inicia a elaboração da consciência de subdesenvolvimento, noção-chave do sistema ideológico que se articularia no período posterior, ou seja, nos anos 50.

Esse o processo em que se passa, considerado o plano da ideologia da cultura brasileira, e utilizando as palavras de Antonio Candido, da "consciência amena do atraso" (Gilberto Freyre, Fernando de Azevedo) para a consciência de país subdesenvolvido (Hélio Jaguaribe, Celso Furtado, Ferreira Gullar) — momento que assistirá à revitalização de projetos nacionalistas em todas as frentes.

2.

O "quinto ato conclusivo":
Testamento de uma geração (1944)

> "Nós éramos uns inconscientes."
>
> Mário de Andrade, 1941

A) MATRIZES IDEOLÓGICAS

A instabilidade provocada pela Segunda Guerra Mundial, no plano internacional e, no plano nacional, a interrupção de linhas de renovação do processo cultural nas malhas do Estado Novo, estimularam o surgimento de algumas produções que servem de indicadores preciosos para o estudioso da história das ideologias no Brasil.

Conjunto de documentos dos mais significativos é o *Testamento de uma geração*, publicado em 1944, sob a coordenação de Edgard Cavalheiro.[1] A sensação de se viver o final de um "ciclo" cultural fica patente na leitura dos depoimentos de intelectuais expressivos como Afonso Arinos de Melo Franco, Sérgio Milliet, João Alphonsus, Luís da Câmara Cascudo e Emiliano Di Cavalcanti, que responderam à carta-circular do biógrafo de Monteiro Lobato. Apesar de muitos desses intelectuais continuarem produzindo por mais de trinta anos, e terem participado, em anos posteriores, da vida política em posições de destaque, o sentimento que perpassa os depoimentos é o de fim de período, de decadência da cultura. Não será demais lembrar que visões apocalípticas da história — e sobretudo da História da "cultura ocidental" — foram veiculadas pelas elites pensantes através de obras como as de Spengler, Toynbee e mesmo Albert Schweitzer, cuja divulgação atingiu o ápice nos anos 50, nos momentos mais tensos da Guerra Fria.

O sentimento de crise não advinha apenas da conflagração mundial, como se poderia depreender da apresentação que Edgard Cavalheiro fez ao conjunto de depoimentos. Depois da efervescência dos anos 20, em que se deram a Semana de Arte Moderna, a fundação do PC, movimentos sociais

---

[1] *Testamento de uma geração*, introdução e organização de Edgard Cavalheiro, Porto Alegre, Globo, 1944.

de porte, e em que ocorreram a ampliação das atividades jornalísticas, a fundação de núcleos educacionais de expressão, bem como as produções de Alcântara Machado, Sérgio Buarque, Gilberto Freyre, Caio Prado Jr., o que se estava vivendo era a recessão da atividade crítica. E somos tentados a dizer que a rede universitária, embora criada e tendo em desenvolvimento alguns núcleos básicos, ainda não funcionava como fator de estabilização da produção intelectual. Os depoimentos provêm de elementos desvinculados de atividades acadêmicas: são, no geral, autodidatas, ou filhos rebeldes de instituições formadoras de bacharéis, alguns tendo aprimorado seu autodidatismo em estadas no Exterior (França e Suíça). Por outro lado, o impacto das novas instituições universitárias não se fizera sentir: seu tempo chegará, mas somente no final da década.

A sensação é de abandono, de crise, de fim de etapa. Por esse motivo Mário de Andrade será apresentado aqui como ponto de referência, uma espécie de consciência-limite, por representar a vivência da crise nos termos mais explícitos, mais diretos. Sua frase soa como a denúncia mais pesada à concepção oligárquica de cultura, elaborada no período anterior, e que não encontrava os caminhos da renovação crítica:

> "A minha pífia geração era afinal de contas o quinto ato conclusivo de um mundo e representava bastante bem a sua época dissolvida nas garoas de um impressionismo que alargava as morais como as políticas. Uma geração de degeneração aristocrática, amoral, gozada e, apesar da revolução modernista, não muito distante das gerações de que ela era o 'sorriso' final."[2]

O inquérito realizado por Edgard Cavalheiro, por sugestão de Sérgio Milliet, foi publicado em *O Estado de S. Paulo* e reunido em edição pela Livraria do Globo. Foram selecionados cerca de quarenta intelectuais das mais variadas tendências. Algumas ausências estão justificadas, pelo próprio organizador ou pelos que se eximiram, como Monteiro Lobato, Manuel Bandeira e Carlos Drummond de Andrade.[3]

---

[2] Ver p. 9 da "Abertura" de Edgard Cavalheiro. O texto de Mário de Andrade, que está parcialmente transcrito nas últimas páginas de *Testamento de uma geração*, surge em forma acabada na famosa conferência-depoimento lida no Itamaraty a 30 de abril de 1942. O ponto de partida para sua feitura parece estar no inquérito realizado por E. Cavalheiro. Mas, na verdade, esta citação já se encontra na "Elegia de Abril" (1941).

[3] Complementa a publicação da Editora Globo, de Porto Alegre, a *Plataforma da nova geração*, conjunto de depoimentos compilados por Mário Neme. Dentre os entrevistados,

Para estabelecer alguns pontos de partida para uma história das ideologias no Brasil, e tendo em vista a preocupação em definir os componentes ideológicos nas formulações relativas à consciência nacional, e à cultura brasileira, foram selecionados os depoimentos de Afonso Arinos de Melo Franco, Artur Ramos, Cândido Mota Filho, Eduardo Frieiro, Luís da Câmara Cascudo, Pedro Calmon, Sérgio Milliet, Tristão de Athayde e, finalmente, Mário de Andrade.

* * *

O primeiro depoimento escolhido é o de Afonso Arinos de Melo Franco, por três motivos principais. Nos anos 30 publicou obras de relevo para o estudo das ideologias no Brasil (*Introdução à realidade brasileira*, 1933; *Preparação ao nacionalismo*, 1934; *Conceito de civilização brasileira*, 1936). O segundo motivo: foi escritor de expressão jornalística no Rio de Janeiro e Minas Gerais, estando próximo — às vezes, muito próximo — dos centros de poder. O terceiro motivo: em suas interpretações, o componente histórico sempre foi invocado, para perspectivação dos temas da atualidade, como nacionalismo e cultura.

Um traço característico em Afonso Arinos é o falar dos mais variados assuntos com a mesma desenvoltura e, o que mais importa, postura. Sua postura não deixa margem a dúvidas: trata-se de um "explicador do Brasil",[4] portador de uma "visão" do Brasil, veiculador de uma ideologia.

O interesse de seu depoimento deriva do gosto pelo popular — a simpatia distante pelas "classes ínfimas" —, que pode ser entendido como a contrapartida do aristocratismo do intelectual bacharel que se formou na Suíça. "Subia em nós, no cimo dos Alpes nevados, uma exaltação romântica pela nossa terra, pelo nosso povo".[5] Para esse tipo de intelectual, no Brasil "um Balzac, um Proust são impossíveis, não tanto por falta de escritores como por carência de material romanceável".[6]

Traço claro da ótica estamental reside na moldura familiar construída para narrar (na primeira pessoa, e que não é apenas o caso deste depoimen-

---

encontram-se Rubem Braga, Edgard Cavalheiro, Paulo Emílio, Antonio Candido e Alphonsus de Guimaraens Filho.

[4] Para uma definição do que entendemos pela fórmula "explicador do Brasil", ver o artigo "Os fazendeiros do ar", publicado no "Suplemento Literário" de *O Estado de S. Paulo*, 2/9/1973, nº 840, p. 5.

[5] Em companhia de Ribeiro Couto. *Testamento de uma geração*, p. 47.

[6] *Idem*, p. 46.

to) os processos vividos e elaborar sua explicação da crise. As "classes altas" são criticadas, pelo mundanismo, as fontes populares são valorizadas distantemente, mas a maneira de se introduzir nos assuntos é apoiada na estrutura familiar ou, mais precisamente, na tradição cultural de uma família aristocrática:

> "As letras não foram para mim uma procura, uma descoberta, uma conquista. Foram, ao contrário, um destino quase inevitável, com o qual me ajustei sem resistência nem surpresa. Posso dizer que não tenho lembrança de mim, ainda a mais remota, que não seja de livro na mão. Antes de os poder ler já vivia com eles às voltas, vendo as estampas, virando com desembaraço as grandes páginas coloridas. Não concebia uma casa sem livros, pois tanto meu pai como meu avô, tinham boas bibliotecas, das maiores da nossa cidade. Meu avô emprestava-me o seu *Buffon* para ver os bichos, as suas enciclopédias ilustradas, para ver as bandeiras dos diferentes países, e eu as conhecia todas de cor. Meus filhos também as sabem, mas não combinamos mais nossas ciências pois as bandeiras são outras, os países são outros. Ruíram e nasceram Estados, desde a minha infância neste efêmero mundo" (pp. 42-3).

A preocupação com o seu equilíbrio mental ("creio ser esta a minha qualidade mais forte") levou-o a optar, entre o comunismo e o fascismo, pela democracia. A tão vago conceito juntaria outro, não menos vago: "social". As produções de inspiração marxista de certa forma ajudaram a delinear seus cuidados com a "cultura nacional".[7] Curioso observar que são os "frutos provenientes de mal assimilada literatura marxista" os constituintes de vertente ideológica que o preocupa; quanto a outro tipo de literatura marxista, não faz referência, o que leva a pensar que se trata antes de um pré-juízo intelectual mais do que outra coisa. "O caminho brasileiro" mencionado por Arinos, na mesma passagem, estava, antes, nas sendas do Modernismo, que diversamente do Parnasianismo ou do Simbolismo, não se orientava por padrões rígidos.

De qualquer maneira, aponte-se o traço estamental ao reagir às teorias de explicação importadas pelas vertentes da esquerda:

---

[7] *Testamento de uma geração*, p. 47.

"As irremovíveis e antigas heranças brasileiras de meu sangue conduziram-me, naturalmente, a uma atitude de reação contra aquilo que eu supunha ser um risco iminente para a segurança e mesmo para a existência da pátria."[8]

Reação que não existe em face de outras importações que alimentaram a cultura dos estamentos dominantes (no depoimento de Arinos: Renan, Balzac, Proust...).

Concluindo, a "segurança da pátria", a "existência da pátria", impregnando sua noção de "cultura nacional" por certo tornava longínqua a possibilidade de saber por que qualquer "literatura" era mal assimilada pelas camadas inferiores.

* * *

Já Artur Ramos, trabalhando numa linha de investigação de importância em Psicologia Social, relações raciais e manifestações religiosas, e seguindo algumas trilhas de Nina Rodrigues, tornou-se conhecido por seus estudos sobre os negros no Brasil. Seu trabalho clássico, *O negro brasileiro* (1934), é bastante indicativo do quanto investigou material empírico, tentando a aplicação de novo tratamento teórico-metodológico. Interessa seu depoimento, para verificar até que ponto, no plano das formulações mais gerais, não conseguiu escapar ao quadro ideológico do momento — apesar de incorporar em suas teorias elementos das vanguardas psicanalíticas.[9]

Partindo do princípio que cada cultura tem seus valores próprios ("Paideuma") e seus representantes humanos, utiliza-se da conhecida tipologia (cultura apolínea e cultura dionisíaca) para classificar e definir a "nossa cultura" como apolínea. Apesar de estribado em Kurt Lewin, não resistirá à tentação de destilar uma fórmula através da qual chegará a indicar traços de uma possível "filosofia da cultura brasileira" — segundo sua própria expressão.

Entrevistado numa época de guerra com foco na Europa, dirá que nunca se sentiu tão "brasileiro", "quer dizer, nunca meu 'Paideuma' foi tão cultura oeste-sul-atlântica, como nesses momentos conturbados em que os povos estão abandonando velhas concepções tão arraigadas e queridas".[10]

---

[8] *Idem*, p. 48.

[9] Registrem-se dentre seus livros mais destacáveis nessa fase, além da obra citada, *Estudos de psicanálise* (1931), *Psiquiatria e psicanálise* (1934), *O folclore negro do Brasil* (1935), *Introdução à psicologia social* (1936) e *As culturas negras do Novo Mundo* (1937).

[10] "Vida e cultura". In: *Testamento de uma geração*, p. 74.

Artur Ramos, operando com uma concepção cientificista em que Endocrinologia, estudo do inconsciente e Antropologia se combinam, proclama a relatividade dos valores humanos... para cair, entretanto, no caldo ideológico mais sorvido por largos setores da intelectualidade do Estado Novo:

"Acho que somos felizes porque o nosso destino é brando, nossa natureza não tem vulcões, nossa história é uma página aberta de tolerância. A nossa cultura é, portanto, uma cultura 'apolínea', a nossa filosofia humanística, de uma cordialidade singular."[11]

Não sendo possível deixar de recordar a proximidade de ocorrências como as de 1935, ou 1937, ou certas vicissitudes do coronelismo no sertão, especialmente nos dez anos que antecederam o depoimento, como não estranhar a existência de noções como as de tolerância, cordialidade, humanismo senão para apontar a extrema rigidez de um *sistema ideológico* que surgia como contrapartida e amortecedor da ordem autoritária do Estado Novo?

Em tal contexto, Artur Ramos parte para a solução direta, sem importar (aparentemente) elementos para sua concepção de cultura nacional:

"Reparem, que estou falando uma linguagem, não de nacionalismo apenas político, mas de nacionalismo cultural. Não acham que será interessante 'julgar' os povos da terra, não através da cultura francesa, ou inglesa, ou alemã, mas através da nossa própria cultura?"[12]

* * *

Fora dos horizontes dados pelas coordenadas estamentais que circunscreviam a perspectiva de Arinos, e sem o ar sério do cientificismo de Artur Ramos, surge o depoimento do mineiro Eduardo Frieiro — o autor de *O brasileiro não é triste* (1931), réplica ao livro de Paulo Prado *Retrato do Brasil*; *Letras mineiras* (1937); *Os livros, nossos amigos* (1941) e, mais recente, *O diabo na livraria do cônego*.

---

[11] *Idem*, p. 74.

[12] *Idem*, p. 75. Note-se que exclui a cultura norte-americana (citou anteriormente Kurt Lewin, único teórico mencionado). É conhecida a repercussão de suas obras nos EUA, onde lecionou em universidades. Do alinhamento de Artur Ramos, bastará lembrar: "Quando o mulato brasileiro faz anauê a Hitler, isso é qualquer cousa que me choca profundamente, não porque queira atacar Hitler e o hitlerismo (que podem estar de acordo com o *Zeitgeist* alemão do após-Versalhes), mas porque está visceralmente contrário à filosofia da cultura brasileira" (p. 74).

Aprendiz de compositor em oficina tipográfica, tipógrafo durante quase vinte anos, filho de "galegos sem letras", em sua casa "não havia livros e raro entravam jornais". Pai, pedreiro; irmão, pintor. Chegando a revisor do órgão oficial, ao conquistar "em concurso uma modesta ocupação", virou homem de letras. Mas não abandonou suas raízes:

> "Sei o que é o trabalho material do proletário. E sei o que é o trabalho do burocrata e o que é o trabalho do homem de letras, amador ou profissional. O trabalho do proletário é uma 'corvée', uma dura e detestável servidão. O trabalho intelectual é uma libertação ou, quando nada, uma brincadeira, comparado com o outro" (p. 119).

Rechaçando a classificação de Tasso da Silveira, escritor católico, a propósito de sua postura "céptica", "única ovelha negra da boa grei mineira", dirá que não faz outra coisa senão proteger o espírito contra os gases asfixiantes da excessiva credulidade. E, respondendo a um "jovem letrícola paulistano", que fazia pouco de seu livro *A ilusão literária* e o rotulava de católico e possuidor de formação de um mineiro educado no Caraça, escreverá:

> "Não estudei em nenhum Caraça. Espalhou-se em Minas e fora de Minas a fama da 'Cultura do Caraça', alicerçada em boas e sólidas humanidades. Tal 'cultura' é uma fábula. Mas a verdade é que nem essa fuliginosa instrução de seminário eu tive. Quem me dera!" (p. 118).

Mais taxativo, precisa sua origem social:

> "Sou de uma família de proletários."

Recusa-se, praticamente, a participar do *Testamento de uma geração*, indicando a inexistência de ponto de contato entre ela e si próprio:

> "Por minha formação e minhas inclinações, sou um estranho no meio de todos os que foram chamados a 'testar' aqui. E também não me sinto vinculado a nenhuma outra geração, anterior ou posterior a esta" (p. 117).

Acha-se perdido no interior do país, uma espécie de Robinson das letras, como se autodefine — o que não é singular, diz Frieiro, quando se pensa em termos do papel do escritor na América Latina. Pensar em termos de América Latina, e do papel do escritor, eis uma abertura digna de menção. A consciência de Frieiro aparece marcada pela recusa à integração nos quadros da credulidade (sobretudo católica) dominante, ou nas linhas mais trafegadas pelos ideólogos da cultura nacional, cujas fórmulas arredondadas proclamavam a austeridade de instituições como o Caraça, desconhecendo, em contrapartida, a problemática da situação do intelectual na América Latina.

Curioso registro: entrou a literatura em seus horizontes através de *Dom Quixote*, leitura dos doze anos, feita em espanhol ("Eu não entendi nem metade das palavras da obra de Cervantes, mas esse entendimento incompleto não fez senão aumentar o encanto da leitura"). E, sobre a concepção de cultura livresca, trará uma contribuição nova, ponderada: não se trata de discutir o que é cultura "livresca".

> "Emprega-se muito com certo sentido pejorativo a palavra 'livresco', entendida — mal entendida — como oposição ao 'natural' e 'vital'. Há tolice em tal desdém. O homem civilizado é em grande parte 'livresco'. Isto é, há modificação na sua mentalidade original pela influência neoformadora da palavra escrita" (p. 120).

Talvez não seja por acaso que depoimento dos mais claros, diretos, apareça nas formulações de Eduardo Frieiro. Sua perspectiva fornece um ponto de apoio de peso para situar-se e aos seus contemporâneos. Preserva o significado da ação cultural, em todos os seus matizes; não descarta o problema do engajamento, nem simplifica a tarefa do intelectual. Não é autocomplacente. Demais, o tempo é de guerra, o tempo é de medo e de partidos (e de homens partidos, lembra Drummond): a responsabilidade dos intelectuais vai ser evocada a cada passo, marcando a muitos que enfrentaram os dilemas da teoria e da prática — as "mãos sujas", de Jean-Paul Sartre, representariam a consciência infeliz dos que não foram à prática, na época. Época do fuzilamento de Marc Bloch.

Militância e ação cultural, a "traição dos intelectuais", ortodoxia e defesa real da cultura são termos que aparecem nas formulações de Frieiro. Por sua maneira lúcida e empenhada de manipular a bibliografia e os conceitos, merece transcrição integral, embora seja longo o texto encimado pelo subtítulo "A responsabilidade dos intelectuais":

> "A RESPONSABILIDADE DOS INTELECTUAIS
>
> O ensaio de Archibald MacLeish, intitulado *Os irresponsáveis*, acendeu na América um debate que anteriormente fizera arder muita lenha na Europa, depois do livro de Julien Benda sobre

'a traição dos intelectuais'. Devem os intelectuais baixar à praça pública e tomar partido, como militantes, nas lutas que agitam a sociedade? Ou é mais legítimo que se conservem à margem, isolados nas suas torres de papel, como intelectuais puros, para não corromperem a obra do espírito no conflito das paixões partidárias?

Eu por mim não nego um caso nem concedo no outro. Distingo. Ambas as atitudes me parecem legítimas, contanto que o intelectual, em cada um dos casos, defenda realmente a cultura e sirva verdadeiramente o espírito. Exemplo de intelectual militante: Voltaire, escritor público, grandíssimo jornalista e panfletário, agitador de ideias e paixões, coautor de uma tremenda revolução política. Exemplo de intelectual puro: Kant, glorioso fundador da filosofia alemã e gerador de uma revolução filosófica, muito mais importante que todas as revoluções políticas e todas as grandes guerras.

Mas, entendamo-nos, mesmo na parte dos intelectuais puros, não há indiferença pelo mundo. Há os ascetas da torre de papel! Costumam ter nitroglicerina na mioleira. Quando não é apenas vinagre. Os tranquilos poetas luso-brasileiros da 'Escola Mineira' versejavam bucolicamente, brincavam de 'árcades', mas, com a acidez que tinham no coração escreveram às ocultas as causticantes *Cartas chilenas* e com a pólvora que armazenavam na cabeça tentaram destruir o governo do Brasil-Colônia. Um burguês pacato e céptico, Georges Sorel, autor das *Reflexões sobre a violência*, é o principal responsável moral pelos regimes cesaristas da Europa atual.

Brinque-se com 'os irresponsáveis'! São todos descontentes, heréticos, inconformados. Muitos dentre eles dinamitariam o mundo, se pudessem. Por isso, com razão, sempre foram suspeitos aos governantes. Mas aqueles que morrem lutando pela sua fé, contra a ortodoxia, merecem a simpatia secreta dos homens" (pp. 122-3).

A guerra punha a pique a noção de civilização, noção à qual se associava a de progresso. Não obstante, Frieiro terminará seu depoimento numa quase-profissão de fé. A civilização, escreve ele, suportará a mais esta guerra (1939-45) e também as subsequentes.

Com alguma ironia, a última parte do "testamento" será denominada *happy end*, em final breve. No último parágrafo, o Brasil surge como o "celeiro do mundo" — "um Brasil superpovoado, unido e poderoso", em uma utopia que deveria se realizar dentro de pouco tempo, segundo Frieiro.

* * *

"Cada um de nós tem o seu mundo, feito à sua imagem e semelhança", sentencia Luís da Câmara Cascudo, autor de *Vaqueiros e cantadores* e *Geografia dos mitos brasileiros*, dentre outros títulos conhecidos.

Reluta em entrar no compasso do testamento. "Não sei se é a hora do testamento da minha geração. Deve ser. Não quer dizer que ela morra ou seja condenada" (p. 169).

Citando Eugenio d'Ors, Kant e Psichari de maneira erudita, ou repetindo frases da "sabedoria popular", compõe a trama em que o nada dizer preenche o vazio. "Quem sabe não diz e quem diz não sabe."

Como o inquérito elaborado por Edgard Cavalheiro solicitasse a menção aos momentos de significativa realização intelectual dos depoentes, Cascudo se detém, para formular uma ideia direta de sua atividade, ligada clara e explicitamente à chamada "cultura nacional":

"Desde 1921 que estudo o folclore e a Etnografia brasileira, embora com incursões e desvios na História e crítica. Folclore é sabidamente titulado de anedótico por muita gente boa. Essa gente boa é decisiva. Tenho comprometido situações favoráveis por ter citado esses estudos como indispensáveis e lógicos para a cultura nacional" (p. 170).

Mais aprumado, no final do breve depoimento, Cascudo deixa entrever o que significavam seus estudos no sentido de desarrumar uma concepção bem composta e decorativa de "cultura":

"Dificilmente se reabilitará quem, em vez de alinhar castelos de cifras e somar prognósticos, risca as linhas gerais dos mitos ou perde tempo acompanhando as modificações de um hábito, de uma habitação, de uma canção popular" (p. 171).

O tom machucado de quem, em área periférica, trabalha em disciplina que ainda não ganhou foros de ciência (compare-se com a postura de Artur Ramos, por exemplo) perpassa o texto de Mestre Cascudinho.

De toda forma, Cascudo se sente (e ressente) na vanguarda, admirador dos modernistas de São Paulo e Rio, mantendo contatos com Lobato e Mário de Andrade. Um de seus livros, entretanto, *Histórias que o tempo leva* (1925), terá o prefácio de alguém que certamente não estava na vanguarda:

Rocha Pombo. Rocha Pombo, vale lembrar, que foi em 1933 severamente criticado por Caio Prado Jr., por ter deixado em seus trabalhos para as notas de rodapé movimentos sociais do século passado, como a Cabanagem. Caio Prado Jr., em 1933 meio-admirador de Oliveira Vianna.

Uma entificação clara preside a concepção de História de Cascudo, detectável no papel desempenhado pelo Homem (com *h* maiúsculo), insistentemente mencionado no seu pequeno escrito. O autor resvala em relação aos temas propostos por Cavalheiro, só respondendo mais diretamente quando é instado a falar de si: nesse passo, desemboca sua atividade pessoal num processo maior e contínuo (a "santa continuidade", de Eugenio d'Ors...), o processo "lógico" da "cultura nacional".

* * *

Menos embarcado nos modismos, ou nas posições autoritárias e narcisistas dos ideólogos da cultura nacional (Cândido Mota Filho chegará a falar das "assembleias indisciplinadas e ignorantes"), encontra-se Sérgio Milliet. Uma presença discreta e atuante, tanto na vanguarda modernista como na direção do I Congresso Brasileiro de Escritores (1945). "Nenhum entusiasmo barato, mas também nenhuma passividade intelectual", define-o Carlos Drummond de Andrade.[13]

Se se tentar periodizar sua produção, notar-se-á que a primeira florada sairá por volta dos anos 20-23, em francês, em forma de poesia. Nos anos 30 passará a definir-se pela produção e crítica. E será na crítica que vai se notabilizar: seu *Diário crítico* constituirá um registro sistemático de impressões e posições que vai assumindo em face da produção intelectual e internacional. Vale mencionar o importante *Roteiro do café* (de 1938), onde utiliza técnicas mais sofisticadas para o estudo do passado, obra essa que pode ser alinhada junto às de Freyre, Buarque, Caio Prado Jr. e Simonsen, para marcar uma nova época na historiografia. Um ponto não menos digno de menção é relativo às traduções, campo em que Milliet marcaria sua altitude: registrem-se, sem preocupação de arrolamento, a passagem para nosso idioma de Rugendas, Debret, Claude d'Abbeville, e mais recentemente de obras de Sartre e Simone de Beauvoir. E no ensaio, seu campo dileto, a tradução de Montaigne.

O excessivo amor às fórmulas, eis o que condena em sua "geração". E,

---

[13] Ver a apresentação de Edgard Cavalheiro no depoimento de Sérgio Milliet da Costa e Silva (p. 237).

a essa altura, 1944, já nem quer falar em grupos, que foram privilegiados depois da Antropofagia:

> "Para mim, além da falta de ideias comuns havia na nossa geração um excessivo amor às fórmulas. Ninguém tinha a coragem real de enfrentar os problemas" (p. 242).

De 1921 até 1932, aponta o papel dessacralizador dos participantes dessa "geração" dos de mais de quarenta anos. Mas há um travo amargo, porque "nada se revelará mais individualista do que essa geração, ou essas gerações, de mais de quarenta" (p. 239). O depoimento de Milliet apresenta, sem querer fazer história, uma faceta documental inédita, por fixar um ângulo novo para avaliar o movimento das facções intelectuais e políticas, e as linhas de ordenação que levariam à Revolução de 32 e às tentativas de articulação de uma elite intelectual preocupada com a elaboração de uma "verdadeira cultura". Milliet *desloca* em parte o papel da Universidade, em benefício da Escola Livre de Sociologia — o que é de se levar em conta, sobretudo se se notar que as obras de Simonsen e Milliet, professores dessa Escola, são, respectivamente, de 1937 e 1938. No processo de revisão do qual participara, Milliet anota a reação dos adversários, apegados à velha ordem. No plano mais específico da literatura, nadava-se "em cheio no parnasianismo mais estéril". E sem falar numa grande maioria que "hostilizava os moços porque eram moços e porque queriam 'rever' os valores. Ora, o medo de perder o 'status' explica muita coisa" (p. 241).

Vitoriosa essa "geração", colocava-se o problema de construir elementos de base para dar caráter mais consistente e permanente às atividades. Mas, haveria um ideário comum?

> "Uma vez vitoriosos verificamos que não tínhamos nenhuma ideia em comum. Éramos apenas 'contra'. Construir o quê? Dispersamo-nos. Fomos pequenos grupos, orientados uns para a política, outros para a arte, outros para a filosofia. Nosso anti-individualismo era apenas filosófico; não tinha raízes profundas, pois permaneceríamos terrivelmente diferentes uns dos outros. Mal davam as nossas ideias e os nossos sentimentos comuns para fundação de grupos, de escolas. Dois grandes grupos então se formaram: *Verde e Amarelo*, com Cassiano, Menotti, Plínio Salgado e Mota Filho; e *Klaxon* com Mário de Andrade, Rubens de Morais, Couto de Barros, Camargo Aranha, Guilherme de Almeida, Oswald de Andrade, etc. Foi a este que me filiei. Mais tarde, desfeito o grupo

de *Klaxon*, formou-se o de Antropofagia, com Oswald de Andrade, Tarsila do Amaral, Raul Bopp, Antonio de Alcântara Machado, etc. Mas eu não me achava em São Paulo e não tomei parte ativa no movimento. Os demais elementos de *Klaxon* orientaram-se para a reforma política. Não quero fazer história e não direi o que foi essa luta entre o Partido Democrático, dos moços, e o PRP. Apenas direi que os moços enquadrados por velhos políticos, muitos deles profissionais, logo se desiludiram e aos poucos abandonaram a luta. Antes de compreender que o problema era puramente educacional, ainda fizeram com entusiasmo a Revolução de 32. Foi esta que, afinal, abriu os olhos de todos revelando a nossa carência terrível de homens. Fundou-se então a Escola Livre de Sociologia, para suprir essa falha. Nosso ensino superior exclusivamente formal, produzia anualmente centenas de bacharéis inúteis e nenhum elemento de verdadeira cultura. Nosso ensino superior, desumanizava o indivíduo, afastava-o da vida e dos problemas da vida e enchia-lhe a cabeça de retórica barata. Mas você sabe o que era nosso ensino superior, e todos o sabem como você. Fundamos a Escola de Sociologia e fundamos a Universidade. Mas principalmente a Escola teve importância renovadora" (p. 241).

Milliet, carinhosamente apelidado o "Suíço" pelos amigos (Quirino da Silva, por exemplo), já está reticente, a essa altura, em relação à proliferação dos "modernismos". Sua irreverência mansa para com os acadêmicos fica ampliada na crítica aos falsos modernistas. "Nada mais fácil do que podar e limpar até chegar ao tronco nu."

Que os livros de Julien Benda e Archibald MacLeish, sobre a traição ou a (ir)responsabilidade dos intelectuais, andavam agoniando nossa *intelligentsia*, não parece haver dúvida. Com Frieiro e outros, Milliet apresenta-se ao tribunal da "novíssima" geração (Edgard, Rubem Braga, Paulo Emílio etc.) preocupado em saber se traiu ou não. Mas também atento à não integração em grupo, facção ou partido. MacLeish exige que o escritor tome partido, mas para Milliet "tomar partido é que é trair: trair a si próprio, trocando a intranquilidade e a posição incômoda do homem só pelo apoio cego e estúpido de um grupo. Isto pode parecer-lhe ceticismo de mau gosto. Não é. É quase desespero. Amargura profunda. E no fundo esperança de um desmentido dos fatos" (p. 243).

Uma espécie de ideal mannheimiano de intelectual resguarda a marginalidade natural do escritor. A verdade coletiva torna-se o critério para situar o intelectual: ou ela é um ideal (e então, demandará forte dose de misticismo), ou é "uma tradição, um corolário dos costumes, e nesse caso acima dela pode pairar a *intelligentsia*, que a entende na sua relatividade e a julga perante o humano". Nesse sentido, é que o intelectual se desgarra dos partidos, da verdade coletiva mística ou de verdade coletiva dada pela tradição. E torna-se um marginal.

"Porque o intelectual é quase sempre um homem marginal, participando de todas as verdades coletivas o suficiente para não ser expulso do grupo ou grupos a que pertence, mas crente apenas na sua própria verdade" (p. 243).

Milliet tipifica bem um estilo, uma concepção de vida intelectual. Algo distanciada e desencantada e, paradoxalmente, empenhada e aberta.[14] Um olho nas grandes linhas de interpretação e de ação (Marx, Malraux), o outro no fato cotidiano, na sabedoria de sempre (Montaigne). E o coração nos dias contemporâneos: o Congresso de Limeira, o Pari Bar (uma época), a solidariedade ativa aos movimentos africanos, a discussão febril da trajetória de Sartre-Simone, o cotidiano na Praia Grande, os gatos...

A visão pouco afoita advinda do fato de ter passado a Guerra de 1914 na Suíça, onde conviveu com personalidades como Romain Rolland. Adquirira uma perspectiva mais ampla do mundo, além daquela dada pela vivência na Universidade de Genebra. Embora ligado às contabilidades públicas e questões comerciais e administrativas de uma Faculdade de Ciências Econômicas, "compreendia que essas engrenagens de nossa vida cotidiana pouca ou nenhuma importância tinham. A estrutura geral é que precisava ser revista desde os fundamentos, desde a educação. Desde a moral" (p. 239).

Milliet trazia aos companheiros paulistanos, e seus frequentadores de outros Estados, o testemunho da crise europeia e da trepidação do quadro de valores que sucedeu à Guerra. Não se atolou "nos terrenos movediços das margens do Léman", que tanto irritavam um seu contemporâneo ilustre, Lucien Febvre, crítico implacável dos intelectuais espavoridos.

Marx e Péguy surgiam-lhe como os apóstolos dos novos tempos, "os grandes mentores dessa mocidade companheira". André Gide ajudou na destruição, mas os dois outros autores é que indicavam a passagem — temperando-se um ao outro. "Em suma, a salvação com que deparávamos

---

[14] "Faltou-me apenas a força de ir até as últimas consequências do rumo escolhido. É de que me penitencio", escreverá quase vinte anos depois em *De ontem, de hoje, de sempre*, São Paulo, Martins, 1962, v. 2, p. 122.

era socializante, dentro do espiritualismo cristão ou dentro do materialismo histórico."

Nessa época, diz Milliet, o individualismo parecia definitivamente morto, e com ele Anatole, Proust. Após a guerra, surgiam nas livrarias os livros modernistas franceses: Apollinaire, Cocteau, Blaise Cendrars, Max Jacob. O descompasso dado pela dependência cultural era registrado, ao verificar que ao lado de Cocteau e Cendrars, chegavam as obras dos simbolistas, "dos defuntos simbolistas":

> "O mercado literário brasileiro estivera até então açambarcado pela incrível produção da França oficial, assim como o mercado artístico andara abarrotado de mediocridades prendadas pela incompetência satisfeita e pançuda dos júris parisienses condecorados com o 'mérito agrícola'" (p. 240).

O positivismo, engrossando o caldo formalista, marcava ainda o "mercado filosófico", contribuindo mais para o fortalecimento de preconceitos do que para a sua derrubada:

> "Tínhamos que quebrar tudo, destruir, matar, enterrar, cremar. Foi o que fizemos de 1921 até 1932, mais ou menos" (p. 241).

Para romper com o formalismo, Milliet mais Tácito de Almeida, Alcântara Machado e outros chegaram à conclusão de que a "mentalidade" é que precisava ser mudada. Mas... para romper com o que se entendia por formalismo, mudou-se o modelo: do europeu para o norte-americano.

"A Europa já não nos podia mais guiar", encravada em doutrinas rígidas e perdida nos "conceitos desenraizados":

> "Restava-nos a América do Norte. E demos o salto: da Filosofia para a Sociologia; mas uma Sociologia de conhecimento real, corajosa, sem tradicionalismos terminológicos. Estaríamos ainda nesse pé se não tivéssemos verificado que a Sociologia sem a Ética não conduz a cousa alguma. Mas com desilusão ou sem ela sobra-nos a base de cultura geral disponível para novas perspectivas."

Ao examinar os grupos intelectuais de seu tempo, não descurou o aspecto político e ideológico. Desfeito o grupo de *Klaxon*, surgiu o de Antropofagia — mas Milliet não estava em São Paulo e não tomou parte ativa no movimento. Aqueles que não participaram da Antropofagia orientaram-se para a "reforma política": mas na luta entre o PD, "dos moços", e o PRP, muitos se desencantaram, às vezes tutelados por velhos políticos profissionais. "Antes de compreender que o problema era puramente educacional, ainda fizeram com entusiasmo a Revolução de 32."

A Revolução de 32 foi o sinal de alerta para a falta de quadros. E para formar tais quadros é que se criou a Escola Livre de Sociologia, com inspiração teórico-metodológica norte-americana (o *Roteiro do café* seria disso bom exemplo) e com a presença no corpo docente de figuras representativas da burguesia industrial (Roberto Simonsen, autor de uma história não por acaso econômica) — uma equipe "modernizadora", para usar de terminologia cara aos dualistas desenvolvimentistas de vinte anos depois.

A Faculdade de Filosofia, Ciências e Letras, criada em 1934, permaneceria, no geral, voltada ainda para o modelo europeu — francês, notadamente. De qualquer forma, ambas as escolas surgiam na esteira de 1932 e, com o jornal O *Estado de S. Paulo*, formavam um tripé de sólido enraizamento cultural e político:[15] uma, com preocupação acentuadamente técnica, voltada para os EUA; outra, com vocação vincadamente teórico-metodológica, mais vinculada à França. Mas ambas no bojo de um processo de renovação e formação de quadros culturais e políticos.

Por essa época, Milliet está em fase de revisão e balanço. Procura uma perspectiva para avaliar o passado, a partir de referências dadas pela conjuntura política internacional (Segunda Guerra) e nacional (Estado Novo), e pela emergência da "novíssima" — a vaga de intelectuais da qual Antonio Candido e Paulo Emílio seriam nomes dos mais representativos. A propósito de *Brigada ligeira*, de Antonio Candido, aliás, que vinha de surgir, Milliet teve oportunidade de abrir suas posições. Criticando o movimento de 22 ("nós fomos assim: irrefletidos e primários. Salvou-nos o lirismo, redimiu-nos o trabalho destrutivo que então efetuamos"), indicava, por esse tempo, o surgimento de uma *nova postura* — contrastando-a com a de sua "geração". E realiza uma espécie de profissão de fé:

> "A paixão das ideias é que me parece marcar a 'novíssima', e muito mais do que o próprio espírito crítico. É de ver-se como o estilo desses moços logo se modifica, logo se eiva de autoritarismo, quando a análise passa do campo da apreciação puramente estética para o domínio da filosofia ou da sociologia. Principalmente da sociologia, porque neste domínio é que a mocidade se

---

[15] Ver a tese de mestrado de Maria Lígia Coelho Prado, *A ideologia do jornal* O Estado de S. Paulo *(1932-1937)*, USP, 1974 — pesquisa articulada a de Maria Helena Capelato, com o mesmo título, cobrindo os anos 1927-1932, já citada.

encontra adiante da inépcia dos predecessores. Nesse domínio é que ela se sente mais forte, mais *à la page*. Tanto melhor. O Brasil que a juventude destes anos maus vem descobrindo é um Brasil em descalabro, um Brasil de confusionismo, de diletantismo administrativo e político. Contra o crime do abandono, contra o meu ufanismo medíocre e inculto, contra o cinismo aventureiro, a mocidade se revolta e se apaixona. Não posso deixar de aplaudir a essa rebelião de uma elite que há de preceder a das massas. Não no sentido daquela rebelião aristocraticamente temida por Ortega y Gasset, mas num sentido mais vertical e eficaz. E não posso deixar de aplaudir porque, ante a complacência desfibrada e a desmoralização generalizada, reconforta ver desabrochar uma geração que tão poucos sinais de contágio nos revela. Algumas fraquezas dela, é certo, têm vindo a furo, alguns possíveis líderes têm se aconchegado às almofadas macias dos compromissos, mas o grosso da 'brigada ligeira' continua firme na luta, na resistência.

Não sei se dentro de dez anos, ou vinte, poderei ainda olhar com a mesma satisfação para esses moços que já serão homens maduros e talvez ocupem postos de comando em nosso país. Com a idade, certo ceticismo cômodo se infiltrará em muitas almas, certo cansaço deliquescente invadirá outras.

As melhores poderão acabar na mais negra misantropia... Contudo resta-nos sempre a esperança de que os homens mudem, de que a evolução das gerações não se repita numa semelhança desanimadora. A ideia de progresso moral persiste viva em nós, em que pesem todos os desmentidos da história e da experiência.

Não sei se ainda poderei aplaudir, num futuro mais ou menos remoto, porém é certo que nenhuma outra geração me infundiu tão funda esperança. Por tudo isso que ela tem, de honesto, de sério, de sereno, de clarividente, e que o crítico Antonio Candido põe tão amplamente em evidência."[16]

Um ideal romântico, baseado na rebeldia e na resistência (que para um intelectual marcado pela formação francesa teria sabor especial), informou a ideologia de alguém que já se sentia um passo além do aristocratismo de Ortega — e aquém da "novíssima" de então. A rebelião da elite precederia

---

[16] *Diário crítico*, São Paulo, Martins, 1945, v. 3, pp. 93-4.

a rebelião das massas, com conotação diversa do patrioteirismo ufanístico. E Milliet a saúda.

Menos entusiasta é Milliet com a obra de Caio Prado Jr. "Senso de objetividade", Durkheim como inspiração teórica, uma separação rigorosa entre o "cientista" e o político, eis alguns dos critérios de que vai se utilizar para os reparos aos escritos do autor de *Formação do Brasil contemporâneo*. Mais complacente para com *Raízes do Brasil*, de Sérgio Buarque de Holanda, explicita a posição básica da intelectualidade dessa vaga:

"Se fôssemos esperar no Brasil que a realidade alcançasse o nível das leis sábias para decretá-las, só as teríamos impostas pelas revoluções. E estas revoluções que desejamos evitar, pela orientação inteligente dos governos, criariam também, em extremo oposto, leis iníquas e incoerentes."[17]

Nessa perspectiva, o cosmopolitismo vem banhado nos ideais da ilustração, resultando, o conjunto, num distanciamento entre o intelectual e a realidade. Por um lado, contra o nacionalismo ufanístico; por outro, contra a alegada rigidez de Caio Prado Jr. No geral, a favor da separação entre o trabalho do cientista social e do "político". E um ligeiro desencanto, para (des)colorir o conjunto.

* * *

"A política é a ciência da ordem", proclama outro participante do *Testamento de uma geração*, Cândido Mota Filho. O autor de *Alberto Torres e o tema de nossa geração* (obra prefaciada por Plínio Salgado) não poupa críticas ao "liberalismo indisciplinado", ao "liberalismo eleitoral e crítico, das assembleias indisciplinadas e ignorantes" (p. 108).

Cândido Mota Filho quer ver o problema humano restaurado em sua totalidade, "livre dos exclusivismos materialistas". E radicaliza o autor de *A função de punir*:

"Espiritualismo contra o relativismo. Religiosidade contra o materialismo. Metafísica contra o simples sensualismo experimental" (p. 106).

Ex-redator do *Correio Paulistano*, professor de Direito Constitucional

---

[17] *Ensaios*, São Paulo, Brusco e Cia., 1938, p. 53.

da Faculdade de Direito da USP, foi também diretor do Departamento Estadual de Imprensa e Propaganda.

* * *

Mais isolado, nem por isso menos conservador, comparece Pedro Calmon, preocupado com a "perplexidade do pensamento nacional" — e com a "disciplina no caos".

Aderiu longinquamente aos impulsos de Graça Aranha:

> "Aliás, o que ele queria não era absurdo, sequer surpreendente: que fôssemos 'brasileiros', no sentido revolucionário e espiritual do conceito, isto é, libertos da imitação clássica, impregnados do sentimento da terra, capazes de refundir a arte tomando-lhe por modelo as inspirações puras..." (p. 203).

Vinte anos depois, vai acertar contas com os seguidores daquele "caudilho da cultura brasileira", os "demolidores" da Semana. "*Pour épater les bourgeois*" simularam tudo, dirá Calmon: populismo, gíria, plástica, música, folclore (p. 204).

Com quarenta anos por essa época, Calmon já era Catedrático de Direito na Universidade do Brasil, membro da Academia Brasileira de Letras e orador do IHGB. Mais de trinta livros publicados, a maior parte de História do Brasil.

Sobre suas posições, é breve e conciso no *Testamento* — e sobre sua carreira (do jornal *A Tarde*, na Bahia, à Academia no Rio de Janeiro) detalhado e cioso: "Os concursos atraem-me!".

> "Católico sou, de batismo, isto é, do berço. Pratico sem inquietações íntimas — com a sossegada fé hereditária — a religião que recebi de meus pais e transmiti a meus filhos: agradecendo a Deus que ma deu, branda, tolerante, consoladora e pacífica. Ao contrário de tantos de meus contemporâneos torturados pelo drama secreto da crença e da dúvida, ardendo em convulsões místicas, entre ateus e fanáticos, conservei a calma e íntima a fé, incapaz de a exacerbar em delírio ou política, também contente de não a esmiuçar em filosofia ou dialética" (p. 207).

Seu depoimento desemboca em "sábio relativismo", na crença nos "valores perenes da consciência individual", no "patriotismo inspirado na tradição de soberania", no "destino da América, na grandeza crescente do Brasil":

"Creio na bondade divina que nos resguarda das calamidades exteriores e preserva a ordem laboriosa e indispensável da 'honesta casa brasileira'" (p. 208).

* * *

Uma das personalidades que mais marcariam a produção cultural no século XX no Brasil presta depoimento, estribada na visão de mundo católica: Tristão de Athayde (Alceu de Amoroso Lima). A essa altura já escrevera textos importantes para o debate político e filosófico, como *Problemas da burguesia* (1932), *Pela reforma social* (1933) e *Pela ação católica* (1935); além de textos de Sociologia, Pedagogia e Literatura. A trajetória ideológica de Amoroso Lima tornar-se-á um verdadeiro roteiro das vicissitudes do pensamento católico no Brasil — mas de um catolicismo crítico, cuidadoso por um lado com os "absolutos" e, por outro, nada desatento para com os "relativismos", "ecletismos" e "conformismos".[18]

Consegue situar-se historicamente, na transição do século XIX para o século XX, rejeitando os mecanicistas, monistas, cientificistas, positivistas, transformistas, evolucionistas — que, segundo aponta, saíram a campo empunhando a bandeira positivista do "culto à ciência", mas foram surpreendidos pelas crises deste século, antes de se atingir a recomposição espiritual gerada pelas crises do anterior. A passagem de Tristão de Athayde para os quadros do catolicismo militante deu-se por volta de 1928. A busca (e o encontro) dos absolutos é clara, sobretudo se atentarmos para as entificações, que aceita, em relação a termos redondos como Verdade, Paz Transcendental, Fé, Vida. A própria dúvida surge em termos categóricos e absolutos, como Dúvida, com maiúscula...

Trajetória valorizada por Amoroso Lima é a de Bergson, que em sua pesquisa metafísica atingiu a verdadeira Mística. É o "renascimento da Mística verdadeira", numa época em que "falsas místicas dominam o mundo". Em suma: o nascimento dos "mitos", com que o homem moderno procura iludir a sua sede de infinito, insatisfeita e insaciável (p. 265).

O texto de Amoroso Lima é portador da força "messiânica" que os outros, igualmente conservadores, não possuem: nunca sentiu momento de

---

[18] A vertente reacionária dessa linhagem de pensamento foi analisada por Francisco Iglésias no texto "Estudo sobre o pensamento reacionário de Jackson de Figueiredo", em *História e ideologia* (São Paulo, Perspectiva, 1971). Escrito primeiramente em 1962, o ensaio fornece elementos para se verificar o distanciamento progressivo de Tristão de Athayde dos quadros teóricos e práticos de Jackson, e do grupo a que se vinculava.

plena realização intelectual, julga impossível dizer o que deseja realmente dizer, de traduzir o que sente, de comunicar o que deve. "Estou procurando ser o mais sincero":

"Somos, todos, mundos mais ou menos fechados uns para os outros" (p. 267).

Quanto à organização política, repele o "sistema totalitário — tanto comunista como nazista, para tomar dois extremos que se tocam". Mas "também no sistema democrático há distinções a fazer e atrás dele se escondem muitos totalitarismos disfarçados" — e exemplifica com as "frentes populares", francesas, espanholas, mexicanas, chilenas. Manifestando "nossa" incompatibilidade radical com o liberalismo e com o socialismo, na economia e na política como na filosofia de vida, não encaminha solução palpável aos problemas do século. Cita, para compensar, André Chenier e o Evangelho. De toda forma, os impasses em que se encontrava a intelectualidade não eram pequenos, e os encaminhamentos de Tristão traduzem uma opção que precisa ser reavaliada. À ordem, aspirada por Cândido Mota Filho, Tristão de Athayde prefere o antitotalitarismo; ao sucesso de Calmon, Tristão fala de sua sensação de fracasso. E quando fala dos conflitos entre o nível do domínio intelectual e o nível do domínio da ação não faz simplesmente um exercício retórico; está nas sendas da "humanização" do homem, como denomina: "humanização política, humanização econômica, humanização crítica, e assim por diante".

A reestruturação de uma ética sólida se processava, mas seus frutos só se manifestariam num período posterior, e vinculados às transformações da Igreja Católica e aos problemas do século, nesta área periférica.

B) MÁRIO DE ANDRADE: CONSCIÊNCIA-LIMITE?

O depoimento mais forte não aparece propriamente no conjunto dos entrevistados. É o de Mário de Andrade, que hesitou em fornecer o rascunho a Edgard Cavalheiro. Ao ser convocado para testar, entusiasmou-se, partiu para a fazenda e voltou com o "testamento" — que não foi entregue. "Não há ambiente para ele."

Andava incerto, adoentado. Tentou o silêncio, mas, quando da comemoração dos vinte anos da Semana de Arte Moderna, viu-se obrigado a explicitar posição. Três artigos n'*O Estado de S. Paulo* e a famosa conferência no Itamaraty a 30 de abril de 1942 servem de marcos para se entender a revisão do pensamento de Mário de Andrade — e que propiciou a crítica mais acabada àquela que se poderia denominar a sua geração.

Hesitaríamos em pensá-lo como *consciência-limite* do momento, de vez que se torna difícil a operacionalização do conceito numa realidade ideológica em que os registros sociais desses agrupamentos intelectuais ainda não estão desvendados satisfatoriamente.[19] Limite em relação a qual setor da sociedade? Afinal, há também o problema de, nos quadros das atividades de intelectuais militantes de esquerda, encontrarem-se por vezes nomes altamente categorizados — como é o caso de um Astrojildo Pereira — mas que nem por isso foram mais fundo que Mário na compreensão do momento vivido.

O que importa no depoimento de Mário de Andrade é seu radicalismo, que o impele para além de seu tempo — sem dele todavia ser retirado. Rompe consigo mesmo. E com isso cria uma linha divisória, um marco, e que teria impacto nas trajetórias de muitos outros, mais novos.

As posições de Mário oferecem três facetas (ao menos) que merecem referência: a crítica aos registros aristocratizantes de sua atividade e das de seus companheiros, por ele próprio apontados; o caráter propriamente político de sua conferência; e a marca ideológica nacionalista (que direta ou indiretamente atravessou seus contemporâneos). Claro que o social, o político e o ideológico não podem ser dissociados nesta investigação sobre produção cultural — a divisão surge assim, neste passo, para efeitos de visualização do tema central, que é o das *formulações da intelectualidade que mantém em suspensão, através dos tempos, uma ideologia: a ideologia da Cultura Brasileira*, do "estado de espírito nacional" (Mário), da "consciência criadora nacional" (Mário), das "aspirações nacionais" (J. Honório Rodrigues), da "cultura brasileira" (Fernando de Azevedo), da "cultura nacional" (Afonso Arinos de M. Franco e Cascudo), do "pensamento nacional" (Calmon), da "consciência brasileira" (Abguar Bastos) etc.

A preocupação básica de Mário estava, a par de ajustar contas com seu "aristocracismo" e de seus companheiros, voltada para a "estabilização de uma consciência criadora nacional" (p. 276). O momento era de guerra e de autoritarismo, os nacionalismos exacerbados sob o Estado Novo no Brasil

---

[19] Vários estudos concretos renovadores vêm sendo produzidos para respostas a esses problemas teóricos. À guisa de exemplificação lembrem-se os estudos de Roberto Schwarz (para Machado de Assis), Alfredo Bosi (sobre o pré-modernismo), Paula Beiguelman (sobre *D. Guidinha do Poço*), Antonio Candido (na "Dialética da malandragem"), ou Raymundo Faoro (sobre Machado de Assis).

não deixariam de inundar as fórmulas de representantes da intelectualidade — ainda que sofisticados e críticos como Mário, que sempre manteve pé atrás em relação aos mitos (que tanto estudou) da "terrinha progressista" e aos "heróis do meu Estado amado".

Mas há uma *alteração* fundamental na *trajetória* ideológica de Mário. Se em 1921 despejava confusamente sua crítica ao "burguês-burguês" e aos "donos das tradições", às "aristocracias cautelosas", em 1924 atentará aos nacionaleirismos dos "involuntários da Pátria", sopitando ironicamente "esse ardor patriótico, esta baita paixão pelo Brasil", e em 1942 estará consciente de que se vivia uma "idade política do homem, e a isso eu tinha que servir".[20]

A agressividade em relação aos nacionaleirismos é depurada, sobrando o nacionalismo, embutido, na preocupação com a "atualização da inteligência artística brasileira" e com a "estabilização de uma consciência criadora nacional". A atualidade, a "nacionalidade" e a "universalidade"[21] mesclam-se nessa etapa de evolução ideológica de Mário — fornecendo condições para afirmar que toda essa mistura não contribuíra, até então, para o "amilhoramento político-social do homem". E de seu desgosto tira a lição:

"Se de alguma coisa pode valer o meu desgosto, a insatisfação que eu me causo, que os outros não sentem assim na beira do caminho, espiando a multidão passar. Façam ou se recusem a fazer arte, ciência, ofícios. Mas não fiquem apenas nisto, espiões da vida, camuflados em técnicos da vida, espiando a multidão passar. Marchem com as multidões" (p. 279).

Vincula o movimento de 1922 à Revolução de 30 — "os movimentos espirituais precedem sempre as mudanças de ordem social". E o movimento impôs a fusão de três "princípios" (direito de pesquisa estética, atualização da inteligência, estabilização da consciência criadora nacional). Mas, os dois movimentos ainda eram de destruição. Agora, ao elaborar seu testamento intelectual, Mário avança para além dos limites convencionais reservados para a intelectualidade — limites ditados por posições de classe. Avança e desvenda a postura básica da sua "geração", com a consciência aguda de quem está vivendo o fim de um momento cultural — o "quinto ato" —, o que permite avaliar e desmistificar o processo vivido e apontar, para o futuro, os referidos "princípios" — dentre eles o da estabilização da "consciência

---

[20] *Testamento de uma geração*, p. 277.

[21] *Idem*, p. 279.

criadora nacional". Por esse motivo, a capacidade de diagnosticar o fim de um "ciclo" e de anunciar diretrizes para a produção futura, pode ser utilizada como marco ideológico numa história da cultura do Brasil. O desvendamento ideológico só se completa quando são atingidas as raízes sociais, e o depoimento de Mário delas não descuida:

> "Não tenho a mínima reserva em afirmar que toda a minha obra representa uma dedicação feliz a problemas do meu tempo e minha terra. Ajudei coisas, maquinei coisas, fiz coisas, muita coisa! E no entanto me sobra agora a sentença de que fiz muito pouco, porque todos os meus feitos derivam duma ilusão vasta. E eu que sempre me pensei, me senti mesmo sadiamente banhado de amor humano, chego no declínio da vida à convicção de que faltou humanidade em mim. Meu aristocracismo me puniu. Minhas intenções me enganaram. Vítima do meu individualismo, procuro em vão nas minhas obras, e também nas de muitos companheiros, uma paixão mais temporânea, uma dor mais viril da vida. Não tem. Tem mas é uma antiquada ausência de realidade em muitos de nós. Estou repisando o que já disse a um moço... E outra coisa senão o respeito que tenho pelo destino dos mais novos se fazendo, não me levaria a esta confissão bastante cruel, de perceber em quase toda a minha obra a insuficiência do abstencionismo. Francos, dirigidos, muitos de nós demos às nossas obras uma caducidade de combate. Estava certo, em princípio. O engano é que nos pusemos combatendo lençóis superficiais de fantasmas. Deveríamos ter inundado a caducidade utilitária do nosso discurso, de maior angústia do tempo, de maior revolta contra a vida como está. Em vez: fomos quebrar vidros de janelas, discutir modas de passeio, ou cutucar os valores eternos, ou saciar nossa curiosidade na cultura. E se agora percorro a minha obra já numerosa e que representa uma vida trabalhada, não me vejo uma só vez pegar a máscara do tempo e esbofeteá-la como ela merece. Quanto muito fiz de longe umas caretas. Mas isto, a mim, não me satisfaz. Não me imagino político de ação. Mas nós estamos vivendo uma idade política do homem, e a isso eu tinha que servir. Mas em síntese, eu só me percebo, feito um Amador Bueno qualquer, falando 'não quero' e me isentando da atualidade por detrás das portas contemplativas de um convento. Também não me desejaria escrevendo páginas explosivas, brigando a pau por ideologias e ganhando os louros

fáceis de um xilindró. Tudo isso não sou eu nem é pra mim. Mas estou convencido de que devíamos ter nos transformado de especulativos em especuladores.

Há sempre jeito de escorregar num ângulo de visão, numa escolha de valores, no embaçado duma lágrima que avolumem ainda mais o insuportável das condições atuais do mundo. Não. Viramos abstencionistas abstêmios e transcendentes. Mas por isso mesmo que fui sinceríssimo, que desejei ser fecundo e joguei lealmente com todas as minhas cartas à vista, alcanço agora esta consciência de que fomos inatuais. Vaidade, tudo vaidade...

Tudo o que fizemos... Tudo o que eu fiz foi especialmente uma cilada da minha felicidade pessoal e da festa em que vivemos. É aliás o que, com decepção açucarada, nos explica historicamente. Nós éramos os filhos finais de uma civilização que se acabou, e é sabido que o cultivo delirante do prazer individual represa as forças dos homens sempre que uma idade morre. E já mostrei que o movimento modernista foi destruidor. Muitos porém ultrapassando essa fase destruidora, não nos deixamos ficar no seu espírito e igualarmos nosso passo, embora um bocado turtuveante, ao das gerações mais novas. Mas apesar das sinceras intenções boas que dirigiram a minha obra e a deformaram muito, na verdade será que não terei passeado apenas, me iludindo de existir?... É certo que eu me sentia responsabilizado pelas fraquezas e as desgraças dos homens. É certo que pretendi regar minha obra de orvalhos mais generosos, sujá-las nas impurezas da dor, sair do limbo '*ne trista ne lieta*' da minha felicidade pessoal. Mas pelo próprio exercício da felicidade, mas pela própria altivez sensualíssima do individualismo, não era mais possível renegá-los como um erro embora eu chegue um pouco mais tarde à convicção da sua mesquinhez.

A única observação que pode trazer alguma complacência para o que eu fui, é que eu estava enganado. Julgava sinceramente cuidar mais da vida que de mim. Deformei, ninguém não imagina quanto, a minha obra — o que não quer dizer que se não fizesse isso, ela fosse melhor... Abandonei, traição consciente, a ficção, em favor de um homem-de-estudo que fundamentalmente não sou. Mas é que eu decidira impregnar tudo quanto fazia de um valor utilitário, um valor prático de vida, que fosse alguma coisa mais terrestre que ficção, prazer estético, a beleza divina.

Mas eis que chego a este paradoxo irrespirável: tendo deformado toda a minha obra por um anti-individualismo dirigido e voluntarioso, toda a minha obra não é mais que um hiperindividualismo implacável! E é melancólico chegar assim no crepúsculo, sem contar com a solidariedade de si mesmo. Eu não posso estar satisfeito de mim. O meu passado não é mais meu companheiro. Eu desconfio do meu passado" (pp. 277-8).

Com relativa segurança, pode-se vislumbrar em Mário de Andrade um dos limites mais avançados da consciência política do momento, a despeito de subsistirem traços nacionalistas em suas proposições. Demais, proposições nacionalistas sempre rondaram os setores mais progressistas do pensamento no Brasil. Nem mesmo em Astrojildo Pereira, nos comentários de 1947, 1952 e 1954 feitos a propósito de congressos de escritores no Brasil,[22] por exemplo, se encontrarão posições mais radicais no que diz respeito ao nacionalismo e à "defesa da cultura nacional".

Analisando os congressos efetuados em São Paulo, Belo Horizonte, Bahia e Goiânia, Astrojildo apontava a necessidade de um amplo movimento unitário de intelectuais brasileiros, em face das ameaças do "cosmopolitismo informe e degradante, essa espécie de alienação da própria personalidade cultural" — movimento que deveria ter em vista a defesa da "nossa cultura nacional".

Não será, pois, por se verificar a existência de traços nacionalistas nas formulações de Mário que se eliminará a característica radical, sobretudo no que diz respeito à *ruptura* com o quadro social e cultural anterior. O radicalismo de Mário está na verificação das raízes ideológicas de sua produção intelectual: nessa medida, parece estar situado no limite da consciência possível. Ou mesmo um pouco além, o que dá o sentido de *ruptura*.

---

[22] Publicados em *Crítica impura*, pp. 295-306.

3.
Raízes do pensamento radical

> "Creio conveniente acentuar que moro na cidade de São Paulo, e que os esboços de caráter geral, a propósito da elite intelectual da nova geração brasileira, têm suas bases mais sérias na observação dos grupos paulistas. Mas o conhecimento, mesmo superficial, dos centros mais importantes da inteligência nacional — Rio, Recife, Belo Horizonte, Fortaleza, Porto Alegre, Bahia — permite constatar que os traços fundamentais dos problemas, sobretudo ideológicos, da nova geração, são os mesmos."
>
> PAULO EMÍLIO SALLES GOMES, 1944

A) *PLATAFORMA DA NOVA GERAÇÃO* (1945)

> "E depois das memórias vem o tempo trazer novo sortimento de memórias, até que, fatigado, te recuses e não saibas se a vida é ou foi."
>
> CARLOS DRUMMOND DE ANDRADE, *A rosa do povo*

Em 1945 surge *Plataforma da nova geração*, obra-gêmea de *Testamento de uma geração*, coleção de depoimentos coordenada por Mário Neme. Os depoimentos, publicados também em *O Estado de S. Paulo*, estimulador da iniciativa, foram colhidos junto a 29 intelectuais que estavam por volta dos trinta anos.[1]

Pode-se registrar, nessa época de tentativas de reabertura, inclusive na própria nota introdutória de Mário Neme, a dificuldade de romper com as limitações impostas durante o Estado Novo à liberdade de pensamento e expressão. Os depoimentos de Edgar de Godói da Mata-Machado, Paulo

---

[1] Mário Neme (org.), *Plataforma da nova geração*, Porto Alegre, Globo, 1945 (Coleção Autores Brasileiros, 2). O inquérito foi realizado de meados de 1943 a princípios de 1944. Não entraremos no mérito dos critérios apontados para a seleção dos entrevistados (data de estreia, idade, atividade acadêmica, jornalística etc.), de resto não claramente explicitados. De Rubem Braga a Mário Schenberg, nele encontram-se figuras expressivas por suas posições.

Emílio Salles Gomes, Antonio Candido e Mário Schenberg trazem consigo alguns elementos teóricos novos para se estabelecer parâmetros diferenciados dos anteriores na história da cultura no Brasil: tais participações, sem serem propriamente revolucionárias, inscrevem-se na vertente *radical* das ideologias do período da Segunda Guerra Mundial. E são representativas de um quadro mais amplo de referências, inclusive se se levar em conta as origens dos entrevistados: mineira (Mata-Machado), paulista (Paulo Emílio), carioca, de formação mineira e paulista (Antonio Candido), pernambucana (Mário Schenberg).

Vale registrar, neste passo, a indução relativa contida no próprio inquérito elaborado por Mário Neme (muito provavelmente assessorado por Sérgio Milliet e Edgard Cavalheiro), sobretudo na preocupação em saber "se os escritores moços do Brasil de hoje têm ou não consciência dos problemas mais orgânicos da cultura brasileira" (p. 8). A noção de cultura brasileira, surge, aí, elaborada, cristalizada; os coordenadores do inquérito dão-na como acabada, e não como problema. Ao invés de se colocarem o problema de saber se existe uma cultura no Brasil; ou quais as concepções em vigência; ou em que medida há traços de classe na produção cultural (lembremo-nos que se está vivendo, contemporaneamente, a ruptura de Mário de Andrade, o que deve ter provocado um abalo na intelectualidade mais chegada, a julgar pelas palavras de Edgard Cavalheiro no *Testamento*), dá-se por fechada a questão. Os intelectuais "têm ou não consciência dos problemas mais orgânicos da cultura brasileira"?, eis a pergunta que pressupõe o círculo fechado em que se encerra a noção. Claro que o simples fato de ser o questionário liberalmente dirigido a intelectuais de (quase) todos os quadrantes[2] pressupõe a existência de posições diversas, e até mesmo antagônicas; o que se pretende registrar, todavia, é o tratamento acabado, dispensado não às divergências, mas ao próprio conceito: o conceito de *cultura brasileira*, outorgado de uma "geração" à outra.

A preocupação para com a continuidade do processo cultural aparece subjacente, nas perguntas de base do inquérito, ao se procurar saber se a "nova geração" encontrou "grandes problemas não solucionados pelas gerações passadas", ou se estava ocorrendo "desajustamento entre a produção

---

[2] De qualquer forma, uma certa concepção de intelectual está em vigência, nos inquéritos. É de crer-se que no mundo do trabalho, sobretudo nas esquerdas, houvesse outros tipos de "intelectual" mais ligados à "cultura do PC", ou às atividades anarquistas, anarco--sindicalistas, socialistas, obviamente.

das gerações passadas e os problemas que atingiram os moços intelectuais de hoje". Texto de crise, não deixaria de conter as expressões apocalípticas de praxe para caracterizar o momento: "confusão de valores", "desorientação", "competição", "inquietação", "guerra"... Mas em meio a expressões tão vagas, repontam pelo menos três indícios da existência de um novo quadro de referências em que, embora marcado pela noção já apontada de "cultura brasileira", *política e ideologia parecem adquirir nova perspectivação na abordagem do fato cultural*. O primeiro deles repousa na indicação textual feita por Neme aos possíveis tipos de desorientação dos moços: poderia ela estar no campo das ideias, da Arte, da Estética, da Ciência e também... da *ideologia*. O segundo, ainda na abertura do inquérito, relaciona-se com a orientação a ser tomada pela "nova geração" no "terreno das ideias"; mas o que se deve registrar como fato novo é a referência não só aos "intelectuais" mas também ao "povo". Numa palavra, a questão não aparece restrita apenas aos estamentos intelectuais como questão retórica: esta categoria — um tanto embaçada —, o "povo", surge nos horizontes. O terceiro indício reponta na preocupação em se encontrar uma diretriz comum nas múltiplas manifestações de inquietação dos novos ("ou há apenas competição?"); ao que parece a conotação é explicitamente política, de vez que a pergunta aparece centrada na inconciliabilidade, ou não, entre "as doutrinas dominantes e os anseios de cada escritor da nova geração".

A "região" escolhida parece a da polêmica com as "doutrinas dominantes", e o convite como que encaminha as respostas para a negação da ordem vigente. Inquérito angulado, pois, e elaborado no sentido de buscar-se bases teóricas para a derrubada do Estado Novo. Nas brechas desse inquérito liberalmente concebido insinuam-se formas de pensamento radical de autores que iriam marcar, com suas trajetórias e reflexões, a produção cultural entre nós.

1. Uma geração política: Edgar da Mata-Machado

> "A moderna geração intelectual é política para livrar-se da política."
>
> Edgar da Mata-Machado

Quando participou do inquérito, Edgar da Mata-Machado era um dos líderes da intelectualidade jovem de Minas Gerais. Nascido em 1913, teve a primeira fase de sua vida intelectual marcada pelos estudos no Seminário de Diamantina, sua cidade natal. Abandonou posteriormente o seminário, trazendo uma bagagem de Filosofia considerável; cursando a Faculdade de Direito de Minas Gerais, voltou-se para o jornalismo, chegando a redator-chefe de *O Diário*, de Belo Horizonte.

Mata-Machado ataca, de saída, a noção de geração. "O assunto tem empolgado a muito Thibaudet." Para ele, não são as fronteiras de idade que definem o contorno de uma geração, "mas a 'situação', nos mesmos grupos, de pessoas de mais ou menos a mesma idade". E conclui:

> "Rigorosamente, não há gerações, há grupos. Formam-se os grupos em torno de um modo comum de considerar os problemas que atenazam uma época" (p. 269).

E, coerente com essa posição, passa a falar a partir de sua vivência concreta no meio de um grupo de jovens católicos, adolescentes apenas, quando eclodiu 1930.

O ataque seguinte surge na consideração do estilo do próprio inquérito coordenado por Neme:

> "Vejo que o presente inquérito tem feitio e propósitos literários. E é justamente aí que encontro a primeira nota diferencial entre a nossa geração e a que nos precedeu. A geração anterior à nossa, foi, de regra, uma geração literária. Seu apego, ainda hoje, ao modernismo, seu esforço ininterrupto por catequizar o povo, para a compreensão desse movimento que sem dúvida se realizou em outras manifestações de arte, mas que foi, antes do resto, uma revolução nas letras, são os marcos divisórios visíveis, entre as duas gerações" (p. 269).

Não esperando da simples "defesa do modernismo" a solução dos problemas de sua geração-grupo, Edgar da Mata-Machado passa a definir sua geração como uma "geração política" (p. 270). Ao contrário da geração de 22, por ele caracterizada como "uma geração de deseducados políticos". E que por essa razão "não soube preparar um ambiente de liberdade para a nova geração" (p. 270).

Mergulhado no debate sobre a participação política do intelectual, e pela vertente católica, Mata-Machado aproxima-se de outro companheiro de geração, Lourival Gomes Machado, para quem, "quando o problema de ideias ultrapassa as fronteiras do político ou o pensamento ou a política perde alguma coisa" (p. 25). Apenas que Lourival reconhece a "dívida de gratidão para com os autodidatas um pouco anteriores" (em geral, no seu caso, de orientação laica), na medida em que ajudaram a forjar uma noção de cultura mais elaborada, mostrando a imensa carência do meio.[3] A "patrulha da madrugada" que ensinou aos "comandos" a necessidade do treinamento prévio, segundo Clóvis Graciano (pp. 25-6). Já Edgar situa-se noutra posição em relação aos antecessores, mostrando que a nova geração católica encontrou uma espécie de vácuo, dada a falta de mestres. Apesar da conclamação do Cardeal Leme aos intelectuais, apesar de Jackson de Figueiredo,[4] o ambiente católico não estava nutrido para propiciar o desenvolvimento crítico desse grupo-geração.

O depoimento de Edgar serve para indicar a postura de alguém que, dentro dos marcos do pensamento católico, se radicalizou, rompendo com a tradição ao perceber a solidão em que se encontrava em 1932/1933 quando, após 1930 ("a revolução de 30 foi de fato uma revolução, talvez a nossa única revolução nacional"), começava-se a viver as primeiras desilusões do movimento liberal. E as ameaças surgiam, para ele, nos movimentos antiliberais: comunismo, integralismo.

Mas o comunismo não foi tão eficaz como o integralismo: "o integralismo doutrinou à vontade". Mostrando como Jacques Maritain ajudou a renovar seus quadros teóricos de referência, e aos da nova geração católica do Brasil, abre em todos os termos a crise profunda da consciência daquilo que denomina seu grupo-geração. Como posição geral, não deixa por menos:

> "O católico tem mais razão de ser antifascista do que qualquer homem de esquerda, por mais rubro que seja" (p. 273).

Com a invasão do pensamento católico pelo integralismo, ocorreu a crise que, de resto, foi responsável pela organização, em tais termos, do seu depoimento. Embora longo, o diagnóstico de Edgar da Mata-Machado parece lapidar, uma das pedras de toque da sondagem a que nos propomos, e nesse sentido merece transcrição:

> "Deu-se, então, a grande catástrofe do grupo-geração a que pertenço. O deísmo patriótico e familial do fascismo verde-amarelo

---

[3] Em seu depoimento, Lourival Gomes Machado apontava significativamente (resíduo de comportamento oligárquico?) a existência de "novos majores Quaresma a se descabelar em torno do pedacinho de chão próximo que os interessa" (p. 25), numa crítica contundente às manifestações nacionalistas das novas camadas médias urbanas em ascensão por via do Exército, teorizando sobre o Brasil. Teorizar sobre o Brasil era uma espécie de monopólio dos estamentos senhoriais.

[4] Ver o estudo sobre o papel de Jackson de Figueiredo realizado por Francisco Iglésias, já citado.

cumulou um grande número de disponibilidades. De resto faltavam cultura sólida, gosto de análise, capacidade crítica à maior parte dos componentes do grupo. Sua própria vida cristã se equilibrava em 'normas', não se ancorava em uma estrutura de fé esclarecida. Um partido aparentemente cristão foi suficiente para lhes dar impressão de 'vida', de 'ação social', de 'irradiação' do Cristianismo. Aliás, a sedução das direitas sobre os católicos é uma constante desse momento histórico que se está desfazendo, à medida que a luta contra o fascismo caminha para um êxito marcado.

 O fascismo fez uma espécie de jogo de caricaturas, num baile de máscaras ou numa exibição ilusionista. Apresentava ora uma, ora outra feição. Saiu a público fantasiado de 'defensor da ordem' contra o 'terror bolchevista'; de 'protetor do operário' contra as 'opressões do dinheiro'; de 'arauto do nacionalismo' contra as 'pretensões imperiais'; de 'afirmador da autoridade' contra os 'libertinismos liberais'; de 'moralizador dos costumes'; de 'pedagogo da mocidade'... Depois de travestir-se tão abundante e variadamente, acabou desconhecendo-se a si próprio, confundindo-se com suas próprias máscaras. Uma fantasia de que só em um outro caso se despiu foi a de 'defensor da civilização cristã ameaçada'. De todas as caricaturas desenhadas em suas bandeiras, foi a caricatura de Cristo a de que fez uso mais constante. Quando penso na sedução do fascismo sobre os cristãos, lembro-me do fascismo belga. Não foi o mais característico, ou não foi mais característico que os outros. Nem mais dinâmico. Nem tão conhecido, internacionalmente. Destaco-o em razão do nome que adotou: 'rexismo'. Rexismo: de Christus-Rex. Degrelle desfraldou a bandeira de Cristo-Rei!! O que não impediu que fosse o mais chegado colaborador do nazismo em sua terra! O que não impediu que, ao lhe ser negada a comunhão, em uma igreja — por ostentar o uniforme de soldado de Hitler — agredisse o sacerdote e pisasse sobre as sagradas espécies!...

 Falei em grande catástrofe e realmente o foi a adesão de católicos ao fascismo, a adesão de certos grupos católicos da geração moça. As devastações do integralismo sobre a mentalidade católica foram tão profundas e deixaram tais cicatrizes, que só a ficção as poderá descrever. Uma linguagem cursiva nunca dará ideia de semelhantes deformações. Seria preciso personificá-las, quer dizer, apresentá-las através de personagens, como nos romances: o integralismo formou católicos pusilânimes, católicos burgueses, católicos cépticos, e um gênero de católicos mais ou menos estranho, entre arrependidos e ressentidos, adversários dos seus próprios irmãos de fé, amargos, desconfiados — se não bruscos e violentos — com inclinação para uma espécie de heroísmo dessangrado, incolor e simplista, embora gritante e esperneante. Conheço-os, não sei como classificá-los. O adjetivo 'reacionários' exprime bastante, mas não exprime tudo" (pp. 272-3).

As marcas do avanço integralista propiciaram a revisão crítica de Edgar, funcionando como elemento detonador para a própria redescoberta do catolicismo por parte de um significativo grupo de opinião. Mas, nessa época, se Edgar rechaçava as posições de direita — que poderiam ser relegadas para um canto da memória —, não era para as concepções dos diversos partidos de esquerda sobre a vida, a família, o mundo que se voltava sua expectativa. Voltava-se para as posições de Maritain, com o qual encerra seu depoimento, na busca de soluções "absolutamente originais", na "sã política cristã".

No tocante à dimensão política da atividade intelectual, e balizado por uma ética cristã, dirá que os "intelectuais" (as aspas são de Edgar) do Modernismo eram demasiadamente céticos, ou então fracos: diante de circunstâncias adversas, não exerceram "aquela função orientadora" (p. 270). Restaura, nessa perspectiva, o sentido da missão, traço fundamental na ética cristã (tanto na católica, como na protestante). E a dimensão política não deve ser entendida em sentido estrito; ela invade o domínio da *produção* artística, mas não para tornar a arte uma função ou meramente uma "arma" daquilo que denomina uma "revolução qualquer". Ao contrário, num mundo tiranizado, desautonomizado pelo Estado, cumpre restaurar a autonomia da arte, "num mundo em que toda a autonomia foi roubada à pessoa humana, privada de toda a liberdade, inclusive da liberdade de realização artística". Nessa justa medida é que, para fugir às malhas do Estado moderno — totalitário, sublinha ele —, a nova geração é política. Política para livrar-se da política.

Os homens de inteligência, para Edgar, devem ter função diretiva. Mas vai mais longe em sua cogitação, esbarrando com alguma possível especificidade da História do Brasil, e que residiria na expectativa criada em torno das posições políticas dos homens de inteligência, com vocação para as artes e a cultura, mas não especificamente para a política. "Será um fenômeno típico de nossa pátria?"

Nas malhas do autoritarismo do Estado Novo, surge essa posição radical, dentro dos marcos do pensamento católico liberal, mas que descarta as ligações íntimas entre *política* e *cultura* na sua ideologia. O que faltaria para nós seria uma plêiade de "pensadores políticos e realizadores políticos capazes de exercer uma legítima ação pedagógica, não só junto às massas, como também em relação às classes cultas". Nesse sentido, estariam agindo "sobre os próprios artistas, dispensados, assim, de usar do seu poder de convicção, fora do objeto puro da arte" (p. 270).

Nessa ordem ideal, utópica, o peso do Estado não seria um dano, mas um estímulo suave não apenas às "massas" (faltaria acrescentar: incultas) como às "classes cultas". Não apenas a divisão da sociedade em duas camadas, separadas pela linha da ilustração, mas a visão do político como o agente da legítima função pedagógica, estão na base da perspectiva de Mata-Machado.

O traço central dessa ideologia reside, em última instância, na separação entre cultura e política como esferas distintas. Nesse ângulo, a ausência de pensadores e realizadores políticos entre nós provoca os descaminhos do processo cultural, obrigando ao artista e ao intelectual tornarem-se políticos improvisados.

2. O desaparecimento do "Brasil formal": Paulo Emílio

> "Por maior que sejam as realizações que possam estar reservadas à minha geração no campo literário, artístico e científico, esse conjunto não pode deixar de aparecer como um detalhe, diante do destino político, militar e religioso, de uma juventude chamada a participar do desaparecimento de um Brasil formal e do nascimento de uma nação."
>
> Paulo Emílio Salles Gomes, 1944

Em mais de um aspecto Paulo Emílio acertava ao falar do desaparecimento de um Brasil formal. Este ia desaparecendo, é correto, no plano das formulações mais avançadas dos nossos investigadores das ciências sociais e da literatura: mas a ideia de nação, por seu lado, ganhava contornos mais fortes, e muito possivelmente não na direção esperada por Paulo Emílio. E que pensar, nesse prognóstico, do destino político, militar e religioso por ele referido? De qualquer forma, e a despeito das múltiplas sugestões que faz aos dirigentes e às personalidades políticas do Brasil, desde a decretação da anistia e liberdade política para as oposições até o debate de questões candentes como a agrária ou a da legislação social, seu realismo é grande ao situar a intelectualidade em suas devidas proporções, como um detalhe no conjunto do processo histórico. E mais: em seu depoimento, realizado numa época em que se prenunciava a "redemocratização", adverte para o perigo de reação neofascista, que "ou procurará se servir dos movimentos esquerdistas hesitantes e desorientados, ou então se camuflará numa terminologia esquerdista, acompanhada de uma ação de superfície" (p. 292).

Observados em conjunto, os depoimentos da *Plataforma* surgem menos generalizantes que aqueles do *Testamento*, os quais — exceção feita a um Mário de Andrade ou a um Milliet —, falam de sua "geração" como um bloco compacto, de maneira redonda, não raro carregando uma visão senhorial do mundo. Ou, por vezes, trafegando pelas sendas de um nacionalismo ingênuo, como é o caso de Abguar Bastos. Em *Plataforma*, *não apenas a ideia de geração surge muito mais matizada, como o preço pago à ideologia nacionalista é muito menor. Já se fala de "classes médias", "burguesia", "aristocracia", "massa", "elite"*. Os modelos externos não são a velha França, ou os EUA sem mais; em novo equilíbrio de forças, outras constelações surgem: a Rússia, diz Paulo Emílio, "é a estrela de toda essa história, está em plena glória".[5]

Mais: os diagnósticos, embora às vezes um bocado comprometidos com os quadros intelectuais anteriores (como é o caso de Lourival Gomes Machado), no geral operam com categorias mais claras, ou menos obscuras, como "direita", "católicos", "neoliberalismo", as várias correntes da esquerda. A geração de *Testamento* não fala de Mariátegui, mas a de *Plataforma* menciona a importância de Haya de La Torre. Aquela aparece enredada com a "traição dos intelectuais", com as leituras de MacLeish e Benda; esta, em polêmica e/ou utilização mais pragmática de Maritain, Marx, Silone, Trotsky. E critica na anterior (como Paulo Emílio faz com Amoroso Lima) o tipo de utilização de teóricos como Maritain. Em suma: a crítica não é apenas intelectual, em sentido estrito: é política. Ou melhor: *a crítica intelectual torna-se política*.

Os traços fundamentais dos problemas sobretudo ideológicos são os mesmos para a nova geração, diz Paulo Emílio. Isto não quer dizer, entre-

---

[5] *Plataforma da nova geração*, p. 288. Veja-se, a propósito, Carlos Drummond de Andrade, em *A rosa do povo*, "Carta a Stalingrado" e "Com o russo em Berlim". E Oswald, impressionado pela mesma estrela, na "Carta a Monteiro Lobato", escrevia: "que em torno de Urupês de hoje, se restabeleça, pois, Lobato, a *rocha viva* que Euclides sentiu na Stalingrado jagunça de Canudos" (*Ponta de lança*, p. 8).

tanto, que haja unidade ideológica. A "geração" não é homogênea; muito pelo contrário, o depoimento de Paulo Emílio permite vislumbrar o leque de posições, representadas menos por indivíduos (não há grandes figuras em seu "discurso", como nos depoimentos do *Testamento*) do que por agrupamentos representativos de *tendências ideológicas* (as quais, registre-se, *englobam* outras dimensões como a cultural, a política). E não são agrupamentos partidários; são agrupamentos que reúnem três critérios (ao menos) de classificação: o *social* (pequena-burguesia, proletariado etc.), o *político* (direita, esquerda, liberal, neoliberal, marxista) e o *cultural* (geração crítica, tipos de leitura, viagens, contatos). Importa notar a acuidade para uma esfera de problemas que, situada na esquerda, atravessava os níveis político e cultural. Por exemplo: considerados os setores de pensamento marcados pelo marxismo, dirá Paulo Emílio que "falava-se muito em dialética mas dificilmente se aprendia nesses meios a pensar dialeticamente" (p. 285).

Ao mesmo tempo em que define os agrupamentos, tentando uma classificação viável, não perde ele o sentido de matizamento. Embora estivesse situado à esquerda, por exemplo, contatos com setores católicos resguardavam sua perspectiva nuançada, eliminando, sim, o diálogo com os setores reacionários, mas valorizando as frentes críticas (das quais descartava, naquele momento, a Amoroso Lima), preocupado com as combinações residuais entre fervor religioso e fascismo remanescente.[6]

Visualizava, nesse leque de tendências ideológicas, a *direita*, com alguns jovens valores derrotados, "de uma maneira amena, diga-se de passagem", condenados a conviver com a não receptividade pública às suas teorias palavrosas, rígidas, caricaturadas, agora, manifestando apreço desmedido, "arrogante e ingênuo pelos generais reacionários da Argentina", ou chegando até a "valorização delirante do livro de D. Clarice Lispector" (p. 281).

Quanto ao setor *católico*, aponta a inexistência de uma nova geração intelectual expressiva, e que seria de se esperar, em face da vivacidade existente nesse setor em tempos não muito remotos. Destaca frentes de renovação em Belo Horizonte e Fortaleza, com abertura fraternal para "os problemas do povo e do nosso tempo". Em São Paulo a situação parece-lhe negativa, com jovens intelectuais "encorujados em torno do pior bem-pensantismo

---

[6] *Plataforma da nova geração*, pp. 282-3. A trajetória posterior de Amoroso Lima leva à negação dessas opções, o que aliás, foi lucidamente indicado por Francisco Iglésias no artigo citado. Na perspectiva do tempo, não foi, afinal, o caminho inverso aquele trilhado por Carlos Lacerda, "jovem radical" dessa geração, amigo dos radicais e participante ativo no I Congresso de Escritores?

representado pelo líder Sr. Plínio Correia de Oliveira e seu deprimente jornal" (p. 282). Depois de indicar na seara católica um outro grupo autêntico de ex-integralistas e ex-comunistas, e apontar os perigos da camuflagem, que por vezes ocorre, de fascismo sob a capa de fervor religioso, conclui que as figuras mais expressivas do pensamento católico não estão nas ruas, mas nos conventos. "Elas são os jovens monges de nossa geração." Esses sim, e não Amoroso Lima, são os discípulos de Maritain e Bernanos, que "encontraram no convento um refúgio contra a mediocridade da vida religiosa no Brasil" (p. 283).

Quanto aos *liberais*: não há entre a "novíssima" nenhuma frente propriamente liberal, "no velho sentido da palavra". Talvez, segundo pensa, alguns jovens economistas vinculados à Federação das Indústrias (São Paulo) possam vir a engrossar uma "corrente neoliberalista". O ponto de partida geral desse grupo está na consideração de que o capitalismo ainda não tivera todas as oportunidades para se desenvolver. Que se desse mais uma chance, antes do julgamento definitivo. Nenhuma palavra, entretanto, em relação às fraquezas do empresariado, ou ao capitalismo dependente, ou, o que seria de se esperar, ao imperialismo. No final do depoimento, Paulo Emílio anuncia o desejo de se manifestar sobre temas como política da "boa-vizinhança", mas... Uma tendência nova e localizada entre os representantes do velho liberalismo, composta de personagens que parecem estar deslocando suas posições em face do embate, mas não conseguem responder aos problemas do presente (1944): *são os jovens adeptos do liberalismo conservador*. Mas os nomes de seus representantes não aparecem indicados.

A corrente de *esquerda* da jovem geração intelectual do Brasil, eis o setor que chama sua atenção em particular. Dado o nível cultural e a quantidade expressiva de seus representantes, e apesar de não haver "unidade de pensamento", esse é o agrupamento sobre o qual vai se deter para comentários mais largos. Ou antes: o tom geral é de polêmica. Dir-se-ia que, a esta altura, o depoimento de Paulo Emílio adquire sua verdadeira dimensão. Nessa medida, trata-se de uma polêmica dentro da esquerda. E de um diagnóstico, por exemplo, na constatação de que o interesse da intelectualidade pelos "problemas nacionais" ainda era pequeno até a Segunda Guerra Mundial. E de alguns prognósticos: por exemplo, o de que no plano cultural, no mundo, um amplo trabalho de revisão progressista do marxismo estava apenas em esboço.

Em primeiro lugar, a localização das raízes sociais desse setor radical surge nítida: trata-se de "jovens intelectuais de classes médias e da burguesia que se exprimem ideologicamente pela esquerda". Paulo Emílio, ele próprio, proveniente de uma família de médicos, funcionários e industriais médios, refere-se sobretudo àqueles que estavam pouco mais ou pouco menos por volta dos trinta anos, e cujos estímulos intelectuais e políticos básicos foram absorvidos dez anos antes, no processo da Revolução de 1930 — "extensa e superficial revolução". Como a revolução, o debate por eles vivido também foi extenso e superficial, mas suficiente para receber novos influxos do marxismo, da psicanálise, do pós-modernismo artístico. E sobretudo o interesse pela Rússia e pela Revolução de 1917.

Em segundo lugar, a penetração das ideias socialistas no país fica retraçada ao mostrar como, antes de 1930, o socialismo estivera circunscrito a pequenos círculos nos principais centros operários (São Paulo e Rio; Recife, um pouco), receptores de uma tradição social-democrata e anarquista, "viva sobretudo devido ao contingente italiano, espanhol e português transmontino na classe operária, e a pequeno círculo de intelectuais de origem pequeno-burguesa e, mais raramente, burguesa". Após 30, será na camada da pequena burguesia que se verificará amplo interesse pela Rússia e, na classe operária, o desenvolvimento do sindicalismo, também modelado pelo exemplo russo.

Por volta de 1933/1934, era a força do modelo russo que estimulava as iniciativas progressistas. Ao deter-se nas fontes do pensamento progressista no Brasil, Paulo Emílio produziu página exemplar para a história das ideologias:

"Passados em revista os setores secundários, podemos entrar naquele que tem realmente significação pela quantidade de seus representantes e pela alta qualidade intelectual de muitos de seus membros: a corrente de esquerda da jovem geração intelectual do Brasil. Também neste campo delimitado não existe unidade de pensamento. Pior do que isto, há uma grande confusão. E aqui isso é grave.

Alguns traços históricos sumários poderão ajudar a por em seus termos corretos o problema desses jovens intelectuais de classes médias e da burguesia, que se exprimem ideologicamente pela esquerda.

Os moços que têm hoje pouco menos ou pouco mais de trinta anos, fizeram uma primeira aproximação com as ideias políticas e sociais de nosso tempo, há uns dez anos atrás. No extenso e superficial debate de ideias sociais, literárias, artísticas e científicas (marxismo, psicanálise, pós-modernismo artístico, etc.) que acompanhou a vitória da também extensa e superficial revolução de 1930, avultava o interesse em torno da Rússia forjada pela revolução de outubro de 1917.

Até então, o socialismo no Brasil nunca tinha tido uma larga repercussão. Havia pequenos grupos articulados nos mais importantes centros operários do país, São Paulo, Rio, Recife um pouco, também, que eram os herdeiros e continuadores de uma limitada mas contínua tradição social-democrática e anarquista, viva sobretudo devido ao contingente italiano, espanhol, e português transmontino na classe operária, e a pequeno círculo de intelectuais de origem pequeno-burguesa e, mais raramente, burguesa.

Depois de 1930 uma larga camada da pequena burguesia intelectualizada começou a se interessar pela Rússia, e na classe operária as atividades sindicais, então em pleno florescimento, levavam naturalmente a um interesse pelos problemas da política operária mundial, e também aqui, em primeiro lugar, pela Rússia.

De maneira que lá por 33-34, qualquer sentimento renovador mais enérgico levava logo à ideia de Rússia. Os jovens intelectuais que desejavam alguma coisa a mais do que simplesmente ter simpatia, passavam da ideia de Rússia à de Terceira Internacional e daí à Juventude e ao Partido Comunista ilegal, ou como membro militante ou então, o caso mais frequente, agindo com uma maior liberdade dentro da esfera de influência da seção brasileira. Em contato com estes meios o jovem intelectual passa a participar ainda mais intensamente de uma atmosfera de devoção pela Rússia, pela significação histórica no passado, no presente e no futuro.

Havia mesmo, não formulada conscientemente, a crença na significação eterna da Rússia. Era religião.

Havia um outro fato importante. O nível teórico do Partido era muito baixo. A meia dúzia, ou pouco mais, de comunistas brasileiros com uma verdadeira formação teórica, pertenciam à geração anterior e estavam ou afastados da ação ou então no campo da oposição de esquerda (trotskista) com a qual eram evitados maiores contatos. Os jovens intelectuais não encontravam pois, nos meios comunistas com os quais colaboravam, um estímulo ou orientação nos estudos teóricos sérios.

O marxismo em vigor era, em sua maioria, constituído de teses e documentos de congressos e conferências da Internacional, particularmente resoluções sobre o problema dos países semicoloniais e visões esquemáticas da questão do imperialismo inglês e norte-americano. Além do *Manifesto*, um Bukhárin ou Plekhánov, e o *Estado e a revolução*, quase não se liam os clássicos. Um pouco mais tarde leu-se a *História do socialismo* de Beer. Pelas divulgações sabia-se o que era "mais-valia" e que na sociedade existem classes com interesses contraditórios, o que era importante. Mas ninguém nunca leu *O capital*. Do Brasil não se sabia nada.

Com tudo isso, e um terreno mais concreto, havia muita generosidade, muita miséria, muito heroísmo, muita sujeira, muita beleza. Os jovens intelectuais viveram muito.

Falava-se muito em dialética mas dificilmente se aprendia nesses meios a pensar dialeticamente. Mas amava-se a Rússia. Amava-se a Rússia nos dois campos. Através do entusiasmo pelas realizações stalinistas, ou pelo criticismo trotskista, amava-se a Rússia.

Depois aconteceu muita coisa. Vieram os dias terríveis, e passados alguns anos desapareceu no Brasil toda a espécie de organização política legal ou ilegal. Aqueles que mais profundamente se haviam integrado no Partido, e viveram a sua penosa dissolução interna, tinham a sensação de uma completa esterilização interior, quando isto na realidade era uma impressão passageira, e eles saíram da prova tremendamente enriquecidos. Outros se transformaram em autômatos, com o pensamento e o riso mecanizados, e o brilho dos olhos perdido. Outros ainda fugiram para cada vez mais longe, para as Guianas e para a loucura. E para alguns esses processos lentos precisaram ser vividos dentro da geografia limitada das prisões" (pp. 284-6).

Mas não foi esse o "destino"[7] da maioria dos "jovens intelectuais das classes médias, ou burguesas", aponta Paulo Emílio. O passado logo se apagou nas suas consciências que, de resto, nunca estiveram fundamente engajadas nas linhas do Partido. A ruptura com esse passado resumia-se, em geral, a um "drama de consciência". Mas, tanto para intelectuais como para militantes, o amor pela Rússia era uma constante — inclusive pela vertente "souvarinista".

---

[7] Naturalmente apoiado nas bases econômicas, como lembraria Oswald de Andrade em *Ponta de lança*...

Dadas as condições de *classe* desses jovens intelectuais, muitos viajaram, ou ficaram embrenhando-se pelas sendas da "física à psicanálise, da pintura ao cinema". "Foram independentes, foram mesmo mais do que isso. Conheceram a gratuidade e a disponibilidade, com as facilidades que lhes permitiam as suas condições de classe" (p. 286).

Mas essa gratuidade, embora tenha levado a uma trajetória contraditória, com temperos teóricos retirados de Spengler e do neotomismo, acabou por empurrar esses jovens para processos mais sérios e eficazes de pensamento, "o que os diferencia logo em relação ao tom boêmio de Vinte-e-Dois".

E depois vem Munique, o pacifismo, Chamberlain, o pesadelo dos processos de Moscou. Rússia declina nos horizontes dessa juventude, ao passo que a França assume grande importância, a que se ligava a "tradição cultural brasileira". Fortalecia-se como ponto de referência para viagens desses jovens que abominavam "o fascismo em geral e o hitlerismo em particular". Vivia-se o fim da Guerra Civil Espanhola.

Em sua análise, Paulo Emílio registraria os motivos que geraram contradições nas cabeças bem-pensantes locais, dentre eles a incapacidade do marxismo moderno em analisar o fenômeno fascista, impedido que estava pelas viseiras ortodoxas, de um lado, e de outro, uma tendência voltada à consideração da Alemanha de Hitler como capaz de romper com as malhas do imperialismo inglês e norte-americano:

> "Naquele tempo as correntes políticas da rua Barão de Itapetininga e adjacências perderam a cabeça. À esquerda, Oswald de Andrade explicava a socialização da Alemanha; e à direita, Ângelo Simões Arruda, a fascistização da Rússia. Um elogiava o realismo de Hitler; outro o de Stalin. E ambos falavam em fatalidade histórica. Citamos estes dois nomes para facilitar nosso trabalho. Eles foram a caricatura de duas orientações de pensamento que se afirmavam a sério, e das quais todos, em maior ou menor grau, participaram" (p. 287).

Da Rússia falava-se quase nada... até o ataque que sofreu da Alemanha. A hostilidade ao fascismo ganhou expressão, provocando a definição dessa jovem intelectualidade que volta seus olhos para a Rússia. Por outro lado, a guerra ia chegando em casa, com o torpedeamento de navios. E Pearl Harbor. Internamente, medíocre vida política; e o "interesse pelos problemas nacionais ainda era pequeno".

E assim, Paulo Emílio chega aos seus dias, nos anos 40. Não se podia ainda falar na existência de vida política no país, mas já se podia pressentir o esboço de um forte movimento de opiniões e ideias. E a trajetória da Rússia, então no apogeu, provocava conflitos entre os adeptos das teorias do socialismo num só país e os pugnadores da revolução permanente.[8]

Apesar do dilaceramento provocado pelas diferenças de posições, a tônica geral passava a ser dada pelos estudos sobre problemas brasileiros, onde o ambiente era de extrema pobreza: a pesquisa se concentra na história e na economia. Para "o desaparecimento de um Brasil formal e o nascimento de uma nação".

3. Antonio Candido e o combate às formas de pensamento reacionário

> "Mas se me perguntar qual poderia ser, no meu modo de sentir, um rumo a seguir pela mocidade intelectual no terreno das ideias, eu lhe responderei, sem hesitar, que a nossa tarefa máxima deveria ser o combate a todas as formas de pensamento reacionário."
>
> Antonio Candido, *Plataforma da nova geração*, 1944

O depoimento de Antonio Candido é importante porque é radical. *Não é revolucionário, propriamente; é radical.* Surge marcado, do ponto de vista

---

[8] Em página importante para a história das divergências entre trotskistas e stalinistas, Paulo Emílio fixou que, para o caso de alguns intelectuais da jovem geração de esquerda, "o renascimento do amor pela Rússia os fez voltar exatamente ao estado de dez anos atrás, quando qualquer sentimento renovador mais enérgico era canalizado para a ideia de Rússia. Neste setor é como se nada tivesse acontecido, dentro e fora desses jovens, durante esse tempo todo. Outros encontram plena satisfação naquilo que em literatura política ficou convencionado chamar-se trotskismo. Mas é cada vez maior o número dos que assumem uma posição nova. Esta posição nova ainda não está delineada e completada em todos os seus detalhes. De uma maneira geral é uma tendência a não considerar mais a Rússia como um ponto de referência fundamental, e como consequência, não mais dar importância à tradição dos organismos dela dependentes. Posto isto, eles podem estudar com o maior entusiasmo os extraordinários sucessos da produção sob o sistema econômico socialista. O chamado trotskismo é também considerado uma maneira de pensar que tem como ponto de referência fundamental a Rússia. Posto isto, ele pode também ser estudado com entusiasmo como o maior conjunto crítico existente sobre o assunto.

No plano teórico a tendência é encontrar no arsenal marxista os instrumentos exemplares para o conhecimento. Entre os clássicos há uma maior preferência por Marx e Engels, além do Kautski e Plekhánov dos primeiros tempos. Lenine e Trótski são muito lidos, mas a tendência é relegá-los ao estudo do caso russo. Não se dá por enquanto uma maior atenção

social, pelo radicalismo da "classe média" que ele próprio, trinta anos depois, iria apontar muito precisamente como a contribuição mais expressiva da Faculdade de Filosofia, Ciências e Letras da Universidade de São Paulo.[9]

Carrega consigo os elementos teóricos indicadores do sentido da *ruptura* com os quadros intelectuais anteriores, e lança pontos de partida para a organização de uma nova matriz de pensamento. Por essa razão, pode ser considerado um marco cultural.

A velha noção de intelectual fica bastante rota: tome-se, por exemplo, a postura de Afonso Arinos, no *Testamento*, e confronte-se com a de Antonio Candido, e ter-se-á *a medida da diferença entre a ótica senhorial e o criticismo dos jovens intelectuais da chamada classe média*. Tal modificação parece indicar, no nível dos eventos, uma viragem mais funda, radicada nas transformações estruturais da sociedade, em que se assistiu à emergência de novas camadas médias, portadoras de formas de pensamento diferenciadas, mais vinculadas aos processos de industrialização e urbanização — e que se tornam mais significativos após 1930.

A postura de Antonio Candido indica, desde logo, um não conformismo com as questões propostas no questionário. E nem mesmo com a simples existência de uma plataforma: não aceita o tom conspícuo de quem dá palpite sobre o homem e o mundo, e teme o ridículo de quem, jovem, faz plataformas para definir posições. A atitude teórica deve proceder a uma série de ações; e não o contrário.

Não aceita a ideia de geração (aceitando-a). Rechaça as formulações empertigadas sobre a pomposa "missão do intelectual" (mas não mistifica

---

ao revisionismo do século passado e do começo deste século. Há grande interesse pelos ex ou neomarxistas como Souvarine ou como os americanos Max Eastman, Sidney Hook e James Burnham. Está começando a ser conhecido agora, por enquanto por intermédio de uma antologia americana de sociologia, o pensamento de escritores como Waclaw Makaiski, V. F. Galverton ou Max Nomad, que colocam problemas a que alguns intelectuais brasileiros estavam chegando através de uma meditação pessoal. Os tratados escolares de filosofia da URSS são recebidos em suas edições mexicanas e argentinas com uma enorme curiosidade. A impressão geral é que se está processando no plano cultural do mundo um imenso trabalho que culminará numa tentativa de revisão progressista do marxismo. Este fenômeno corresponderia às necessidades históricas da crise social e político-militar de nosso tempo.

Em relação a América Latina nota-se o interesse cada vez maior pelos acontecimentos que se desenrolam no México de 1910 para cá, e pelas ideias de Raul Victor Haya de La Torre, o pensador peruano que fundou o aprismo" (p. 289).

[9] Cf. depoimento prestado no segundo semestre de 1973 ao grupo da revista *Transformação*, da FFCL de Assis, cujo primeiro número apareceu no ano seguinte.

as tarefas, que são reais e têm sentido político). Não relativiza a ideia de geração para indefinir os compromissos; ao contrário, não desprezando os antecessores, componentes de uma "geração sacrificada... por excesso de êxito", caracteriza seu grupo como sendo composto por um conjunto de indivíduos embarcados integralmente numa vertente "crítica, crítica e mais crítica" — chamando-os pelo nome.[10]

Critica o personalismo faroleiro de Oswald, o historicismo grande-burguês de Freyre, e mostra como muitos ou se esgotaram na tarefa, ou acabaram por desaguar na ação política reacionária. Procura deixar claro que o problema não é geracional: e dois exemplos fortes lhe bastam. Um, Carlos Drummond de Andrade, da "outra geração"; outro, também dela, Sérgio Milliet — tecnicamente, se considerada a faixa etária, seria da "outra geração" — surgia muito mais próximo de seu grupo, só vindo a se realizar e ser plenamente compreendido pelos representantes desse outro momento. Mais: nesse sentido, Antonio Candido confere a Milliet o título de "precursor".

Se os antecessores se iniciavam pela poesia, o novo grupo ataca pela crítica. E essa "geração" não será de intelectuais mistos (cita Octavio de Faria, Afonso Arinos Sobrinho, na anterior; e Mário de Andrade, Plínio Salgado e Cassiano Ricardo na "geração" dos novos).

Nesse sentido não haveria apenas uma radicalização, mas também uma especialização. Uma geração de estudiosos "puros" — as aspas são de Antonio Candido.[11]

Como a anterior fora de artistas, essa era de críticos: a nova geração é "mais propriamente analítica e funcional" (p. 35). E se vislumbrarmos a dinâmica dos estamentos e das classes, não será de estranhar que o conflito, nesse nível, se manifestasse em tais termos: o historicismo grande-burguês de

---

[10] Dos nomes lembrados constam os de "Críticos de pintura, de música, de literatura, de história, de filosofia. É Edmundo Rossi, e Ruy Coelho, e Fernando Góes, e Ernani Silva Bruno, e Lourival Machado, e Décio de Almeida Prado, e Cícero Cristiano, e Almeida Sales, e Lauro Escorel, e Paulo Emílio, e Mário Schenberg, e Fabrício Antunes, e Antonio Lefévre, e Álvaro Bittencourt, e Carlos Burlamaqui Kopke, e Roberto Pinto de Souza, e Almiro Rolmes, e Florestan Fernandes e nem sei mais quantos. É a massa compacta. Críticos, críticos e mais críticos. Quase todos têm em preparo um trabalho de história, ou de sociologia, ou de estética, ou de filosofia, como os seus maiores tinham romance. E todos começam pelo artigo de crítica, como os seus maiores começavam pela poesia" (p. 34).

[11] Em "Antes do Marco Zero" (In: *Ponta de lança*, pp. 42-7), Oswald de Andrade embirrará com Antonio Candido e com seu "grupo", em polêmica feroz, "grupo e não geração, do Sr. Antonio Candido, voando pesado como Santa Rita Durão, normativo e gravibundo como se descendesse de Bulhão Pato"... (p. 45).

Freyre (melhor seria: *o historicismo senhorial, porque burguês não é*) passa a ser contestado pelos jovens filhos das "classes médias", com as marcas da antiga família patriarcal, temperadas pela dinâmica de instituições, mas por instituições universitárias de novo tipo. O mínimo que se poderá dizer é que, do conflito, que também é social, brota uma visão mais urbana do processo histórico-cultural; e, no máximo, uma perspectiva de classe — a angulação da nova classe média. Ou seja, a ótica das "classes médias destituídas", para retomar a terminologia eufemística de Nícia Vilela Luz.

O radicalismo de Antonio Candido aparece, pois, na força de rompimento com os quadros anteriores — que será, de resto, um tanto amenizada quando voltar a escrever no fim dos anos 50 sobre Freyre, na era do reformismo desenvolvimentista, e nos anos 60 sobre Oswald, ganhando novamente forte impulso sob o regime ditatorial dos últimos cinco anos. Nesse momento que nos interessa, por volta de 1943/44, Antonio Candido dirá que a influência de Oswald, Mário, Menotti ou Guilherme de Almeida foi "indireta e mínima": "somos seus continuadores por uma questão de inevitável continuidade histórica e cultural" (p. 35). A figura preservada é a de Sérgio Milliet, como se referiu anteriormente.

Registre-se que o tom não é cavernoso em relação aos seus contemporâneos. Seus companheiros de estrada não são portadores de "nenhuma gravidade precoce, de nenhum formalismo":

> "Geração muito sadia e muito cheia de esperança. E sobretudo, ao que me parece, desapegada de certos comodismos e de certos compromissos em que se atolaram e ainda estão se atolando muitos dos nossos maiores" (p. 36).

Era o Estado Novo, o tempo de partidos e homens partidos, mas havia luz nos horizontes. Embora comprimidos entre a camada "grande-burguesa" e o mundo do trabalho — objeto de muitas das cogitações dessa *intelligentsia*, pelo que se depreende do depoimento de Paulo Emílio —, não encontravam, ou não procuravam a convivência amena dos "Prados, Penteados e Amarais" referida por Mário de Andrade em sua conferência.

As tarefas eram outras, e para elas não serviam os velhos instrumentos teóricos. A tarefa central, para Antonio Candido, não era menos que "o combate a todas as formas de pensamento reacionário" (p. 37). Atento às maneiras pelas quais o reacionarismo se insinuava nas atividades intelectuais, pugnava não pela adoção de uma cor política qualquer, ou pelo "descer à rua, clamando por ação direta". Resguardando a função do intelectual, indicava:

"Cada um com as suas armas. A nossa é essa: esclarecer o pensamento e pôr ordem nas ideias."

No caso do Brasil, apontava três tendências que poderiam vir a ser perniciosas, como de fato vieram a ser: as filosofias idealistas, a sociologia cultural e a literatura personalista. Cioso na condenação dos aspectos negativos, cuidava também do perigo da negação em bloco, não querendo jogar ao mar aspectos eventualmente positivos. Quanto ao primeiro perigo, notava os descaminhos da atitude mental que empurrava as discussões metafísicas, terreno predileto para ocorrências de propostas de soluções de elite, em que o intelectual acaba por ficar segregado dos problemas presentes, reais. Uma advertência mais "antecipadora" surge, entretanto, ao mencionar, de passagem, o perigo representado pelas filosofias evolucionistas, e que tiveram "para a Reação um interesse enorme, uma vez que abrem caminho para a política liberal do progresso contínuo, e naturalmente gradativo, justificando todas as desarmonias sociais e embalando o espírito num liberalismo beatífico".

A ausência dessa crítica ao evolucionismo em outros autores talvez se explique se se lembrar das linhas de radicalização das posições, tanto nas formas de pensamento fascistas, como naquelas marxistas, definidoras do momento. Essa tendência, entretanto, considerados os quadros teóricos não só liberais como marxistas, estaria impregnada mais fundamente por lineamento evolucionista, em que a História surge em etapas — o que tanto marcaria o pensamento de esquerda no Brasil.

A virulência de Antonio Candido surge mais radical não na condenação da literatura personalista (intimista, diríamos hoje), mas na áspera advertência aos perigos da "sociologia cultural". Aí parece residir um elemento essencial de matriz do pensamento que representa e, talvez, inaugure:

"Quanto à sociologia cultural, confesso que me arrisco a medo. Vou levantar umas hipóteses que ainda não vi formuladas, e receio ser mal compreendido.

A sociologia cultural, chamando assim àquela que, de um modo ou de outro, subordina a ideia de cultura à noção de ciclo, de estrato ou de círculo, tem prestado serviços enormes ao pensamento e às ciências sociais. Nos meus trabalhos universitários, sou o primeiro a tomar muitos dos seus métodos e das suas noções. No entanto, é preciso que se abra o olho para uma possibilidade perigosa desse método tão fecundo e tão caro à sociologia do Novo Mundo.

A concepção de ciclo ou círculo cultural — principalmente a primeira — leva quase que necessariamente à de função; à de interdependência necessária entre os traços de uma cultura e da sua existência em função uns dos outros. Está certo, e muito bem. No entanto, a concepção de funcionalidade pode levar perigosamente a uma justificação e, portanto, aceitação de "todos" os traços materiais e espirituais, dado o seu caráter "necessário". E vem a tendência para aceitar "in totum" um complexo cultural e defender a sua inevitabilidade funcional, digamos assim, em detrimento do raciocínio que tende a revelar as suas desarmonias. Não é uma consequência fatal da sociologia da cultura, está visto. É um abuso possível, uma deformação contra a qual chamo a atenção, num país em que ela vai entrando a toque de caixa. Veja você o nosso mestre Gilberto Freyre — a que ponto está levando o seu culturalismo. Suas últimas obras descambam para o mais lamentável sentimentalismo social e histórico; para o conservadorismo e o tradicionalismo. Enamorado do seu ciclo cultural luso-brasileiro, é levado a arquitetar um mundo próprio, em que se combine o progresso com a conservação dos traços anteriores característicos. Tudo estará justificado se trouxer a marca do mundo que o português criou e que nós vamos desenvolvendo e preservando, sim senhor, com a ajuda de Deus e de Todos os Santos Unidos. O mesmo movimento que o leva a gostar das goiabadas das tias e dos babados de prima Fulana o leva gostosamente a uma democracia patriarcal, em que, etc., etc. Como vê, Mário Neme, aí está um caso em que o método cultural carrega água para o monjolo da Reação" (p. 39).

A constância e a profundidade da postura de Antonio Candido permite tomá-lo como um dos eixos para uma possível história das ideologias no Brasil, nas últimas décadas. Representando o pensamento radical de "classe média", suas variações são mínimas, talvez sendo provável a indicação de aprofundamento de sua radicalidade em momentos de fechamento político (registre-se a maior afinidade de suas posições de 1944 e 1974). É sabido que as chamadas classes médias com frequência aderem às flutuações de conjuntura política, e em sentido reacionário. Não será de todo improvável que, pelas raízes sociais, mais próximas das velhas camadas senhoriais (que às do proletariado, por exemplo), suas reações ao autoritarismo (militarista, em geral) surjam radicalizadas em postura favorável às fontes de pensamento progressista.

Em momentos de distensão relativa, será menos duro com autores como Gilberto Freyre. Não será acusador; será simplesmente irônico.

Uma última observação. Se se disse do abrandamento relativo das posições de Antonio Candido em relação a Freyre no fim dos anos 50, na era do reformismo desenvolvimentista, e que voltaria a se radicalizar no tocante às teorias do autor de *Casa-grande & senzala* — de maneira praticamente definitiva — em 1967, quando do estudo sobre "O significado de *Raízes do Brasil*", cumpre lembrar que o debate geral estava deslocado, nessa era, para a temática do nacionalismo, tanto nas searas marxistas (Sodré) como neocapitalistas (Furtado, ISEB). O preço pago pela intelectualidade, nos diagnósticos, a essa ideologia foi altíssimo, mas Antonio Candido a combateu, pelo que se depreende da apresentação à 2ª edição de *O método crítico de Sílvio Romero*, realizada em 1961, em pleno período do reformismo desenvolvimentista e populista. Numa palavra, a essa altura o grande tema não era Gilberto Freyre, com quem Candido acertara as contas em 1944, mas o *nacionalismo* — enquanto ideologia. E desse debate o autor de *Formação da literatura brasileira* não esteve ausente.

Numa palavra, pode-se afirmar que, na elaboração de uma concepção sobre a formação cultural do Brasil, Antonio Candido, dadas as suas posições radicais, escapou incólume a duas das principais vertentes ideológicas em que nutriu o pensamento progressista, em seus respectivos momentos de vigência mais exacerbada: a vertente gilbertiana, nos anos 40, e a vertente nacionalista, nos anos 50.[12] Tais tendências, *gommage des contradictions réelles*, obscureceriam por completo a possibilidade de conhecimento da dinâmica social, das relações raciais e da literatura em relação à vida social. Nos anos 60, com o colapso do populismo, o fim da era getuliana, a instalação de uma ditadura militar, a abertura para a América Latina, a emergência de novas constelações de intelectuais radicais abririam um novo quadro que possibilitaria a avaliação da trajetória dessa tendência radical em se pensar a produção cultural não dissociada da política, e penetrada por elementos retirados da Antropologia, da História, da Sociologia, da Linguística. E uma profunda atenção para a dimensão ideológica de *toda e qualquer* produção

---

[12] Nos anos 60, primeira etapa, após o colapso do populismo, momento de revisões radicais, discutiremos alguns dos vestígios nacionalistas nos escritos de Antonio Candido, em forma residual, suplantados numa segunda etapa, em textos como "Literatura e subdesenvolvimento".

cultural. Nesse sentido, a postura não pode, mais uma vez, deixar de ser definida como: radical.

4. Mário Schenberg e o progressismo historicista

Schenberg, pernambucano de origem, transferiu-se para São Paulo em 1933. Trata-se de outro representante significativo do pensamento radical. A começar pelo protesto à orientação dada ao inquérito, em que as "coisas do espírito" não surgem integradas à "totalidade da vida social". Seu depoimento é importante porque nele se encontra uma vincada perspectiva histórica — advertirá sobre os perigos da "impotência do historicismo", tendência que, de fato, imperou nos arraiais da Historiografia brasileira, e em outras frentes das Ciências Sociais, com as exceções que, em geral, foram apontadas na "Introdução" deste trabalho.

O radicalismo de suas concepções, que se constituem em importante matriz de pensamento, leva-o a não aceitar as velhas ideias sobre "herança cultural", passada de geração a geração. Não existe um processo autônomo de evolução intelectual, mas sim atividades do espírito ligadas à existência coletiva. E não somente o passado deve contar na avaliação dos fatos contemporâneos: "a obra de um intelectual só é verdadeiramente significativa quando fecunda, isto é, quando contém o embrião das coisas que estão por chegar" (p. 114).

Radical é sua apreciação a respeito do processo histórico brasileiro, ao mostrar que a caracterização do período colonial como feudal conduz a equívoco básico na maneira de se compreender a problemática de nossa evolução cultural, de vez que a clivagem básica da estrutura social brasileira não era dada pela servidão e artesanato, mas pela escravidão. Remonta, assim, à raiz social da formação cultural no Brasil, indicando dois estratos (e, portanto, duas tradições culturais): o indo-afro-popular e o branco-aristocrático. Nos quadros da dependência, na segunda vertente, a do Brasil aristocrático, produzia-se "cultura essencialmente provinciana" nesta "comarca remota e atrasada do Ocidente". Por isso, "todos os grandes movimentos e teorias aqui tiveram partidários entusiastas e foram mais ou menos incompreendidos, desde o romantismo até o materialismo dialético" (p. 117).

Mencionando as dificuldades no período patriarcal para a formação de uma "classe média", considerada apenas uma "puxada da aristocracia-agrária", dedicará maior atenção ao mundo do trabalho. O operariado, sobretudo no Sul, era portador de "tradições proletárias e camponesas europeias" carreadas pela imigração, as quais rebateram na "antiga tradição popular". Em outras regiões houve readaptação da "cultura popular" (p. 117) às novas condições econômico-sociais: *Jubiabá*, por exemplo, de Jorge Amado, registraria as mudanças da mentalidade das "classes baixas" da Bahia.

Para Schenberg, só depois de 30 a "classe média" se firmou, tentando assumir o controle político do país. Em 1932 configuraria o "ocaso do tenentismo e do avanço do pequeno-burguês que ele representava". O insucesso seria fatal, considerada a fraqueza estrutural dessa "classe". Será o complexo articulado pela aristocracia econômica dos industriais, mais financistas e fazendeiros, que passará a orientar o país — único grupo capaz de exercer esse papel diretivo.

Nesse passo, o depoimento de Mário Schenberg entrará por uma senda bastante significativa para o estudioso das ideologias no Brasil nos últimos quarenta anos, de vez que marcou profundamente o pensamento de esquerda no país: *trata-se do viés populista-nacionalista de esquerda*, matriz de tantos diagnósticos impregnados de ideologia *reformista* e que se mostrará à luz em todos os seus termos na primeira metade dos anos 60. O registro se faz enfático, na medida em que se está em face de uma das linhagens mais significativas do pensamento progressista — linhagem populista à qual Caio Prado Jr. dará combate, e não pela primeira vez, em 1966, com seu livro *A revolução brasileira*, para indicar os equívocos, se não mistificações. Vejamos.

Para Schenberg, os anos 40 configuram o segundo período da História brasileira, e Volta Redonda pode ser tomada como símbolo. "Com a expansão industrial o operariado aumentará em número e consolidará seu espírito. Tornar-se-á possível o reagrupamento dos elementos populares em volta do núcleo sólido do proletariado e começará uma era definitivamente democrática da política nacional" (p. 118).

Sua crítica, suficientemente funda para detectar o papel ideológico de certos sistemas sociológicos; para apreender o fascínio do intelectual pequeno-burguês pela cultura europeizada das classes dominantes; ou para aproximar pintores a "literatos populistas" (como Portinari e Jorge Amado; Tarsila e Gilberto Freyre), discutindo o aristocratismo de formas de expressão em contraposição à atividade artesanal e popular, não o é bastante, entretanto, quando desce às mitologias de "alma do povo" (p. 122), da "alma brasileira" (p. 125). Para Schenberg, o surgimento de uma "cultura essencialmente brasileira" só poderá se dar com a emergência de "intelectuais e artistas oriundos dos estratos mais profundos da população, que possuem a chave do sentido verdadeiro e trágico do folclore" (p. 124).

O conteúdo só seria captado por aquele que estivesse "identificado com as camadas do povo" que nele se expressam. Mas *a visão em etapas, característica dessa matriz de pensamento*, não deixará de estar presente em Schenberg, ao colocar como condição para a emergência desse novo estilo de expressão popular uma elevação do nível econômico das grandes massas, de modo a permitir "o desenvolvimento de suas potencialidades latentes e a emergência das capacidades de seus filhos" (p. 124). Nesse sentido, "povos como os do Brasil, México e Rússia deverão fornecer os cabedais de potencial anímico virgem que alimentarão o humanismo futuro" (p. 125).

Os modelos externos, as "frentes" de dinamização da História surgem em polos fortes, como México e Rússia. Mas a menção a *Macunaíma* e a Tarsila, cujos níveis deverão ser, segundo ele, excedidos por aquele que mais se identificar com as "camadas do povo", deixam a desconfiança a respeito do ângulo pelo qual Schenberg atinge a noção de "cultura popular". A "tradição popular", em nenhum momento Schenberg a visualiza como possível fonte de formas de pensamento *conservador*. A menção ao proletariado, e à consolidação de seu "espírito" (melhor seria, de sua consciência de classe), bem como sua integração com outros elementos populares, numa era democrática de "política nacional", conduz a um dos elementos básicos do reformismo populista, e que estaria representado, nos anos seguintes, na política nada internacionalista do PC. Reformismo que corresponde a importante matriz de pensamento radical pequeno-burguês, populista, nacionalista, cujo traço teórico mais significativo transparece na visão da História em etapas. Mas tal perspectiva não seria, ao contrário do que Schenberg desejava, exatamente... historicista?

Observados em conjunto, vê-se nos depoimentos da *Plataforma* que o preço pago à ideologia nacionalista foi alto. Schenberg, radical, chegava a perceber os problemas de "dependência" e do "imperialismo".[13] Mas a temática da "consciência nacional" parasitava seu diagnóstico, empurrando o raciocínio para as pirambeiras da ideologia da revolução burguesa: "A solução dos problemas nacionais depende, portanto, do trinômio industrialização-reforma agrária-expansão do mercado interno". "Devemos seguir o exemplo dos Estados Unidos, que consomem 91 por cento de sua produção dentro do território nacional." Numa palavra, a "existência nacional", a "renda nacional", a "cultura da nação", os "problemas nacionais" (p. 270)

---

[13] Cf. *Anuário da FFCL-USP*, de 1939-1949, v. 1, 1953. Discurso de paraninfo da turma de 1944, pp. 262-3.

possuem, enquanto traços de uma ideologia, no plano político o complemento indispensável: *a utopia da União Nacional*.

"O Brasil precisa de União Nacional, de uma União Nacional cimentada com a adesão consciente e deliberada de todos através de um pleito livre em que participem todas as correntes da opinião nacional, todos os brasileiros que pensam e trabalham, todos os que agora aqui se encontram como os que estão no exílio ou nos cárceres políticos" (p. 271).

Nessa mesma ocasião, da *Plataforma* e do discurso de Schenberg, paraninfo de uma turma que originalmente convidara Monteiro Lobato para patrono, falava pelos formandos Paulo Emílio Salles Gomes. Em seu discurso, embora radical, pagava também preço alto ao modelo político projetado, na medida em que, ao procurar soluções para a "crise da nacionalidade" (p. 336), sugere um governo com a representação das "oposições democráticas brasileiras": um governo marcado por um "caráter nacional democratizador, que lhe dará não só poder, mas autoridade para dirigir um Brasil em guerra, e orientar a nação na volta à legalidade republicana" (p. 337).

Antonio Candido, paraninfo da turma de 1947, fugirá desse diapasão nacionalista, provavelmente exacerbado pela guerra, em que os setores progressistas confundiam e substituíam o conceito de "classe" pelo de "opinião nacional" (ou "opinião pública"), a noção de país pela ideia de nação, e de consciência de classe pela de "consciência nacional", ou o modelo russo pelo norte-americano. Mais sóbrio, reconhece as agruras do ser docente em tempos como aqueles, tempos de transição em que os "velhos ideais pedagógicos não mais funcionam, *quando não se criaram, ainda, sistemas ideológicos coerentes* para substituí-los".[14] Não deslizando em nenhum momento para a reflexão sobre as raízes da nacionalidade, ou para os compromissos com a "consciência nacional", faz profissão de fé no trabalho docente, na missão do professor.[15] Ao contrário, aponta aos jovens colegas professores a situação estruturalmente ingrata de dependerem do governo, pelo fato de virem a exercer sua profissão no magistério oficial, e ao mesmo tempo terem, em

---

[14] *Idem*, p. 283 (grifo nosso).

[15] O discurso do Bacharel Florestan Fernandes, orador da turma de 1943, também parece fugir ao diapasão nacionalista como o de Antonio Candido. Apenas alguns trechos aparecem publicados no *Anuário*, sob o título "O pensamento e as reivindicações da mocidade" (pp. 329-30). Pelos excertos, trata-se de busca de uma compreensão universal da cultura, e do combate aos "nacionalismos proteiformes".

certas ocasiões, o dever sagrado da crítica democrática, no "direito sagrado de oposição".[16]

B) O I CONGRESSO BRASILEIRO DE ESCRITORES (SÃO PAULO, 1945)

> "Não cremos que nos seja possível recomendar nada aos poderes constituídos."
>
> Cruz Costa, 24/1/1945

> "Pela vossa pena, escritores, o homem mudo do nosso povo descerrou a boca, falou. Depôs no plenário da consciência nacional. Convosco ele contou sua história. Convosco ele quebrou o silêncio secular do seu exílio e iniciou o debate do nosso universo social."
>
> Oswald de Andrade,
> num dos discursos de encerramento, 1945

> "Acho um perigo a introdução intelectual dos Estados Unidos no Brasil."
>
> Nelson Palma Travassos, 1945

O I Congresso Brasileiro de Escritores significou um dos principais sinais de alerta no processo da chamada redemocratização do Brasil no fim da Segunda Guerra Mundial. Representa um momento significativo na his-

---

[16] "Meus caros colegas — como vistes, não me quis permitir a pretensão de vos dar conselhos. Sugeri, apenas, algumas reflexões, como qualquer homem de boa vontade em nosso tempo. Fi-las com a maior humildade intelectual, porque todas as dúvidas que supus em vós, sinto-as em mim e nos meus contemporâneos de Faculdade. Deixai-me dizer agora que os colegas mais velhos confiam em vós, porque soubestes, mais duma vez, dar provas de coragem e independência durante os anos de estudo. De todos os graduados da Universidade, sois com certeza os que mais dependem do governo, já que as vossas perspectivas de carreira estão delimitadas principalmente pelo magistério oficial. Não obstante, mais de uma vez — em 1945, em 1946 e em 1947 — vos vimos protestar contra o governo, atacá-lo, incorrer na ira fácil dos que detêm o mando; com isto, demonstrastes o vosso amor pela liberdade de expressão e a vossa confiança na crítica democrática, assegurados no direito sagrado de oposição. Não vos mostrando conformistas nem acomodados, meus prezados colegas, destes a melhor garantia do vosso valor; destes um exemplo aos vossos condiscípulos mais jovens e registes contra o abuso do poder, que sendo a caricatura da tirania, é frequentemente o seu prenúncio" (*Anuário da FFCL-USP*, pp. 288-9).

tória da cultura no Brasil, de vez que propiciou confrontos de posições de diversas vertentes teóricas e das principais regiões do país. Para os efeitos do estudo em curso, oferece um posto de observação estratégico para a análise de formas de pensamento, ideológicas em relação a um contexto específico, no final do Estado Novo. E sobretudo para avaliar os significados que se emprestavam à atividade intelectual e à própria noção de "cultura brasileira". Cultura e política, nesse contexto, eram níveis que se entrecruzavam; enriquecia-se a noção de cultura, ampliando o sentido de engajamento, adensando-se e oferecendo novos conteúdos à temática da militância política do intelectual. Numa palavra, a partir da crise política e da necessidade de buscar-se novas fórmulas, repensava-se o processo cultural no país, surgindo algumas posições que merecem referência. A partir dessa conjuntura crítica, criou-se com nitidez um divisor de águas na história da cultura contemporânea no Brasil, em que a perspectivação política passa a estar presente nos diagnósticos sobre a vida cultural. Amplia-se, também nesse sentido, a ideia de "cultura brasileira".

O Congresso, promovido pela ABDE (Associação Brasileira de Escritores) e organizado pela Seção de São Paulo, representava, segundo os próprios participantes, uma entidade nacional de classe. Teve início a 22 de janeiro de 1945 no Teatro Municipal (São Paulo), sob a coordenação de Sérgio Milliet e presidência de Aníbal Machado, do Diretório Central. Compareceram representantes da intelectualidade de todos os Estados do Brasil, e alguns convidados estrangeiros como Pierre Monbeig e Roger Bastide (da França) ou Jaime Cortesão (de Portugal). Instituições como a UNE (União Nacional dos Estudantes), a Sociedade Brasileira de Autores Teatrais, o Sindicato dos Jornalistas Profissionais e a Sociedade Amigos de Alberto Torres fizeram-se representar. Não faltou uma Comissão Jurídica, da qual era integrante Pontes de Miranda. Nas bancadas dos diversos Estados da Federação encontravam-se personalidades das mais representativas, como Mário de Andrade, Monteiro Lobato, Cruz Costa, Antonio Candido, Caio Prado Jr., Fernando de Azevedo (São Paulo); Genolino Amado (Sergipe); Edison Carneiro, Jorge Amado, Hermes Lima (Bahia); Lívio Xavier, Rachel de Queiroz (Ceará); Afonso Arinos, Carlos Lacerda, Gilberto Freyre, José Honório Rodrigues, Manuel Bandeira, Sérgio Buarque de Holanda, Virgílio de Melo Franco (Distrito Federal); Agripino Grieco, Astrojildo Pereira, Prado Kelly (Estado do Rio); Bernardo Ellis (Goiás); Viriato Corrêa (Maranhão); Heitor Ferreira Lima (Mato Grosso); Carlos Castelo Branco, Edgar da Mata-Machado, Fernando Sabino, Francisco Iglésias, Godofredo Rangel, Hélio Pellegrino, Otto

Lara Resende, Rodrigo Melo Franco de Andrade, Fritz Teixeira de Salles (Minas Gerais); Álvaro Lins e Osório Borba (Pernambuco); Luís da Câmara Cascudo (Rio Grande do Norte); Guilhermino Cesar, Moisés Vellinho e Raul Ryff (Rio Grande do Sul); Odylo Costa Filho (Piauí); Eneida Costa de Moraes (Pará); José Américo (Paraíba); Wilson Martins (Paraná). Das diversas bancadas, muitos não puderam comparecer, como foi o caso de Álvaro Lins, Amoroso Lima e Carlos Drummond de Andrade.[17] Mas não faltaram telegra-

[17] As delegações estavam assim compostas, por Estado:
ALAGOAS: Aurélio Buarque de Holanda, Graciliano Ramos, Humberto Bastos, Jorge de Lima, Valdemar Cavalcanti.
AMAZONAS: Araújo Lima, Benjamim Lima.
BAHIA: Afrânio Peixoto, Alberto Passos Guimarães, Alina Paim, Almir Mattos, Artur Ramos, Aydano do Couto Ferraz, Clementino Fraga, Dias da Costa, Edison Carneiro, Eugênio Gomes, Fernando Tude, Hélio Simões, Hermes Lima, Homero Pires, Jacinta Passos, James Amado, João Mangabeira, Jorge Amado, Luiz Viana Filho, Nelson de Sousa Sampaio, Nestor Duarte, Odorico Tavares, Pedro Calmon, Pirajá da Silva, Pompeu de Souza, Sosigenes Costa, Wanderley Pinho.
CEARÁ: Herman Lima, Lívio Xavier, Rachel de Queiroz, R. Magalhães Júnior.
DISTRITO FEDERAL: Abgar Renault, Afonso Arinos de Melo Franco, Alceu Marinho Rego, Álvaro Moreyra, Aníbal Machado, Antônio Franca, Antonio Rangel Bandeira, Aparício Torelly, Arnon de Mello, Augusto Frederico Schmidt, Austregésilo de Athayde, Breno Accioly, Carlos Drummond de Andrade, Carlos Lacerda, Cecília Meireles, Costa Rego, Dinah Silveira de Queiroz, Emil Farhat, Francisco de Assis Barbosa, Franklin de Oliveira, Gilberto Freyre, Guilherme de Figueiredo, José Honório Rodrigues, José Lins do Rego, Josué Montello, Laura Austregésilo, Lia Correia Dutra, Lúcia Miguel Pereira, Malba Tahan, Manuel Bandeira, Marques Rebelo, Martins de Almeida, Miguel Osório de Almeida, Moacir Werneck de Castro, Octávio Tarquínio de Sousa, Pedro Motta Lima, Pedro Nava, Prudente de Moraes Neto, Rafael Corrêa de Oliveira, Raimundo Souza Dantas, Roquette Pinto, Rubens Borba de Moraes, Sérgio Buarque de Holanda, Tristão de Athayde, Vianna Moog, Virgílio de Melo Franco, Vivaldo Coaracy, Wilson Lousada, Wilson A. Figueiredo.
ESPÍRITO SANTO: Abner Mourão, Clovis Ramalhete, João Calazans, Newton Braga, Túlio Hostílio Montenegro.
ESTADO DO RIO: Agripino Grieco, Astrojildo Pereira, Jaime de Barros, Prado Kelly.
GOIÁS: Bernardo Ellis, Cristiano Cordeiro, João Acioli.
MARANHÃO: Antonio Lopes, Argeu Ramos, Viegas Neto, Viriato Corrêa.
MATO GROSSO: José Ribeiro de Sá Carvalho, Heitor Ferreira Lima, Peri de Campos.
MINAS GERAIS: Alphonsus de Guimaraens Filho, Ayres da Mata-Machado Filho, Bueno de Rivera, Carlos Castelo Branco, Clemente Luz, Edgar da Mata-Machado, Fernando Sabino, Francisco Iglésias, Francisco Inácio Peixoto, Fritz Teixeira de Salles, Godofredo Rangel, Guimarães Menegale, Hélio Pellegrino, Ildeo Brandão, Jair Rabelo Horta, J. Etiene Filho, João Dornas Filho, Mário Matos, Milton Pedrosa, Murilo Rubião, Paulo Mendes Campos, Otto Lara Resende, Orlando de Carvalho, Osvaldo Alves, Rodrigo Melo

mas de solidariedade e estímulo, desde Einstein à Liga de Defesa Nacional de São Paulo, e de Roquette Pinto à Associação dos Trabalhadores na Indústria de Alimentação de Ribeirão Preto.

Foram montadas comissões para apreciação de teses; para análise da questão dos direitos autorais; de cultura e assuntos gerais; de teatro, imprensa, rádio e cinema; assuntos políticos. E uma comissão de redação e coordenação. Foram aprovadas treze teses; dezessete outras foram recomendadas à publicação nas Atas do Congresso.[18] Dentre as múltiplas vertentes,

---

Franco de Andrade, Vicente Guimarães, José Renato Santos Pereira, José Geraldo Santos Pereira.

PARÁ: Clóvis Gusmão, Dalcídio Jurandir, Dante Costa, Eneida Costa de Moraes, Nélio Reis.

PARAÍBA: Ademar Vidal, Ascendino Leite, José Américo de Almeida, Nicanor Ortiz, Olívio Montenegro.

PARANÁ: Algacir Maeder, Andrade Muricy, Arion Niepce Silva, Ciro Silva, Hipérides Zanelo, Ildefonso Serro Azul, Odilon Negrão, Raul Gomes, Tasso da Silveira, Wilson Martins, Heitor Stockler.

PERNAMBUCO: Álvaro Lins, Luís Jardim, Osório Borba, Otávio Freitas Jr.

PIAUÍ: Odylo Costa Filho, Renato Castelo Branco.

RIO GRANDE DO NORTE: Antonio Bento, José Augusto, Luís da Câmara Cascudo, Peregrino Júnior.

RIO GRANDE DO SUL: Adail Morais, Antonio Barata, Atos Damasceno Vieira, Beatriz Bandeira, Carlos Dante de Morais, Carlos Reverbel, Casemiro Fernandes, Darcy Azambuja, Dyonélio Machado, Gilda Marinho, Guilhermino Cesar, Hamílcar de Garcia, Homero de Castro Jobim, Josué Guimarães, Justino Martins, Juvenal Jacinto, Lila Ripoll, Marcos Iolovitch, Moisés Vellinho, Nilo Ruschel, Oto Alcides Ohweillerg, Pedro Wayne, Raul Ryff, Reinaldo Moura, Saí Marques, Telmo Vergara, Nogueira Leiria.

SANTA CATARINA: Brasil Gerson, Edmundo Luiz Pinto, Ivo d'Aquino.

SÃO PAULO: Alcântara Silveira, Antonio Candido, Araújo Nabuco, Arnaldo Pedroso D'Horta, Caio Prado Jr., Cruz Costa, Edgard Cavalheiro, Fernando de Azevedo, Fernando Góes, Guilherme de Almeida, José Geraldo Vieira, Lourival Gomes Machado, Luís Martins, Maria José Dupré, Mário da Silva Brito, Mário de Andrade, Mário Neme, Maurício Loureiro Gama, Monteiro Lobato, Nelson Palma Travassos, Oswald de Andrade, Paulo Emílio Salles Gomes, Paulo Mendes de Almeida, Paulo Zingg, Sérgio Milliet, Tito Batini.

SERGIPE: Amando Fontes, Barreto Filho, Genolino Amado, José Calazans Brandão.

A MESA DIRETORA — Presidente: Aníbal M. Machado — Vice-Presidentes: Sérgio Milliet, Dyonélio Machado, Murilo Rubião, Jorge Amado — Secretários: Francisco de Assis Barbosa, Mário Neme, Lia Correia Dutra, Otto Lara Resende, Cristiano Cordeiro, Alberto Passos Guimarães, Justino Martins.

[18] I Congresso Brasileiro de Escritores, relação das teses aprovadas e das teses recomendadas à publicação: "Democratização da cultura", Hélio Magno; "Um movimento de educação popular", Cruz Costa; "Estudos regionais", Edison Carneiro; "Revistas literárias", Alcântara Silveira; "Teatro do povo", Joracy Camargo; "Pela criação de um teatro nacional",

e dos variados debates, destacam-se algumas posições que, por interessarem mais diretamente à temática da ideologia da Cultura Brasileira, serão aqui indicadas.

Registre-se, inicialmente, a amplidão dos temas, o empenho nas posições (visíveis com alguma frequência na aspereza das polêmicas), a preocupação com a abertura de horizontes e de campos de observação intelectual e, não raro, algum engajamento. O espectro é grande, mas valerá a pena indicar atenções voltadas para a questão da reforma agrária, do ensino gratuito, da liberdade e do nacionalismo, do padrão do trabalho intelectual nas universidades. Se por vezes a preocupação é a de abrir janelas na penumbra do Estado Novo, estimulando a entrada de novos ares na comunidade intelectual, por outras, o esforço de marcar posições garante a coesão do conjunto. Um pouco, às vezes, faz-se empostação de um "plenário da consciência nacional". O esforço de se falar pela Nação. Alguns momentos de tensão, por exemplo, na avaliação da tese apresentada por Otto Maria Carpeaux, sobre o padrão intelectual de trabalho universitário, tese quase rejeitada, mas que tanto se infiltrou nas preocupações de jovens cientistas sociais, como Florestan Fernandes; ou alguns desencontros sobre a espinhosa questão racial, em que Paulo Zingg e Antonio Candido não estavam no mesmo diapasão...

O tom do Congresso foi marcado, de saída, por questões de ordem política, ao levantarem-se escritores como Jorge Amado para, na primeira hora,

---

Pompeu de Souza; "O rádio e o escritor", Nilo Ruschel; "O escritor e a literatura no rádio", Milton Pedrosa; "Considerações sobre os direitos autorais", Paulo Mendes de Almeida; "Democracia e planificação", Pontes de Miranda; "Federação e cultura", Alceu Marinho Rego; "O estudo totalitário e a vida intelectual", Olívio Montenegro; "O 'apoliticismo' dos intelectuais", Osório Borba.

Teses cuja publicação foi recomendada: "Direitos autorais", J. Guimarães Menegale; "Literatura profissional", Haydée Nicolussi; "Direitos autorais", Omer Mont'Alegre; "Os direitos autorais do jornalista", Ernesto Feder; "Liquidação do analfabetismo", Dalcídio Jurandir e Astrojildo Pereira; "Vida literária e vida universitária", Otto Maria Carpeaux; "Cursos populares rápidos, livros instrutivos baratos, pequenas bibliotecas ambulantes", A. Hoffmann; "A reforma agrária permitirá o estabelecimento de uma das bases materiais mais sólidas para a democratização da cultura no Brasil", Aguinaldo Costa; "A linguagem, a liberdade e a evolução", Álvaro Faria; "A democratização da cultura por meio das bibliotecas ambulantes", Nair Miranda Pirajá e Carmen Lorena; "A saúde e a educação como armas de democratização da cultura", Dante Costa; "Literatura infantil", Lúcia Miguel Pereira; "Filosofia do momento atual", Lúcio Pinheiro dos Santos; "O escritor na guerra e no mundo de após-guerra", Lia Correia Dutra; "O intelectual em face do problema da liberdade", Elias Chaves Neto; "A resposta da literatura alemã ao nazismo: ela emigrou", Ernesto Feder; "Um Brasil só, uma nação unida", Bernardo Heinke.

propor voto de solidariedade aos escritores paraguaios que "manifestaram sua repulsa pela escória fascista que domina aquele país" (p. 35), ou do exilado Jaime Cortesão, para fundar uma Sociedade Luso-Afro-Brasileira — e que, achava ele, seria significativo fosse no Brasil, em vista da "solidariedade racial dos brasileiros" (p. 37). E foram marcadas por um velho hábito intelectual, que é o de discutir normas e regulamentos — tarefas em que se esmeraram Carlos Lacerda e Fernando de Azevedo.

Um dos problemas enfrentados foi o de saber para onde encaminhar certas teses de "caráter político" como, por exemplo, sobre a liberdade de expressão do escritor: caberia à Comissão de Cultura ou à Comissão de Assuntos Políticos examiná-la? Nessas ocasiões, em face de opiniões antagônicas como as de Jorge Amado e Paulo Zingg, o presidente do Plenário, Sérgio Milliet, mostrava brandamente que a questão poderia ser "perfeitamente resolvida pela Comissão de Cultura"...

Temas concretos foram discutidos, a partir de teses como a de Hélio Magno, sobre a "Democratização da cultura". Uma das soluções propostas era esposada por Carlos Lacerda, no sentido de que se votasse uma indicação para que se tornasse gratuito o ensino secundário no Brasil (lembrando que apenas dois Estados o adotavam, "sendo um deles o da Paraíba").

Que a chamada modernização das relações sociais no campo estava nos horizontes intelectuais pode-se verificar pela apresentação de uma tese, por Aguinaldo Costa, sobre a reforma agrária como um dos fatores de base para a democratização da cultura no Brasil. Apesar da variedade das reações dos presentes, a posição geral era de acolhida, nas Atas, de tema aparentemente tão distante das cogitações dos escritores. À exceção de Arnaldo Pedroso D'Horta, representantes das mais variadas posições enfileiraram-se na defesa da proposta, desde Carlos Lacerda e Argeu Ramos, a Antonio Candido e Odylo Costa Filho. Essa questão, a da reforma agrária, impunha "uma decisão que o nosso povo terá que enfrentar num futuro bem próximo", dizia Zingg (p. 73).

Tese de certo impacto foi a de Cruz Costa, sobre a necessidade de um movimento de educação popular, em vista dos perigos da semialfabetização — campo fácil para os mistificadores, na política. Sugere que o Congresso inicie um trabalho conjunto com as organizações trabalhistas ou com outras agremiações. A preocupação central: elevar o nível da "educação popular". Mais: que se fundasse uma universidade popular. Aprovada a tese pela Comissão, sofre um aparte (favorável) de Antonio Candido que, falando da importância da tese, indica a existência de barreiras econômicas nas escolas superiores: "além dos cursos secundários gratuitos, é necessário também que a nossa mocidade tenha ingresso nas escolas superiores" (p. 74). A expressividade das posições torna-se grande, uma vez que parte de dois universitários-escritores: um, falando dos perigos da semialfabetização e sua implicação política e pugnando pela criação de uma universidade popular;[19] outro, indicando a existência de entraves econômicos à democratização cultural, e de elitismo econômico nas escolas superiores. Duas posições radicais.

Outro tema que provocou polêmica foi o do acesso das "classes inferiores" à instrução secundária, através de tese apresentada por José Lazarini e Irineu Strenger. Sob a presidência de Aníbal Machado, desenvolveu-se o seguinte diálogo, que envolve as posições de Lívio Xavier (autor do primeiro parecer), Sílvio Júlio e Paulo Emílio, além, naturalmente, as dos autores:

"PARECER DO RELATOR — Não se pode recomendar à aprovação do Congresso a tese 'O estudante pobre em face da cultura', dos srs. José Lazarini e Irineu Strenger. Se o problema versado nela, a acessão das classes inferiores à instrução secundária, é questão que se pode compreender no problema mais amplo da democratização da cultura, a sua formulação é demasiado ingênua, para não dizer inocente. A tese propugna a 'criação de ginásios oficiais gratuitos, com a redução das mensalidades nos estabelecimentos de curso ginasial, com as bolsas de estudo, com as de vagas gratuitas e com as bibliotecas nas fábricas'.

Este é o meu parecer, mas, tendo em vista a deliberação da Comissão, opinamos por que o Plenário tome conhecimento das conclusões acima aliás já suficientemente debatidas em seções anteriores, aprovando o espírito de colaboração que as anima.

O parecer da Comissão reformou em parte o parecer do relator. É o seguinte:

A Comissão aprova o parecer do Sr. Lívio Xavier, com exceção do período: 'Se o problema versado nela, a acessão das classes inferiores à instrução secundária é questão que se pode compreender no problema mais amplo da democratização da cultura, sua formulação é demasiado ingênua, para não dizer inocente'.

Em seu lugar, diga-se: 'Se o problema versado nela, a acessão das classes inferiores à instrução secundária, é questão que se pode

---

[19] Prosseguirá com essas propostas numa etapa posterior de tentativa de "interiorização do debate cultural". Ver, por exemplo, as Atas do Congresso de Limeira, 1946, pp. 70 ss.; pp. 181 ss.

compreender no problema mais amplo da democratização da cultura, sua formulação não acrescenta nenhum elemento novo de ordem prática'.

PRESIDENTE — Está em discussão o parecer da Comissão que é o primeiro parecer que se lê com a modificação de redação trazida pela Comissão.

PAULO EMÍLIO — Peço a palavra. Eu concordo plenamente com a aprovação do espírito dessa tese, mas, por outro lado, ela contém uma parte prática: é feita uma sugestão no sentido de que cada ginásio particular conceda 10 vagas gratuitas a estudantes pobres. Como esta questão atualmente está sendo objeto de uma campanha universitária, iniciada aqui em São Paulo, eu tenho a impressão de que se o Congresso recomendasse uma sugestão como essa, poderia prestar um grande auxílio a essa campanha universitária, que me parece meritória (*aplausos*).

PRESIDENTE — Peço que apresente a proposta por escrito, pois não modifica o espírito do parecer e pode ser aceita.

SÍLVIO JÚLIO — A proposta é justíssima. Apenas sugiro uma modificação na redação: que cada ginásio, em vez de dar o número fixo de 10 vagas gratuitas, dê 15, 20 ou mais, de acordo com as possibilidades.

PAULO EMÍLIO — Concordo plenamente com o Sr. Sílvio Júlio.

PRESIDENTE — Está em discussão o parecer. Se ninguém mais pede a palavra, dou a discussão por encerrada. Está em votação com o aditivo do Sr. Sílvio Júlio, de serem dadas tantas vagas quanto possíveis e não apenas 10. Os que o aprovam queiram continuar sentados. Está aprovado" (pp. 88-9).

Mais importante, entretanto, parece o manifesto-proposta de 26 de janeiro de 1945, apresentado por Fernando de Azevedo e assinado por Cruz Costa, Carlos Lacerda, Antonio Candido, Antônio Franca, Luís Martins, Pedro Motta Lima e Astrojildo Pereira, dentre outros, sobre aquilo que entendiam por uma política democrática de educação e cultura:

"O I CONGRESSO BRASILEIRO DE ESCRITORES:
Considerando que à cultura incumbe o dever de se entregar inteiramente ao estudo, debate e solução dos grandes problemas do país e à defesa e ao amparo das classes que até hoje viveram privadas de seus benefícios;

Considerando que os métodos de produção se transformam não somente devido a causas econômicas, mas também a causas intelectuais, como as descobertas e invenções que nem sempre se originam quando as exige a situação econômica;

Considerando que o problema da democratização da cultura está intimamente ligado ao da criação de uma ordem social mais justa e mais humana, em que haja igualdade de oportunidade para todos;

Considerando ainda que não é possível, nos trabalhos de um Congresso, fazer um juízo claro e exato sobre problemas tão numerosos e de complexidade crescente como esses que envolvem a ideia de democratização da cultura;

Sugere à Associação Brasileira de Escritores, como instituição de classe e a todos os escritores que a constituem, nas diversas unidades da Federação:

1) Que todos cooperem na defesa do conceito da liberdade que julga cada homem como o meio do fim de si mesmo e, de forma alguma, como o meio do fim de outro homem, e, em consequência, na defesa da liberdade de pensamento, de crítica e de cátedra indispensável a toda obra de cultura e de criação;

2) Que sempre e em todas as oportunidades se manifestem em defesa dos direitos e da dignidade da pessoa humana e dos valores da vida interior contra as tendências de domínio e absorção do indivíduo, capazes de reduzi-lo a um simples instrumento do poder político;

3) Que, dentro do mais alto espírito de unidade nacional, reconheçam e defendam, como a mais favorável à vida intelectual em todas as suas manifestações, uma vida social democrática de tal modo organizada que permita e favoreça as diferenças individuais, de acordo com as aptidões de cada um, e uma multiplicidade de expressões culturais diversas;

4) Que contribuam, por todos os meios de que possam dispor, e, portanto, com suas críticas, propostas e sugestões, para a reestruturação do sistema nacional de educação e de suas instituições escolares, em todos os graus de ensino, com espírito e em bases democráticas;

5) Que, em particular, procurem promover e prestigiar quaisquer medidas, fragmentárias ou constituídas em sistema, e desti-

nadas a facilitar seus diversos graus e a participação maior das massas na cultura, como entre outras, a gratuidade do ensino, em todos os graus, a expansão quantitativa das escolas, desenvolvimento do ensino rural, as missões culturais e técnicas, a multiplicação das bibliotecas públicas, fixas ou circulantes, as bolsas de estudo, e os cursos de férias, de conferências ou de extensão universitária;

6) Que se disponham sempre a apoiar e a estimular todas as iniciativas, particulares ou públicas, de viagens de estudos, de excursões culturais, ou de explorações científicas realizadas com o propósito de investigações regionais dos múltiplos e complexos aspectos da vida do sertão, do campo e da cidade, para estudar os problemas de nossas populações indígenas, sertanejas, rurais e urbanas, e proporcionar à direção política do país as soluções que a ciência aconselha para esses problemas;

7) Que, tendo na devida consideração o papel importantíssimo que exercem ou são chamados a exercer a revista, o jornal, o livro, o teatro, o cinema e, sobretudo, o rádio, procurem animar por todos os meios possíveis e nas oportunidades que se oferecem, todos os esforços tendentes a aumentar a eficiência e a dilatar a esfera de ação desses poderosos instrumentos de informação, de influência educativa e artística e de irradiação da cultura, nas mais diversas modalidades;

8) Que, embora não se deva confundir agitação, propaganda e literatura com obra de arte e não seja possível atingir o escritor o máximo de sua força, na língua e no estilo, senão entregando-se, na plenitude da liberdade, à sua própria inspiração, tenham presente os escritores a ideia de que somente a literatura e a arte que desempenham um papel social, servem à coletividade de seu tempo, e se alimentam e se renovam em contato com todas as camadas sociais, podem realizar uma comunhão fecunda entre o povo e os criadores da cultura;

9) Que considerem, pois, os escritores a função que lhes cabe ou que podem exercer no processo de democratização da cultura, o qual não se realiza somente, como se supõe, de fora para dentro, sob pressão de causas externas (reformas e medidas de caráter econômico, social, político, escolar etc.), mas pela força interna de criação e de renovação, de uma cultura de mandato social, enraizada na vida do povo, e alimentada nas suas tradições e lembranças,

nas suas necessidades e nos seus problemas, nos seus sofrimentos e nas suas aspirações;

10) Que apoiem e estimulem toda a literatura inspirada em nossa melhor tradição liberal como ainda a literatura moderna que se veio desenvolvendo há mais de vinte anos, no país, e com a qual, por mais achegado às fontes populares, na sua linguagem, no seu sentido social e pela compreensão da vida coletiva, nos seus aspectos fundamentais, se tem reduzido, entre nós, o divórcio entre o público e os escritores, entre o povo e os criadores da cultura" (pp. 93-4).

Eximem-se dos pressupostos teóricos do texto Pedro Motta Lima[20] e Astrojildo Pereira — reticente, este, apenas quanto às motivações de ordem filosófica do manifesto.

O diapasão liberal expresso no texto comanda visão política subjacente, a partir da qual se organiza, enquanto projeto, a democratização da cultura. Unidade nacional, sistema nacional de educação, o cientista aconselhando o político, o hálito do reformismo, a "cultura do mandato social" ("enraizada na vida do povo", povo genérico que emerge na perspectiva liberal, mais que as "classes") compõem o vigamento de um sistema ideológico ancorado em "nossa melhor tradição liberal" (p. 95).

Da Comissão de Imprensa, resultam as seguintes posições, apresentadas por Paulo Zingg, e que atacavam diretamente o DIP:

"PAULO ZINGG — Antes de ler estas conclusões da Subcomissão de Imprensa, quero explicar o critério seguido nos nossos trabalhos. Não havendo mais do que uma tese, referente a assuntos de imprensa, e considerando a importância numérica dos escritores que vivem do trabalho em jornais e a existência de problemas muito sérios, a subcomissão resolveu apresentar ao Congresso as seguintes recomendações:

O I CONGRESSO BRASILEIRO DE ESCRITORES resolve:

1) Condenar toda e qualquer espécie de censura, por incompatível com a livre manifestação do pensamento através do jornal, do rádio, do teatro, do cinema e do livro;

---

[20] "Mas eu sou socialista e firmaria qualquer documento contra o nacional-socialismo", justificava-se Pedro Motta Lima (p. 95).

2) Solicitar ao Governo Federal a suspensão das medidas restritivas adotadas pelo Departamento de Imprensa e Propaganda, tanto quanto ao registro das revistas literárias como ao das demais revistas, periódicos e jornais, limitando-se o registro das publicações às informações estatísticas;

3) Recomendar que seja feita pela ABDE a fiscalização e a cobrança das colaborações assinadas em jornais e revistas, ficando, assim, ampliadas a todo o território nacional os serviços já existentes em São Paulo;

4) Recomendar que seja impedida a reprodução não remunerada de tais colaborações e se faça a aplicação dos convênios internacionais que proíbem o aproveitamento gratuito, por parte das empresas jornalísticas, de trabalhos de autores estrangeiros;

5) Recomendar que o pagamento das colaborações jornalísticas seja feito em proporção ao nível atual dos salários, de acordo com uma tabela especial que a ABDE organizará" (pp. 97-8).

Note-se que não estava em foco tão-somente uma questão genérica de liberdade de expressão, mas a institucionalização de normas profissionais que passariam — não de imediato, como se viu — a controlar o consumo indiscriminado de produção estrangeira.

Afinal, não era a luta pela democratização da cultura em bases nacionais, reformistas, liberais que estava em pauta, luta que permitia a aproximação de posições nem sempre próximas nesse entardecer do Estado Novo?

O I Congresso, ao reunir intelectuais dos vários Estados numa conjuntura política crítica, propiciou o lançamento e confronto de algumas posições que vinham sendo difusamente trabalhadas em certas frentes do pensamento radical. Pensamento radical, vale reforçar, nem sempre significando apenas o pensamento revolucionário, ou então radical de classe média, mas também a expressão de uma burguesia nacionalista, algo incipiente. Será dentro dos marcos do imperialismo que poderemos entender as posições nacionalistas radicais de um empresário intelectual como Nelson Palma Travassos, ou nacionalistas tépidas, de Ayres da Mata-Machado.[21] A propósito de uma tese sobre "o uso dos *flans* importados nas publicações nacionais", do mineiro

---

[21] "Eu não vejo por que devamos considerar o nacionalismo uma coisa nefanda", dizia Ayres da Mata-Machado.

Vicente Guimarães, seguiu-se ruidosa discussão, em que se pedia a rejeição do trabalho:

"MILTON PEDROSA — Há quatro dias venho procurando ler a tese em discussão, sem o conseguir, pois me parece que ela não foi mimeografada. Tenho, contudo, informações da mesma, dadas pelo próprio autor, com quem tive oportunidade de discutir, em Belo Horizonte. Apesar do autor, sr. Vicente Guimarães, ser meu amigo, sou contra a sua tese, porque está em contradição, em princípio, com o espírito deste Congresso, e com matéria já aqui votada. Por exemplo: entendeu o Congresso aprovar uma recomendação para que se obtenha isenção de taxas alfandegárias para o papel importado, para barateamento do livro. O autor da tese pede, parece-me, restrição quanto a essa importação. O autor é proprietário de uma revista infantil. É assunto puramente comercial. Por outro lado, quando um Congresso de Escritores tem em mira acabar com barreiras, que impõem restrições ao intercâmbio cultural, de qualquer espécie, não pode aprovar uma tese que impõe restrição a esse intercâmbio. Ainda por outro lado, a tese, em relação à qual o relator não se inclinou a tirar conclusões importantes, tem um caráter acentuadamente nacionalista, e mau nacionalismo, ao impedir possamos manter esse intercâmbio ao aprovar o Livro de Bolso etc.

PRESIDENTE — Advirto que está esgotado o tempo.

MILTON PEDROSA — Quero apenas acrescentar que o meu conhecimento não é de leitura da tese.

APARTE — Acho que o assunto está devidamente esclarecido, com o parecer do sr. Casemiro Fernandes, com as informações da Mesa e com as informações, também, do orador. Eu proponho, uma vez que estão encerrados os trabalhos da Comissão de Cultura, que o Congresso rejeite *in limine* a tese apresentada.

CARLOS LACERDA — Realmente, nosso colega tem razão quando diz que a tese é excessivamente nacionalista. E envolve interesses comerciais. Não há dúvida. Mas, sobretudo por isso, nós devemos tomar conhecimento do assunto. Mas, há um aspecto mais importante. Em princípio nós não podemos ser contrários à importação do que quer que seja, em material gráfico. Agora, quanto aos *flans* importados, a que se refere a tese, e que servem para divulgação de histórias como a do *Fantasma*, do *Super-Homem* e outros personagens, que contribuem para deformação sistemática da mentalidade infantil — isso podemos admitir. A verdade é que nós estamos importando veneno para as nossas crianças. Esse o aspecto grave da questão, e eu proporia que a Comissão de Cultura, já que encerrou os seus trabalhos, transferisse seus poderes à Comissão de Redação para que ela dirigisse uma moção manifestando nossa desaprovação quanto a esse ponto.

PRESIDENTE — Esta proposta foi exatamente a solução que a Mesa sugeriu.

AYRES DA MATA-MACHADO — Peço a palavra, e vou falar com conhecimento da tese, pois a li. A tese é nacionalista mas não excessivamente nacionalista. Eu não vejo por que devamos considerar o nacionalismo como uma coisa nefanda. Também pedi a palavra para apoiar inteiramente as palavras de Carlos Lacerda, e para lembrar que a tese trata justamente do assunto. Seu autor não propõe a supressão da importação dos *flans*, mas propõe a restrição, e isso tem a vantagem de melhorar o teor moral e educativo das revistas, para as termos em condições mais favoráveis, e também a situação dos escritores brasileiros. E o pior não é isso: não só prejudica o escritor brasileiro, mas também a formação da moscidade. Essa acusação de que o meu companheiro da delegação de Minas, Vicente Guimarães, foi levado a escrever a tese por motivos comerciais é falsa.

PRESIDENTE — Advirto ao orador de que o tempo está esgotado.

AYRES DA MATA-MACHADO — Eu pediria para continuar. Essa acusação é falsa. O que se dá é que ele tem experiência do assunto, pelo fato de ser um escritor especialista em literatura infantil. É uma ofensa, portanto, deixar de assim considerar o assunto.

NELSON PALMA TRAVASSOS — Minha opinião sobre este assunto já discuti pela imprensa. Acho um perigo a introdução intelectual dos Estados Unidos no Brasil. E ela se tem feito de uma maneira criminosa, para a qual tenho chamado a atenção dos poderes públicos. Os americanos não permitem que exportemos para lá livros impressos no Brasil, em inglês. Já propus produzirmos aqui, no Brasil, as obras de Jorge Amado, para mandá-las para lá — mas não admitem isso. Querem que importemos de lá livros já impressos, alegando que não há meios de transporte de máquinas para cá. As propostas que tenho recebido, para a impressão de livros, têm qualquer coisa de suspeito, que não posso perceber. Com referência a essa importação de *flans*, acho mais interessante que importemos as máquinas. Se nós não somos capazes de uma cultura própria, abdiquemos da nossa qualidade de homens livres.

APARTE — Nós temos no Brasil um grupo intelectual que na minha opinião é superior aos americanos do Norte.

APARTE — Não nos deixemos dominar por nenhum estrangeiro.

CARLOS LACERDA — Os Estados Unidos têm máquinas. Compete aos industriais brasileiros importá-las (*tumulto*).

DYONÉLIO MACHADO — Ocupando a atenção da Casa por um minuto, e corroborando a argumentação do sr. Carlos Lacerda, devo trazer esta informação: em Porto Alegre verificou-se o suicídio de um menor, em um banheiro, e se supõe, por vários indícios, que tenha sido sugerido por uma gravura do *Vingador*. Como médico e, sobretudo, como médico psiquiatra, dou inteiro apoio à opinião do sr. Carlos Lacerda" (pp. 119-21).

Duas teses, finalmente, parecem simbolizar o encerramento de uma etapa cultural e a abertura de outra. Embora, nem sempre, na história da cultura no Brasil, os marcos sejam claros, pode-se afirmar que a contemporaneidade de dois processos significativos, de resto intimamente articulados, como o fim da Segunda Guerra Mundial e a suspensão do Estado Novo no Brasil, repercutiram na intelectualidade de maneira a criar a sensação de "fim de ciclo". Fim de ciclo que está simbolizado em "O 'apoliticismo' dos intelectuais", tese do pernambucano Osório Borba, e em "Democracia e planificação", tese de Pontes de Miranda. No trabalho de Borba criticava-se o conformismo dos intelectuais, "a fuga aos deveres elementares de cidadania", apontando o que, na prática, representa a acomodação passiva a todas as situações criadas pelos inimigos da inteligência, e o parecer da Comissão foi lido, sob aplausos, por Astrojildo Pereira.[22] Já no trabalho de Pontes de Miranda encontra-se o prenúncio de uma etapa nova da história do Brasil, a

---

[22] Note-se que a tese radical de Hélio Pellegrino ("os escritores devem se organizar numa frente intelectual antifascista"), a qual, segundo Caio Prado Jr., continha afirmações de maior gravidade ("Na Comissão, todos concordamos em que essa tese não devia ser publicada nos Anais", com o que concordava o próprio Pellegrino), não foi efetivamente publicada.

do *desenvolvimento planejado* da economia liberal, qualificado, no momento, como "progressista". O parecer da Comissão, apresentado por Alberto Passos Guimarães, é o seguinte:

> "PARECER — Para o autor a planificação é uma exigência da vida econômica do nosso tempo. O liberalismo puro deve ceder lugar a uma economia de plano. Entretanto, esse princípio não pode ter aplicação sem que exista, como condição essencial, um rigoroso controle democrático. Onde falhar esse controle, isto é, num regime que não seja efetivamente democrático, a intervenção do Estado na economia conduzirá a piores resultados. E, nesse caso — opina o autor —, seria melhor ficar nos quadros da economia liberal. Lembra que, apesar de ser a ideia da planificação demasiado nova, já constitui uma experiência positiva, com resultados tanto melhores quando dentro do seu clima próprio que o autor denomina de 'sociedade mais ou menos igualitária'. Pensa, ao contrário que, em 'sociedade do tipo fascista' a planificação pode ser um instrumento perigoso, porque não atende aos seus verdadeiros fins, dirigindo-se contra os interesses do povo. Por tudo isso, sugere o autor que se tome a planificação como um sistema e nessa qualidade incorporada aos textos das constituições democráticas. Apela o autor para que os escritores participem da popularização desse sistema, o qual, segundo suas próprias palavras, 'precisa chegar ao povo através dos intelectuais, economistas, juristas, engenheiros, médicos etc., e dos próprios escritores de ficção', para que assim suas finalidades possam realmente ser asseguradas em proveito da felicidade de todos. São as seguintes as conclusões a que nos leva o autor:
>
> 1) O liberalismo econômico puro não corresponde mais à nossa época;
>
> 2) A planificação é um sistema indicado para o desenvolvimento progressista da economia liberal e pode ser estendida às demais atividades públicas;
>
> 3) A ingerência do Estado na economia somente trará benefícios para a coletividade, se aplicada dentro de um regime onde estejam assegurados os princípios democráticos e onde a liberdade de crítica permita corrigir erros e deturpações.
>
> Opinamos pela aprovação da tese, dada a atualidade dos problemas que ela focaliza e porque seu espírito corresponde aos fins

democráticos do Congresso. Somos também pela sua publicação nos Anais" (pp. 146-7).

* * *

O desenvolvimento "progressista" da economia liberal, o desenvolvimento planejado começava a se anunciar nos horizontes da intelectualidade mais aberta às novas tendências do final da guerra. A reconstrução material da Europa, a articulação da economia japonesa, os planos quinquenais na União Soviética, as marcas do *New Deal* indicavam nesta área "periférica" — para utilizar expressão cara aos nacionalistas — a direção a seguir, rumo ao desenvolvimento planejado. E largos setores da intelectualidade não estiveram alheios ao problema; pelo contrário, passaram a empenhar-se na fabricação de modelos de desenvolvimento nacional, num processo que terá sua plena florescência na década seguinte. *Como tendência geral, o pensamento radical se empenhará, diluindo-se com isso, nas linhas de reforço ao reformismo desenvolvimentista. Estará refugiado, nos anos seguintes, em núcleos como o ISEB, a "Sorbonne", ou a Sudene (1959). Representará um pensamento progressista, sim. Mas não revolucionário.*

Da "consciência amena de atraso", de ideologia de "país novo", passa-se à ideologia de "país em vias de desenvolvimento". Como regra geral, e da qual haverá notórias exceções, de burocrata do Estado Novo, o intelectual típico (por assim dizer) passará a ideólogo do desenvolvimentismo.

4.

Nacionalismo, desenvolvimentismo, radicalismo: novas linhas da produção cultural

A) TENDÊNCIAS E PROBLEMAS

Ao analista da história das ideologias no Brasil, os anos 50 fornecem um campo de observação de extrema complexidade e riqueza, uma vez que no seu transcorrer forjaram-se novas concepções de trabalho intelectual, definiram-se novas opções em relação ao processo cultural, assim como novas e radicais interpretações no tocante à ideologia da Cultura Brasileira. Uma década em que intelectuais ingressaram acadêmicos e metamorfosearam-se em políticos: Darcy Ribeiro, Celso Furtado, disso seriam bons exemplos, sobretudo este, intelectual "calvinista" (diria Gilberto Freyre) que entraria nos anos 60 refletindo sobre a pré-revolução brasileira.

Rico de manifestações como aquelas produzidas na revista *Problemas*, do PC, ou na *Revista Brasiliense*, também o foi na seara liberal e socializante, com publicações do porte de *Anhembi*, de Paulo Duarte. No plano mais teórico registram-se encontros de expressão como o Congresso Internacional de Escritores e Encontros Intelectuais, realizado em 1954 em São Paulo,[1] ou o Seminário Internacional sobre Resistências à Mudança, sob a coordenação de L. A. Costa Pinto, no Rio de Janeiro em 1959,[2] em que ao lado de proposições teóricas do mais alto nível encontra-se preocupação com a tradução política dos projetos aventados. Iniciando-se com trabalhos monográficos da nova comunidade universitária como os de Cruz Costa, Alice Canabrava, Costa Pinto, Manuel Correia de Andrade ou Florestan

---

[1] *Congresso Internacional de Escritores e Encontros Intelectuais*, São Paulo, Sociedade Paulista de Escritores/Editora Anhembi, 1957. Apresentaram teses para os debates, Roger Bastide, Florestan Fernandes, Claude Lefort, João Cabral de Melo Neto, Aderbal Jurema e Amoroso Lima, entre outros.

[2] "Seminário Internacional sobre Resistências à Mudança: fatores que impedem ou dificultam o desenvolvimento", Anais publicados pelo Centro Latino-Americano de Pesquisas em Ciências Sociais, Rio de Janeiro, 1960, n° 10.

Fernandes, conduzidos segundo métodos e técnicas calibrados na vivência universitária austera, termina com a radicalização de muitos de seus membros, que não deve ser entendida apenas como radicalização política — mas científica, no sentido de se ir mais fundo à raiz dos problemas focalizados, discutindo os limites da dependência cultural, ou os perigos da absorção de traços da ideologia nacionalista. Esses anos vão desembocar num quadro de ampla revisão da ciência social no Brasil, e frutos desse momento serão — ainda sem preocupação de arrolamento — obras como as de Wanderley Guilherme dos Santos, *Introdução ao estudo das contradições sociais no Brasil* (1961), Manuel Correia de Andrade, *A terra e o homem no Nordeste* (1962) e Álvaro Vieira Pinto, *Consciência e realidade nacional* (1960). Obras, em suma, que brotaram dentro de um novo contexto cultural, onde as preocupações estritamente científicas surgem penetradas pelas linhas teóricas de uma renovação política e ideológica.

> "Incapazes de discernir o que é realmente universal e absoluto, isto é, transcendente às condições especiais de vida de uma coletividade ou de uma época, do que é ideológico e relativo, isto é, criado para assegurar aceitação e viabilidade a impulsos vitais, a cultura dos países liberados faz involuntariamente o jogo dos seus competidores, aplica à própria realidade uma tábua de valores que não lhe convém, e entra na crise da objetividade, que tanto nos desespera quando temos de obter dos nossos intelectuais ou dos nossos homens públicos um pronunciamento sobre um problema" (San Thiago Dantas, em *Educação para o desenvolvimento*).

Embora a perspectiva adotada no presente ensaio não tenda a valorizar a periodização decimal (em "décadas"), por ingênua, permite sugerir a possibilidade de comparação entre momentos definidos por conjuntos significativos de fenômenos sociais, políticos e culturais, como aqueles ocorridos nos marcos dos anos 50, com aqueles inscritos nos marcos da última década. A sedução da comparação entre períodos distintos e específicos poderia levar mais longe o analista esforçado em vislumbrar traços de aproximação entre processos do Estado Novo com outros, ocorridos no último lustro.

Da comparação, embora aproximativa, derivaria a impressão de que os anos 50[3] caracterizaram-se pela montagem (ou, no mínimo, reforço) de ten-

---

[3] Vale matizar: os anos compreendidos entre o retorno de Vargas ao poder até a renúncia de Jânio Quadros.

dências ideológicas nacionalistas que vinham se plasmando em ressonância a processos políticos e sociais marcados pelo desenvolvimento econômico e pela criação de condições para uma possível revolução burguesa. A superação do subdesenvolvimento — o termo ganhou concreção nessa década — transformou-se em alvo difuso a ser atingido pelas "forças vivas da Nação": de "periferia" dever-se-ia atingir, de maneira planejada, a condição de "centro", para retomar vocabulário caro aos nacionalistas. Nos anos 60, sobretudo na segunda metade, o que se verifica é a inviabilidade da fórmula, ocorrendo críticas e revisões radicais. Observadas em conjunto as duas décadas, dir-se-ia que a primeira é de consolidação de um sistema ideológico (com suas múltiplas vertentes, por vezes, diretamente, interligadas: neocapitalista, liberal, nacionalista, sindicalista, desenvolvimentista, marxista); ao passo que a segunda década, vista globalmente, aparece antes como de desintegração desse sistema ideológico, apresentando vertentes em que houve rupturas radicais, dando origem a novas constelações de difícil avaliação — algumas das quais serão apontadas no próximo capítulo. Os anos de fabricação desse quadro ideológico coincidem com o período juscelinista (embora tal quadro tenha raízes por vezes longínquas — e, em frentes tão diversas quanto as integralistas, PC, Exército, etc.) e, para efeitos de estabelecimento de marcos referenciais, poderiam ser indicadas as obras de Celso Furtado, a produção do ISEB, alguns textos políticos de José Honório Rodrigues, a parte mais ponderável da obra de Nelson Werneck Sodré. Os anos de ruptura sucedem a 1966, quando da publicação de A revolução brasileira, de Caio Prado Jr., aqui tomada tão-somente para efeito referencial.

Note-se que não se exclui da reflexão o pensamento marxista, enveredado nos anos 50 (e boa parte dos 60) nas sendas do stalinismo, e projetando nos diagnósticos sobre realidade brasileira a visão da "História em etapas" a serem cumpridas necessariamente (daí a necessidade, previamente, de uma revolução burguesa), e veiculando na atuação concreta as premissas do nacionalismo (o que dificultou sobremaneira a abertura para os problemas comuns à América Latina e ao "Terceiro Mundo").

Não é nossa intenção apresentar os múltiplos e variados matizes desse sistema ideológico que, conquanto seja dominante, não esgota uma realidade imensamente rica, nuançada, intensa. *O objetivo é tão-somente fornecer algumas indicações sobre o lineamento geral da produção cultural nesse período em que se estruturou um poderoso sistema ideológico*, onde as ideias de "consciência nacional", "aspirações nacionais", "cultura brasileira" e "cultura nacional" constituíram os fulcros de linhas de pensamento suficientemente fortes para mascarar *quase* todos os diagnósticos sobre a realidade brasileira. Até mesmo o pensamento marxista, desmistificador por essência, deixou-se penetrar por esse quadro ideológico — ressalvadas poucas exceções, algumas das quais serão apontadas. Em outras vezes, participou da elaboração de ideologias nacionalistas, como a de Corbisier, desfigurando-se.

Por não ser exaustiva, a apresentação do lineamento geral será realizada a partir de amostragem colhida em várias frentes do pensamento progressista, conforme se considerava na época: em Hélio Jaguaribe e Roland Corbisier; em Antonio Candido; em Raymundo Faoro e, finalmente, em Florestan Fernandes, já entrando pelos anos 60.

B) A IDEOLOGIA SEM ASPAS: HÉLIO JAGUARIBE

> "Esta 'ciência' entre aspas, equivale à ideologia sem aspas."
>
> GÉRARD LEBRUN

Hélio Jaguaribe Gomes de Mattos produziu três textos que se transformariam em pedra de toque para os estudos sobre o nacionalismo nos anos 50: *O nacionalismo na atualidade brasileira*, *Condições institucionais do desenvolvimento* e *A Filosofia no Brasil*. Embora os três livros forneçam elementos fundamentais para a compreensão do significado do ISEB (Instituto Superior de Estudos Brasileiros) através de um de seus ideólogos mais expressivos, e que continuou sua atividade nos anos posteriores, preferimos encontrá-lo num texto anterior, de 1951, em que escreve sobre "Pensamento e vida no Brasil na primeira metade do século XX". Nesse ensaio, publicado num suplemento sobre a "Cultura Brasileira" em periódico do Rio de Janeiro,[4] encontram-se alguns traços definidores de sua ideologia. Como suas obras maiores já mereceram avaliação competente,[5] preferir-se-á aqui a tarefa mais modesta de rastreamento e crítica — em busca de possíveis "antecipações".

Embora centrado na "cultura brasileira", o texto possui um centro de gravidade por assim dizer social: a classe média. A classe média e sua pro-

---

[4] *Correio da Manhã*, Suplemento "Cultura Brasileira", 15/6/1951, pp. 1, 5, 11. Agradeço ao Francisco Iglésias a indicação.

[5] Realizada por Caio Navarro de Toledo: *ISEB: fábrica de ideologias. Análise de uma instituição*, tese de doutoramento, FFCL de Assis, 1973, mimeo.

blemática de ascensão; a classe média no Exército; a compressão da classe média; a classe média e a "inconsciência de sua condição de classe", eis a encruzilhada permanente por onde passam as reflexões de Jaguaribe.

Ao rastrear alguns traços do chamado "pensamento brasileiro", Jaguaribe analisa sua trajetória desde o final do Império, para, apontando a "inconsistência cultural" do país (ou melhor, da nação), averiguar o peso do abolicionismo, do republicanismo e do positivismo. No período republicano, indicará o baixo grau de "educação democrática":

> "A regularidade e a relativa tranquilidade com que se fizeram as sucessões presidenciais não significavam a obtenção, por parte da população, de um elevado grau de educação democrática. Acontecera apenas que, embora de forma menos visível, se havia realizado uma nova revolução, de sinal contrário à republicana. Esta revolução foi a conquista do poder pela classe latifundiária, já então compreendendo o seu equivalente urbano, que era o capitalismo comercial e industrial. A restauração do capitalismo se fez de uma forma insensível, inclusive inconsciente, sobretudo para os membros da classe média, cuja hegemonia política lhes foi subtraída sem que disso se apercebessem" (p. 5).

A História, sobretudo a da República Velha, tomou o rumo da oposição entre civis e militares a partir do fato "de a classe média, depois de vitoriosa com a República, não ter compreendido sua verdadeira condição". O equívoco fatal para a "classe média" era a divisão antagônica entre seus membros civis e militares, "inconsciente de sua condição de classe", e perdendo poder para o capitalismo.

A perspectiva (explícita) adotada é a da sucessão de gerações. E o horizonte maior em que enquadra os "fatos" da História do Brasil é dado pelo "Ocidente". Ao aproximar-se, em suas reflexões, dos anos mais próximos, o texto perde em perspectiva dita histórica, ganhando maior densidade para o analista das ideologias.[6] Fato curioso é que, ao se aproximar dos anos 30, indica maior dificuldade na fixação dos acontecimentos, inclusive na perda de continuidade na "dinâmica das hegemonias de classe". Nessa altura as opiniões não vêm calçadas em qualquer preocupação científica: é quando se pode surpreender, menos opaca, sua ideologia.

---

[6] Suas formulações, em verdade, brotam ideológicas de ponta a ponta. A começar pelo papel histórico descabido outorgado à "classe média". Apenas que, em sua narrativa, ao se aproximar do presente, a ideologia transparece mais nitidamente.

O quadro de referência é dado pelos anos 1922 e 1951. O processo histórico-cultural nesse período apresenta um sentido definido. Em primeiro lugar, assiste-se nesse lapso à "reorganização da classe média brasileira" (p. 5), a qual, depois de Floriano, viu-se oprimida em face do enfraquecimento ocorrido pela divisão entre civis e militares: essa classe reconquista o poder através de "sucessivas revoluções", controlando-o até a primeira fase do Estado Novo. Depois, perde novamente o controle do Estado e, com a intervenção de fatores de ordem internacional, "perde sua hegemonia, em proveito do capitalismo e do proletariado". A geração de Arthur Bernardes, à qual estava destinado o controle do jogo político de 1922 a 1937, será interceptada "pela eclosão de uma juventude excepcional, a geração dos tenentes, que ocupa os postos chaves do país muito antes dos quarenta anos". É o momento em que diminui a "decalagem existente entre o clima cultural brasileiro e o europeu", participando dos esforços de "reconstrução da cultura ocidental empreendidos pelas elites de nosso tempo".

Traçando amplo painel desses trinta anos, oferece uma interpretação do Estado Novo em que tenentismo e classes médias surgem interligados num mesmo esquema explicativo, o Estado Novo funcionando como instrumento político das classes médias:

"O Estado Novo é o acontecimento central desse período. Já tive ocasião de considerar esse fenômeno com um pouco mais de detalhe ('Política de clientela e política ideológica'). Limitar-me-ei, neste estudo, a uma breve referência. Já decorridos quase quinze anos desde o golpe do Estado Novo, pode-se hoje considerá-lo com mais isenção, fugindo às interpretações partidaristas que o aplaudiam ou o condenavam. Em síntese, o Estado Novo, além de servir de instrumento ao desejo de perpetuação no poder do sr. Getúlio Vargas e de seu grupo, foi um fenômeno representativo do clima internacional então predominante e da situação interna do país. Internacionalmente, vivia-se, na época, um momento de profundo descrédito das democracias, enquanto o fascismo, vitorioso na Itália e, a seu modo, na Alemanha e outros países europeus, neles suscitava, ao mesmo tempo, um grande progresso material e um impulso de autoafirmação e de confiança no futuro que parecia perdido para os países do velho continente.

No âmbito nacional, o Estado Novo significava, antes de tudo, a mise au point *de um instrumento político indispensável para as classes médias.* Voltando, com a revolução de 30, a exercer um papel hegemônico, a classe média brasileira via-se ameaçada de perder, novamente, o controle do Estado, por não alterar o regime da produção. O Estado Novo, ampliando os quadros do funcionalismo, regulando o acesso por concurso e o sistema das promoções, fundando autarquias, tabelando os vencimentos, etc., abriu para a classe média as amplas perspectivas de uma burocracia e com isso lhe proporcionou os meios de vida de que carecia. Por outro lado, o Estado Novo também representou para as demais classes um regime de garantias. Ao capitalismo, respeitando a iniciativa privada, proporcionou financiamentos para as novas indústrias e mercado para seus produtos. Ao proletariado, além de novas possibilidades de emprego, deu uma legislação social tendente para o *welfare*.

Se examinarmos com mais atenção a sociedade brasileira desse período teremos de reconhecer que, ao contrário do que, a seu modo, pensavam os liberais-democratas ou os comunistas, a estabilização e consolidação do Estado Novo não foi o resultado de uma coação policial, mas a consequência mesma da coincidência entre o regime e a dinâmica social. Se mais estável não foi o Estado Novo, isso se deve, sobretudo, ao fato de a ditadura do sr. Getúlio Vargas ter sido infiel ao esquema traçado pelo sr. Francisco Campos, na Constituição de 1937. A verdade é que o sr. Francisco Campos, depois de uma experiência frustrada dos 'camisas pardas', soube transferir para o Estado Novo todo o conteúdo ideológico que animava os integralistas do sr. Plínio Salgado e assim, exaurindo estes de sua substância, canalizar para o Estado Novo a base pequeno-burguesa que tinha o integralismo.

Com o Estado Novo se encerra a fase mais criadora da geração dos tenentes. Inaugurando sua atuação pública num clima extremamente liberal e democrático, os tenentes acabaram constituindo um regime para-fascista. Foram incoerentes, se examinarmos a linha superficial de sua ação política. Mas, se atendermos aos aspectos mais profundos de sua atividade, os tenentes se conservaram fiéis às forças que representavam. Membros da pequena burguesia — e da pequena burguesia brasileira — os tenentes iniciaram sua aventura sem uma consciência clara das necessidades de sua classe. Julgavam-na, unicamente, vítima da manipulação eleitoral. Verificaram, com o tempo, que a classe média brasileira, excessiva para as possibilidades de nossa economia privada, só poderia manter-se como classe estatal e se inclinaram, então, para as formas fascistas" (p. 5).

Valorizando a recristianização do Brasil empreendida por Amoroso Lima; mostrando que na revolução modernista, como no tenentismo, ocorreu uma força explosiva desproporcional ao conteúdo de ideias; indicando a existência de uma nova visão culta do problema religioso, representada em figuras do novo clero (como Padres Penido e Hasselmann), ou mesmo do velho clero convertido (como Padre Leonel Franca); e a partir desse quadro em que novas manifestações se fazem sentir em todos os níveis, atinge a crise do tempo presente, nesse alvorecer dos anos 50.

Ensaiando um balanço, mostra que o Estado Novo, fundado em bases fascistizantes, ruiu com a derrota do Eixo, verificando-se, posteriormente, o esforço de Getúlio Vargas para se adaptar às novas condições criadas pelo ressurgimento do democratismo. Do Estado Novo ficara apenas a organização burocrática, "cuja função social básica continuava sendo a de abrir acesso à classe média" (p. 11).

Vargas, à medida que verificava a vitória dos aliados, ia acentuando suas manobras proletarizantes: "procurou substituir, pelo apoio das massas, o suporte que já não encontrava nas classes médias". À vista das eleições de 50, julga Jaguaribe, as manobras proletarizantes seriam coroadas de êxito. O que houve foi o golpe militar de 1945, de vez que o Exército, "sempre vinculado à classe média, reagiu contra a proletarização e, constituindo o governo provisório do sr. José Linhares, procedeu às eleições de 1945".

Os últimos cinco anos passam a chamar a atenção de Jaguaribe, indagando ele da significação que adquiriu "nossa cultura". Os anos que vão de 1946 aos seus dias cobrem um período que Jaguaribe define com o termo *crise*. Mas crise de qual natureza? Não será difícil pressentir. Social, em primeiro lugar, em face do "novo fracasso da classe média, no seu já longo esforço de se tornar a base do Estado brasileiro". Se o Estado Novo conduziu à estagnação burocrática, a onda proletarizante desarticulou a pequena burguesia, "dissolvendo sua ideologia" e jogando-a na "antinomia destruidora, entre o capitalismo e o proletariado": de resto, o capitalismo brasileiro perdera as possibilidades de dirigir o Estado, e o proletariado não atingira nível *cultural* suficiente para semelhante tarefa. A etapa que se atingiu então foi a de incorrespondência entre a idade política e a idade econômica do Brasil. Ocorre, agora, na abertura dos anos 50, aquela fase em que o capitalismo (qual?) poderia encontrar "suas melhores condições de expansão". "Tudo converge, portanto, para que se processe em nossa terra um surto capitalista de produção e de enriquecimento." Mas há inquietação entre os assalariados, trabalha-se num "clima de descontentamento, de revolta", inclusive no campo. E a "vontade de lucro" deixou de atuar como móvel predominante da conduta. A classe média está conformada com seu padrão de vida. E tudo isso ocorre numa era em que, politicamente, ultrapassou-se a economia privada como base de organização do Estado.

No plano da cultura, que nos interessa mais de perto, Hélio Jaguaribe dirá que a mesma crise nele se refletiu. Depois do primeiro surto do pós-modernismo, a literatura decaiu. Eis a tendência que aponta para caracterizar a década de 40:

"*A partir de 1940, mais ainda, de 1945, verifica-se uma acentuada queda na produção intelectual.* Publicam-se cada vez menos livros, lê-se cada vez menos. E enquanto a geração dos pós--modernistas começa a se repetir ou a silenciar, a geração nova, os 'novíssimos', não apresentam sinais convincentes de recuperação intelectual e são canalizados, numa proporção significativa, para a poesia e o estetismo. Que ocorreu com a *intelligentsia* brasileira? Seria injusto culpá-la de fenômenos peculiares à época, que encontram equivalência em outros países do Ocidente. Há uma desorientação dramática proveniente do fato de os acontecimentos estarem marchando mais rapidamente que os espíritos. Sintoma de que terminamos, definitivamente, um mundo que já não compreendemos, e entramos num mundo novo, que não compreendemos ainda. Mas há também, no caso brasileiro, a eclosão, em medida crítica, das limitações provenientes de nossa carência de ideias. As ideias, entre muitas coisas, são *ersatz* espirituais que substituem as crenças perdidas. Não precisa de muitas ideias uma época de fé, mobilizada por ideais em que as pessoas creem e pelos quais se devotam. Assim, para citar um exemplo que nos é próximo, puderam nossos ancestrais portugueses, com mínima bagagem de ideias, lançar-se à descoberta do mundo e à colonização das Américas e das Índias. Mas precisam vitalmente de ideias as épocas em que ruíram as crenças antigas e ainda não surgiu a nova fé. Épocas, portanto, de que a nossa é o melhor e mais trágico exemplo. Quando, numa época de crise, os intelectuais não têm ideias, acaba-se a literatura e nem se escreve nem se lê.

Nenhum país, entretanto, possui hoje em dia, mais que o Brasil, as possibilidades de criação cultural. Nossa tradicional carência de cultura, nestas horas, é um benefício. Não nos vincula a formas passadas, a velhos preconceitos de escola, aos arcaísmos mentais. Cumpre-nos, *apenas*, preliminarmente, incorporar o que há de permanente no *legado cultural do Ocidente* e depois ter a capacidade de trabalhar sobre ele e estabelecer relações vivas entre a cultura *ocidental* e a realidade brasileira. Ainda que em pequena escala, temos vivido, até hoje, importando ideias da Europa. No plano da cultura, a falta de raízes a que aludi anteriormente provém desse fato. *As velhas gerações não influenciam as novas, porque, estas, como o tinham feito aquelas, vão se abeberar, diretamente, no exterior.* Hoje ainda é preciso fazer isso, mas, a meu ver, se poderá fazê-lo sem os inconvenientes de outrora. Porque, graças aos modernistas e pós-modernistas, acabou-se a decalagem entre nossa cultura e a cultura europeia. Coelho Neto e Bilac foram contemporâneos de Kafka e Rilke. Nossas preocupações, atualmente, não são mais as da França, Alemanha ou Inglaterra de há cinquenta anos. São as que a Europa e os Estados Unidos também experimentam atualmente. Parece-me, assim, que se pode considerar com *otimismo nossas futuras possibilidades culturais*. E se elas forem bem aproveitadas, pode-se considerar com otimismo o próprio *futuro nacional*. Porque, acima de tudo, um país é sua cultura" (p. 11).

Este "país de eleição para a imigração de capitais" pode até regozijar-se pelo fato de ser carente cultural. Um benefício, em suma. E se escaparmos à "onda proletarizante", há que recompor o "futuro nacional" — "futuro nacional" que deverá estar alicerçado no "legado cultural do Ocidente" —, embora o "capitalismo brasileiro" tenha perdido as possibilidades de voltar a dirigir o Estado.

Em suma, dada a "nossa tradicional carência", e não nos vinculando "a formas passadas, a velhos preconceitos de escola, aos arcaísmos mentais", podemos alcançar, sem maiores mediações, a etapa da produção ideológica (cultural, não obstante). O ISEB disso se incumbiria[7] e, nele, Hélio Jaguaribe seria um dos ideólogos mais representativos.

---

[7] O estudo crítico mais completo sobre o tema é o de Caio Navarro de Toledo, *ISEB: fábrica de ideologias*, já citado, em que se analisa, com grande eficácia, entre outros temas, a raiz nacionalista das produções dessa instituição, ou seja, a "indigenização" hegelianizante, e

Se nos lembramos que o agente básico da História do Brasil, nessa interpretação, é a "classe média", à qual o Exército sempre esteve vinculado, e que, no período juscelinista, o nacionalismo[8] teve como objetivos básicos o *desenvolvimento* (com plena aceitação do capital estrangeiro) e a *segurança nacional* (combate à subversão), não parecerão estas formulações de Jaguaribe tão deslocadas de um sólido (nem por isso crítico) quadro ideológico que vinha sendo montado, em tendência de longa duração, e que teria plena florescência nos anos 60, estribado no desenvolvimentismo, no nacionalismo e na segurança nacional. E, paradoxalmente, abundante presença de capitais internacionais. "Novo fracasso da classe média..."?

C) O "SER" DA CULTURA DEPENDENTE: ROLAND CORBISIER

Mas talvez aquele que melhor formalizou a ideologia da Cultura Brasileira dentro dos parâmetros nacionalistas tenha sido Roland Cavalcanti de Albuquerque Corbisier. Diretor-executivo do ISEB, produziu textos de grande importância à época, de vez que convocava a inteligência do país a elaborar uma ideologia que permitisse "decifrar o Brasil". O principal livro de Corbisier é *Formação e problema da cultura brasileira*, publicação de 1958, do ISEB, reunião de duas conferências realizadas no Auditório do Ministério da Educação e Cultura, em 1955 e 1956, em cursos sobre "Introdução aos problemas do Brasil" e "Filosofia no Brasil". Dado o caráter sintético dos textos, tiveram grande divulgação e, também por esse motivo, merecem comentário. Mas a razão principal reside no fato de enfeixarem uma noção acabada de cultura brasileira, documentando de maneira clara o caldo ideológico em que se navegava nesses anos 50.

A primeira conferência, intitulada "Situação e alternativas da cultura brasileira", embora temperada pelo tom inicial de proposta ("somos-diálo-

---

que "tudo que é nacional é racional". *Faz-se no âmbito do ISEB, da "consciência nacional" o sujeito último das categorias históricas.* Para um dimensionamento crítico do nacionalismo isebiano, consulte-se, além da tese de Caio Navarro de Toledo, os artigos críticos de Gérard Lebrun, "A 'realidade nacional' e seus equívocos", *Revista Brasiliense*, São Paulo, nov.-dez. 1962, nº 44, e Michel Debrun, "O problema da ideologia do desenvolvimento", *Revista Brasileira de Ciências Sociais*, Belo Horizonte, jul. 1962, v. 2, nº 2.

[8] Miriam Limoeiro Cardoso, *Ideologia do desenvolvimento: JK-JQ*, São Paulo, USP, 1972, mimeo.

go"), carrega teses mais ou menos fechadas, e uma preocupação acentuada com a utilização adequada das palavras. Procurando fazer obra de ciência, lembra que não se trabalha nesse campo com objetos "tangíveis e manipuláveis", como as ciências da natureza, mas com "símbolos, valores e significações, como ocorre com as ciências da cultura ou do espírito" (p. 9). A partir dessa divisão, realiza uma incursão pelas regiões do chamado "espírito objetivo", desembocando em Weber ("em cada época da cultura preponderá um aspecto da totalidade cultural") e, também, em Hélio Jaguaribe, em cujas formulações vai encontrar o papel do "acaso, o elemento totalmente imprevisível" e a "presença da transcendência e do que poderíamos chamar de mistério" (p. 21).

Depois dessas digressões, Corbisier atinge o cerne de sua exposição, para mostrar que "um povo economicamente colonial ou dependente também será dependente e colonial do ponto de vista da cultura" (p. 32). Entretanto, não há que se ver a alienação como um "mal", como um "defeito" das culturas coloniais, mas como a própria condição dessas culturas. Era a época em que se descobria a sociologia da dependência de Balandier, o existencialismo penetrava (pouco) através de Sartre e (muito) através de Gabriel Marcel; mas o diapasão geral era orteguiano e, mais, hegeliano.

Rastreando a Historiografia, saberá encontrar em Gilberto Freyre o apoio bibliográfico autorizado para informar que a cultura indígena, aqui encontrada, era inferior à de maior parte das áreas de cultura africana — com o fito de demonstrar a inexistência de uma "cultura local" que pudesse resistir ao impacto dos invasores, a fim de preservar sua originalidade e autonomia. Esquecia-se de transportar a mesma reflexão para o México e Peru, pelo que se vê.

Mencionando um apelo-queixa do político San Thiago Dantas, em que lamenta a falta de criatividade dos intelectuais para solucionar os problemas de cultura dos "países liderados", atingirá uma conclusão de raiz nacionalista — que, para a época, significa: ruptura com o passado colonial. A fase vivida seria, pois, de emergência de uma nação, para o que se fazia necessário o estabelecimento de uma cultura com fisionomia própria:

> "A tomada de consciência de um país por ele próprio não ocorre arbitrariamente, nem resulta do capricho de indivíduos ou de grupos isolados, mas é um fenômeno histórico que implica e assinala a ruptura do complexo colonial" (p. 41).

Apoiado em Heidegger e em Zum Felde, aponta para a necessidade de descoberta de um novo contexto, em que devemos procurar nosso "complexo utensiliar", na esfera econômica, e de abandonar o modelo francês, o qual, tendo faltado durante a guerra, deixou-nos, do ponto de vista cultural, "entregues a nós mesmos: é talvez o momento de tentarmos andar com os próprios pés" (Zum Felde, citado por Corbisier).

A identificação do Brasil com as sociedades coloniais, realizada a partir de diagnósticos que vão de Oliveira Vianna a Balandier, leva Corbisier a preconizar o "advento de uma *intelligentsia* nacional, aberta aos problemas do país e empenhada em sua solução, capaz de converter-se em órgão da consciência nacional" (p. 44). E também o surgimento de uma "consciência nacional popular, esclarecida em relação aos problemas de base do país", bem como a formação de um movimento operário, enquadrado em ideologias trabalhistas. A partir desses marcos, situará o "movimento de libertação nacional" na raiz da superação do subdesenvolvimento e... nas coordenadas de uma revolução *burguesa* nacionalista:

"No caso brasileiro, a reação contra o semicolonialismo e o subdesenvolvimento só se poderá fazer com o apoio das classes que o suportam como um entrave à própria expansão — expansão de indústria nacional e do mercado interno — quer dizer, a burguesia industrial, o comércio ligado a essa burguesia, os setores esclarecidos da classe média e o proletariado industrial. É com apoio nessas classes, nos seus interesses e nas suas reivindicações, que coincidem, aliás, com os interesses do desenvolvimento do país, que a *intelligentsia* brasileira deverá forjar a ideologia de libertação nacional" (p. 45).

Por essas veredas andava a intelectualidade isebiana, empenhada em converter-se em arauto da "consciência nacional". Superar-se-ia o subdesenvolvimento, e se instauraria a sociedade burguesa, a sociedade nacional.[9]

---

[9] Vale lembrar a passagem de Furtado pelo ISEB. Suas teorias, reformistas, apontavam para a dinamização do mercado interno, "motor" da nova sociedade, em que se eliminariam as disparidades regionais. E vale lembrar a passagem, não tangencial, antes secante, de Nelson Werneck Sodré, que representaria nessa equipe a vertente marxista-populista: um ideólogo marcado *antes* pela ideologia da "consciência nacional" que pelas teorias sobre as classes e sobre a consciência de classe. Seria temerário em demasia entendê-los como partes de um único sistema ideológico, em que constituiriam partes de um todo — matizes diferentes porém complementares de um mesmo projeto nacionalista? Não será circunstancialmente que fazem parte do conselho consultivo do ISEB (ou através dessa instituição publicaram trabalhos) figuras como A. Vieira Pinto, Guerreiro Ramos, Jaguaribe, Candido M. de Almeida, Furtado, N. W. Sodré, J. Honório Rodrigues, Anísio Teixeira, Miguel Reale, San

A segunda conferência, com o mesmo título do livro, incide diretamente na questão conceitual: aí entende-se *cultura* "no mesmo sentido em que os franceses costumam usar a palavra civilização". Prefere o primeiro conceito por indicar, o seu uso, a distinção fundamental entre natureza e cultura, cabendo nesta a "determinação do objeto próprio das ciências do espírito". Nessa escolha por assim dizer rickertiana, lembrará que o termo civilização restringiu-se com Spengler — passando a significar o "cadáver", a esclerose da cultura. Nessa medida, ao propor o debate sobre a formação da cultura brasileira, fa-lo-á na perspectiva de um Burckhardt ou de um A. Weber.

O ponto de partida é agressivo, ao mostrar que "interpretações" do Brasil como as de Afonso Celso, até ensaios mais recentes como os de Paulo Prado, Plínio Salgado, Sérgio Buarque, Afonso Arinos e Gilberto Freyre repousam numa "falta de consciência histórica", ou melhor, ressentiam-se da "falta de consciência crítica de história" (p. 55).

Os diagnósticos sobre o "caráter nacional" são realizados em termos eleáticos, segundo pensa: supõe a existência de um "ser" do Brasil, uma "substância" nacional (as aspas de Corbisier não se estendem ao termo "nacional"), a "substância" do brasileiro — suporte de uma série de atributos (como preguiça, verbalismo, cordialidade etc.).

O equívoco, segundo Corbisier, é resolvido pela "moderna ciência histórica", que reconhece a *nação* não como uma "substância" mas como uma "função". "Um país não é coisa alguma, mas *está sendo*", e isso não se dá apenas em função de seu passado como também de seu futuro. Através de uma longa citação de Bergson, extraída de *L'Énergie spirituelle*, sobre a consciência como memória e, ao mesmo tempo, antecipação do futuro, realiza uma (pobre) digressão sobre o ranço que existe nas ideias sobre o Brasil entendido como país essencialmente agrícola. O Brasil, a essa altura, está se tornando país industrial: o projeto da industrialização surge como o futuro, de vez que está promovendo a "emancipação". Essa argumentação, evidentemente, não leva muito longe: apenas o suficiente para se entender que:

> "O que somos, ou melhor, *o que estamos sendo*, como nação, não é, apenas, uma resultante do que fomos, mas do que pretendemos e queremos ser" (p. 58).

Thiago Dantas, R. Corbisier, Villa-Lobos, ou Cassiano Ricardo, Fernando de Azevedo, Sérgio Buarque, Sérgio Milliet, Gilberto Freyre e Pedro Calmon. No período do desenvolvimento reformista *pareciam* menores as distâncias teóricas entre um Furtado e um Sodré; ou entre um José Honório Rodrigues e San Thiago, e um Fernando de Azevedo ou um Corbisier.

O voluntarismo, calçado bibliograficamente com Bergson, orientado pelo ângulo culturalista de Burckhardt e A. Weber, não somente leva ao combate das velhas interpretações, como aponta para um projeto de industrialização — sem dizer qual. *A vanguarda representada por Corbisier atacava os representantes de um quadro mitológico, colocando em seu lugar um "staff" ideológico. Os grandes explicadores eram obrigados a ceder a vez aos dualistas. Colapso de oligarquia, advento da burguesia (dependente).* Se, na conferência anterior, a pedra de toque era dada pelas formulações de Jaguaribe sobre o "incremento da renda nacional", agora a evolução — aponta Corbisier — deve ser feita no sentido de se realizar a passagem das "formas rurais e agrícolas para as formas industriais e urbanas" (p. 58). Numa palavra, tem-se aí a perspectiva dualista. O que vale dizer: capitalista.[10]

Para atingir a etapa da nação independente, retraça em perspectiva histórica o "sentido de nossa formação". A "complementaridade" de nossa economia, característica da situação colonial, é examinada com seguros pontos de referência... dados por Ignácio Rangel e Jacques Lambert.

Lambert, que produziu um "excelente ensaio sobre o Brasil", e cujo consumo ainda não foi suficientemente avaliado para se fazer ideia do preço pago (pelas esquerdas, inclusive) aos dualismos que parasitaram as análises sobre o Brasil, parece surgir como um marco na história das interpretações sobre o Brasil. Em Corbisier, a sua menção tem valor simbólico, não só pela extensão mas, sobretudo, pela irrelevância dos conteúdos veiculados. De fato, ao estudar o sentido de nossa formação, Corbisier citará textualmente o autor de *Os dois Brasis* para confirmar o traço geral do povoamento, mais litorâneo que interiorano, persistência da estrutura colonial. Verdade consabida, que não necessitaria a abalizada palavra do "maître". Mas vai adiante, além de Lambert, para dizer que não se trata de um país simplesmente vazio, do ponto de vista demográfico: deparamos também com uma "estrutura ontológica do homem brasileiro". Assim, como Ortega concluiu em relação aos argentinos, Corbisier conclui em relação ao "brasileiro": "o homem brasileiro é oco, interiormente vazio" etc. (p. 63). De Lambert a Ortega, a reflexão faz Corbisier refluir aos "vícios" que encontrava nos "explicadores"... Numa palavra, não interessa aqui investigar as questões relativas à "escassez metafísica" do homem brasileiro apontada por Corbisier,

---

[10] Recorde-se que, se estavam no Conselho Consultivo do ISEB "intérpretes" antigos criticados por Corbisier, como Gilberto Freyre e Sérgio Buarque, também aí se encontravam outros personagens mais preocupados com o "incremento" referido, como Lucas Lopes, Horácio Lafer, Macedo Soares, Roberto Campos...

a partir de chave (falsa) fornecida por Lambert, mas simplesmente indicar o valor simbólico adquirido por esse autor que, ao lado desses representantes do ISEB e alguns outros ideólogos, nutriu de ideologia as ciências sociais entre nós, ao ponto de, em determinada fase, não se saber onde terminava uma, onde começava outra.[11]

O combate ao Brasil "arcaico" estava em pauta, e para isso as forças somavam. A "modernização" era a meta, e com ela a independência econômica e a autodeterminação. Mas, um problema se colocava: na superação da etapa colonial, em que ainda estávamos, o processo de independência *cultural* poderia não ocorrer, *ainda que* ocorresse a independência *econômica*. Esse o problema que Corbisier coloca. E, com Sartre, Balandier e Gurvitch, lembrará que a colonização é um "fenômeno social total", que "o colonialismo é um sistema", que o complexo colonial é "globalmente alienado":

"Uma filosofia do colonialismo — empresa ainda não tentada — nos revelaria, por exemplo, que a colônia não é cultura mas natureza, não é história mas geografia, não é tempo mas espaço, não é vigília mas torpor, não é sujeito mas objeto, não é destino mas instrumento, não é forma porém matéria, não é consciência mas autonomismo etc. O desdobramento dessas antinomias poderia esclarecer todos os aspectos do complexo colonial, iluminando a sua estrutura e o seu processo" (p. 69).

A partir dessas indicações de caráter antinômico, e calçado na bibliografia (francesa) apontada, passará a cuidar do paralelismo entre o plano econômico e o plano cultural — mostrando os danos de importação cultural (que também é econômica) quando não se possui o instrumento capaz de triturar o produto colonial estrangeiro:

"Exportamos o não ser e importamos o ser" (p. 70).

Passeará suas reflexões sobre a "cultura" brasileira (as aspas indicam que a vê como problema) pela temática do colonialismo, deplorando a atividade dos "ensaístas brasileiros" imersos no "contexto colonial", não tendo conseguido "distinguir, por exemplo, a erudição da cultura, e muito menos compreender que no complexo colonial não há, não pode haver cultura, mas apenas essa forma alienada de cultura que é a erudição" (p. 73). Por essa

---

[11] Ver crítica de G. Lebrun a respeito na *Revista Brasiliense*, já citada: o que mostra que alguma consciência existiu sobre o problema. Ver também o "Apêndice" à tese de Caio Navarro de Toledo: para alguns setores, o ISEB não configurava um interlocutor válido.

porta ampla Corbisier entra, triunfalmente, para o reino (in)dependente da cultura nacional. Essa cultura nacional, entendida como cultura própria, carrega um "projeto de existência coletiva", a "consciência de um destino comum" (p. 74) — sem, entretanto, esboçar o necessário matizamento da participação relativa das diversas *classes* sociais nesse destino comum.

Ao criticar o comportamento intelectual dos brasileiros cultos (e não será difícil vislumbrar a quem se dirige), mostrando que não operavam a partir de "um projeto próprio e original", escreve uma de suas melhores páginas, através da qual bem se pode perceber os contornos ideológicos de uma abordagem política do papel do intelectual nos anos 50:

"Colonizado mentalmente, o intelectual brasileiro assim como utilizava, sem transformá-los, os produtos acabados da indústria estrangeira, assim também pensava, sem transformá-las, com as ideias prontas que lhe vinham de fora. Como se engolisse pedras, em lugar de alimentos, não digeria o produto cultural estrangeiro, não o incorporava à sua substância, não o fazia circular em seu sangue. Não via o real através dessas ideias, mas se detinha na visão das próprias ideias, que, por serem opacas, lhe ocultavam, em vez de lhe revelar, o mundo em que realmente vivia.

Perdido nos 'outros', sua cultura se reduzia à erudição, quer dizer, ao conhecimento livresco das culturas alheias. Seu conhecimento da ciência era comparável à posse de um instrumento do qual nunca fizesse uso, do qual não se soubesse utilizar. Conhecia, por exemplo, toda a sociologia estrangeira, era capaz de escrever tratados e dar cursos sobre essa ciência, mas era incapaz de utilizá-la como instrumento que lhe permitisse fazer uma interpretação sociológica da vida, da realidade do próprio país. Poderia escrever ensaios e teses repletas de citações e de referências sobre Durkheim, Lévy-Bruhl ou Franz Boas, teses nas quais se perderia em considerações intermináveis sobre o objeto e o método da sociologia segundo esses autores, mas seria incapaz de fazer a sociologia do carnaval, do futebol, das eleições ou dos partidos políticos brasileiros. O conhecimento livresco e erudito dessa ciência não lhe permitia ter uma visão, uma interpretação sociológica da sua circunstância, do seu próprio mundo. A ciência nada lhe revelava, permanecendo em sua consciência como um biombo que lhe vedava o descobrimento da realidade. A ciência era algo que se esgotava nas tarefas do ensino, algo que se ensinava aos alunos para que estes, depois de formados, a ensinassem a outros alunos que, por sua vez, a ensinariam a outros alunos e, assim, indefinidamente. Não se chegava jamais à aplicação prática das categorias e dos métodos da ciência, na interpretação e na solução dos nossos problemas. *Não sabíamos que a ciência não é uma 'coisa', mas o processo pelo qual nos procuramos cientificar a respeito das coisas.* Ignorávamos, também, que a verdade desempenha, na estrutura da existência humana, uma função 'vital', e que, se 'pensamos' e procuramos, por meio do pensamento, 'descobrir' o 'ser' das coisas, não é por prazer, por simples curiosidade ou desejo 'natural' de saber, mas porque esse conhecimento do 'ser' das coisas condiciona nosso comportamento em relação a elas. Precisamos, para poder viver — viver é lidar com as coisas — saber o que as coisas são.

A cultura brasileira se reduzia a uma cultura de palavras, a uma construção verbal, cujo valor e eficácia jamais poderiam ser comprovados, pois jamais eram postos em confronto com o real. Nossa cultura não era uma resposta ao 'desafio' da circunstância brasileira, mas uma exegese erudita das respostas que os outros povos souberam dar ao desafio que receberam das suas circunstâncias. Aprisionados na alienação, os intelectuais brasileiros não 'pensavam' mas 'liam', e sua vida de espírito se reduzia à leitura e ao comentário da leitura. Atolavam-se nos livros, que para eles eram um fim e não um meio, e que por isso mesmo não os remetiam a nada que estivesse além dos livros. Liam para ler, para ter lido e poder conversar sobre livros. Não liam para ver melhor, como se come para sobreviver. Incultos e eruditos, expatriados e marginais, vivendo em país sem destino próprio, não foram inautênticos por malícia ou pecado do espírito, mas simplesmente porque se achavam 'em situação', imersos em um contexto histórico, em uma 'forma específica da existência humana' que se caracterizava pela dependência e pela alienação" (pp. 80-2).

Rejeitando a "tese marxista" (conforme a entende), "segundo a qual as criações culturais não passam de epifenômenos do processo de produção econômica",[12] e também a idealista, segundo a qual "os produtos da cultu-

---

[12] O que dá, também, por implicação, uma ideia de a quantas andava o pensamento marxista nessa altura, com os vícios da ortodoxia stalinista.

ra" nada têm a ver com a infraestrutura econômica da sociedade, Corbisier adota a perspectiva "globalista" para a saída desenvolvimentista e o processo de constituição da "autoconsciência nacional". Não há que estabelecer implicações mecanicistas entre o plano econômico e o plano cultural; buscam-se, antes, as "implicações dialéticas". Assim, dá nova roupagem à noção de "totalidade" e nova função à dialética. O que preconiza é a "transformação estrutural" (que não é apenas quantitativa, mas também qualitativa), e que "modifica a própria *essência*, o próprio ser da sociedade até então dependente" (p. 84).

O resto já se sabe: substituição de importações, criação da indústria nacional e do mercado interno, devem estar articulados não mecanicamente, mas através de "comportamentos livres, racionalmente planejados e executados". O que pressupõe mudanças na mentalidade, com a criação de novos quadros técnicos, novos núcleos e institutos de pesquisa: em suma, o novo momento exige um novo tipo de político, capaz "de planejar, em conjunto, o desenvolvimento do país" (p. 85).

Fácil será concluir que, nessa ótica, atingir-se-á a "autoconsciência da cultura", a "filosofia brasileira", desde que:

I. Seja instaurada uma "implicação dialética" entre o aparelhamento pedagógico e cultural e o desenvolvimento industrial. Novas fábricas demandarão novos técnicos e vice-versa, indefinidamente.

II. Esse mecanismo requererá planejamento global, para a "integração de inúmeros projetos conscientes e racionais".

III. A regulagem do conjunto implica na formulação prévia de uma ideologia — e "só agora começam a surgir as condições reais que nos permitirão lançar as bases de um pensamento nacional autêntico" (p. 86). "Não há desenvolvimento sem a formulação prévia de uma ideologia do desenvolvimento nacional" (p. 87).

IV. Em decorrência: "À luz do projeto ou da ideologia do desenvolvimento nacional tomamos consciência de nós mesmos, do que somos e do que queremos ser, *tomamos consciência da nação como uma tarefa, de uma empresa comum a realizar no tempo*" (p. 86).

V. Finalmente quanto ao problema da "cultura brasileira", não se pensará mais "pelo prazer de pensar", mas para resolver problemas urgentes de sobrevivência: "não seremos mais os gratuitos comentadores do pensamento estrangeiro, mas os intérpretes lúcidos do destino nacional" (p. 87).

Nessas formulações, tudo que é nacional passa a ser racional (para usar a expressão de A. Vieira Pinto). Mas a racionalidade que brota com as palavras acaba por desembocar num irracionalismo de fato, conforme já observou um crítico arguto dessas formulações ideológicas.[13] Não há que estranhar, pois, que nesse caldo irracionalista a ideia de planejamento emerja tão clara. Surge enraizada num projeto nacional, mas não em uma teoria das classes sociais. *A aliança entre as classes torna-se o pressuposto básico, em termos de organização social, nessa fabricação ideológica da burguesia desenvolvimentista, reformista, nacionalista*. Burguesia para a qual a questão cultural se resume na transformação do aparelho pedagógico, na criação de escolas técnicas e profissionais, e na criação de institutos de pesquisa para melhor atender às necessidades crescentes da industrialização, centros culturais esses "cuja organização, cujos programas e métodos de ensino estejam adequados às novas exigências desse projeto de transformação".[14] Esse o problema da cultura brasileira, segundo Corbisier.

D) CONTRA O NACIONALISMO DEFORMANTE: ANTONIO CANDIDO

> "Haja vista a mania classificatória e metodológica, que substitui a investigação e análise pela divisão dos períodos; a discussão de origem e limites cronológicos; a catalogação de escritores em agrupamentos mais ou menos inócuos; o debate gratuito sobre definições; a mania polêmica e reivindicatória. Ainda mais, o nacionalismo por vezes deformante, que subordina a apreciação a critérios de funcionalidade."
>
> ANTONIO CANDIDO, 1961

Seria exagero afirmar que, nos anos 50, toda a intelectualidade progressista embarcava nos projetos do reformismo nacionalista. O que não quer dizer que a tônica geral não fosse dada pela temática do nacional-desenvolvimentismo, transportando o centro das preocupações dos analistas para o campo sediço do debate ideológico, cuja função não era mais que a de alimentar — segundo Caio Prado Jr. — os "insignificantes interesses de grupos partidários, quando não de simples ambições e vaidades pessoais", represen-

---

[13] Gérard Lebrun, artigo citado.

[14] *Formação e problema da cultura brasileira*, p. 85.

tados em quadros partidários que não se dividiam ou agrupavam a partir de "programas destinados a enfrentar as tarefas propostas pelo desenvolvimento autônomo e nacional de economia brasileira e pela reforma agrária".[15]

As exceções — e elas não foram poucas — podem ser encontradas em posições teóricas (e práticas) assumidas por representantes do pensamento progressista, como Antonio Candido e Florestan Fernandes. De fato, vista em conjunto, a década de 50 não viu apenas a eclosão das manifestações do ISEB, ou a campanha pela Escola Pública (conduzida por líderes do porte de Anísio Teixeira, Fernando de Azevedo, Lourenço Filho e Almeida Júnior) ou a abertura para a África, preconizada por José Honório Rodrigues, em sua busca de fundamentação para nossas "aspirações nacionais": houve todo um longo e lento labor, menos ruidoso, nas sendas das instituições universitárias, que veio à luz através de publicações como as revistas *Anhembi*, *Revista Brasiliense*, *Revista Brasileira de Estudos Políticos* e *Revista de História*, entre outras. Não acadêmicas por vezes, acolheram e estimularam a produção universitária nem sempre embarcada em projetos menos intoxicados pela(s) ideologia(s) nacionalista(s). Bom exemplo de trajetória mais asséptica, nem por isso menos empenhada, é a de Antonio Candido que, em sua tarefa docente, não cedeu às solicitações do tempo reformista-populista, cuidando do distanciamento necessário não para se divorciar da realidade, mas para entender seu contorno, descrevê-lo — e criticá-lo. Em tempo de produção nacionalista abundante e deformadora, consegue escrever sobre a temática, buscando o conceito adequado, o ângulo correto, a raiz da questão, logrando articular uma das Histórias do Brasil mais importantes de todos os tempos, privilegiando o nível da produção literária. Os anos 50 assistem, com o surgimento de *Formação da literatura brasileira*, a emergência da segunda análise mais significativa da Historiografia brasileira, realizada em abordagem dialética.[16] Uma história da literatura repousada na história social, com proposta de método que viria a iluminar as tentativas de abordagem que se estava produzindo, e que eclodiriam na década seguinte. Esse marco cultural serve, hoje, para avaliar quão esquemáticas eram as propostas de abordagem do materialismo histórico, marcadas na época pelas teorias stalinistas: essa observação, se tem efeito corretivo, não consegue dissimular entretanto a atenção que pretende chamar para o fato de, nesses anos 50 — sobretudo

---

[15] "Perspectiva da política progressista e popular brasileira" (Editorial), *Revista Brasiliense*, nov.-dez. 1962, nº 44, p. 1.

[16] *Formação da literatura brasileira: momentos decisivos*, São Paulo, Martins, 1959. A primeira é a de Caio Prado Jr., *Formação do Brasil contemporâneo*, de 1942.

em sua última fase —, as posições não serem facilmente identificáveis em seus estatutos teóricos e, menos ainda, pela atuação de seus autores: as dificuldades não se devem tanto a falhas do analista *como à própria indefinição relativa de contornos em uma era populista*. Após 1964 e, sobretudo, 1969, as posições surgirão com maior nitidez, permitindo vislumbrar com clareza a carga dos compromissos teóricos e ideológicos dos agentes. Pois bem, vistos em conjunto, nesta tentativa de avaliação da produção cultural, os trabalhos de Antonio Candido denotam que o preço pago por seu autor a ideologias nacionalistas, ou ao marxismo ortodoxo, ou ao neocapitalismo desenvolvimentista, em suma, às ideologias dominantes nesses anos, foi dos mais baixos, senão nulo.

Somos tentados a dizer, recordando as lições de Febvre em sua investigação sobre a religião de Rabelais, que nenhum analista dos anos 50 teria escapado, no limite, de entrar pelas veredas do nacionalismo, ou do marxismo ortodoxo, ou do desenvolvimentismo, ou do populismo. Ainda que tangencialmente. Mas Antonio Candido, escrevendo sobre o nacionalismo, conseguirá o equilíbrio que tanto ofuscará a crítica.[17] Suas formas de pensamento inscrevem-se, antes, numa tradição radical progressista de classe média, em certo período desses mesmos anos 50 organizada parcialmente em torno do extinto Partido Socialista.

Duas ou três indicações ajudarão a situá-lo em face do problema do nacionalismo. Em primeiro lugar, a menção — direta — aos "atuais nacionalistas literários",[18] que se extremam em levar as teses particularistas sobre o Brasil às últimas consequências. Em segundo lugar, a indicação de que a literatura no Brasil, como no resto da América Latina, possui vínculos mais marcados com a vida nacional, em seu conjunto, que nos países de velha cultura: nas literaturas desses países "os vínculos neste sentido são os que prendem necessariamente as produções do espírito ao conjunto das produções culturais; mas não a consciência, ou a intenção, de estar fazendo um pouco da nação ao fazer literatura".[19]

---

[17] Crítica que pouco avança quando entra nessa temática. Veja-se, por exemplo, Wilson Chagas, "Antonio Candido e o nacionalismo", I, II e III, "Suplemento Literário" de *O Estado de S. Paulo*, publicado respectivamente nos dias 1, 8 e 15 de junho de 1963, pp. 3, 4 e 6, respectivamente. Por outro lado, o equilíbrio é relativo, já se sabe: bastará verificar sua alusão ao nacionalismo no prefácio da 2ª edição de *O método crítico de Sílvio Romero*, São Paulo, Boletim 266 da FFCL-USP, 1961, p. 11.

[18] No prefácio à 2ª edição de *Formação da literatura brasileira*, de 1962, p. 18.

[19] *Idem*, p. 18.

Sua história emerge com os registros ideológicos controlados já no ponto de partida: no estudo da "continuidade ininterrupta de obras e autores, cientes quase sempre de integrarem um processo de formação literária", coloca-se *deliberadamente* no ângulo dos primeiros românticos e dos críticos estrangeiros que "conceberam a literatura do Brasil como expressão da realidade local e, ao mesmo tempo, elemento positivo na construção nacional":

> "Achei interessante estudar o sentido e a validade histórica dessa velha concepção cheia de equívocos, que forma o ponto de partida de toda a nossa crítica, revendo-a na perspectiva atual."[20]

Difícil tarefa a de estudar a emergência de uma literatura nacional, no processo de "construção nacional", numa época de escalada nacionalista, sem cair nos equívocos da ideologia nacionalista.

Completaria o quadro informativo uma breve consideração sobre a preocupação do autor para com os conceitos de base utilizados na interpretação: na proposta de método inicial registram-se noções operatórias, a respeito das quais fornece indicações precisas. Ou seja, o modo de usá-las.

Duas noções bastarão para verificar as novas coordenadas que imporá aos estudos de história da cultura no Brasil. A primeira delas é a noção de "geração" que sempre esteve presente nos pressupostos das histórias da cultura entre nós; a segunda, a noção de "influência", pedra de toque teórica das principais interpretações de História do Brasil, através da qual arvoram-se como trabalhos científicos sucessões lineares de personagens, de "fatos" ou de "escolas" que se "influenciam", assegurando a continuidade do saber histórico...

> "Do mesmo modo, embora os escritores se disponham quase naturalmente por gerações, não interessou aqui utilizar este conceito com rigor nem exclusividade. Apesar de fecundo, pode facilmente levar a uma visão mecânica, impondo cortes transversais numa realidade que se quer apreender em sentido sobretudo longitudinal. Por isso, sobrepus ao conceito de geração o de tema, procurando apontar não apenas a sua ocorrência, num dado momento, mas a sua retomada pelas gerações sucessivas, através do tempo.

---

[20] Complementa: "Sob este aspecto, poder-se-ia dizer que o presente livro constitui (adaptando o título do conhecido livro de Benda) uma 'história dos brasileiros no seu desejo de ter uma literatura'", *op. cit.*, p. 25. Ver também p. 28, bem como o capítulo "Independência literária".

Isso conduz ao problema das influências, que vinculam os escritores uns aos outros, contribuindo para formar a continuidade no tempo e definir a fisionomia própria de cada momento. Embora a tenha utilizado largamente e sem dogmatismo, como técnica auxiliar, é preciso reconhecer que talvez seja o instrumento mais delicado, falível e perigoso de toda a crítica, pela dificuldade em distinguir coincidência, influência e plágio, bem como a impossibilidade de averiguar a parte da deliberação e do inconsciente. Além disso, nunca se sabe se as influências apontadas são significativas ou principais, pois há sempre as que não se manifestam visivelmente, sem conter as possíveis fontes ignoradas (autores desconhecidos, sugestões fugazes), que por vezes sobrelevam as mais evidentes.

Ainda mais sério é o caso da influência poder assumir sentidos variáveis, requerendo tratamento igualmente diverso. Pode, por exemplo, aparecer como transposição direta mal assimilada, permanecendo na obra ao modo de um corpo estranho de interesse crítico secundário. Pode, doutro lado, ser de tal modo incorporada à estrutura, que adquire um significado orgânico e perde o caráter de empréstimo; tomá-la, então, como influência, importa em prejuízo do seu caráter atual, e mais verdadeiro, de elemento próprio de um conjunto orgânico" (pp. 37-8).

Rompido, em suma, com a perspectiva (ideológica) da história das gerações, afasta-se também dos perigos do historicismo que se esconde sob o problema das influências (enquanto fator explicativo). Recusa o esteticismo, em seus excessos formalistas, mas o entende enquanto reação ao "velho método histórico, que reduziu a literatura a episódio da investigação sobre a sociedade, ao tomar indevidamente as obras como meros documentos, sintomas de realidade social" (p. 30). Numa palavra, não descuidando do estudo do papel da obra num contexto histórico, não perde de vista a característica essencial de sua tarefa, que é a de considerar, simultaneamente, a obra literária — seu documento — enquanto realidade própria.

As rupturas de Antonio Candido com o quadro mental dessa época derivam de intenso labor crítico, radical (desde, pelo menos, *Plataforma da nova geração*, em que apontava os perigos de uma sociologia cultural), e tornam-se importantes para a avaliação dos desvios do pensamento marxista que, nos anos 50, aprisionou-se nas malhas da ortodoxia. Bastará lembrar, no plano das histórias das ideologias, da literatura, da arte, do pensamento

intentadas, a visualização das manifestações superestruturais como simples *reflexos* da infraestrutura, e ter-se-á medida do afunilamento crítico então verificado.

Embora à margem dos grandes debates nacionalistas, mas não alheio, o autor de *Brigada ligeira* forjava uma arma poderosa para a investigação de superestruturas ideológicas no Brasil, deixando contribuição ponderável para a instauração de uma renovada história da cultura.

E) RAZÕES DA FRUSTRAÇÃO DO APARECIMENTO DA "CULTURA BRASILEIRA": RAYMUNDO FAORO

Análise das mais penetrantes, e que surge em 1958 rompendo por dentro da linha de interpretação dos ideólogos da Cultura Brasileira, é a de Raymundo Faoro, sobre a formação do patronato político brasileiro, intitulada *Os donos do poder*. De inspiração weberiana, sua história se constitui a partir do enfoque em que privilegia o estamento burocrático na sequência da História do Brasil, estamento esse responsável pela montagem e persistência de instituições anacrônicas, frustradoras de *secessões* que poderiam conduzir a "emancipação política e cultural" (p. 271).

Um dos méritos do estudo reside no fato de que, não entrando nos velhos debates sobre distinções entre "cultura" e "civilização"[21] — no interminável e vão esforço que vem de Gilberto Freyre a Corbisier e novamente a Luís da Câmara Cascudo nos anos 60, esforço que serve para camuflar a verdadeira questão, que é a das classes sociais, padrões culturais correspondentes e relações de dominação — Faoro procura indicar que a "principal consequência cultural do prolongado domínio do patronato do estamento burocrático é a frustração do aparecimento da genuína cultura brasileira" (p. 269).

O estudo de Faoro surge, como se sabe, num quadro político e cultural de certa limitação teórica, dada pelas balizas da interpretação dualista da realidade brasileira (Furtado), bem como pelas interpretações apoiadas

---

[21] Utiliza indiferentemente os dois conceitos. A "genuína cultura brasileira" não se desenvolve em vista do esclerosamento da "nação", atrofiada na "carapaça administrativa". Nesse sentido, cultura brasileira seria a cultura nacional. "A civilização brasileira, como a personagem de Machado de Assis, chama-se Veleidade, sombra coada entre sombras, ser e não ser, ir e não ir, a indefinição das formas e da vontade criadora" (p. 271).

numa rígida e mecânica teoria das classes sociais (Sodré), ou pela linhagem nacionalista ingênua (ISEB). Introduz, além de uma nova problemática e constelação de conceitos, dúvidas quanto à verdadeira feição das classes dominantes no Brasil e ao tipo específico de expropriação social. Numa interpretação de história política, demonstra que o Brasil, a despeito de suas instituições, "não logrou sequer entrar no caminho da nacionalização do poder minoritário. O povo inculto e de costumes primários, ausente do interesse pela coisa pública, mesmo na pequena parcela que vota, não tem sombra de conhecimento da máquina governamental e administrativa" (p. 264). Sobre a temática da revolução, nessa perspectiva, "como manifesta o povo a confiança, ou a desconfiança, nos governantes? Nem a revolução lhe é deixada, usurpada pelas baionetas que a substituem, com elegância, pelo golpe de Estado" (p. 265).

Esse Estado patrimonial e estamental-burocrático, onde se "apura a chefia única", na cúpula da hierarquia administrativa, tende a desvalorizar a direção da nação por orgãos colegiados, figurando como bom governante aquele que é bom provedor (p. 267). A permanência desse estamento burocrático sustenta o Estado patrimonial e estamental, necessário à integração da "pobre economia nacional no ritmo da economia mundial" (p. 265). Dada a predominância do estamento burocrático, "a nação e o Estado se cindem em realidades diversas, opostas, que mutuamente se desconhecem. Formam-se duas sociedades justapostas: uma, cultivada e letrada; a outra, primária, com estratificações sem simbolismo telúrico". Dessa cisão é que deriva a orientação dos novos legisladores e políticos (Faoro escrevia em 1958, vale recordar) de "*construir* a realidade a golpes de leis". E completa:

"A legalidade teórica apresenta conteúdo e estrutura diferentes dos costumes e da tradição populares" (p. 268).

Como pensar, em face de tal cisão essencial, em cultura brasileira? Essa a brecha teórica que Raymundo Faoro abre no quadro das interpretações sobre a cultura no Brasil, *chegando a questionar sua própria existência*. Suas análises, aliás, não tiveram penetração imediata, e mesmo depois tiveram relativamente pouca divulgação, em vista talvez do excessivo consumo de diagnósticos mais simplistas, de mais fácil digestão e que se coadunavam com a referida cisão ideológica. Mesmo as propostas do mecanismo werneckiano, que laboravam no equívoco nacionalista, carreavam, com a ideologia genérica (não com a teoria lastreada com pesquisas específicas) das lutas de classes, a falsa consciência de se compor a Nação; com o auxílio da ideologia reformista desse marxismo ortodoxo, a esquerda se desviava das questões essenciais de sua luta concreta, atrelando-se à ideologia do Estado Nacional e do desenvolvimento. Faoro não só fugiu a esse quadro cultural e político, como propôs outra angulação e novos conceitos para uma interpretação renovadora da vida política no Brasil. Com isso *escapou à pesada e conciliadora ideologia da Cultura Brasileira, diluidora de contradições reais, instrumento de dominação ela própria utilizada pelos estamentos dominantes*. O drama da possível história da cultura no Brasil fica explicado dado o peso do "prolongado domínio do patronato do estamento burocrático". "A nação como se embalsamou com o braço enregelado da carapaça administrativa" (p. 269), não sendo sensível a estímulos regeneradores de baixo para cima:

> "A secessão do 'proletariado' [na acepção toynbeana] não se operou plenamente na história brasileira, frustrada pela capa dominante, dona do poder político, social e econômico. Nos raros interregnos de sua manifestação, a nação, suas classes e seu povo, não lograram diferenciar-se, formar um corpo comunitário com vida própria, abafados pela reação opressiva do estamento burocrático reorganizado. Assim ocorreu em todos os eventos principais de suas tentativas de emancipação política e cultural" (p. 271).

Algum reparo pode ser esboçado a Faoro, decorridos mais de quinze anos da publicação de sua obra maior. Se, de maneira sintética, a orientação geral da interpretação indicava que o poder estamental-burocrático concentra no Estado toda sua força e faz dele a empostação da voz socioeconômica e cultural *do povo*, não há, portanto, uma Nação para o povo, e sim, para perpetuação dessa forma de poder. Por essa razão é asfixiante, sendo que a alternativa se encontraria no livre desenvolvimento de um capitalismo industrial, que daria ensejo à criação de uma sociedade nacional conscientizada e, consequentemente, apta a desenvolver uma "cultura genuína".

Encontramo-nos, ao que parece, diante de uma contradição, elucidativa dos dilemas teóricos e políticos daqueles anos 50. Ao mesmo tempo em que se admite que a renovação só virá através dos "negativamente privilegiados em relação à minoria dominante" (p. 270), afirma-se que enquanto houver a reprodução do estamento burocrático, não surgirão condições para o desenvolvimento do capitalismo industrial. O que se espera é que esses "negativamente privilegiados" se conscientizem da dominação estamental e forcem uma evolução para a... instauração da sociedade de *classes* — em que eles continuarão a não ser os mais beneficiados?

De qualquer maneira, a obra constitui uma importante ruptura nos quadros teóricos que alimentavam a ideologia da Cultura Brasileira, seja pela vertente estamental (tipo Fernando de Azevedo), seja pela vertente marxista ortodoxa (tipo Basbaum, Sodré). Operava a partir de uma cisão fundamental entre ideologia e realidade — registrando a precariedade do instrumental teórico e conceitual com o qual operavam os cientistas/ideólogos sociais e, em contrapartida, demonstrando o peso da ideologia da Cultura Brasileira (ou nacional), à qual ele próprio pagaria, criticando, algum preço.

f) UMA TRAJETÓRIA RADICAL: FLORESTAN FERNANDES

> "Algo, entretanto, dá sentido criador a esse mecanismo de uso (sob muitos aspectos: de mau uso) do talento pela sociedade. Ele arranca o sociólogo do 'gabinete', integrando-o nos processos de mudança social, fazendo-o sentir-se como alguém que possui o que dizer e que, eventualmente, poderá ser ouvido. Ele não se sente confinado, posto à margem; entendido ou não, bem ou mal aproveitado — nunca fica fora do processo de crescimento coletivo, a menos que o deseje e lute por isso. Em consequência, sua experiência humana é ímpar, comparada com a do *scholar* europeu ou com a do sociólogo acadêmico norte-americano. Não dispõe de um 'nicho' para abrigar-se e proteger-se: em compensação, pode receber, em toda a plenitude, a luz do sol, que cresta e castiga, mas ilumina, aquece e fecunda o cenário da vida. Enfim, a sociedade, que não lhe pode conferir sossego e segurança, coloca-o numa posição que o projeta no âmago dos grandes processos históricos em efervescência."
>
> FLORESTAN FERNANDES

Uma das trajetórias mais significativas do pensamento radical no Brasil é, por certo, a de Florestan Fernandes. Os anos 50 vão encontrá-lo em final de período de formação, e sua afirmação plena se dará na entrada da década de 60, já definido como principal esteio de uma das mais significativas escolas de explicação da América Latina. Se nos anos 40 era apontado por Antonio Candido como um dos críticos mas expressivos da "novíssima", nos anos 50, dele Fernando de Azevedo dirá tratar-se da vocação mais completa de sociólogo que jamais conhecera. A radicalização de Florestan Fernandes se processa, de fato, na década de 50, sobretudo nos últimos anos, quando passa a realizar estudos não mais de acentuada orientação funcionalista. Preocupado mais diretamente com as relações de raça e classe, realiza sólidas pesquisas sobre a especificidade dos modos de produção no Brasil. O marxismo, não obstante, sempre esteve em seus horizontes intelectuais, mesmo nos anos 40; entretanto, como teoria fornecedora de instrumental conceitual de base só passou a ser mais sistematicamente utilizado a partir do projeto coletivo de pesquisa iniciado em 1955.[22]

Autor combativo e combatido, sua obra já foi registrada, avaliada e criticada em múltiplas direções.[23] Neste ensaio, a preocupação estará voltada apenas para uma vertente de sua produção, e não a menos importante, marcada pelas diversas concepções sobre o papel do intelectual. O intelectual e seus compromissos com a sociedade, com a ciência, com a política. Chefe de escola, o cuidado com o estabelecimento de marcos na esfera da ética política sempre foi tão intenso quanto o vigor na instauração de padrões de trabalho verdadeiramente científico. Sua importância, finalmente, deve ser ressaltada, na medida em que funcionou como um verdadeiro ponto de referência para novos pesquisadores empenhados na instauração de critérios científicos nos estudos sociais, ao pugnar por debates e pesquisas interdisciplinares, sem bloqueios no campo conceitual que levassem à ortodoxia reinante no pensamento marxista — a despeito das qualificações realizadas por Gilberto Freyre em 1969, e que tiveram o peso de uma denúncia.[24] Neste último campo, aliás, não hesitou em buscar recursos teóricos em autores não marxistas — Mannheim e Weber, notadamente — com os quais articulou conceitos que lhe permitiriam a elaboração de uma obra-chave nas ciências sociais no Brasil, fruto dessa fase, A *integração do negro na sociedade de classes* (1964).

1. Florestan e Antonio Candido: dois estilos

As trajetórias de Florestan e Antonio Candido oferecem ao estudioso da produção cultural no Brasil um campo fecundo para reflexão. Integrados numa mesma tradição radical, dirigiram-se nesses anos 50 para duas ver-

---

[22] Ver a apresentação do projeto em Florestan Fernandes e Roger Bastide, *Brancos e negros em São Paulo*, 3ª ed., São Paulo, Cia. Editora Nacional, 1971.

[23] Além das análises de Dante Moreira Leite, consulte-se o artigo de Luiz Pereira, "Florestan Fernandes e a Sociologia no Brasil" (em *Estudos sobre o Brasil contemporâneo*, São Paulo, Pioneira, 1971), e o de Ruben Cesar Keinert, "O desenvolvimento como preocupação sociológica", trabalho apresentado ao II Encontro de História e Desenvolvimento, FFCL de Assis, 14 a 19 de agosto de 1972, mimeo.

[24] Por exemplo, em *Veja*, 21/6/1972, p. 46.

tentes que, tendo na base a orientação sociológica, terminam por enveredar, aquele, para o estudo das relações de raça e classe, e este para a teoria literária e a crítica. Os pontos em comum são marcantes, dados não só pela formação sociológica (e antropológica) de base, como também pela vincada perspectiva histórica de seus trabalhos, além da exemplar postura universitária. E, nos anos 60 e 70, o encontro na temática candente comum — nos quadros da dependência.[25] Preocupados ambos com a dependência cultural, escreverá Florestan, entre 1970 e 1972: "Para se manter a possibilidade da autonomização relativa, é necessário um largo e intenso intercâmbio com certos países científica e tecnologicamente mais avançados. Portanto, o contrapeso da permanente e considerável influência externa deve ser encontrado em identificação e valores que combinem a absorção de conhecimentos, técnicas de investigação e talentos importados com uma forte intensificação da produção original", em sua obra *Capitalismo dependente e classes sociais na América Latina* (Rio de Janeiro, Zahar, 1973, p. 139).

E Antonio Candido, em *América Latina en su literatura* (republicado na revista *Argumento*, n° 1, 1973, p. 17): "Um estágio fundamental na superação da dependência é a capacidade de produzir obras de primeira ordem, influenciadas não por modelos estrangeiros imediatos, mas por exemplos nacionais anteriores". Demais, como Antonio Candido, Florestan manteve-se à margem — mas não desatento — aos transbordamentos do nacional-desenvolvimentismo, e do populismo. E, como o autor de *Literatura e sociedade*, não descurou do papel do intelectual em área dependente: a fidelidade a esses compromissos colocam-nos em posição privilegiada para situá-los como homens-pontes entre a "novíssima" de 1945 e a "novíssima" dos anos 60. Correspondem a um certo estilo de intelectual, crítico e combatente da montagem da sociedade de classes no Brasil, assim, como Sérgio Milliet fora (também homem-ponte) observador lúcido da crise da sociedade oligárquica.

Uma última anotação no esforço comparativo, levará a observar as diferenças nas maneiras pelas quais criaram seus "espaços", teóricos e vivenciais. Talvez não seja apenas uma questão de estilo o fato de Florestan criar seu espaço rompendo com a linhagem dos "explicadores do Brasil", com os intérpretes da envergadura de um Gilberto Freyre ou de um Afonso Arinos (e com os "contra-intérpretes" apressados, nos anos 50, como Guerreiro Ramos ou Corbisier), ao propor novas linhas de cooperação interdisciplinar, ao reno-

---

[25] Vejam-se suas trajetórias em dois capítulos finais.

var a investigação teórica a partir de estudos de conceitos de base — certo de que o conhecimento não avança apenas com a consideração de novas frentes empíricas —, ao pugnar pela instauração de um padrão de trabalho científico mais alto e melhor calibrado, do ponto de vista metodológico. A *linguagem* do ensaísmo dos "explicadores" cede passo, em Florestan, a uma terminologia mais depurada: as teorias citadas e discutidas não são veiculadas e justapostas num discurso ideológico pré-fabricado. As teorias passam a ser trabalhadas por dentro, e delas são retirados os instrumentos mais adequados à explicação do fenômeno, ou do processo em pauta. Em relação à realidade é que os conceitos passam a ser articulados, em busca das singularidades dos mecanismos societários. A mudança social passa a ser a preocupação básica de investigação e, à medida que os anos 60 se anunciam, a temática da especificidade dos modos de produção no Brasil domina o investigador e impõe a organização da "escola". Nunca uma equipe de trabalho científico terá ido tão fundo, no Brasil, quanto a de Florestan, nas investigações sobre a passagem essencial do modo de produção escravista para a sociedade de classes: não será difícil entender que, por esse exato motivo, não foi tolerada pelo sistema. A descoberta de grandes temas (capitalismo, escravismo, racismo, subdesenvolvimento, dependência, Estado, formação do proletariado, planejamento etc.), a abertura em várias frentes de interpretação, a ruptura radical com os velhos quadros de explicação foram a tônica da "escola".[26] E a instauração de uma linguagem nova, um tanto hermética aos não iniciados, foi a expressão externa desse "espaço" criado, não sem dificuldades e tensões. Uma linguagem diversa da linguagem do senso comum, pouco acessível aos autodidatas da primeira hora. Uma linguagem mais complexa, que delimitava uma nova região: a das ciências sociais no Brasil.

Antonio Candido, igualmente preocupado com a interdisciplinaridade, combate o sociologismo cultural (e também o marxismo ortodoxo), propugna pela investigação no universo dos conceitos, caminhando da sociologia e da antropologia para a crítica e teoria literárias. Sua *Formação da literatura brasileira*, de 1957, contém uma proposta de método e apresentação prévia

---

[26] Quase todos os livros dessa etapa continham complexas questões de método, de tratamento técnico dos dados à interpretação global e à crítica de outros intérpretes; sobre o nível de realidade considerado; sobre as mediações entre os níveis etc. Apresentavam-se e discutiam-se os conceitos de base para a análise. Vistas em conjunto, essas "introduções metodológicas", conquanto por vezes se tornassem um tanto rebarbativas, nada mais eram que a introdução de novas propostas teóricas que, em conjunto, definem um novo momento cultural menos empirista e, em certa medida, menos ideológico.

de conceitos que colocam as concepções até então vigentes em história literária (e história da filosofia, do pensamento e da cultura) em xeque. A orientação de Antonio Candido delineia-se mais no sentido de depurar conceitos e clarificar uma linguagem. O "espaço" por ele criado surge mais a partir de uma limpeza de campo — ainda atravancado por resíduos simbolistas, parnasianos etc., e saturado por representantes do bacharelismo.[27]

Aqui, não se trata apenas de uma digressão formal sobre estilos. O que importa reter é que nos dois campos do conhecimento, os dois representantes do pensamento radical delineiam "espaços" novos; um, criando um circuito crítico de conceitos precisos; outro, depurando a linguagem farfalhante e "descomprometida" dos velhos quadros ideológicos, por meio do percurso dialético entre literatura e sociedade.

2. Perfil, obras e ideias de Florestan

Observada a produção cultural dos anos 50 e 60, a obra de Florestan surge como espécie de fio condutor, por trazer sempre ativa — dado essencial de sua postura — a preocupação com o papel do intelectual numa sociedade em mudança. Através de seus escritos sobre o tema, pode-se perceber traços da curva de um processo de tomada de consciência: numa era de reformismo desenvolvimentista (a cujas seduções não cedeu), em que luta não só na campanha pela Escola Pública, mas — sobretudo — pela implantação de novos padrões de trabalho científico (data-base: 1958); em que analisa as opções do cientista social numa era de revolução social (data-base: 1960); em que diagnostica a "revolução brasileira" e os dilemas dos intelectuais (data-base: 1965). O rastreamento de suas posições será útil para se verificar o distanciamento relativo de posições nacionalistas como, por exemplo, as do grupo do ISEB e, num plano maior, as desenvolvimentistas, de Celso Furtado, superiormente estudadas por outros analistas.[28] Além disso, a obra de Florestan, cada vez mais empenhada, mostra em todos os termos os dilemas enfrentados pelo produtor crítico de cultura que não cede às flutuações de conjuntura — e às consequências que advêm para aquele que ousa penetrar nos segredos da estrutura social. Neste ensaio, é tomado como um dos

---

[27] Em 1962, estará desagradado até mesmo de seu próprio estilo de 1945, rejeitando, por exemplo, "até o uso da primeira pessoa do plural" — muito corrente em teses universitárias...

[28] Ver Francisco Iglésias e Amélia Cohn, *op. cit.*

representantes do pensamento de esquerda na era do reformismo desenvolvimentista, e por seu intermédio se ingressará nos anos 60. Seu discurso de paraninfo, sobre a "revolução brasileira" e os intelectuais, pronunciado em março de 1965, pode servir de marco numa possível periodização da história da cultura no Brasil,[29] por indicar uma espécie de ruptura nas linhas de pensamento. Pouco depois, estar-se-á ingressando na *Etapa das Revisões Radicais*.

Quais suas preocupações, afinal, nesses anos que vão de 1958 a 1965? Que entende por cultura? Que é o intelectual? Qual sua atitude em face da problemática do nacionalismo e da importação cultural?

De início, poder-se-ia imaginar que Florestan Fernandes, enquanto propugnador de novos padrões de trabalho científico na esfera universitária, se mantivesse à distância dos problemas que os avanços do nacionalismo traziam à baila. Não foi isso que ocorreu. Em múltiplas ocasiões, suas manifestações foram direto à questão essencial:

"A condição número um de qualquer coisa é a implantação da ciência no Brasil."[30]

Mas essa implantação não poderia prescindir, em atitude provinciana, da cooperação internacional. Para criar-se um *sistema científico autônomo*, fazia-se necessária a criação de condições de preparação científica completa em nosso meio. Mais: urgia associar ensino à pesquisa — de resto, uma das metas das Faculdades de Filosofia, desde 1934 — e ajustar as condições institucionais às reais necessidades, de vez que as vocações científicas autênticas acabavam por colocar suas ambições "longe e alto demais".

Mas essas colocações transportam o problema para a esfera de indagações sobre o papel do Estado no estímulo à pesquisa. E, nessa altura, envere-

---

[29] Tal marco deve ser estendido para efeitos de visualização dos processos culturais dos anos 50. Florestan permanecerá ativo, crítico e independente mesmo após seu afastamento da Cátedra de Sociologia I da FFCL-USP, em 1969. Sobre o problema das opções do intelectual, produziu, depois dessa data, ensaios que atestam fidelidade ao núcleo de ideias permanentemente trabalhadas com acuidade e empenho: por exemplo, os publicados em *Capitalismo dependente e classes sociais na América Latina* (1972), e nos números 2 e 4 da revista *Debate e Crítica* (1974). Em 1975 publica um conjunto de escritos preparados desde 1968: *Universidade brasileira: reforma ou revolução?* E nesse mesmo ano (1975), outro marco: *A revolução burguesa no Brasil*.

[30] "O cientista brasileiro e o desenvolvimento da ciência". In: *A Sociologia numa era de revolução social*, São Paulo, Cia. Editora Nacional, 1963, p. 35.

da por uma trilha "muito embaraçosa e delicada", mas que o conduz para a zona limítrofe entre pesquisa científica e os chamados "interesses nacionais". A questão é embaraçosa, deveras:

"Nem por isso devemos ignorá-la. Caberia indagar se a expansão da ciência deve ou não subordinar-se a um conjunto de diretrizes, diretamente relacionadas com os interesses nacionais. A centralização e a arregimentação na esfera das atividades científicas produzem consequências negativas — como se poderia exemplificar com o que aconteceu na Itália ou na Alemanha, sob regimes totalitários. Entretanto, existem exemplos que demonstram a conveniência de adotar uma certa política de fomento da ciência e da tecnologia científica. A essa necessidade não escaparam países como a França, a Inglaterra, os Estados Unidos e mesmo onde os regimes dominantes restringiram a área de decisão pessoal do cientista, como acontece na Rússia ou em Israel, isso não foi improdutivo para o progresso dos sistemas científico e tecnológico. Doutro lado, nenhum país subdesenvolvido pode acelerar esse progresso, sem tomar medidas tendentes a consagrar um mínimo de diretrizes, que consubstanciam *uma política de desenvolvimento da ciência e da tecnologia científica*.

Na situação brasileira, seria ideal que os cientistas abandonassem certos valores e concepções individualistas, da era liberal, que nada têm a ver com a natureza do ponto de vista científico, e se dispusessem a valorizar mais o destino social que possa ser dado às descobertas e aos conhecimentos científicos em geral. Há medidas urgentes, que não são tomadas, em detrimento da expansão da ciência e da tecnologia científica, porque os cientistas não se dispõem, livremente, a fazer sugestões sobre as normas a seguir em nossas tentativas de fomento das instituições científicas e tecnológicas. Nessa base, as imposições limitativas nasceriam do consenso livremente aceito, com grande vantagem na orientação das iniciativas dos homens públicos, que deixariam de ser 'desfrutados' e 'pressionados' por cientistas mais prestigiosos ou por círculos de cientistas mais audaciosos.

Em resumo, conjugar 'ciência' e 'desenvolvimento nacional' é algo que exige medidas que ainda não foram executadas ou que estão sendo postas em prática de modo limitado e imperfeito. Precisamos dar impulso, amplitude e profundidade às tarefas de formação de pessoal científico especializado. Precisamos expandir a pesquisa científica útil primeiramente à preparação do cientista brasileiro. Ao mesmo tempo, temos de incentivar as pesquisas que, contribuindo para o progresso da ciência, possuam significação positiva para a melhoria de nosso sistema científico, e de nossa tecnologia científica" (*SERS*, pp. 36-7).

Deixando de lado as reservas para com a intervenção estatal no amparo à pesquisa — perigo, sim, nos regimes totalitários — dá-se o rompimento com os valores individualistas da "era liberal", pelo que se nota. A ênfase, vale registrar, ocorre antes na formação de um sistema *científico* autônomo que na temática do desenvolvimento nacional, embora, é óbvio, não se possa tratar as duas questões como independentes.[31]

Mas o problema da importação cultural já se colocava de maneira límpida, e a isso não deixava de estar ligada qualquer preocupação com a instauração de quadros científicos no Brasil. Claro que há questões vinculadas ao nacionalismo, quando se trata de falar em importação cultural. E surgem também os dilemas e as opções do intelectual crítico e atento às coisas do mundo — sobretudo do mundo periférico, do "país novo". Sobre essas questões, intimamente inter-relacionadas, Florestan Fernandes fornece página lapidar, em que se situa de corpo inteiro:

"Nos limites de nossas forças, procuramos servir, de modo estrito, àquilo que se poderia chamar, pomposa e rebarbativamente, como '*a causa da ciência*'. É possível que as ideias expostas não logrem reconhecimento tão elevado; as intenções, porém, eram animadas por esse propósito consciente. Gostaríamos de retomar algumas daquelas ideias e situá-las em plano mais geral, em que se evidenciassem melhor a sua significação e importância.

Em país novo, no qual a investigação científica e o pensamento científico aparecem como inovações 'importadas', torna-se fatal certa instabilidade: os cultores da ciência tanto podem revelar um fervor extremo, quanto um oportunismo maleável. A ambas as atitudes tentei combater aberta e declaradamente, por supô-las incompatíveis com a mentalidade científica. Esta requer um mínimo de objetividade, de integridade intelectual e de pensamento

---

[31] A diferença com o ISEB é que nesse a ênfase era dada, como se viu, a este último elemento.

Nacionalismo, desenvolvimentismo, radicalismo

produtivo que repelem por igual o dogmatismo e o comodismo. De fato, o fervor extremo conduz a uma espécie de 'puritanismo científico' deveras exigente e impróprio, por natureza anacrônico: os que o encarnam, lembram-nos os antigos paladinos da ciência, os homens cuja têmpera férrea e vigor de convicções possibilitaram a criação e a propagação inicial do saber científico. O oportunismo maleável é o avesso da responsabilidade inerente aos papéis intelectuais do cientista: os que o defendem não se ligam ao fluxo do pensamento científico nem às tarefas intelectuais, impostas pela expansão da civilização baseada na ciência ou na tecnologia científica; antes, especulam com consequências conhecidas das descobertas científicas e tecnológicas. Como fenômenos intelectuais, as duas atitudes representam polos opostos do processo incipiente de disseminação da ciência e da tecnologia produzida pela ciência nos países localizados na periferia da civilização ocidental. Põem-nos, literalmente, diante de algo superado e superável ou de algo 'moderno' mas indesejável. O intelectual preocupado com o processo de produção do saber científico precisa estar em condições de resguardar-se da influência dominante e prolongada das duas atitudes.

Para se atingir esse fim, é indispensável separar, com nitidez e propriedade, dois processos distintos mas interferentes: o processo intelectual de crescimento da ciência; e o processo cultural de expansão da civilização baseada na ciência e na tecnologia científica. Na concepção clássica de ciência, só é focalizado o primeiro processo, sendo o segundo suposto como consequência dos influxos inovadores da ciência no mundo moderno. A correção pragmatista dessa concepção deu margem a que se pusesse ênfase no fato de que os dois processos se interinfluenciam, existindo várias evidências demonstrativas de que o ritmo de crescimento do saber científico é condicionado e regulado pela situação histórico-cultural. Essa correção é deveras importante para os cientistas que trabalham nos países localizados na periferia da civilização ocidental. Nesses países ocorre singular paradoxo: os cientistas apegam-se, com grande tenacidade, em sua maioria, à concepção clínica de ciência, enquanto os círculos influentes da coletividade se aferram, de maneira estreita, aos possíveis benefícios que a ciência e a tecnologia científica poderiam levar à expansão do moderno sistema civilizatório. Em outras palavras, os primeiros ignoram a existência de uma concepção mais integrativa de ciência; e os segundos advogam uma linha de desenvolvimento na qual as verdadeiras necessidades de crescimento do saber científico são subestimadas ou negligenciadas. Se os cientistas forem capazes de superar suas posições intelectuais, passando a compreender a ciência e o trabalho científico como parte da situação histórico-cultural, eles também se tornam capazes de liderar os movimentos de opinião que determinam as avaliações da produção científica pelo meio ambiente" (*SERS*, pp. 39-40).

Pelo caminho indicado, nessa concepção, o intelectual passa a entender sua produção imbricada no contexto histórico-cultural e, além disso, a controlá-la, na medida em que ele próprio possa coordenar os movimentos de opinião na avaliação dos resultados de seu labor. A "causa da ciência" transforma-se, nessa perspectiva, numa causa política. Não se trata de confundir as duas instâncias do processo cultural em área periférica, para nivelar problemas que são de natureza diversa, e montar uma ideologia; ao contrário, o que se elabora é uma teoria da produção cultural para esta área periférica, em que os aspectos políticos e científicos sejam devidamente avaliados e *integrados* no plano da consciência dos próprios produtores do conhecimento, os quais, dentro desses critérios, tornam-se agentes do processo, passam a fazer História — e não a sofrê-la.

Desse primeiro momento mais significativo da trajetória[32] produziu-se, ainda, *O padrão de trabalho científico dos sociólogos brasileiros*,[33] em que analisa a integração entre ciência e sociedade, com vistas à situação da investigação sociológica no Brasil. Texto de combate, indica, entre outros pontos, os danos causados por noções extracientíficas de "estudo sociológico" entre nós, vigentes em "ensaios inspirados pelo liberalismo, pelo integralismo, pelo socialismo etc." e que são encarados como "contribuições sociológicas" (p. 29).

Nesse estudo, indica os desvios a que podem levar formulações como as de Guerreiro Ramos, prejudiciais à instauração de um verdadeiro sistema científico. Para Guerreiro Ramos, os métodos e processos de pesquisa na

---

[32] Vale ressalvar: o pensamento crítico do autor já se esboçara vigoroso nos anos 40. O que se assiste, nesse fim dos anos 50, é o pleno florescimento de ideias que passam a ser apresentadas com maior grau de articulação. Com maior *abrangência*, para usar um termo caro a essa escola histórico-sociológica.

[33] Belo Horizonte, UFMG/Edições da RBEP, 1958 (Estudos Sociais e Políticos, 3).

América Latina deveriam "coadunar-se com os seus recursos econômicos e de pessoal técnico, bem como com o nível cultural genérico de suas populações"...

Na entrada dos anos 60, surge um texto de alta significação sobre as opções do intelectual numa era de revolução social. Por volta de 1961/1962, não se estará em face de problemas genéricos de mudança social — mas sim de revolução social. *Trata-se de uma época em que começavam a proliferar em várias frentes formulações sobre a "pré-revolução brasileira"*. A temática do subdesenvolvimento, do "desenvolvimento rápido", de processos de tomada de consciência, do planejamento e liberdade, estagnação econômica e dependência, da neutralidade ou do engajamento do cientista social etc., vinha para a linha de frente dos debates. Claro que a perspectiva geral era a da "modernização" e da superação do Brasil "arcaico", e de resolução do problema das disparidades regionais.[34] Mas a tônica era radical, e a meta socialista. Através de excertos retirados de "Reflexões sobre a mudança social no Brasil"[35] pode-se avaliar o perfil teórico de Florestan Fernandes:

I. Sobre a *"neutralidade" do cientista*:
"Como será fácil perceber-se, a presente análise não se subordina a uma posição 'estritamente neutra'. Pondo de lado saber-se se isso é ou não possível, em temas pertinentes a concepções do mundo em conflito aberto e insolúvel, gostaria de ressaltar algo que considero deveras importante. Sem ser nem aspirar a parecer 'neutro' diante das questões debatidas, procurei evitar que as reflexões assumissem o caráter de pregação ideológica. Através de uma disciplina intelectual, que às vezes se mostrou penosa, obriguei-me a encarar tais questões do ângulo da formação e da integração da sociedade de classes no sistema capitalista de produção econômica e no regime liberal-democrático de organização do poder político. Ao tomar essa posição, restringi a natureza e o alcance das reflexões, concentrando-as sobre requisitos ideais da sociedade de classes, nas condições mencionadas, e sobre os fatores que impedem, perturbam ou solapam as possibilidades de sua manifestação *normal* no cenário histórico brasileiro. Isso faz com que as conclusões sejam insatisfatórias para aqueles que procuram 'uma' resposta, de sentido

---

[34] Curioso notar como tal problema foi retomado pelo regime instaurado após 1964 retiradas as implicações estruturais. *O processo revolucionário brasileiro*, AERP, "Introdução", 1969.

[35] Publicadas em *A Sociologia numa era de revolução social*, cap. 7, pp. 201-42.

ideológico puro, explícito e inconfundível. Mas, contém o mérito, que me pareceu primordial, de favorecer a focalização dos dilemas que se situam na própria raiz de nossas dificuldades históricas. Independentemente do grau de radicalismo de nossas atitudes perante a solução dos 'problemas nacionais brasileiros', acho pacífico que vem em primeiro plano a necessidade de identificá-lo compreensivamente, tomar consciência de suas causas ou efeitos sociais e de descobrir as razões dos sucessivos malogros das tentativas de submetê-los a controle deliberado" (*SERS*, pp. 202-3).

II. Sobre a *modernização postiça*:
"Graças à *Campanha de Defesa da Escola Pública*, alguns meses após participar desse simpósio tive a oportunidade de sair do relativo isolamento a que ficam condenados, por contingências da carreira e por outros motivos menos louváveis, os professores universitários. O longo debate, que se seguia a cada conferência, ofereceu-me um instrumento de sondagem endoscópica da sociedade brasileira, de real significação para os meus centros de interesse científico. Em quase cinco dezenas de debates, no município da capital de São Paulo, em outras comunidades do interior do nosso Estado e em várias 'grandes cidades' brasileiras, consegui estabelecer um diálogo, por vezes de natureza polêmica, com representantes dos diferentes círculos e correntes sociais da sociedade brasileira contemporânea. Se me foi dado perceber, reiteradamente, que a 'fome de instrução' é boa conselheira e que até os leigos incultos são capazes de atinar com as soluções que deveríamos pôr em prática, também tive de ceder a conclusões sumamente penosas e inesperadas. Nós nos modernizamos por fora e com frequência nem o verniz aguenta o menor arranhão. É uma *modernidade postiça*, que se torna temível porque nos leva a ignorar que os sentimentos e os comportamentos profundos da quase totalidade das '*pessoas cultas*' se voltam contra a modernização" (*SERS*, p. 204).

III. Sobre o *"superego nacional"*:
"As distorções do nosso 'superego nacional' são tão profundas, que eu próprio tinha como certo que essas contradições se explicariam, sociologicamente, em termos de hipóteses clássicas. Pensava que o dilema social brasileiro estaria em ajustar as esferas da sociedade brasileira, que não se transformaram ou que se transformaram com menor intensidade, às esferas que se alteraram com maior rapidez e profundidade. Com isso, encarava a situação sociocultural do Brasil como uma alternativa da

teoria da demora cultural, como ela é formulada por Ogburn, em vista do padrão de desenvolvimento da comunidade urbana na era industrial. Essa é uma ilusão que poderia afetar o agente social que visse a 'realidade brasileira' através do conhecimento de senso comum e pelo prisma de potencialidades econômicas, culturais e sociais típicas da cidade de São Paulo. Que tal ilusão tenha interferido nas ideias de alguém que compreendia essa mesma realidade através de categorias sociológicas e não tinha dúvidas em apontar a inadequação estrutural e dinâmica do horizonte cultural dominante constitui algo digno de ponderação. Isso quer dizer que estamos de tal maneira impregnados daquelas manifestações simbólicas de teor compensatório, que o próprio cientista social precisa percorrer um caminho difícil para libertar-se de pré-noções e chegar a assumir uma posição favorável à descrição objetiva das coisas" (*SERS*, pp. 210-1).

IV. Sobre a *mudança social*:
"A mudança social não é um bem em si mesma e ela pode produzir efeitos negativos irreparáveis, se as opções coletivas em jogo não elevarem à esfera da consciência social o que se pretende conseguir por seu intermédio" (*SERS*, p. 219).

V. Sobre o *nacionalismo econômico desproporcionalmente benéfico aos interesses empresariais*:
"*A revolução cubana* forçou uma redefinição das polarizações de lealdades, com referência aos padrões de integração social que correspondem às alternativas de desenvolvimento do nosso sistema civilizatório. De um lado, ela provocou reações defensivas que orientaram as influências norte-americanas em nova direção: de intervir ativamente junto aos governos e à opinião pública latino-americanos para fortalecer a adesão às soluções neoliberais de desenvolvimento econômico, político e social. Esse episódio possui, em si mesmo, indisfarçável importância histórica. Ele representa o fim de uma era de acomodação, deveras chocante mas inevitável, entre a política 'oficial' dos Estados Unidos e o tipo de conservantismo cultural praticado pelas camadas dominantes nos vários países de tradição ibérica da América Latina. E bem poderá significar o início de uma nova era, em que o eixo de acomodação de interesses será a expansão industrial, provavelmente sob a égide da especialização econômica regional. Parece evidente que daí resultará o fortalecimento gradativo dos círculos sociais inovadores em ascensão, desde que proporcionem suas aspirações de desenvolvimento às possibilidades de um

radicalismo moderado. De outro lado, a *revolução cubana* introduziu a experiência socialista nas Américas, ou seja, converteu em realidade histórica as opções inconformistas diante da mudança social de cunho especificamente revolucionário. Desse ângulo, o episódio teve duas consequências imediatas relevantes: 1º) deu alento às correntes sociais que não se empenhavam, apenas, em combater 'os problemas humanos do subdesenvolvimento', mas em corrigir, simultaneamente, os dilemas materiais e morais da ordem social capitalista; 2º) compeliu os 'círculos de esquerda', de diversas matizes, a reverem e a modificarem a estratégia anterior, de contenção do radicalismo político e de apoio decidido a um nacionalismo econômico desproporcionalmente benéfico aos interesses empresariais" (*SERS*, p. 222).

VI. Sobre a *mentalidade do intelectual como um falso problema; no caso do Brasil, a concepção estamental do mundo*:
"A polêmica entre os que defendem o 'intelectual participante' e os que postulam a 'neutralidade da inteligência' funda-se, sociologicamente considerada, num falso dilema. Não existe inteligência 'neutra' nem se poderia eximir qualquer produção cultural do homem de algum estado de 'participação'. Quando muito, seria possível falar em graduações, que nascem de um contexto intencional, deliberadamente fomentado pelos escritores numa ou noutra direção. Nesse caso, 'neutralidade' e 'participação' seriam meros polos ideais, para os quais tenderiam as aspirações conscientemente percebidas e alimentadas dos intelectuais. Essas reflexões permitem-nos uma compreensão mais clara do nosso intelectual típico. As polarizações do tipo 'arte pela arte' sempre se instilaram no ânimo dos nossos escritores, mesmo daqueles que pensavam fazer exatamente o contrário. As atividades do *homem letrado* adquiriram o sentido de uma especialização que pressupunha isolamento diante dos problemas da vida em nossa sociedade senhorial. Se o escritor toma posição, aqui ou ali, em face desses problemas, tudo se passa como se ele vivesse outros papéis sociais, inextricavelmente entretecidos entre si por causa da própria condição da pessoa humana. Não é a 'arte' que se envolve e se compromete; mas, o que, na pessoa do 'artista', nada tem a ver com ela, porque nasce daquilo que o próprio 'artista' tem de comum com outras pessoas. Embora a explicação sociológica tenha pouca importância para a interpretação da dinâmica da criação intelectual, parece fora de dúvida que aí nos defrontamos com algo de excepcional significação. O nosso padrão de 'vida literária' foi moldado

numa sociedade senhorial e o escritor brasileiro passou a ver-se, como e enquanto escritor, à luz de uma concepção estamental do mundo.

Os influxos que renovaram e modificaram esse padrão de 'vida literária' não foram bastante fortes para criar um novo estado de espírito. Eles compeliram o escritor a dar alento a certas tendências inovadoras do meio ambiente. Mas, de um modo que deixou insuperada a distância que havia entre a 'arte' e os 'problemas da vida'. Estes surgiram na obra de arte, como eclosão dos mesmos papéis que os intelectuais se viam obrigados a desempenhar na vida prática, fora e acima de sua condição particular de agentes de uma forma especial de saber. Em outras palavras, manteve-se o confinamento da literatura, da pintura ou da ciência, como se elas fossem alheias à condição humana e à realidade moral do 'homem comum' e de seu estilo de existência. Como uma parede enfeitada, podiam ostentar algumas nesgas de outros mundos possíveis; contudo, deles não faziam parte, como maneiras de afirmação inteligente do homem sobre as adversidades ou as amenidades da vida. Portanto, os dois polos nos conduzem a um mesmo desfecho: um divórcio entre a inteligência criadora, como e enquanto tal, e o processo pelo qual reconstruímos a 'civilização ocidental'. O padrão de 'vida literária', construído para a ocupação conspícua do ócio numa ordem estamental e o emprego construtivo de energias intelectuais estuantes, preservou-se indefinidamente, através dos mais duros embates do homem comum com os problemas nacionais. Chegamos a um momento crucial, para o destino do Brasil como Nação e sua integração ao círculo civilizatório a que pertence, e a *'inteligência* brasileira' continua docilmente alienada da realidade ambiente. Conserva, tenazmente, seu cunho artificial, apegando-se a avaliações que entram em choque com as responsabilidades do intelectual em qualquer circunstância e com as funções da *cultura erudita* na sociedade contemporânea.

O que há de pior é que a 'neutralidade da inteligência brasileira' não é neutra: ela traduz e perpetua a velha atitude de indiferença das camadas senhoriais perante a miséria material e humana da 'plebe'; é que a 'participação do intelectual brasileiro' corresponde à responsabilidade da *inteligência* às avessas: ela elimina, em regra, qualquer possibilidade de escolha refletida e objetiva das alternativas de opção. No entanto, só uma posição seria compatível com a integridade e com as funções construtivas da *inteligência* no mundo moderno. Aquela que postulasse como essencial a responsabilidade do intelectual como e enquanto tal — como escritor, como pintor, como músico, como filósofo, como educador, como cientista etc. — e definisse os papéis sociais correspondentes em termos de semelhante compreensão das relações entre a *inteligência e a sociedade*" (*SERS*, pp. 229-31).

VII. Sobre o *intelectual e a democratização da cultura*:
"Mantemo-nos 'bem informados' intelectualmente falando, mas de forma paradoxal, porque não dominamos efetivamente as técnicas intelectuais que poderiam tornar as 'informações' produtivas. Por fim, seria (o intelectual) impelido a operar como agente humano da *democratização da cultura*, hoje mera entidade abstrata e verbalizada nas intenções dos 'mais avançados'! Ora, é um contrassenso supor que acabaremos partilhando dos benefícios da democracia e da *civilização industrial* sem nenhum esforço coletivo. Existem barreiras a romper; condições de comunicação intelectual a engendrar. Nessas ocorrências, o intelectual não poderá manter-se como mero espectador ou como simples inventor de bens intelectuais, que se propagam por si mesmos, mercê do esclarecimento dos homens. O intelectual terá de arcar com suas tarefas, misturar-se com a 'plebe ignorante' e elevar-se com ela a um novo padrão de civilização. Democratização da cultura significa reconstruir a relação do intelectual com o mundo, pôr fim a um estado de coisas que faz do saber sistematizado um privilégio social e dar início a uma era de proscrição da ignorância como fonte de dominação do homem pelo homem. Em suma, envolvendo-se no processo acima referido, os intelectuais brasileiros adquiririam experiências que fariam deles participantes responsáveis, ativos e criadores da reconstrução de nossa herança social e cultural, o que lhes permitiria entrar com seu quinhão no forjamento do nosso 'mundo do futuro'" (*SERS*, pp. 233-4).

O terceiro momento está localizado por volta de 1965, em que realiza diagnóstico da "revolução brasileira" e os dilemas dos intelectuais.[36] A radicalização do processo impunha a reafirmação de atitudes concretas — como quando da tentativa de intromissão do Governador Jânio Quadros nas decisões da Congregação da FFCL-USP, no regime anterior a 1964 — tendentes a preservar a autonomia universitária. Dirigindo-se aos formandos, seus novos

---

[36] Trata-se de um discurso de paraninfado (Turma de 1964 da FFCL-USP), realizado a 23 de março de 1965, publicado em *Sociedade de classes e subdesenvolvimento* (Rio de Janeiro, Zahar, 1968), um dos últimos representativos desse tipo de solenidade em São Paulo. No ano anterior, fora eleito paraninfo Darcy Ribeiro, não tendo comparecido por estar já, a essa altura, apeado do poder.

colegas, Florestan Fernandes, tendo recentemente conquistado a cátedra — e o padrão acadêmico era alto, como os ideais que inspiravam sua luta pela autonomia: a tese de concurso era nada menos que *A integração do negro na sociedade de classes* — continuava, como continuaria em 1968 e 1969, e mesmo depois, aposentado compulsoriamente, a lutar pela autonomia da Universidade. Forças interessadas na dispersão desse patrimônio conquistado a duras penas voltavam a rondar — mais que na era populista — os muros da Universidade:

> "Pairam sobre eminentes mestres punições inconcebíveis e inaceitáveis, enquanto a intolerância obscurantista descobre meios para perseguir, sem nenhuma trégua ou respeito, figuras do gabarito científico de um Mário Schenberg. (...) O que importa (...) é não cedermos terreno no que for essencial à implantação, no Brasil, de autênticos núcleos de pesquisa original, de ensino renovador e de divulgação criteriosa" (*SCS*, pp. 164-5).

Em sua análise aborda três temas de importância fundamental. O primeiro deles é relativo àquilo que se denominaria de "revolução brasileira".

Para abordá-lo, aceita que a "melhor regra, na explicação histórica, consiste em remontar do presente ao passado (como o quer Simiand)" e, a partir desse critério, voltar ao século XIX para buscar as raízes de alguns problemas da história contemporânea do Brasil — a busca daquilo que Michel Debrun denominaria "dissociação ideológica". Sobre o que então se entendia por revolução, incide a crítica de Florestan:

> "Por fim, quanto ao terceiro ponto, estabeleceu-se, pelas razões apontadas, uma propensão reiterada a encarar-se esta revolução como se ela fosse o produto puro e simples da atividade de uma geração — ou, melhor, da parcela de uma geração que representasse os papéis de atores do drama. Isso fez com que a falta de uma perspectiva voltada para o passado se acabasse agravando por uma deturpação ainda mais funesta, que vem a ser a ausência de uma percepção voltada para o futuro. No fundo, o que não era pensado como processo histórico, na ligação do atual com o anterior, também deixava de ser pensado como processo histórico numa direção puramente prospectiva, na ligação do atual com o ulterior. Isso impediu que se visse a 'revolução brasileira' como algo contínuo e *in flux*, provocando uma atomização da consciência da realidade sem paralelos e uma ingênua mistificação da na-

tureza do processo global, raramente entendido como autêntica *revolução burguesa*. Tal visão só podia ser alimentada por um estado de espírito particularista, pulverizador e imediatista; e teve o condão de exagerar enormemente a significação do que se fazia e do que se podia fazer, em detrimento do que deveria ser feito. Em suma, perdeu-se de vista não só o encadeamento das diversas fases da nossa revolução social, como também os caracteres que ela assumia na duração histórica, que singularizam o nosso padrão de desenvolvimento histórico-social. Sua lentidão, sua irregularidade, sua falta de homogeneidade, que exigiam atenção, explicação e correção, foram negligenciadas, embora se soubesse que fenômenos análogos haviam transcorrido em outros países de forma bem diversa. No conjunto, os três tipos de deformação representativa da história provinham de inconsistências do horizonte cultural dos próprios agentes históricos, que organizavam sua percepção da realidade e suas técnicas de atuação social segundo uma noção tradicionalista e a-histórica da realidade social. Levando-se em conta esses dados, não só se compreende melhor por que tivemos de enfrentar tantas crises sucessivas. Também se entende melhor por que elas não foram enfrentadas com recursos mais eficientes" (SCS, p. 168).

Depois de acurada análise da "revolução burguesa" e mostrando *como e por que* outras alternativas estavam eliminadas, concluirá:

"Nossa débil 'revolução burguesa' constitui, por enquanto, o único processo dinâmico e irreversível que abre algumas alternativas históricas. Não só representa a única saída que encontramos para a modernização sociocultural. Contém em si novas dimensões de organização da economia, do Estado e da sociedade, que poderão engendrar a diferenciação das estruturas sociais, a difusão e o fortalecimento de técnicas democráticas de organização do poder e da vida social, novas bases da integração da sociedade nacional etc. Sem que nos identifiquemos ideologicamente com essa revolução e nos tornemos seus adeptos ou apologistas, é fácil reconhecer que ela possui um sentido histórico criador. Além disso, a sua concretização final permitirá a superação do dilema social que nos mantém presos a uma herança sociocultural indesejável. Enquanto não rompermos definitivamente com as cadeias invisíveis do passado, não conquistaremos o mínimo de autonomia, que é necessária, para governarmos o nosso 'destino nacional' nos moldes da civilização moderna" (*SCS*, pp. 170-1).

Sua não identificação com essa revolução não o torna menos realista, numa época em que as utopias fermentavam, confundindo as dimensões reais do processo histórico-cultural. Numa palavra, o processo político avançava, mas não havia uma linha de diagnósticos seguros, apoiados em quadros culturais enraizados e com densidade teórica. Mas, segundo Florestan, os intelectuais não perceberam o quanto estavam envolvidos pelos valores da "revolução burguesa". O segundo ponto de sua conferência versa sobre a posição da intelectualidade diante do processo histórico-social. Mostrando que pelas características dos papéis sociais (e, portanto, políticos) a eles atribuídos, os intelectuais já vêm participando da dinamização do processo de gestação da "revolução burguesa":

"Nas fases agudas de sua maturação e manifestação, de 1930 aos nossos dias, o alcance qualitativo da contribuição dos intelectuais não fez senão crescer e aumentar. Especialmente como técnicos, mas também graças a outros papéis sociais, os intelectuais assimilaram os interesses e os valores da 'revolução burguesa' e forneceram, inclusive, um pugilo de ideólogos mais identificados com suas implicações nacionais.

Sem dúvida, existem outras alternativas de escolha para os intelectuais, entre elas a opção extrema da negação mesma dessa revolução. Mantendo o raciocínio no âmbito do que é dado historicamente, entretanto, uma coisa é patente. Onde os intelectuais vencem o imobilismo tradicionalista e se incorporam às tendências dinâmicas de diferenciação da sociedade brasileira, propendem a admitir que ela representa um avanço necessário, valioso e desejável. Nela veem o principal suporte para o salto histórico que poderá facilitar a modernização da tecnologia, do ensino, da pesquisa, do Estado, enfim de todas as esferas da vida. Até os que a repelem como *solução política* aceitam o seu conteúdo positivo mínimo e a defendem por causa disso, estimando que ela poderá livrar-nos da sujeição ao passado e abrir novas vias às nossas experiências históricas.

Está claro que essas apreciações devem ser recebidas com boa dose de relativismo. A 'revolução burguesa' não foi um *fiat lux* em nenhuma parte e não haveria razão para que isso ocorresse no Brasil. No entanto, a concepção tradicionalista do mundo tem aqui contribuído severamente para manter um clima de incompreensão da inteligência e do mau uso social do talento. Na medida em que a revolução burguesa representa uma alternativa historicamente possível, ela ganha também as dimensões de uma esperança. Se, na prática, uns ficam dentro dos seus limites e outros pretendem rompê-los, pouco importa. O que se impõe reconhecer e enfatizar é essa correlação, que integra os intelectuais no bojo dos processos desencadeados ou almejados por essa revolução.

Ora, tal reconhecimento pressupõe todo um conjunto de obrigações imperativas. Ao contrário dos outros agentes sociais, o intelectual deve lidar de modo consciente e inteligente com os elementos de racionalidade que são acessíveis à sua atuação social. Ele não é nem melhor nem pior que os outros seres humanos. Também não é mais livre que eles do influxo dos interesses e das ideologias. Contudo, pode discernir melhor as razões e as consequências de suas opções. Por isso, mesmo que não se sinta emocional e moralmente fascinado pela 'revolução burguesa', possui condições para determinar, melhor que os outros, em que sentido ela é útil e necessária. Sem cair nas ingenuidades dos 'amantes do progresso' dos séculos XVIII e XIX e sem resvalar para concepções utópicas, como se a 'revolução burguesa' acarretasse o advento do 'reino da justiça social', ele é, pelo menos potencialmente, capaz de saber onde estão e quais são as suas vantagens relativas. Desse prisma, se sua consciência não estiver adormecida, à sua posição é inerente um drama moral considerável. Pois vê-se na contingência de lutar, às vezes com denodo e determinação, por alvos que não correspondem totalmente aos seus sentimentos de equidade social. Nas proporções em que enxerga mais longe, nem sempre deseja as soluções viáveis com entusiasmo. Apesar disso, porque pode estabelecer a relação que existe entre as soluções possíveis e as necessidades do mundo humano em que vive, sente-se compelido a defendê-las com zelo, ardor e tenacidade. A nossa 'revolução burguesa', tendo-se arrastado até nossa época, inspira limitada paixão como empreendimento histórico. Mas é uma saída, tanto a respeito da liberação dos grilhões do passado, quanto no que se refere à conquista de algum domínio do futuro. Os intelectuais brasileiros não podem ser indiferentes ao que lhes suceda e, ainda menos, à faculdade que logramos, como povo, de aproveitar os seus frutos positivos" (*SCS*, pp. 171-2).

O terceiro e último ponto da conferência conduz à questão central da democracia no Brasil, e do papel dos intelectuais. Mostrando que a democracia liberal traz limitações conflitantes com a própria noção de *democracia*, adverte dos perigos da "revolução burguesa". Aparentemente contraditória, no final, a análise tem valor de "antecipação", decorridos dez anos de sua produção. *O valor da análise, para a época, era inestimável, de vez que a esquerda subestimava o peso da reação — dados os vícios dos diagnósticos populistas.* Por essa razão, talvez não seja exagero considerá-la um dos marcos da história da cultura no Brasil,[37] registrando o fim de uma etapa:

"Na verdade, é quase nula a diferença que separa o presente do passado em muitas comunidades humanas brasileiras, onde ainda imperam formas arcaicas de mandonismo. Também é pacífico que as três experiências republicanas falharam no plano elementar de garantir ao regime democrático viabilidade histórica e normalidade de funcionamento (para não dizer de crescimento). Por fim, mesmo que tudo tivesse corrido às mil maravilhas, à democracia liberal são inerentes limitações fundamentais, que redundam na sua incapacidade de eliminar iniquidades sociais que são incompatíveis com a própria democracia. Com todos esses argumentos à vista, não tenho dúvida em sustentar que o único elemento real-

---

[37] Ao tomar a conferência como um marco cultural não se pretende, evidentemente, sugerir o final dessa linha de reflexão do autor. Ao contrário, constitui um momento crítico em que o papel do intelectual foi melhor definido em face de uma conjuntura tensa. Se Florestan advertia dos perigos que rondavam a Universidade, evocando o caso de Mário Schenberg, e lembrando que na "universidade se compõe uma comissão de expurgo e nela se encontram professores sequiosos por essa missão", ele próprio, e a parte mais ponderável de sua equipe, além de outros professores do melhor nível intelectual já produzido pela Universidade brasileira, seriam aposentados compulsoriamente. Vale lembrar que Florestan trabalhou contra, não, apenas, as forças de reação externa e interna à Universidade; na época das Comissões Paritárias, em que tantas soluções aventadas seriam encampadas pelo sistema, mesmo após as demissões, o sociólogo lutou pelo não transbordamento de soluções juvenis que, à época, comprometiam seriamente um estilo progressista de trabalho universitário de alto padrão. Este estudo se completaria com o acompanhamento do percurso posterior de Florestan, através de textos marcantes em que a fidelidade à orientação socialista é uma constante: *Universidade brasileira: reforma ou revolução?* (São Paulo, Alfa-Omega, 1975, escrito em 1968); "Sociologists: The New Mandarins?" (Universidade de Toronto, 1969, publicado em *Debate e Crítica*, São Paulo, 1974, n° 4); "Sociologia, modernização autônoma e revolução social" (São Paulo/Chile, 1970-1972, publicado em *Capitalismo dependente e classes sociais na América Latina*, Rio de Janeiro, Zahar, 1973, pp. 123 ss.); *A revolução burguesa no Brasil* (Rio de Janeiro, Zahar, 1975).

mente positivo de nossa história recente diz respeito aos pequenos progressos que alcançamos na esfera da democratização do poder. E, indo mais longe, acredito que o dever maior do intelectual, em sua tentativa de ajustar-se criadoramente à sociedade brasileira, objetiva-se na obrigação permanente de contribuir, como puder, para estender e aprofundar o apego do homem médio ao estilo democrático de vida.

Isso significa, em outras palavras, que os intelectuais brasileiros devem ser paladinos convictos e intransigentes da causa da democracia. A instauração da democracia deve não só ser compreendida como o requisito número um da 'revolução burguesa'. Ela também será o único freio possível a esta revolução. Sem que ela se dê, corremos o risco de ver o capitalismo industrial gerar no Brasil formas de espoliação e iniquidades sociais tão chocantes, desumanas e degradantes como outras que se elaboraram em nosso passado agrário" (*SCS*, p. 173).

Um pensamento profundamente radical, enfim, o de Florestan Fernandes, consciência-limite de seu tempo.

5.

A época de revisões radicais e aberturas teóricas (1965-1969)

Não parece, à primeira vista, tarefa das mais simples detectar com exatidão os marcos definidores de novas concepções de cultura que vieram à tona após 1964. Poder-se-ia dizer até, na formulação tradicional dos historiadores menos afeitos à compreensão do presente como História, da inexistência ainda de perspectiva histórica suficiente para a avaliação madura dos fatos. Ocorre que não se trata, apenas, da quase contemporaneidade dos eventos que, no limite, nos impediria de enxergá-los; a esse argumento, aliás frequente na produção historiográfica convencional, poder-se-ia responder que, ao contrário, a proximidade favorece ao observador. Demais, não se está esposando perspectiva neutra — o "olho que boia" de Durkheim — mas, antes, procurando vislumbrar alguns traços significativos de um momento complexo e crucial da produção cultural no Brasil. Mais especificamente: o propósito é o de sugerir *alguns* dos dilemas do pensamento progressista na produção cultural brasileira contemporânea. No torvelinho que se seguiu a 1964, não será arriscado afirmar que duas análises provocaram intenso debate e revisão ideológica nas searas progressistas: a primeira, no plano mais geral, de autoria de R. Stavenhagen, as "Sete teses equivocadas sobre a América Latina" (1965), contestando as interpretações dualistas que embebiam os estudos sociais, econômicos, políticos, antropológicos (e que iam de Furtado a Lambert, de N. W. Sodré a Bastide); a segunda, de Caio Prado Jr., *A revolução brasileira* (1966), no plano interno, e mais especificamente dirigida ao pensamento de esquerda, apontava os desvios das interpretações ditas marxistas, que produziram diagnósticos pouco eficazes e que ajudaram a levar à derrocada dos setores progressistas em 1964.

Seria pouco, entretanto, indicar apenas as duas análises como responsáveis pelo movimento de revisão. Preferiu-se, antes, tomá-las aqui como expressões de um momento em que as consciências progressistas se viram obrigadas a debruçar sobre si mesmas para autoavaliação.

O intenso debate em torno da obra de Caio Prado Jr. pareceria suficiente para a tomada de temperatura do período. Não é esse, todavia, o objetivo da sondagem que, para ser completa, se tomado esse rumo, deveria considerar as condições em que se produziram algumas outras análises de alto conteúdo ideológico como as de José Honório Rodrigues (notadamente em *Conciliação e reforma no Brasil*), de Roland Corbisier (*Reforma ou revolução*), de Paulo Mercadante (*A consciência conservadora no Brasil*), balanços como os de Carlos Estevam Martins, sobre a construção de teoria na ciência social brasileira (publicado na revista *Dados*, em 1966). Preferiu-se, antes, abandonar a alameda principal dos textos mais trilhados para, sem correr a tentação dos descaminhos e perder o essencial, descobrir novas paisagens ideológicas — mas que, no conjunto, surgem moldadas pelas mesmas matrizes, obedecendo o traçado geral.[1]

As cinco abordagens escolhidas referem-se à história da cultura como problema. Ou antes: às "culturas" no Brasil, consideradas as singularidades das condições de suas produções. A primeira abordagem focaliza a *Revista Civilização Brasileira*, marco fundamental na história da cultura e do pensamento político progressista no Brasil no século XX, através de algumas produções significativas surgidas ao longo de sua existência (1965-1968). A segunda abordagem está referida a uma vertente das vanguardas, que se redefiniu e radicalizou em face de novos desafios: uma visão inspirada pelas linhas do antigo marxismo ortodoxo procurava se abrir, rompendo com velhas balizas forjadas de maneira rígida e monolítica, para se apreender o fato cultural, características do período anterior (Ferreira Gullar); na terceira abordagem, a ideia do "caráter nacional" volta para a linha de frente como objeto de investigação, em análise que, derrubando radicalmente alguns mitos persistentes, anuncia a "superação" das ideologias (Dante Moreira Leite); na quarta abordagem, outra frente inspirada de reflexão se abre com Roberto Schwarz, ironizando o ajustamento ao sistema de certas vanguardas; e, finalmente, uma proposta de elaboração de uma história da cultura se reafirma, através de Antonio Candido.

---

[1] A análise mais pertinente sobre o período (1964-1969) foi realizada por Roberto Schwarz. Para o leitor preocupado em desvendar o lineamento básico desse importante período, consultar, do autor, "Remarques sur la culture et la politique au Brésil, 1964-1969", *Les Temps Modernes*, n° 288, pp. 37-73, Paris, jul. 1970.

A) A *REVISTA CIVILIZAÇÃO BRASILEIRA* (1965-1968):
HISTÓRIA DE UMA RADICALIZAÇÃO

Após 1964, surgia um dos marcos fundamentais na história da cultura e do pensamento político progressista no Brasil no século XX, a *Revista Civilização Brasileira*. Nesta abordagem, será focalizada a maneira pela qual sofreu os efeitos da conjuntura política, de vez que a concepção de produção cultural por ela veiculada não dispensava a angulação política. Política e cultura surgiram como faces de uma só moeda: numa palavra, a conjuntura dinamizada pelas forças da repressão provocou a eliminação das "distâncias" entre os dois níveis.

Quando se sugere, por outro lado, estar-se em presença da história de uma radicalização, não se deixa de considerar o que há de relativo na proposta: afinal, ao observador menos desprevenido não será difícil inferir que a radicalização da revista nem sempre é efetiva, sendo antes responsável por essa impressão o fechamento dos espaços críticos nas malhas do processo de compressão cultural e política vivido na última década. Portanto, a radicalização da revista nem sempre é efetiva, sendo mais provável a presença do Estado autoritário cerceando o debate que, antes, era suficientemente aberto para permitir até mesmo aos editores da revista, em 1965, dirigirem-se diretamente ao Presidente Castelo Branco.

Houve, não obstante, alguma radicalização na trajetória da revista. Cumpre avaliá-la, através de algumas produções significativas, por se tratar de uma das publicações "cultas" de maior difusão na história desse tipo de imprensa periódica. Fruto de uma era populista, modificou paulatinamente sua orientação até seu fechamento, em 1968, por volta do AI-5. Nesse sentido, podem ser indicados dois momentos básicos na história da revista: um, definido pelos compromissos com as linhas de pensamento (progressista) vigentes no período anterior, cobrindo, *grosso modo*, os anos 1965 e 1966; o segundo, onde se percebe a emergência de novas linhas de diagnósticos, encaminhando-se para revisões radicais (inclusive criticando-se participantes do primeiro momento), perscrutando novas frentes de reflexão e afinando um novo instrumental de análise. Cobre esse segundo momento os anos 1967 e 1968, até o fechamento da revista.[2]

---

[2] Esta divisão, um tanto sumária, não exclui do primeiro momento, obviamente, a participação de intelectuais menos comprometidos com os quadros do populismo e do nacional-desenvolvimentismo, e, portanto, mais lúcidos e radicais; e também não deixa de

Traço expressivo do primeiro momento pode ser vislumbrado na composição do Conselho de Redação: além de Roland Corbisier como Secretário, encontram-se nomes como os de Alex Viany, Álvaro Lins, Dias Gomes, Edison Carneiro, Ferreira Gullar, Nelson Werneck Sodré e Paulo Francis. No segundo momento, o corpo redatorial resume-se a Moacyr Felix (substituindo Ênio Silveira) e Dias Gomes (substituindo Corbisier). Mais: a partir do número 14, do segundo semestre de 1967, a *RCB* não publica mais editoriais.

Até o número 11/12, no fim de 1966, as discussões — e principalmente os editoriais — denotavam uma ligação estreita com o passado e a ausência de perspectivas concretas, inclusive no plano teórico. A reflexão política surgia marcada ainda pelo "anti-imperialismo", acreditando-se na aliança da "burguesia nacional" e dos "setores progressistas" com os trabalhadores. Os problemas políticos analisados versavam principalmente sobre temas nacionais,[3] em abordagem nacionalista (defesa dos recursos nacionais, por exemplo); nas artes também se procuravam saídas, como revelam os debates e entrevistas realizados entre compositores, cineastas etc. Em suma: um peso muito grande do passado.

Na segunda fase, que se inicia com o número 13, de abril de 67 (a capa é Mao Tsé-Tung), nota-se a presença de uma nova frente de intelectuais que, um pouco diversamente da orientação de Ênio Silveira, Cavalcanti Proença, Werneck Sodré e outros, não teve uma ligação tão profunda com o populismo, surgindo assim em condições de analisar mais eficazmente o presente. A abordagem é mais sociológica (por assim dizer) e científica — muitos eram professores de Ciências Sociais, como Marialice Foracchi, Leôncio Martins Rodrigues, Octavio Ianni; e aqueles que não o eram, modificam suas pers-

---

considerar que representantes do pensamento populista, amiúde encaixados nos esquemas de um nacionalismo estreito, estiveram presentes na segunda fase.

[3] A *Revista Brasiliense*, aliás, fundamental para o pensamento de esquerda no Brasil nos anos 50 e 60, poderia igualmente servir de indicador. Ao lado de artigos de grande lucidez — como os de Caio Prado Jr. e tantos outros — veiculava teses e estudos com marcas nacionalistas bastante marcadas. Numa amostragem realizada para os anos 1956 (nos 3, 4, 5), 1957 (nos 9, 10, 11, 12, 13, 14) e 1958 (nos 15, 16, 19, 20), pode-se verificar a incidência de tais traços em temas tratados, por exemplo, por Heitor Ferreira Lima e Elias Chaves Neto. Heitor Ferreira Lima: "Balanço da industrialização brasileira"; "Capitais estrangeiros no Brasil"; "Fatores positivos e negativos da evolução econômica brasileira"; "Produção e necessidade de matérias-primas"; "Primórdios da siderurgia no Brasil"; "Capitais estrangeiros e interesse nacional". Elias Chaves Neto: "O problema da energia elétrica"; "O imperialismo no setor agrícola"; "Emancipação nacional e defesa da constituição"; "Socialismo e emancipação nacional".

pectivas, em maior ou menor grau, como é o caso de Carlos Heitor Cony, Paulo Francis e Glauber Rocha, conforme apontou Leandro Konder[4] — e menos panfletária. O editorial do número 13 revela o novo impulso, um tanto rebelde, contra esquemas e modelos pré-fabricados de análise, nos quais se procurava enquadrar a realidade. Esse esquematismo, de grande consumo e fácil absorção, um dos fatores da derrocada das esquerdas em 1964, pode ser captado nos editoriais da primeira fase da *RCB*, o que se torna compreensível quando se recorda que seus autores ainda não haviam se livrado do clima emocional pós-64, não tendo assim condições e nem instrumental teórico para diagnosticar as mudanças estruturais que estavam sendo promovidas pelos militares e tecnocratas. Continuava-se a produzir textos, dentro dos marcos da defesa dos interesses nacionais, contra a dependência econômica e política externa (nacionalismo), e pela defesa das liberdades civis.

Já a partir do número 13, três anos após o movimento de 64, os ânimos começam a serenar, surgindo tentativas de análise científica, sobretudo a partir de uma perspectiva sociológica. Desaparecem a ironia e o tom panfletário. O debate político e cultural toma rumos mais concretos, e o editorial "Dois anos de *RCB*" será disso um indicador. Nesse período começa a fermentar — dentro das esquerdas — a discussão em torno da estratégia política mais adequada aos processos emergentes, a questão da luta armada e da via política etc. No plano teórico, não constituirá surpresa verificar que, no lugar de textos de Lucien Goldmann,[5] começam a aparecer análises de Marcuse e Adorno (1968).

Nesse período decisivo de confronto entre formas de pensamento progressista e formas de pensamento conservador, o pensamento progressista mudou de qualidade. Consideradas as frentes de pensamento progressista do Brasil, não será demasiado indicar uma viragem mental nesses anos que vão de 1964/65 a 1967/68: afinal, trata-se da revista política e cultural de maior difusão no país. Não terá sido por acaso que se passa de *epístolas* dirigidas por Ênio Silveira ao Marechal Castelo Branco, e calcadas teoricamente em Nelson Werneck Sodré[6] — numa época em que, no melhor estilo Norman

---

[4] *RCB*, set. 1967, n° 15.

[5] E de Fernando de Azevedo, sobre "Revolução Industrial — Revolução na Educação" (*RCB*, set. 1965, n° 4).

[6] Duas formulações de Sodré citadas na "Segunda epístola ao Marechal: sobre a vara de marmelo", e retiradas da *História militar do Brasil*: "Para que o Brasil se realize como nação, o que é necessário e, em consequência, em que consiste a tarefa das Forças Arma-

Mailer, se podia escrever ao Presidente —, a *editoriais* como aquele de maio de 1967, segundo o qual, para uma "interpretação do mundo válida" é preciso levantar "a alienante teia dos esquemas feitos, das 'verdades' estabelecidas, dos preconceitos, do cotidiano enevoado em toda a sua mítica espessura pela irracionalidade dos imediatismos e mistificações, reflexivamente resultante de uma vasta série de condicionamentos". E, revelando a disposição para um debate teórico, a *RCB* transcreve um artigo da *Démocratie Nouvelle* sobre a Revolução Cultural na China. A passagem das epístolas (sobre a "vara de marmelo", que marcou época, por exemplo) a editoriais ou a publicação de textos de Marcuse, sugerem a existência dessa viragem. E, mais que isso, o fechamento da *RCB*, em 1968, indica os limites políticos com os quais esbarrava o revisionismo radical. Em 1969 entrar-se-á numa época de impasses, dentro das molduras da dependência. Mas tais impasses serão objeto de outro capítulo.

De 1965 a 1968, não foram poucas as vezes em que a *RCB* acolheu reflexões, análises, relatórios sobre as atividades ligadas à produção cultural, em geral, realizada no Brasil. Na verdade, não é possível extrair uma única e monolítica concepção de "cultura brasileira", embora por vezes se encontre tal conceito referido por Leandro Konder ou Ferreira Gullar, dois intelectuais expressivos do grupo "Civilização". Ocorre, entretanto, que o "grupo" possui várias vertentes, e nele podem ser incluídos analistas desde Sodré (que possui, aliás, tal concepção monolítica), Konder, Carpeaux, até José Honório Rodrigues, Callado, Ianni ou Mário da Silva Brito e o falecido Cavalcanti Proença.

A amostragem apresentada terá valor de sondagem, a partir da qual se poderão formular questões que, ainda, em larga medida, não foram respondidas — sobre cultura popular, sobre o nacionalismo cultural e suas ambiguidades, sobre as opções de intelectuais em área dependente, sobre imperialismo cultural. Ao lado dos reparos ideológicos que já podem ser formulados hoje, o que se pretende é registrar o "espaço" crítico aberto pela *Revista*, além do mérito de ter lutado contra poderosas forças para sobreviver. Melan-

---

das? A resposta, em termos sumários, poderia ser: assegurar as instituições democráticas e assegurar a livre expansão econômica nacional". E, no final da epístola dirigida a Castelo e ao General Golbery do Couto e Silva: "Haverá uma hierarquia mais sólida, uma ordem mais estável, uma subordinação mais consciente, na medida em que as Forças Armadas completem a sua transformação em instituições nacionais. Com a aceitação plena de que só é nacional o que é popular" (*RCB*, set. 1965, n° 4, pp. 6-8).

cólico que hoje se transforme em fonte documental para o estudo desses anos atribulados, e não seja uma realidade viva e atuante — senão pelo passado de seus participantes.

1. O CONCEITO DE *CULTURA POPULAR*

Sobre cultura popular, em setembro de 1965, aparece um estudo de Sebastião Uchoa Leite onde se sugerem alguns tipos de encaminhamento dados ao problema, além de fornecer um balanço de frentes de trabalho nesse sentido. A temática da *cultura popular* estava em plena atualidade, não só pelo fato de se viver nos quadros do populismo como, por essa época, a repressão realizar verdadeiras *razzias* nas frentes de trabalho, de Norte a Sul. O estudo "Cultura popular: esboço de uma resenha crítica"[7] permite penetrar na problemática da "cultura brasileira" (p. 269). E, mais, verificar com Uchoa Leite, que o campo de discussão é preliminarmente conceitual — "o termo toma assim uma conotação inteiramente diversa quando falamos na 'cultura popular' brasileira e quando falamos na 'cultura popular' europeia ou americana" (p. 269). Vai mais longe, ao dizer que, mesmo para o Brasil, a maneira de se estudar o tema para o século XIX deve ser diversa da do século XX: "principalmente no Brasil de nossos dias, na sua fase de arranque para um processo de desenvolvimento, de 1955 para cá".

Abre o problema para a América Latina — onde se encontra localizada a "cultura brasileira" — verificando a não existência do "necessário comércio de cultura entre os diversos países". Discutindo a "exportabilidade" (sic) das literaturas, distingue entre os contistas oswaldianos e João Cabral de Melo Neto — este mais próximo de motivação localizante, aqueles da referida exportabilidade etc. — para, em suma, voltar ao velho tema da dialética regionalismo/universalismo na definição de "cultura brasileira". De fato, o problema com que se defronta é o de saber a que se está referindo quando se fala de "cultura popular". "Até que ponto o que se chama de *cultura popular* se integra nas conceituações mais amplas de *cultura* e *cultura brasileira*" (p. 271):

> "O Brasil, como todos os países da América Latina, se integra também neste universo. É possível pois distinguir na cultura brasileira uma linha claramente progressiva. Se tomarmos como

[7] *RCB*, nº 4, pp. 269-89.

exemplo o campo da manifestação artística literária, podemos notar facilmente a distância que vai entre as concepções nativistas dos românticos e as concepções regionalísticas de 22 e de 30. E a distância que vai entre estes e as obras contemporâneas de um Guimarães Rosa ou de um Cabral de Melo Neto. Não falamos aqui em distância de grau estético, mas em aprofundamento de concepções. Sem dúvida não vamos dizer que Cabral é maior poeta do que Drummond, por exemplo, mas podemos dizer que a sua obra revela fenomenologicamente certos dados da realidade com muito maior precisão. A partir desse exemplo não poderemos concluir que a cultura brasileira é uma cultura dinâmica, em evolução, uma cultura *in progress*? Nesse contexto é que temos de situar todas as variações conceituais em torno do fenômeno *cultura popular*.

Essas variações têm acompanhado as metamorfoses da evolução político-social brasileira. Até a data fixada anteriormente como sendo a do início, a *fase do arranque* do desenvolvimento brasileiro (o ano de 1955, em que começa o governo contraditório, discutido e discutível, de Kubitschek), o que se chamava de cultura popular era a cultura vinda do povo, em suas várias manifestações. Se havia um problema a se colocar era o de distinguir entre os termos *popular* e *folclórico*. A partir dessa fase, em que se incutiu no povo brasileiro uma mentalidade *desenvolvimentista*, começaram a aparecer problemas novos. Surgiu, com máxima agudeza, a consciência da defasagem cultural entre as diversas classes. Com os governos posteriores (de Jânio Quadros e de João Goulart) acelerou-se ainda mais o processo político e a necessidade de participação dos intelectuais nesse processo se tornou uma das questões mais enfatizadas. A partir desse período é que o termo *cultura popular*, com significações muito diversas, começou a ter um trânsito intensificado. Surgiram grupos culturais que praticamente *lançaram* o termo com uma acepção de caráter nitidamente político. O mais destacado desses grupos foi o Centro Popular de Cultura, órgão surgido por iniciativa dos estudantes e naturalmente identificado com a União Nacional dos Estudantes. Foi posta em ação a tese de que a cultura popular não era apenas a cultura que vinha do povo, mas sim a que se fazia pelo povo. A *cultura popular* é então conceituada como um instrumento de educação, que visa dar às classes economicamente (e *ipso facto* culturalmente) desfavorecidas uma consciência política e social. Os principais teóricos desse movimento foram Carlos Estevam e Ferreira Gullar, que discutiram o problema em níveis muito diversos" (*RCB*, nº 4, pp. 172-3).

O conceito de "cultura popular" possui múltiplas acepções, bem se sabe, e cada grupo o manipulou conforme seus interesses e horizontes teóricos. O próprio Ariano Suassuna, afinal, não se manifestou adepto do conceito tradicional de "cultura popular"?

Que o conceito de "cultura popular" alimentou amplas polêmicas, pode-se verificar através da comparação que Uchoa Leite faz entre as obras de Carlos Estevam e Ferreira Gullar. Aqui as fronteiras entre política e cultura aparecem rompidas:

"O outro conceito a ser examinado, dos que consideram a cultura popular como um instrumento para dar consciência às massas, é um conceito sobretudo didático. Mas é, entretanto, um conceito pouco abrangente da realidade que nomeia, e como tal constitui ainda uma resposta insatisfatória. Tal conceito foi desenvolvido teoricamente em duas obras que, apesar de seu idêntico ponto de partida (uma concepção político-social da cultura), alcançaram resultados muito diversos. *A questão da cultura popular* de Carlos Estevam (Tempo Brasileiro, 1963) e *Cultura posta em questão* de Ferreira Gullar (Editora Universitária, 1963) já a partir de seus próprios títulos anunciam níveis muito desiguais de aproximação do assunto. De fato, enquanto Carlos Estevam analisa o problema da *cultura popular* em si mesma, enquadrando-o em suas limitações históricas e em sua localização existencial — a própria situação brasileira em que vivemos, ou pelo menos em que vivíamos na época da publicação do livro —, o poeta e crítico Ferreira Gullar alcança em sua análise uma abertura maior para o problema da cultura *tout court*, independentemente de qualquer restrição puramente *adjetiva*. O livro de Gullar, a quem não se pode negar uma limpidez de expressão poucas vezes atingida no de Estevam, coloca os problemas dentro de uma perspectiva mais vivenciada, sendo esse o principal motivo de seu interesse. É uma perspectiva interna, que vem de dentro para fora no problema da criação e da ação cultural, talvez por ser ele mesmo, Gullar, um criador, cuja obra desenvolveu um processo de experimentações no campo estético e uma busca contínua de soluções no campo ético.

A análise de Carlos Estevam prende-se de maneira obsessiva ao conceito de *alienação*, e na verdade se aliena a esse conceito. Parece esquecer-se de que do ponto de vista de uma dialética histórica o problema da cultura não pode ser resolvido simplistamente pela negação do conteúdo das produções dessa cultura. Assim é que, considerando as obras da cultura popular no seu conceito tradicional, isto é, de obras realizadas por artistas populares, simplesmente rejeita a sua validade na formação de um processo histórico determinado, por achar que o conteúdo das mesmas é alienado. Mas, se é verdade que algumas das principais manifestações da arte popular, como a poesia dos *romances de cordel* e a música dos *sambas de morro* por exemplo, apresentam fórmulas estereotipadas muitas vezes desligadas da situação real em que se localizam os seus criadores, não é menos verdade que essas fórmulas escondem aspirações subjacentes, que pelo menos denotam a situação referida. Isso, quando não se dá o caso de que tal situação se apresente em toda a sua clareza, mesmo que o seja em um grau de consciência ainda primário. Em resumo, a arte popular (a que vem do povo) é, como toda arte, sem levar em conta a discussão de seus valores estéticos, o documento de uma situação humana. Como tal não pode ser posta de lado se se deseja realmente encarar os problemas da cultura dentro de uma perspectiva concreta de evolução histórica. Quando Carlos Estevam chega à conclusão de que não pode haver cultura popular sem que haja intenções políticas, chega a uma visão, digamos, stalinística do problema, e a uma visão que apesar de sua coerência formal apresenta um fundo contraditório. A contradição está em que para se fazer uma arte não só para o povo como a *favor do povo*, seja preciso negar a validade da arte que vem desse mesmo povo. O que implica em negar que haja nos produtores dessa arte a possibilidade de uma abertura para uma consciência maior de sua própria situação. Também o método de se utilizar as formas artísticas populares para nelas se introduzir um conteúdo politizante, é ainda uma solução contraditória. Se se entende que a *politização* é uma maneira de abrir a consciência popular e dar condições ao povo (no sentido, é óbvio, de classes proletárias) de escolher o seu caminho político, então, apossar-se de suas formas artísticas para lhe oferecer um novo *conteúdo* político será implicitamente uma negação de sua capacidade de arbítrio. A não ser que não haja, como pensamos, uma correlação entre os termos *conscientização* e *politização*, que não se considere esses termos como etapas de um mesmo processo. Mas se esta correlação é admitida, torna-se contraditório oferecer ao povo condições para uma opção política e ao mesmo tempo negar-lhe o arbítrio da criação estética. Deste modo, não se justifica a criação de substitutivos para impor um novo conteúdo. Os folhetos de versos e as letras de samba que imitam o modo de expressão popular, mas são produzidos por intelectuais de elite, conduzem o germe dessa contradição assinalada acima. Ao dizer isto não pretendemos negar o aspecto positivo das intenções desses artistas, mas apenas assinalar o que há de contraditório nas mesmas. Sem querer apresentar fórmulas, pensamos, contudo, que o caminho certo para uma solução seria o de proporcionar ao povo condições culturais para que o conteúdo de suas produções artísticas se enriquecesse, a partir de uma consciência nova de sua situação. Para isso seria necessário reconhecer que já existe dentro do que já foi produzido a potencialidade dessa abertura. E não é tão difícil verificar que ao lado das produções irrealistas e ingênuas da poesia e da música popular se encontram também exemplos de uma abertura crítica, principalmente através das variadas formas de sátira e humor" (*RCB*, n° 4, pp. 277-9).

2. Paulo Freire e seu método

As discussões sobre "conscientização" e "politização" não traziam sempre soluções, mas sim questões de "abertura da consciência popular":

"Mas o desencadeamento de um processo de abertura da consciência popular através da alfabetização em várias etapas torna-se irreversível. Infelizmente o problema fundamental da distinção entre conscientização e politização não chegou a ser discutido na hora em que se fazia necessário discuti-lo: durante a realização, no Recife, do *Encontro de Cultura Popular*. Preferiu-se, em alguns dos relatórios ali apresentados, acentuar a oposição entre *cultura popular* como algo politicamente progressista e a *cultura de elite* como algo politicamente reacionário. Perguntaríamos, então, em que lugar ficariam situados escritores cujas obras políticas, sociológicas ou literárias nada têm de *populares*, como Georg Lukács,

Lucien Goldmann, Wright Mills, Jean-Paul Sartre, Bertolt Brecht etc. Seriam essas obras porventura *reacionárias*?

A distinção estabelecida acima entre conscientização e politização se coloca a partir da criação do método de Paulo Freire, que em sua teorização, divulgada em palestras realizadas em todo o país, afirmou que a finalidade principal da alfabetização e educação do povo era dar-lhe uma consciência social que, por sua vez, o condicionaria para uma opção política. Para Paulo Freire a questão que se colocava era a de dar condições ao povo para que se transformasse de *objeto* em *sujeito* da ação social. Evidentemente, já estava implícito no esquema teórico de Paulo Freire que um método de alfabetização que ensinasse simplesmente e mecanicamente a ler seria algo inócuo, tanto do ponto de vista apenas pedagógico como do ponto de vista de solução dos problemas sociais. Importava que o homem do povo não somente aprendesse a ler, escrever etc., como que tomasse clara consciência de sua situação e que a partir dessa consciência se tornasse apto a fazer opções. Isto é, apto a escolher o caminho mais próprio para emergir no processo geral de desenvolvimento do país. Essas implicações sociológicas do método de Paulo Freire foram e são ainda confundidas com interesses políticos limitados de algumas facções, quando não com o interesse restrito da área governista" (*RCB*, n° 4, p. 281).

E, quando se tentou intervir no processo de produção cultural de maneira sistemática, como Paulo Freire, preocupado com a elevação do nível da *consciência social*, o caminho seguido acabou por ser o exílio.[8]

---

[8] Por se tratar de documento importante para a história da cultura no Brasil, vale a transcrição, embora longa:

"Mas o que se viu foi o sr. Paulo Freire sofrer as mais absurdas acusações: a de ser demagogo e oportunista por ter o auxílio do Governo Federal, a de ser *subversivo* (quando não claramente chamado de comunista) por ser apoiado pelo Governo do Estado de Pernambuco e a de ser reacionário por ter sido elogiado pela Comissão Fulbright e ter sido o seu método empregado pela Aliança para o Progresso no plano do governo Aluízio Alves, no Rio Grande do Norte. Tais contradições, juntamente com a crise política em que entrou o país em 1964, entravaram o desenvolvimento do Método Paulo Freire, que hoje, asilado e prestigiado pelo governo Eduardo Frei no Chile, cresce na admiração de quase todos os brasileiros.

Apesar de ter avultado no país a importância do Método Paulo Freire, o movimento em favor da alfabetização não se restringiu à aplicação do mesmo. Como já foi dito antes, diversos grupos com orientações ideológicas distintas participavam do movimento: entida-

E, finalmente, o desejo de "redução cultural a uma visão tipicamente brasileira" (p. 288) parecia ser o denominador comum das várias experiências realizadas em torno da *cultura popular* no Brasil. A hora era de revisão teórica, conforme a proposta de Uchoa Leite:

> "Em resumo, as atividades em torno da cultura popular no Brasil durante o biênio 63/64 se realizaram a partir de atitudes intelectuais muito diversas. Entretanto, a bipolarização de conceitos não implica em que o antagonismo fosse irredutível a uma unidade. Pelo menos um elemento comum é possível assinalar nessas atitudes: o desejo de redução cultural a uma visão tipicamente brasileira. As soluções e os métodos encontrados foram de fato contraditórios. Mas constituem pelo menos uma indicação da vitalidade dentro desse campo de pesquisas e experiências. Alguns novos estudiosos da questão, ainda muito jovens como os críticos Luiz Costa Lima e Marcius Frederico Cortez (egressos da revista

---

des culturais estudantis (como o CPC da UNE e os vários CPCs estaduais), entidades estatais (prefeituras, governos de vários Estados, Governo Federal, MEC), entidades religiosas (Confederação Nacional dos Bispos, que lançou o MEB, Movimento de Educação de Base), entidades universitárias (como o Serviço de Extensão Universitária, SEC, da Universidade do Recife, órgão dirigido pelo professor Paulo Freire). Alguns desses grupos lançaram o movimento no plano nacional, como é o caso do MEB, ou estabeleceram convênios com o Governo Federal, como é o caso do SEC da Universidade do Recife. A verdade é que as campanhas de difusão da cultura popular e a campanha de alfabetização não se localizaram numa só região, mas em todo o país. Tivemos assim, em âmbito nacional, as seguintes realizações e projetos:
  1) Movimento de Educação de Base (MEB) da Confederação Nacional dos Bispos;
  2) Comissão Nacional de Cultura Popular do MEC;
  3) Plano Nacional de Alfabetização (1963) e Comissão Nacional de Alfabetização (1964).

Dessas organizações a única que continua a funcionar é o Movimento de Educação de Base (MEB) da CNB, em alguns Estados do Brasil, por ser, em princípio, politicamente insuspeito, pois se trata de iniciativa da Igreja Católica para participar dos movimentos de transformação social. Assim mesmo o MEB encontrou pela frente várias dificuldades de subsistência, pois alguns setores radicais do novo regime implantado em abril do ano passado não hesitaram em lançar sobre as autoridades religiosas à frente do movimento a pecha de *subversivos*. Isto, é claro, fica sem comentários. O Plano Nacional de Alfabetização, fundado em 1963 e transformado em janeiro de 1964 em Comissão Nacional de Alfabetização, paralisou suas atividades, considerado que foi, liminarmente, simples arma de propaganda do governo deposto.

No biênio 63/64, incompleto pela paralisação de quase todos os núcleos de trabalho, encontrava-se o seguinte quadro de atividades no país:

Estudos Universitários), procuram uma aproximação sociológica que pode resultar numa síntese dialética das duas soluções tentadas. Nada se pode, contudo, afirmar sobre o futuro dos estudos e experiências a serem realizadas no campo da cultura popular. Resta dizer que se esta é a hora do estacionamento no campo da *praxis*, devido a uma soma de circunstâncias já conhecidas e aqui assinaladas, nada impede que aqueles que mais se preocupam com o assunto procedam a uma revisão teórica de todos os seus aspectos. O que será de qualquer modo uma contribuição a ser dada dentro das possibilidades restritas do atual momento brasileiro" (*RCB*, n° 4, p. 288).

AMAZONAS — *Movimento de Cultura Popular* (MCP): organizado por um grupo de estudantes universitários e intelectuais. Objetivos: trabalhos de organização social, alfabetização pelo Método Paulo Freire, espetáculos populares de teatro.

PARÁ — *Campanha de Alfabetização*: coordenada pela Seccional do Ensino Secundário. Em janeiro/64 encontravam-se em funcionamento cinquenta núcleos de trabalho. Objetivo: aplicação do Método Paulo Freire. — *Departamento de Arte Popular* (DAP) da União Acadêmica Paraense. Objetivos: teatro, publicações, pesquisas de elementos para o estudo do folclore.

MARANHÃO — Presença marcante do MEB no interior do Estado. Em São Luis, tentativa de organização de uma campanha de alfabetização.

PIAUÍ — Projetos de fundação de um Centro Popular de Cultura, mas sem grandes possibilidades.

CEARÁ — *CPC da União Estadual de Estudantes*: teatro, publicações etc. Tentativa de organização de uma Campanha de Alfabetização pela Seccional do Ensino Secundário.

RIO GRANDE DO NORTE — *Campanha de Alfabetização da Prefeitura de Natal*. Título da campanha: "De pé no chão também se aprende a ler".

PARAÍBA — *Campanha de Educação Popular* (CEPLAR), em João Pessoa e Campina Grande. Objetivos: alfabetização, teatro, organização de núcleos populares de cultura.

PERNAMBUCO — *Movimento de Cultura Popular* (MCP): criado pela Prefeitura e depois aproveitado pelo Governo do Estado. Objetivos: alfabetização, teatro popular, pesquisas, criação de *Praças de Cultura* etc. — *Serviço de Extensão Cultural* (SEC): criado pela Universidade do Recife. Dirigido por Paulo Freire. Objetivos: difusão e debate de temas brasileiros para o público extrauniversitário. Elaboração técnica do sistema Paulo Freire. Pesquisas no campo educacional. Difusão cultural pela Rádio Universidade do Recife. — *Movimento de Educação de Base* (MEB): difusão através da Rádio Olinda, do Arcebispado de Recife de Olinda.

ALAGOAS — *Centro Popular de Cultura da UEE*: Campanha de Alfabetização em projeto.

SERGIPE — *Centro Popular de Cultura da UEE*: Campanha de Alfabetização já em pleno funcionamento.

ESPÍRITO SANTO — Projeto de uma Campanha de Alfabetização. Projeto de um Centro Popular de Cultura.

3. O PROCESSO DE RADICALIZAÇÃO DA *RCB*

No segundo semestre de 1966 surge um número da *RCB* que parece indicar o despertar de uma tendência que, à falta de melhor definição, se denominaria "revisionista moderada". Trata-se do número duplo 9/10, de setembro de 66, numa fase da revista sob a coordenação de Moacyr Felix e Dias Gomes. Um número de transição. Nele encontram-se as presenças amenas e lúcidas de intelectuais do antigo estilo, como Cavalcanti Proença, escrevendo sobre "As duas pontas da hierarquia", comentando a "babilônica mistura de doutrinas e regimes políticos que caracterizam o panorama institucional brasileiro", ou a ideologia "etimológica" do governo ("estudante é

BAHIA — *Centro Popular de Cultura*. Objetivos: difusão do teatro, formação de grupos folclóricos, alfabetização. As atividades se concentram em Salvador e Feira de Santana.
GUANABARA — *Centro Popular de Cultura da União Nacional dos Estudantes*. Objetivos: teatro popular, publicações, estudos e realizações cinematográficas etc. — *Movimento de Cultura Popular* (MCP). Objetivos: núcleos de alfabetização nas favelas e bairros populares. — *SETER*: educação radiofônica patrocinada pelo Governo do Estado. — *Plano Nacional de Alfabetização* (PNA): com ação concentrada no Estado do Rio.
ESTADO DO RIO — *Centro Popular de Cultura*, em Niterói. — *Plano Nacional de Alfabetização*, no interior.
MINAS GERAIS — *Centro Popular de Cultura da UEE*. — *Secretaria de Cultura Popular* do Governo do Estado. — *Associação dos Favelados*. — *Campanha de Alfabetização*, do MEC, ainda em projeto.
GOIÁS — *Instituto de Cultura Popular*: órgão estadual que congregou todos os pequenos movimentos. Objetivos: caravanas de cultura, espetáculos de teatro e projetos de uma Campanha de Alfabetização.
BRASÍLIA — *Campanha de Alfabetização do MEC*. Objetivo: aplicação em escala nacional do Método Paulo Freire.
SÃO PAULO — *Centro Popular de Cultura da UEE*. Objetivos: difusão do teatro em diversas cidades do interior. — *Movimento de Cultura Popular*: formação de núcleos populares de cultura e alfabetização em larga escala. — *Comissão Estadual de Cultura Popular*: órgão do Governo congregando todos os movimentos do Estado. Tentava uma planificação global de aproximadamente vinte movimentos de alfabetização e cultura popular.
PARANÁ — *Centro Popular de Cultura*: tentativa de abertura para uma frente de alfabetização no interior do Estado.
SANTA CATARINA — *Centro Popular de Cultura*: planejamento da Campanha de Alfabetização em janeiro de 1964.
RIO GRANDE DO SUL — *Secretaria de Cultura Popular*: órgão do Governo do Estado. — *Centro Popular de Cultura da UEE*: integrado no órgão do governo. — *Grupo de Teatro Experimental*.

Esse quadro demonstra, inicialmente, que a preocupação com a difusão cultural entre as massas e com a aplicação de métodos de alfabetização em larga escala não ficou restrita aos interesses de um ou outro Governo do Estado ou mesmo do Governo Federal. A

para estudar"...), ou tirando deduções a partir da célebre frase de um chanceler-general brasileiro que fez época: "O que é bom para os Estados Unidos, é bom para o Brasil"... Presenças como a de Mário da Silva Brito, escrevendo um quase verbete sobre Sérgio Milliet, falecido a 9 de novembro desse ano...

Ao lado dessas presenças amenas três comentários indicam os parâmetros no debate teórico: o de Paula Beiguelman, sobre a obra de Werneck Sodré; o de Cesar Malta, sobre *A revolução brasileira*, de Caio Prado Jr.; e o de Roberto Schwarz, sobre *Os fuzis*, de Ruy Guerra.

No comentário de Paula Beiguelman, sugere-se uma interpretação menos esquemática na compreensão do Brasil contemporâneo, sobretudo no tocante à industrialização e à dinâmica das classes. Não houvera um confronto direto entre o setor industrial e o agrário, na história da República, e para demonstrá-lo a autora busca um quadro referencial mais sofisticado (e eficaz) que o do autor de *Formação histórica do Brasil*.

Desse ano também é a obra de Caio Prado Jr., *A revolução brasileira*, que produziu diatribes como as de Cesar Malta, publicadas nesse número, revelando a pouca plasticidade da esquerda à reformulação, inclusive em situação de derrota provocada por ineficácia de diagnósticos. Termina com apelo patético para que Caio Prado Jr. mobilize "toda sua poderosa organização de publicidade, para empreendimentos como os que realizam alguns de seus intrépidos e patrióticos colegas" (p. 83). Restando saber o que Cesar Malta entendia por "patrióticos colegas"...

---

campanha atingiu todas as zonas do país. É claro que com maior intensidade nos Estados-chave da federação, como a Guanabara, São Paulo e Pernambuco. As iniciativas partiram principalmente dos estudantes com a ramificação dos Centros Populares de Cultura através das diversas Uniões Estaduais de Estudantes. Mas pode-se observar também o interesse dos governos de vários Estados, como Pernambuco, Minas Gerais, São Paulo e Rio Grande do Sul e também da campanha da prefeitura de Natal, no Rio Grande do Norte. A iniciativa do Governo Federal esteve presente com o Plano Nacional de Alfabetização do Ministério da Educação e Cultura e a iniciativa da Igreja Católica com o Movimento de Educação de Base.

Com a extinção da Comissão Nacional de Alfabetização e da União Nacional dos Estudantes o movimento de alfabetização e educação popular se restringe agora à tímida iniciativa religiosa. Não foi explicado ainda o *porquê* da paralisação desses trabalhos. Ainda que se viu o atual Ministério da Educação vir a público dizer qual é o seu plano para a eliminação do analfabetismo e incultura das massas. A não ser que se pense que não eram simplesmente os planos e realizações anteriores que estavam politicamente viciados, mas sim que a alfabetização em si mesma é uma balela política. Talvez se pense ainda que o Brasil reencontrou o caminho da tradição, imitando Portugal *seu avozinho*, cuja taxa de analfabetismo é a mais alta da Europa. Será o caminho do Brasil na América Latina?" (*RCB*, nº 4, pp. 282-6).

Se Caio Prado Jr. e Paula Beiguelman procuravam fugir às trilhas batidas das explicações comprometidas com as "patrióticas" teorias sobre a burguesia nacional e o desenvolvimento anti-imperialista e às ortodoxas interpretações sobre o feudalismo no Brasil e os conflitos de classes, Roberto Schwarz prenuncia uma nova fase teórica da esquerda no Brasil, escrevendo sobre o filme *Os fuzis*, de Ruy Guerra, um pequeno ensaio sobre a miséria e a civilização técnica: "A massa dos miseráveis fermenta mas não explode. O que a câmara mostra nas faces abstrusas, ou melhor, o que as torna abstrusas, é a ausência da explosão, o salto que não foi dado. Não há, portanto, enredo" (p. 219). Vive-se, nessa época, o fracasso de uma série de projetos — inclusive o das Ligas Camponesas. Schwarz registra em *Os fuzis* a descontinuidade, a História não retilínea.

No ano de 1967, dois números indicam a radicalização que se avizinhava: o número duplo 11/12, de março, que tem por editorial "O trono de Macbeth", e o número 15, de setembro — já sem editorial.

O primeiro, oferecendo uma série de denúncias sobre o perigo das "fronteiras ideológicas" e alinhando, no editorial, as leis e decretos realizados no período de 64 a 67, perguntando do sentido do processo; traz também artigos sobre "Crescimento econômico e instabilidade política no Brasil", de Florestan Fernandes, uma resposta de Assis Tavares ao livro de Caio Prado Jr., *A revolução brasileira*, e uma farta tradução de textos (de Sartre, Goldmann, Baran e Sweezy), alguns de base, além do artigo de Gustavo Dahl sobre o cinema novo e seu público. Interessa-nos, desse número, um relato, não assinado, sobre "A escalada cultural no Brasil de hoje", em que denuncia o convênio entre o MEC (Ministério da Educação e Cultura) e a USAID (United States Agency for International Development), o programa de bolsas de estudo para dirigentes estudantis brasileiros e a presença de Rudolph Atcon na Secretaria Executiva do Conselho de Reitores do Brasil. A ofensiva norte-americana se fazia através de verdadeiro cerco ideológico, em proporções de uma escalada cultural. O escândalo do projeto Camelot fica como um registro dessa época. E o artigo da *RCB* fica como documento de uma frente de resistência e denúncia.

O segundo número mencionado, o número 15, desse mesmo ano de 1967, traz um novo sopro sobre o papel do intelectual em face das transformações em curso. Um novo tom geral. E o número, como um todo, aparece definido por temário anti-imperialista: América Latina como próximo Vietnã; os novos métodos de ação do capitalismo; a assistência militar dos EUA; a lei da remessa de lucros.

O ensaio sobre o papel do intelectual é assinado por Leandro Konder, o autor de *Marxismo e alienação* e *Os marxistas e a arte*, e tem por título "A rebeldia, os intelectuais e a juventude". Mostrando que nesse período a cultura vivia sob o signo da rebeldia, retraça algumas histórias de vida, como as de Aragon, Malraux, Ezra Pound, para indicar oscilações de trajetória, negativas como as de Dali, ou positivas como as de Sartre. Recoloca a questão da raiz social da *intelligentsia*, para mostrar que a intelectualidade não constitui uma *classe*, mas acaba por plantar seus frutos em campos sociais específicos:

> "Desde que inexiste para os produtores de cultura, em geral, a mesma exigência material de classe que impulsiona os operários para a revolução, eles devem chegar às posições revolucionárias através da consideração dos problemas da sociedade como *fatos culturais*; e nesse nível os problemas lhes mostram uma complexidade que não se apresenta ao exame da classe operária.
>
> Na consideração da evolução social e dos problemas humanos em geral como fatos culturais, isto é, na consideração das questões históricas em sua feição teoricamente mais elaborada, os intelectuais têm uma *função social* que, nas condições da vida moderna, é em princípio tão *necessária* como o trabalho do proletariado industrial. Entusiasmado com as características específicas da intelectualidade, o sociólogo Karl Mannheim chegou até a ver nela uma classe privilegiada, no que concerne à apreensão da verdade. Para Mannheim, o proletariado e a burguesia deformam ambos a imagem global da realidade, por não serem capazes de se elevar a um ponto de vista autenticamente universal, presos aos seus interesses particulares de classe. Ao contrário do que supunha Mannheim, entretanto, a intelectualidade não é uma *classe*, no sentido em que o são o proletariado e a burguesia: ao ser social dos intelectuais (como tais) não está ligada qualquer forma determinada de apropriação dos bens sociais.
>
> Por não constituírem uma classe, os intelectuais não possuem uma *visão do mundo* própria: são os elaboradores indispensáveis da apresentação coerente de *visões do mundo* cujos valores básicos estão plantados, hoje, ou no campo da burguesia ou no campo do proletariado" (*RCB*, nº 15, pp. 138-9).

Utilizando Goldmann, indica os perigos de o intelectual incorporar, em alguma medida, as contradições da sociedade que estuda, e na qual atua:

"O material de trabalho entregue aos intelectuais acha-se impregnado das contradições da sociedade dividida em classes e é impossível que a intelectualidade não interiorize, pelo menos em parte, algumas dessas contradições. Somente ao longo de um difícil e acidentado trabalho de reestruturação filosófica da sua consciência e de revisão íntima de seus padrões (submetendo a reexame até os seus mais caros sentimentos e os próprios conceitos que aprendeu a utilizar para pensar o mundo) é que o intelectual chega a superar as limitações do *contemplativismo* com que a tradição do modo metafísico de pensar contamina a nossa maneira de ver o mundo. Somente um atento e cansativo aprendizado capacita o intelectual para enfrentar as artimanhas da *perspectiva parcial inevitável* (Goldmann) que as ideologias classistas nos impingem como universalidade definitiva.

Mesmo nas formas de maior combatividade que a rebeldia pode assumir — e independentemente da honradez subjetiva do intelectual rebelde — não é raro que sobrevivam em suas posições elementos de eficácia revolucionária mais do que problemática" (*RCB*, nº 15, p. 140).

E, como exemplo, os descaminhos a que pode levar a rebeldia mal orientada, levanta questões sobre formulações dos "rebeldes" Paulo Francis, Carlos Heitor Cony e Glauber Rocha, "três batalhadores da cultura brasileira" (p. 144). As formulações dos três surgem, em parte, inaceitáveis por veicularem, no limite, posições conformistas, ou românticas (o livro de Cony trata de um quarentão de família burguesa que se transforma em guerrilheiro; Konder critica a opção suicida final do herói) ou irracionalistas (a crítica se dirige a *Terra em transe*). A crítica a este último já revela uma nova faceta: às posições esquemáticas do período anterior começavam a se contrapor posições francamente irracionalistas, em nome de uma visão alegórica da realidade. Konder, rejeitando o dogmatismo, chamava a atenção da ausência de raízes histórico-sociais dos personagens:

"Em seu esforço por repelir qualquer mecanismo de alienação cultural, em sua ânsia por pensar a realidade subdesenvolvida do Brasil a partir de sua miséria concreta, Glauber foi levado a desprezar as tradições do racionalismo 'europeu' e acabou sendo envolvido pelas concepções não menos 'europeias' do *avant-gardismo*" (p. 143).

Termina a crítica sugerindo que não se confunda processo revolucionário com aventura momentânea, e que se desenvolva uma rigorosa teoria da revolução brasileira, para orientar os jovens, sem tutelas ou imposição de dogmas:

"Juntos, os intelectuais e os jovens irão aprofundando a legítima conduta revolucionária, desfazendo os equívocos românticos e superando os graus inconsequentes da rebeldia" (p. 145).

Nesse mesmo número 15 da *RCB* encontra-se, ainda, uma análise do romance de Antônio Callado que serve de marco para a época: *Quarup*. Assinalada por Ferreira Gullar, tem por subtítulo "Ensaio de deseducação para brasileiro virar gente", sugerindo que a "afirmação implícita no romance de que é preciso 'deseducar-se', livrar-se das concepções idealistas alheias à realidade nacional, para poder encontrar-se. (...) A realização pessoal deságua no coletivo". A leitura inquieta de *Quarup* desperta em Gullar as formulações sobre "civilização", "desenvolvimento" e "imperialismo":

"Lembro-me de uma frase de Euclides da Cunha: 'estamos condenados à civilização'. Lembro-me de uma frase de Mário Pedrosa, no Congresso de Críticos de Arte, em Brasília não inaugurada, em 1959: 'estamos condenados ao moderno'. O italiano Giulio Carlo Argan ou o norte-americano Richard Neutra — não me lembro bem — estranhou que Pedrosa usasse a expressão 'condenado' para exprimir o inevitável destino do país, como se isso fosse um mal. Esses estrangeiros não nos entendem, pensei comigo na ocasião. Nem eu entendia direito, mas achava que era aquilo mesmo. Tento explicar agora. O nosso caminhar para a civilização ('qual civilização?', perguntaria o sertanista Fontoura do romance de Callado) parece-nos uma condenação porque sentimos que ele se faz independente de nossa vontade. Não temos passado, mas apenas presente e futuro. O nosso desenvolvimento não decorre de um impulso que esteja atrás de nós, de uma força que venha se expandindo através dos séculos. Somos puxados. E porque essa força impulsionadora não está no passado, ela também não está dentro do país, mas fora. É o drama de todo país colonizado. É uma contradição na consciência dos povos subdesenvolvidos. Necessitamos do novo, do moderno, e no entanto sentimos que ele nos ameaça, nos dissolve — ele é a libertação e a submissão ao mesmo tempo, ele se chama desenvolvimento e imperialismo. E, no entanto, só o desenvolvimento permitirá a criação, dentro do país, daquele motor impulsionador que nos fará sentir-nos donos de nossa própria história — e não 'condenados' a ela" (*RCB*, n° 15, p. 252).

E, para o teatro, encontra-se artigo de Fernando Peixoto, sobre "Problemas do teatro no Brasil", em que esbarra com as malhas do sistema, localizadas na censura:

"Mas na realidade a censura até agora não tem impedido o caminho do teatro brasileiro. Perigo mais grave pelas consequências que já teve até agora é outra censura: a autocensura. O teatro brasileiro ficou bonzinho por conta própria. Às vezes vem inclusive com atestados de arrependimento de ousadia do passado. E a autocensura tem dois aspectos: às vezes vem de uma inexplicável visão da realidade nacional que aconselha a imobilização e a calma, a passividade e a acomodação que resulta lógica desta moleza de pensamento. Outras vezes é inconsciente, resulta já espontânea do marasmo que vai se instalando em muitos setores. O pensamento já nasce censurado. E se formula tímido, mesquinho. Se os que fazem teatro não tiverem a audácia de um pensamento livre e desimpedido de preconceitos e falsas teorias, não vai existir um teatro livre" (*RCB*, n° 15, p. 232).

O último número escolhido nesta amostragem é o número 18, de março-abril de 1968. Não se está mais em face de reparos críticos como os de Leandro Konder ou incursões como as de Gullar. As balizas teóricas de Goldmann parecem ter sido ultrapassadas pelas de Marcuse (recorde-se do movimento estudantil de 67/68). E mesmo Adorno comparece, ao lado de textos sobre o teatro de guerrilha (R. G. Davis) e de documentário sobre a guerra do Vietnã e racismo nos EUA. Conrado Detrez coloca problemas sobre a América Latina em face da revolução, e Octavio Ianni, escrevendo sobre "a mentalidade do homem simples", mostra a nova frente de investigação:

"Esse interesse novo do pensamento brasileiro pelo homem comum nasceu e desenvolveu-se amplamente durante a vigência da *democracia populista* (1945-64). Nesses anos, a cultura nacional floresceu e multiplicou os seus centros de interesse. As artes e as ciências sociais passaram a preocupar-se mais direta e profundamente com os problemas básicos da sociedade. Pela primeira vez, de modo sistemático, o homem comum foi encarado em toda a sua integridade. Abandonou-se a visão externa, episódica e anedótica dos seus problemas.

O que torna as artes e as ciências sociais dos últimos tempos uma manifestação fundamental da cultura brasileira, é o fato de que elas estão preocupadas com os dilemas dessas pessoas. Os seus personagens são os homens simples. No campo ou na cidade, elas estão voltadas para os anônimos, aqueles que trabalham com as mãos. Os homens e as mulheres, as crianças e os velhos retratados e estudados são os humilhados e ofendidos que povoam a fazenda e a fábrica, o mocambo e a favela, as casas de culto e os botequins. Nesses lugares, acompanhamos os atos e os pensamentos, as lutas e os desalentos dos caboclos e operários.

Em verdade, as artes e as ciências (que florescem no Brasil na época de democracia populista) ainda estão realizando a reconstrução do modo de ser e da mentalidade dos homens simples. Pouco a pouco constroem um painel da consciência das pessoas que vivem nos níveis mais baixos da escala social" (*RCB*, n° 18, p. 114).

Apesar de veicular de maneira um tanto fechada a noção de "cultura brasileira", permite entrever a preocupação central, que consiste em saber porque nesse universo social a consciência é ingênua e, ao mesmo tempo, em descobrir quais os "componentes críticos inerentes à consciência ingênua" (p. 116).

Ainda nesse número um debate por assim dizer de "gerações": Fritz Teixeira de Salles comenta o livro de Carlos Nelson Coutinho, *Literatura e humanismo*, de 1967, apontando as (boas) inspirações lukacsianas e os (maus) resíduos do zdanovismo...

4. Luiz Izrael Febrot: impasses e soluções

Mas, além de indicar a radicalização do processo crítico em que se empenhava a *RCB*, a ponto de ser fechada nesse mesmo ano de 1968, interessa registrar, para a temática da "cultura brasileira" contemporânea como ideologia, e como documento expressivo para a possível história da cultura no Brasil, o estudo de Luiz Izrael Febrot, "Teatro do trabalhador e teatro de massas". Trata-se de roteiro para uma comunicação em um seminário de teatro organizado por Paschoal Carlos Magno, na Aldeia Arcozelo, em julho de 1966. Alguns pontos do roteiro:

Sobre arte popular e arte erudita:

"(...) nessa situação, cabe ao dramaturgo, como ao artista em geral, optar. E a opção de maior alcance humano parece-nos ser aquela que expõe, reivindica e oferece ao maior número de homens, de uma determinada sociedade, o maior número de bens e serviços, materiais e espirituais, num prazo menor. Com isto objetiva-se a eliminação, relativa, do desnível social entre os homens, para daí eliminar o desnível cultural, na medida do possível. (Embora muitos erroneamente acreditem que a formulação contrária é que seja certa). Eliminar ainda a dicotomia entre arte popular e arte erudita, a qual, em última análise, significa a falência da própria arte" (*RCB*, n° 18, p. 208).

Conceito de teatro popular:

"Entendemos o *teatro popular como aquele que toma o ponto de vista do povo e se dirige às camadas socialmente ativas da sociedade, num dado momento histórico. E povo, para esta definição, não é exatamente o conjunto da população*. São as camadas *trabalhadoras*, é a maioria, no seu sentido mais amplo e lato da expressão. É por isso que o seu ponto de vista, por ser o da maioria, é o da Nação, embora não seja de todos. Pode, eventualmente, conflitar com determinados segmentos aliados da população, como não poucas vezes acontece entre os trabalhadores em geral e o proletariado e campesinato em particular e quase sempre com as classes retrógradas" (*RCB*, n° 18, p. 209).

Sobre o novo teatro para o povo:

"Resta, então, o teatro para o povo, isto é, um novo teatro para um público novo. E aí quase tudo está por se fazer, a começar pelo próprio local. Muitos homens de teatro têm afirmado que a questão *não é que o povo vá* ao teatro, mas sim, *levar* o povo ao teatro. Parece-nos que, na atual fase histórica, de absoluta cisão social, que se expressa desde a diferença de gostos e sensibilidades até a precisa diversificação residencial urbanística, encaminhar-

-se-á melhor a questão afirmando *que é preciso levar o teatro ao povo*. Nem mesmo garantir os meios de transporte para o teatro seria uma solução suficiente. Falando sobre o operariado francês, Sartre dizia que ele tem um ressentimento secular contra o centro da cidade e dava as razões históricas dessa desconfiança. O nosso homem da periferia, embora não tenha sido expulso do centro da cidade, como o foi o parisiense (embora isto também tivesse ocorrido em São Paulo e Rio, se bem que em menor escala, porque, à época, nos anos 40, de urbanização e industrialização, nossa população urbana era pouco numerosa), desconhece o centro da cidade ou tem receio de nele ingressar. O popular paulistano não se sente à vontade no centro da cidade; esta é exclusiva da burguesia ou camadas proletárias urbanas muito sedimentadas. Não é este o caso da maioria operária; ela emigrou do interior do Estado, do Nordeste e determinadas regiões das Minas Gerais, onde seu *habitat* original era o campo e, hoje, na Grande São Paulo, ela reside na periferia, nas vilas. Grande parcela trabalha nas fábricas, isto é, nos bairros, e só uma pequena minoria vem ao centro ou bairros residenciais (geralmente operários de construção civil) e mesmo assim de passagem, como intrusa. Em certa medida este quadro é igualmente válido para o Rio, com a diferença de existir o subúrbio, com uma população urbana operária sedimentada e com vida social e recreativa própria e tradicional. Porém, basta analisar a composição social atual de bairros outrora absolutamente populares como a Bela Vista, Barra Funda, Bom Retiro, Brás, em São Paulo, e a divisão do Rio em Zonas Norte e Sul, lembrar a antiga concentração popular que existia na atual Avenida Presidente Vargas, para constatar que o centro de ambas as cidades não é mais do povo.

A própria arquitetura do teatro já impõe uma divisão atemorizante e, embora os nossos teatros — palavra que usamos apenas como força de expressão — não possuam as divisões sociais clássicas dos seus congêneres europeus, ainda assim eles também assustam pela formalidade e pelo protocolo. (Não tenhamos ilusões — calça *blue-jean* cuidadosamente embranquecida, o largo *pulover* (caríssimo) de lã e a comprida cabeleira (diariamente aparada) são regras de um protocolo que o distingue socialmente do terno-carregação-crediário). E a isto devem-se acrescentar dificuldades materiais, como transporte, fadiga, horário etc.

Por isto, a solução do teatro popular é fazer teatro nos próprios locais do povo. E este é encontrado nas fábricas, nos seus bairros e circos, estes últimos já fazendo parte do seu precário itinerário cultural.

As fábricas oferecem diversos obstáculos. Elas devem ser convenientemente grandes, concentrar numeroso operariado e possuir auditório, fatores que só excepcionalmente se conjugam, sem falar nos entraves que certamente seriam apostos pela direção de uma tal fábrica" (*RCB*, nº 18, pp. 212-3).

O problema das peculiaridades regionais:

"Falou-se muito outrora, em outros centros civilizados e aqui mesmo um pouco, em cultura proletária. Sem mesmo querer conceituá-la e examinar sua consistência e validade reais, parece-me que, no atual estágio cultural brasileiro, ela é inteiramente impertinente, por falta de estrutura para a sua manifestação e expansão.

Qual deve ser, pois, a plataforma e os meios para levar teatro ao povo e com ele fazer teatro popular, partindo de um ponto de vista do povo?

Aí outra vez parece-me muito perigoso falar em termos nacionais, tal a diversidade geográfica do nosso país e a diferenciação dentro das próprias regiões, como dentro da própria cidade. O Norte e o Nordeste podem, talvez, equivaler-se em termos culturais, o que de nada adianta porque há diferenças entre a zona da mata e o sertão e uma terceira realidade existe nos centros urbanos, como Recife, Salvador, Fortaleza ou Natal. As cidades do interior de São Paulo assemelham-se mais, possivelmente, com a capital do que com a periferia da Grande São Paulo, que talvez tenha características mais comuns com a zona rural do Estado.

Tudo isto determina uma planificação setorial e local" (*RCB*, nº 18, p. 215).

Os perigos da indústria cultural:

"Para ela, a arte não é uma oportunidade para vender mercadoria, mas é a própria mercadoria. E como tal, fica sujeita às leis do mercado, ao jogo da oferta e da procura e sua eficácia mede-se pela sua rentabilidade. Ora, os promotores da indústria cultural valem na medida de sua capacidade de venda. O consumo maior é logicamente da maioria. E a maioria brasileira tem um baixo padrão cultural, seja pelo abandono a que foi relegado, seja porque foi estimuladamente acalentado. (É verdade, cultiva-se cotidiana e incansavelmente o mau gosto). Mário de Andrade lembrava que o caipira paulista tinha mais sensibilidade para um conjunto de violas que, respeitadas as proporções, equivaleria à orquestra de câmara, do que para o samba urbano, este muito distante de qualquer tipo de música erudita. Apesar deste seu gosto original, perguntamos: como reage este caboclo diante do impacto maciço da televisão e do rádio, sem contrapartida equivalente? Todos conhecemos a resposta. Ainda que esta maioria permanecesse inatingível à cultura comercial, o que hoje é impossível, restaria a maioria, num país de grande índice de analfabetismo, cuja instrução primária compreende um ciclo de curtos quatro anos. Deste modo, a máquina cultural, para atingir o maior número de consumidores (e o espectador não é outra coisa para esta indústria), precisa, obrigatoriamente, rebaixar o nível de suas produções, para que *todos compreendendo tudo a todos agrade*. O trabalho inverso seria longo e cansativo e quem aplica numa indústria, principalmente intermediária, pretende lucros imediatos. Não podemos, pois, responsabilizar a indústria cultural de *desejar* rebaixar o nível de suas produções artísticas; é a sua própria natureza comercial que lhe imprime esta diretriz. E quando uma criação do espírito iguala-se à iguaria ou serviço, estamos diante da mais absoluta alienação. É por isso que Anatol Rosenfeld dizia que nós outros, consumidores da indústria cultural, quando pensamos estar consumindo, estamos, na verdade, sendo consumidos. Como pois pretender que este tipo de arte divulgue conhecimentos agradavelmente ou estimule o pensamento, faça massagens no cérebro, como preferia dizer Brecht? E o pior ainda, como lembra Eric Bentley: os conhecimentos divulgados pela indústria do entretenimento também foram adquiridos na indústria do entretenimento, o que nos dá perfeitamente a ideia do seu conteúdo, alcance e valor...

Como pode comportar-se o teatro popular diante desta realidade presente e ameaçadora? Não a ignorando, combatendo-a de frente, sem temer o insucesso imediato ou escândalo do original válido, sem concessões ou contemporizações. Principalmente o artista autêntico, porque ele é a sua maior vítima. A máquina, a automação e a produção em série não diminuem o valor e a capacidade do trabalhador. O ferreiro, que ontem forjava uma lima, fabrica hoje um torno, e para isso foi necessário dar-lhe uma melhor educação geral e instrução profissional apropriada; e assim será para o futuro. O matemático, que gastava semanas, blocos de papel e dúzias de lápis para fazer cálculos, pode obter hoje o resultado de uma operação matemática complexa em fração de minutos. Mas quem fez o computador eletrônico, senão ele? E o artista? Este continua um artesão, possivelmente o único remanescente num mundo em mecanização; talvez para sempre. E o que é feito de sua produção? O pior possível! Ele cria uma obra de arte e com isto o ciclo social produção-consumo deveria estar encerrado. Mas, hoje em dia, como o analisa lucidamente Brecht, a sua divulgação depende da acolhida que lhe dispensar a máquina cultural, a engrenagem, como ele a prefere chamar, de modo que de produto acabado que era, a obra de arte, na verdade, metamorfoseou-se em matéria-prima que, para converter-se em obra de arte, está na absoluta e unilateral dependência dos detentores da engrenagem —, do diretor do jornal, do dono da editora, do *marchand*, do empresário teatral e do produtor cinematográfico. O artista é hoje em dia, em face da espantosa concentração e monopólio dos meios de divulgação artísticos, o mais autêntico e irremediável proletário" (*RCB*, n° 18, pp. 216-8).

Soluções (?):

"Qual é o estilo adequado? Não sei, isto depende um pouco dos *experts* e muito do público para o qual se vai representar. O "efeito V" de Brecht seria o mais apropriado? Eu não responderia, em concreto, para o estágio brasileiro e para o público novo, que sim. Brecht foi aderente de uma concepção geral-filosófica das mais avançadas dos nossos dias e produto de uma tradição cultural e teatral de nível elevadíssimo. Os problemas de Brecht para os nossos encenadores profissionais já conhecemos... O que ainda não investigamos devidamente é o público dos cantadores de modinhas, desafios e espectadores de Piolim — o seu comportamento e o estilo destes artistas. Sabemos que ele gosta de Mazzaropi. Não vai aí nenhuma aceitação do mau gosto popular nem de transigência com vistas ao êxito rápido e fácil. Registramos que é preciso investigar o estilo nacional, estudar a evolução deste estilo, sem ater-se, porém, incondicionalmente a ele, mas sim, à luz da concepção de que as verdades científicas não têm fronteiras e de que tudo que não foi pode vir a ser e que é pode deixar de ser, desde que isto convenha ao homem, desenvolver um estilo adequado, ora à obra, ora ao local, ora ao público" (*RCB*, nº 18, pp. 218-9).

Realizada a incursão na *RCB*, em que se procurou detectar a linha de radicalização de uma trajetória cultural das mais expressivas dos anos 60, durante a qual a própria noção de *cultura brasileira* viu-se atravessada por agudos problemas teóricos e práticos, não será sem propósito acompanhar, mais nitidamente, as reflexões de um dos representantes mais marcantes daquele que poderia ser identificado como "grupo" permanente da *RCB*: Ferreira Gullar.

B) FERREIRA GULLAR: *VANGUARDA E SUBDESENVOLVIMENTO*

Não será difícil imaginar que, numa futura história da cultura no Brasil, o autor de *Cultura posta em questão* venha a ser tomado como um dos protótipos de intelectual engajado, assim como Antonio Candido o será como um dos protótipos de intelectual empenhado e tantos outros como simplesmente interessados.[9] A classificação um tanto difusa veicula, entretanto (ao menos), um dado concreto: a militância lúcida de Ferreira Gullar.

Maranhense, escritor, poeta e jornalista, publicou além dos ensaios reunidos em *Cultura posta em questão*, os poemas de *A luta corporal* e as peças *Se correr o bicho pega, se ficar o bicho come* (com Oduvaldo Vianna Filho) e *Dr. Getúlio, sua vida e sua glória* (com Dias Gomes). Publicou poesias, ainda, pelo CPC-UNE.

Embora a temática do nacionalismo e da cultura popular esteja presente em toda sua obra, e mais especificamente em *Cultura posta em questão* (1965), é em *Vanguarda e subdesenvolvimento* (1969) que retoma seus temas prediletos e formula mais clara e maduramente suas propostas.

Vanguarda e subdesenvolvimento remete diretamente à temática do "caráter nacional da expressão estética", ao papel progressista (ou não) das vanguardas intelectuais em área periférica e aos problemas estéticos na socie-

---

[9] E muitos e muitos outros, ainda, como alienados...

dade de massa, não abandonando as formulações que veiculam a noção de "cultura brasileira".[10] O que é mais relevante: situado num dos momentos cruciais de debate cultural — marcado pelas revisões radicais — em que se procuravam as saídas para os impasses da radicalização política e cultural, provocada pelo fechamento do Sistema, procura estudar e avaliar as diversas manifestações encobertas sob o rótulo de "vanguarda". Mencionando-as explicitamente, resulta o conjunto num estudo de *contraposição* do vanguardismo cosmopolita e evasivo, ao vanguardismo da "verdadeira" vanguarda, que tem o papel de "criticar o caráter alienante dessas tendências e de elaborar os meios capazes de exprimir, em termos atuais, a problemática do homem brasileiro" (p. 84).

Reunião de ensaios e de artigos publicados na *RCB*, editada pela mesma editora e apresentada por Nelson Werneck Sodré, combatendo o radicalismo dos formalistas e louvando radicalismo do movimento de arte participante, valorizando os CPCs (Centros Populares de Cultura), não se pode deixar de indicar no livro a existência de traços fortes de fundamentação teórica próxima daquela encontrada nas formulações *nacionalistas* (algumas de raiz isebiana) associada a elementos teóricos provenientes de uma nítida cultura de orientação partidária. O trabalho de Ferreira Gullar, entretanto, ultrapassa em muitos pontos as reflexões de outro representante dessa tendência, Nelson Werneck Sodré que, em mais de uma vez, se propôs a escrever sobre subdesenvolvimento e cultura, história literária do Brasil, assinando até mesmo seção de crítica na mencionada revista. Interessa mencionar o fato, para indicar, no leque da vanguarda cultural, o setor em que se localiza Gullar, não muito distanciado da linhagem crítica de Leandro Konder e Carlos Nelson Coutinho. Decorridos alguns anos da publicação da obra em foco (1969), já é possível tentar um balanço para verificar que, num momento de radicalização de posições em que essa vertente era duramente criticada, por sua moderação e falta de criatividade teórica, alguma lucidez existia, alguma criação se produzia dentro de seus quadros teóricos. A leitura em 1974 da obra de Gullar permite verificar a possibilidade de abordagem da temática por ele tratada sem maiores pré-juízos — oportunidade propiciada, sem dúvida, pela recessão cultural e pelo avanço da cultura propriamente fascista no Brasil e na América Latina.

A tarefa se inicia, pois, com o estudo dos pontos mais significativos da obra, para o encaminhamento de algumas conclusões e — talvez — posicio-

---

[10] O livro traz por subtítulo "Ensaios sobre arte" (Rio de Janeiro, Civilização Brasileira, 1969).

namento do espírito em relação à problemática da ideologia da cultura nacional e do subdesenvolvimento, e do destino da cultura numa sociedade de massas.[11]

Na introdução ao volume, o autor explica os temas centrais dos ensaios: a validade de um mesmo conceito de "vanguarda" estética pertinente para os EUA, Europa e áreas subdesenvolvidas; o caráter retrógrado do realismo (escrevia Gullar num momento em que certos conceitos rígidos de estética marxista voltavam à baila); o caráter alienante do "vanguardismo" (o concretismo, as investigações musicológicas nessa época, um superdimensionamento das técnicas e dos métodos ditos estruturalistas provocavam contestações às manifestações dos estilos de setores marxistas menos inovadores). Para fugir à divisão irredutível, Gullar procurava rediscutir a noção de vanguarda cultural no contexto da realidade brasileira, questionando a universalidade do conceito de vanguarda, e combatendo o que de alienante se escondia sob a capa da pesquisa formal ou irracionalista (p. 4).

Criticando a importação deformante que estaria na base do concretismo poético — Joyce e Pound, segundo especifica —, mostra como esqueceram seus cultores de verificar a ligação desse autores com "a problemática nacional ou cultural, da época em que viveram e criaram etc.". E prossegue Gullar:

"O objetivo era apresentar o curso da arte como um desenvolvimento linear, fatal e historicamente incondicionado. É como se o processo artístico constituísse uma história à parte, desligada da história geral do homem" (p. 4).

Mais contundente:

"As obras e os autores eram reduzidos a aspectos estritos, exclusivamente àqueles que interessavam à conceituação de 'vanguarda', ignorando-se a evolução e a transformação da obra no curso do tempo" (p. 4).

A implicação política dessa posição do concretismo poético é clara: tende-se a valorizar, por exemplo, na biografia de Oswald de Andrade, mais

---

[11] Esta abordagem da obra de Ferreira Gullar surgiu de uma série de discussões com Janice Theodoro da Silva, realizadas no âmbito do curso do Prof. Antonio Candido sobre "Leitura ideológica", realizado no primeiro semestre de 1974 na FFLCH-USP. Agradeço as múltiplas sugestões.

o momento "modernista" que o Oswald pós-1929, quando se engajou mais, do ponto de vista político, abandonando o caminho formalista. Ao dizer que "Oswald jamais se desligou da realidade brasileira e jamais se entregou a exercícios puros de linguagem", cremos estar em face de crítica direta aos formalistas.

O mesmo se pode dizer das posições formalistas em relação a Maiakóvski, que tanto irritam Gullar. Mostrando que nenhum poeta foi "tão referencial, tão ligado à realidade social, aos problemas políticos imediatos", Gullar ataca (ou contra-ataca) o direito (ou a pretensão) de se utilizar Maiakóvski em apoio de uma corrente poética que pretende eliminar toda e qualquer relação conceitual à realidade concreta. Nessa altura, Gullar faz algumas afirmações que devem ter acentuado o abismo entre as duas posições de vanguarda:

> "Ele (Maiakóvski) era um inovador, como todo verdadeiro poeta, mas nunca fez da pesquisa formal o objetivo de sua poesia" (p. 5).

Fórmula de combate, é fácil perceber o que há de polêmico nessa advertência: o formalismo leva à alienação e à perda de referência ao próprio concreto. O importante é "falar a língua de todos" (ideal dos CPCs), "exprimir as aspirações da massa".

Aos formalistas que introduziram entre outras noções a de descontinuidade, Gullar contrapunha a de continuidade. À ruptura, Gullar contrapunha a noção de evolução:

> "A renovação não significa romper com todo o patrimônio de experiências acumulado. Forma revolucionária não é mera diluição de achados formais e sim a forma que nasce com a decorrência inevitável do conteúdo revolucionário" (p. 5).

O movimento de arte participante, deixando de lado a problemática estética, fazia dos meios de comunicação não o caldo de experimentalismos sem horizonte político. Ao contrário, a ação política e a denúncia passaram a orientar diretamente a produção intelectual. Um ponto comum parecia unir as vanguardas: a rejeição aos princípios estéticos e da arte como ocupação acadêmica.[12]

---

[12] As brechas eram maiores que as pontes pelo que se pode verificar na "Nota sobre vanguarda e conformismo", de Roberto Schwarz em *Teoria e Prática*, nº 2, pp. 127 ss., que

A crise dos CPCs, a repressão e a despolitização relativa do país após 1964; o irracionalismo ocupando o lugar do teatro político; a agressão; o revolucionarismo da classe média e a frustração política misturada à frustração existencial teriam propiciado a supervalorização da "forma", em detrimento do "conteúdo". O formalismo se associava à despolitização em todas as frentes culturais.

A citação desajeitada relativa a Marcuse parece indicar, em Ferreira Gullar, pouco mais que a falta de plasticidade teórica dessa vertente: não mais apenas aos "formalistas" as críticas são formuladas, mas também aos participantes da extrema-esquerda, para os quais o processo cultural não avança dentro da linha de evolução já predeterminada — como veiculava tal ideologia —, mas sim a partir de ação radical de ruptura com a "realidade concreta" e com os diagnósticos e os meios de diagnosticar essa "realidade concreta". Para Gullar, teorias como as de Marcuse levam as pessoas a oscilarem entre a ação extremada e o desencanto. A solução seria dada por uma linha por assim dizer "média", visando a mudança qualitativa da sociedade, através de tarefas que exigem "longos anos de trabalho e luta obscura" (p. 7).

Altamente polêmico e restritivo em relação à vanguarda concretista, considerada alienada, também o é em relação às vanguardas de extrema-esquerda, consideradas suicidas.

Mas as "vanguardas" trazem a questão do novo, questão essencial para os subdesenvolvidos. A vanguarda provoca (ou discute) a transformação, que é fundamental para áreas subdesenvolvidas, onde há miséria; miséria que é fruto das estruturas arcaicas. O círculo está fechado nas formulações de Ferreira Gullar, só faltando introduzir, nesse trajeto dentro da visão dualista, a temática da cultura nacional e/ou internacional:

> "A *grosso modo*, somos o passado dos países desenvolvidos e eles são o espelho de nosso futuro. E como dar o salto, elaborando um sistema em que a aparência de civilização não se confunda com a própria civilização, e em que haja a libertação do homem, a partir de sua situação concreta, internacional e nacional" (p. 8).

A valorização da cultura dos CPCs; a crítica às estruturas arcaicas; o subdesenvolvimento entendido como etapa; a preocupação com a "realidade concreta"; a ideia permanente de evolução (em contraposição à de ruptura

não deixa margem à dúvida/certeza com a qual termina o artigo, conforme se analisará no item "D" deste capítulo.

e descontinuidade); a crítica a Marcuse e a luta anti-imperialista (p. 8) pelo novo explicam como se dá o casamento entre o marxismo ortodoxo e a inspiração nacionalista.

No capítulo 1 de *Vanguarda e subdesenvolvimento*, que traz o mesmo título do livro, faz-se o estudo das personalidades inovadoras que romperam com os estilos consagrados — os "artistas que se adiantaram a seu tempo" (p. 13) — e, por esse motivo, constituíram dentro da dialética histórica, a vanguarda do processo.

A discussão da noção de *avant-garde* torna-se o núcleo do estudo. E retoma um antigo torneio, para estudar (e descartar) o problema a saber quem foi mais vanguardeiro: Joyce ou Kafka? Pound ou Eliot? Mallarmé ou Apollinaire? A saída de Ferreira Gullar é *histórica*, remetendo a pesquisa ao estudo das bases sociais — mas sem cair no sociologismo. De maneira um tanto heterodoxa, considerado o caldo cultural em que vivia, Gullar utiliza-se de Sartre da *Situations II*, ao verificar a relação autor-público, em perspectiva histórica. A partir do século XVII, o escritor passa a perceber a existência de outro público além do círculo fechado dos que sabem ler. Até então, saber ler era "ter o instrumento necessário para adquirir os conhecimentos sagrados e seus inúmeros comentários". O processo de organização da burguesia como classe, definindo-se a partir da liquidação dos privilégios da nobreza e partindo para a conquista de liberdade de pensamento e expressão, implicava na busca de adesão de outros setores da sociedade em torno das novas ideias.

O estudo da marginalização posterior do intelectual, que não se integra nos quadros da avareza e da eficácia burguesas, é o passo seguinte de Ferreira Gullar. O surgimento do artista romântico realiza-se a partir do combate a "tudo o que define a objetividade burguesa e a vida prática", e o romantismo virá acentuar o "abismo entre o gênio e o homem vulgar, entre a arte e a realidade social" (p. 15).

A arte-pela-arte é estudada como uma reação ao romantismo: uma projeção para fora da História — como o voo para fora da História, segundo Ernest Fischer, a quem Ferreira Gullar segue de perto —, o artista desistindo de mudar o mundo. A cisão está feita, e o papel do intelectual fica definido a partir das respostas que dará, através de seu posicionamento, a esta questão: ou estará engajado no processo histórico, ou se esvaziará em artifícios formalistas.

Ferreira Gullar fixa, de maneira clara, seu próprio posicionamento: "a problemática da arte-pela-arte é uma parte da problemática geral da História em cada época, em cada sociedade". E matiza, tentando evitar o historicismo: "As teorias estéticas, as 'poéticas' repousam, em última análise, numa concepção de História, muito embora não sejam redutíveis a ela". E localiza o enfoque, passando do geral ao particular, ao se perguntar se as concepções de vanguarda artística correspondem a uma necessidade efetiva das sociedades subdesenvolvidas. Como se dão os sistemas de adoção das vanguardas europeias nas áreas subdesenvolvidas? O que é vanguarda num país desenvolvido será obrigatoriamente vanguarda num país subdesenvolvido?

Todas as questões, aponta Ferreira Gullar, levam a um único e mesmo problema, que reside em saber se, nos países subdesenvolvidos, existe um ângulo peculiar donde se vê a História (p. 21).

Desde as primeiras manifestações do romantismo até os dias em que escrevia, Ferreira Gullar elabora um "discurso" onde, com certa habilidade, conseguirá integrar textos tão desiguais quanto os de Marx e Antonio Candido, e de Nelson Werneck Sodré e Pedro Calmon — tentando estabelecer o surgimento da temática do *nacionalismo*. Ao mostrar os desvios do concretismo atual (p. 35, entre tantas outras), e por não haver "equivalência cultural perfeita entre países desenvolvidos e subdesenvolvidos", o autor está preocupado em estabelecer "um ponto de referência para a definição de uma cultura brasileira":

> "Não se trata, evidentemente, de uma cultura própria, especificamente nacional, mas *cultura brasileira*[13] no sentido de aglutinação dinâmica de elementos reelaborados que, através das décadas, se mantêm ligados e ativos numa interação capaz de responder ao presente e ajudar na sua formulação" (p. 32).

Ferreira Gullar incorpora no segundo capítulo certas formulações mais recentes, como as de Umberto Eco sobre a obra aberta. Percebe a liquidação, por exemplo, das formas poéticas fechadas (dos "sistemas") nos vários campos da arte. A quebra das estruturas tradicionais se manifesta nas formas de apreensão e expansão do real (da "realidade objetiva", na terminologia da qual não se desliga Ferreira Gullar — como se não houvesse o problema da instauração da própria noção de "realidade objetiva" que, para ele, é um *dado*). Apesar de tudo, indica a "abertura", mostrando que a identidade entre a arte e a dialética pode ser ilusória, para não falar das diferenças entre as várias manifestações artísticas.

---

[13] Grifo nosso.

O capítulo 2 é de abertura teórica dentro das coordenadas marxistas. Embora leitor de Fischer (ver p. 127), de Lukács, de Hauser, Ferreira Gullar propõe, para o problema da redefinição da questão da vanguarda artística, a compatibilidade entre a realização da obra de arte aberta e o método dialético materialista. O caminho apontado é claro: o artista, "armado do método dialético", terá condições de evitar os desvios que conduziram ao formalismo ou ao subjetivismo (p. 53). Para tanto, examina a dialética do particular e do geral na obra de arte, apoiado em Lukács e Marx. E, apoiado na teoria das lutas de classes, não escapará entretanto à fórmula rígida da "arte como *reflexo* da realidade objetiva" — rigidez que marcará um dos momentos menos inspirados de seus ensaios. Contra o formalismo (o esquema) e o irracionalismo (o acaso), sugere a utilização do método dialético, assim concebido.

No capítulo 3, Ferreira Gullar realiza uma síntese das conclusões anteriores, para avançar, expressando que a obra de arte aberta (para ele, aqui, sinônimo de "vanguarda") é a representação do processo dinâmico e *aberto* da sociedade burguesa e de sua crise ideológica e, ao mesmo tempo, o salto para exprimir o caráter dialético da realidade (p. 63). Isso para rejeitar a transferência *mecânica* de padrões de trabalho das áreas desenvolvidas para cá. Investiga ainda o caráter universal da literatura, para mostrar que não existe senão nas literaturas particulares:

"Esta visão concreta da realidade internacional é que nos permitirá compreender que, agir no âmbito da realidade nacional, é, dialeticamente, influir na realidade internacional e contribuir para modificá-la" (p. 65).[14]

O apelo central do livro surge a seguir, nos seguintes termos:

"Clamar em países subdesenvolvidos, pelo estudo e conhecimento de sua própria realidade não é, como se pretende fazer crer, frequentemente, uma atitude retrógrada ou anti-internacionalista, mas, pelo contrário, a verdadeira atitude internacionalista" (p. 66).

---

[14] Neste passo, como à página 63, não vemos por que não utilizar o termo "reciprocamente" ao invés de "dialeticamente": o resultado seria o mesmo. A utilização deste último não é a melhor garantia de que o andamento da análise seja realmente dialético. Ver também pp. 57 e 60.

Rastreará, a partir de então, em perspectiva histórica, o conhecimento crescente da realidade nacional e da tentativa de superação do próprio nacionalismo, desde a colônia até o patriotismo bilaquiano e o ufanismo.

Discutirá a experiência estética particular que conduz ao universal, através da obra de Di Cavalcanti, Machado, João Cabral, formulando a noção de "caráter nacional da expressão estética" (p. 81). E indicará a síntese de experiências nacionais e internacionais em cidades como Rio de Janeiro e São Paulo — que seriam cidades-fronteira, espécie de limite entre dois universos: o internacional e o nacional.

Ao finalizar, exemplifica com certas produções de vanguarda internacional, como o niilista Samuel Beckett que, segundo Marcuse, surge como negação positiva da sociedade tecnológica em país desenvolvido. Mas no Brasil, segundo Ferreira Gullar, onde *ainda* não chegou o desenvolvimento tecnológico, "sua mensagem teria o efeito de paralisar a luta por uma vida melhor" (p. 85). Não se pode deixar de observar que Ferreira Gullar pensa o processo em termos de *etapa*: ainda não estaríamos no momento de consumir Beckett (e nem Marcuse...), se quiséssemos levar o raciocínio de Gullar na direção para a qual aponta. O que, sem dúvida, seria um fechamento nas perspectivas entrevistas a partir de considerações sobre a obra aberta em regiões periféricas. Mas sobre este ponto voltaremos nas conclusões da próxima (e última) parte.

No último ensaio, "Problemas estéticos na sociedade de massas", Ferreira Gullar parte do problema do distanciamento entre as chamadas artes de vanguarda e o grande público. "A maioria do público não entende a arte moderna porque ela não fala de sua vida." Remonta à formação da sociedade de classes e ao processo — paralelo, segundo ele — de perda de capacidade de comunicação da pintura, da escultura, da poesia para "falar" ao conjunto da sociedade, ganhando, pelo contrário, o campo do isolamento subjetivo. Dá-se o processo de alheamento: "negando-se a interferir no processo, o artista sofre apenas as consequências" (p. 95).

Volta, como nos ensaios anteriores, a examinar a noção de arte-pela--arte, isto é, a arte desligada da realidade social, até o fenômeno crescente da anulação da crítica na sociedade de massas, avançando para o problema da relação da arte e sociedade no porvir — quando se obedecerá "apenas às exigências do interesse comercial"?

Não negando o avanço dos tempos novos, mostrando que a arte de massa constitui mercadoria, Ferreira Gullar indica que, com o surgimento da burguesia, há progresso em relação à arte do passado, "muito mais aristocrática e impositiva" (p. 125). "O capitalismo é etapa do desenvolvimento da civilização", e não há que se adotar posição esteticista, rejeitando-a como anticultural. Essa posição também seria fruto das mesmas condições de produção da arte de massa. É uma abertura nas linhas dessa orientação, e a verificação pode ser feita na citação de Walter Benjamin, *via Fischer* (p. 127), sobre mercado e produção poética. Ferreira Gullar indica como a arte-pela-arte pode ser aproximada do esquematismo da arte de massa: constituem polos de um único quadro de indagações.

O texto de Ferreira Gullar termina abrindo: "a ideia de uma arte de massa de alta qualidade não implica a liquidação de todas as formas de arte em uma só" (p. 128). Pelo contrário, cria condições de dar um denominador comum às diversas linguagens artísticas. "Artes de irradiação mais restritas já se mostram infensas às formas de comunicação geradas pela arte de massa, do mesmo modo que esta não se fecha às contribuições daquela" (p. 128). O cerne da questão é político: "toda arte é política" e deve levar em conta essas questões, até porque arte é forma de participação.

Escrevendo em 1969, ou antes, vê-se o quanto se reduziram as alternativas para o debate e "abertura" criativa pela sociedade de massas: o problema do *controle social* passou a impor-se mais duramente numa sociedade desse tipo, reduzindo o espaço mínimo vital para o desenvolvimento da crítica. Ferreira Gullar não levou em conta que a sociedade de massas, em capitalismo periférico, frequentes vezes tem levado ao fechamento.

De 1969 a 1974, pode-se perceber que houve um enrijecimento do sistema, ligado à ampliação e especialização da sociedade de massas. As alternativas não se multiplicaram, como indicava Ferreira Gullar; ao contrário, reduziram-se. Por esse motivo, parece pouco, hoje, endossar o esquematismo de Gullar; o dualismo, a visão em *etapas* do processo econômico e cultural, a rigidez dos conceitos para entender as variações de uma sociedade de *massas*, que veio a substituir os quadros da oligarquia, não bastam e não bastaram para enfrentar tão complexo tema.

No fundo, Ferreira Gullar permanece pensando numa rígida sociedade de *classes* (que não é a mesma coisa que sociedade de *massas*...). De qualquer forma, foi uma abertura do marxismo ortodoxo à época, pouco plástico para o confronto com Eco, com os estruturalismos, com o concretismo, com Marcuse. É significativo que o livro volte à baila, após a crise da extrema-esquerda. Não descarto a hipótese de que de *Vanguarda e subdesenvolvimento* se possa partir para a retomada da orientação do processo — com as devidas revisões.

C) DANTE MOREIRA LEITE E A "SUPERAÇÃO" DAS IDEOLOGIAS: DIÁLOGO COM UM INTÉRPRETE

Atacando frontalmente os mitos que obscureciam (e, ainda, com frequência, obscurecem) a produção cultural no Brasil, em 1969 ressurge, num livro novo, a tese de doutoramento defendida em 1954 na Faculdade de Filosofia, Ciências e Letras da USP (Cadeira de Psicologia). Trata-se de *O caráter nacional brasileiro*, de Dante Moreira Leite, em que retraça a história de uma ideologia — a do "caráter do homem brasileiro". À época de sua publicação o trabalho não provocou a polêmica que seria de se esperar,[15] o que talvez se explique se for considerado o contexto muito mais radical em que surgiu, no qual, em várias frentes, o pensamento de extrema-esquerda mais apontava para o futuro do que se voltava para o passado, para uma reavaliação dos tradicionais "intérpretes" do Brasil.

Como já indicamos alhures, a natureza revisionista do trabalho permite o aprofundamento e radicalização da discussão sobre o caráter ideológico da própria noção de "cultura brasileira", tratada de maneira tão categórica por autores como, por exemplo, Fernando de Azevedo, Oliveira Vianna, Paulo Prado ou Vianna Moog. Algumas de suas apreciações traduzem bem o aprofundamento de uma consciência radical — e que seria um dos traços tipificadores da Faculdade de Filosofia, apontados por Antonio Candido.[16]

O escrito de Dante Moreira Leite ultrapassa os limites que circunscrevem a perspectiva histórica de Ferreira Gullar — não adotando, mas atacando a temática do "caráter nacional" (da expressão estética, no caso de Gullar). E, munido de instrumentos teóricos retirados da Antropologia e da Psicologia (e, sobretudo, da Psicologia Social), passa em revista conceitos equívocos que estavam na base de grandes interpretações da História e da cultura no Brasil. Atinge, em seu esforço analítico, uma fase, a atual, que entende como sendo a da "superação" das ideologias — sobre o que nos deteremos adiante.

Em que pese a importância do estudo, dada quando mais não seja pela organização de um painel da história do pensamento no Brasil contemporâ-

---

[15] Dentre as poucas análises bibliográficas, registre-se a de Adalberto Marson, "Sobre a ideologia do caráter nacional: uma revisão", *Revista de História*, São Paulo, 1971, nº 86.

[16] Entrevista à revista *Transformação*, da FFCL de Assis, concedida no 2º semestre de 1973. Antonio Candido localiza as raízes sociais desse pensamento radical não revolucionário na classe média — classe à qual, com poucas exceções, não pertencem os ideólogos analisados por Dante Moreira Leite.

neo, fornecida com critério que permite a visão articulada das linhas mestras — caso raro numa Historiografia tão marcada por linhagens historicistas, em que a história do pensamento não brota como o "produto subtil de um povo", como propunha Cruz Costa, mas como um conjunto de atores sucessivos que se "influenciam" em cadência ininterrupta através dos tempos —, não se pode deixar de vislumbrar um certo esquematismo ao propor-se tarefa tão complexa quanto a da investigação de elementos constituintes de uma ideologia. Tarefa que, no limite, pode ser localizada na faixa da alta interpretação. Mais de uma crítica poderia ser esboçada em relação ao caminho sugerido por Dante Moreira Leite, a mais evidente sendo aquela que indicaria que o autor, sempre preocupado em estudar os personagens em seu contexto histórico-cultural, raramente atingiu o "chão social"[17] sobre o qual transitavam. Não se trata, aqui, evidentemente, de ensaiar o deciframento de uma análise "psicológica" pelo flanco "sociológico": o sociologismo já mostrou, sobretudo na última década, suas limitações; o que está em jogo é, antes, o grau de eficácia atingido pelo autor ao mostrar (ou não) os processos de montagem (e desarticulação) de *sistemas* ideológicos.

Não há dúvida quanto à dificuldade (e fecundidade) da empresa, que reside na tentativa de destacar elementos constituintes de uma ideologia[18] — visando o seu controle. A tentativa parece, assim considerada, não apenas difícil como altamente positiva: a de controlar a ideologia do "caráter nacional brasileiro", e que esteve presente na elaboração de tantas interpretações da "cultura brasileira". Para a sondagem a que nos propomos torna-se rastreamento da maior expressão, inclusive porque permite vislumbrar, na possível continuidade do processo cultural no Brasil, e nas diversas elaborações sobre a noção de "cultura brasileira", quais os registros nacionalistas que se fizeram presentes.

Deixando de lado a convergência de perspectiva com o revisionismo radical do autor[19] — sobretudo em relação às análises parciais das obras de contemporâneos como Gilberto Freyre, Sérgio Buarque e Fernando de

---

[17] Retiro a expressão da abordagem sugerida por Roberto Schwarz, para uma história das ideologias no Brasil, proposta em "As ideias fora do lugar", *Estudos Cebrap*, nº 3, 1973.

[18] De um ponto de vista metodológico, a discordância fundamental com o autor reside no viés pelo qual trata as ideologias isoladamente — não considerando a existência de *sistemas* ideológicos (p. 140, por exemplo).

[19] Escrevíamos, em 1966, em nota introdutória a *Brasil em perspectiva* (obra coletiva prefaciada pelo Prof. João Cruz Costa), que era necessário, naquele momento de revisionismo radical, colocar tudo em questão, inclusive a "visão de realidade de quem analisa" (p. 13).

Azevedo, dentre os mais destacáveis — não se pode passar por alto, todavia, a angulação adotada por Dante Moreira Leite, a qual propicia um deslizamento teórico, uma vez que volta a veicular, não obstante, uma vaga noção de História em etapas, noção que repousa nas "fases" e "etapas" indicadas.

Emerge, assim, uma teoria da História menos sustentada pelas classes e movida pelas lutas de classes, e uma explicação de eventos em que conceitos como "consciência de classe" aparecem substituídos por "autoconsciência de um povo". Em suma, as ideologias não aparecem sistematicamente como elementos participantes decisivos nas relações de dominação — embora haja fortes indicações a propósito. Teoria da História em que noções como a "autoconsciência de um povo" (o povo brasileiro) assumem valor explicativo, substituindo as categorias analíticas com que vinha operando o autor.[20]

A própria análise de Dante Moreira Leite surge vinculada a um contexto que, em larga medida, a explica. Tome-se, por exemplo, a angulação dada ao que se entende por intelectual: ele não o situa em nenhuma das classes (ou estamentos) fundamentais e, na sucessão das "etapas" apontadas, não é a dinâmica social que comanda os diagnósticos da *intelligentsia*. O que tornou possível a emergência de sua própria análise, senão a emergência de novos quadros sociais? A intelectualidade passa a ser engrossada por elementos de outras proveniências que as aristocráticas, e integra as fileiras das classes não fundamentais: constitui parte da pequena-burguesia. Ora, segundo Lukács, "a pequena-burguesia, como classe de transição onde os interesses das duas classes simultaneamente se ocultam, passa a sentir-se acima da oposição das classes em geral". Daí surgir a confiança que possui essa intelectualidade de julgar o seu pensamento livre da ideologia que nasce das lutas de classes. Ao que parece, esse fator mesmo possibilita, no estudo em foco, falar em "superação" das ideologias — e na crença cada vez mais forte nas ciências e nas técnicas de investigação. Essa ciência superior à *praxis* social é, ela também, aparentemente desvinculada. Resulta, então, uma a-historicidade em seu procedimento e será possivelmente tal a-historicidade que propiciará reflexões cada vez mais voltadas ao "pensamento" que à "realidade". Em suma, um afastamento cada vez maior da busca das origens sociais das formas de pensamento.

Poder-se-ia radicalizar a discordância em relação a algumas posições emitidas na obra em pauta. Embora o autor enfatize a existência de outros

---

[20] Deixando de lado o que entenderia por "método histórico" (por exemplo, ao tratar de Gilberto Freyre), parece pequena a ênfase dada às determinações e mudanças sociais, que obrigariam a elaboração de ideologias como a do "caráter nacional".

"rumos observáveis nos estudos atuais sobre o Brasil", torna-se difícil concordar, no seu capítulo sobre a superação das ideologias (capítulo 18), com a ideia de que "não existe um momento determinado em que se possa assinalar o fim do pensamento ideológico e o início de uma nova fase das ciências sociais no Brasil, ou de nossa vida intelectual" (p. 310). Deixando de lado o fato de que as *ideologias* atravessam todo o tempo a comunidade intelectual, aqui como em qualquer outra latitude e, portanto, essa etapa, caso existisse, não teria fim propriamente, não seria difícil aceitar que o "início de uma nova fase das ciências sociais no Brasil" surge com a utilização de uma série de conceitos de base, de conceitos analíticos como "classe", "consciência de classe", "modo de produção", "estrutura", "conjuntura" etc.

A nova perspectiva lançada por Caio Prado Jr., em 1933, por exemplo, e que é valorizada justamente pelo autor (mas conduzida para outra direção), introduzindo sistematicamente o conceito de "classe social" para a reinterpretação da história social do Brasil, só pode ser valorizada nesse sentido. A mesma observação seria válida para as análises de Antonio Candido, sobre a formação da literatura brasileira (1957), ou Florestan Fernandes, para a periodização da História do Brasil a partir do estudo dos modos de produção, e tantos outros analistas que procuraram esmiuçar as determinações essenciais das formações econômico-sociais para a compreensão do processo histórico brasileiro através da sucessão de *sistemas* — neles integradas as formações ideológicas.

Qualquer que seja a conclusão a que essas observações possam conduzir, parece certo que o quadro ideológico, em que se produziu o estudo de Dante Moreira Leite, explica não apenas a eleição do tema, como também o ângulo da análise desmistificadora. Resta esclarecer que o ângulo não é neutro, como neutro não é o analista. E certos conceitos (como o de "povo livre") e certas fórmulas (como "autêntica tomada de consciência de um povo") não deixam de estar ligadas a — também — uma ideologia. Qual?

A ideia do trabalho (tese) surgiu em 1948. Sua apresentação e defesa em 1954. A nova edição aparece revista, refundida e ampliada, em 1969.

Com a crescente industrialização que se acentuou no Brasil entre 1945 e 1950 — no final do período que Dante Moreira Leite denomina ideológico —, delineiam-se melhor os processos de acumulação, urbanização e proletarização. As classes sociais do capitalismo — fundamentalmente a burguesia e o proletariado — passam a ganhar novo impulso, delineando seus interesses e precisando seus contornos sociais e ideológicos. Em situação de dependência, as minorias dominantes internas passam a assumir interesses comuns aos de outros países. Dessa *praxis* nasce uma nova ideologia, que veicula a noção de país novo e traz a esperança da emergência do Brasil entre as outras nações desenvolvidas.

As ideologias do caráter nacional brasileiro, indica o autor, frequentemente representam um *obstáculo* no processo pelo qual uma nação surge entre as outras. Nessa perspectiva, deparamos com os marcos ideológicos do autor. O "caráter nacional brasileiro" tinha, então, de ser destruído porque tratava das diferenças, não das igualdades do povo brasileiro e do Brasil com aqueles das nações desenvolvidas. Não parecerá estranho, pois, que a limpeza do campo ideológico produzido pela "geração" anterior seja feita num momento de definição mais clara de uma sociedade de *classes*, e em que o Brasil passava a participar mais intensamente, enquanto área periférica, da divisão internacional do trabalho. O "brasileiro" desaparecia, surgia a mão de obra livre e despojada de suas características culturais — surgia o povo, essa ideia liberal, mas, na análise em pauta, as classes continuavam eclipsadas. A desmistificação intentada ficava a meio caminho. Nesse passo o autor alimenta, ao que parece, a ideologia (ou contraideologia) em que está imerso.

Henri Lefebvre, em *A sociologia de Marx*,[21] mostrou como as representações ideológicas configuram sempre instrumentos nas lutas dos grupos (povos, Nações) e das classes (e frações de classes), mas que só intervêm eficazmente disfarçando os interesses e os fins desses grupos. No caso das representações ideológicas da pequena-burguesia, não parece improvável a interpretação de Lukács, quando indica que a existência de seus próprios objetivos se dá exclusivamente na consciência, onde "tomam, necessariamente, formas sempre mais vazias, sempre mais destacadas da ação social, puramente ideológicas".[22]

Percorrendo todo o trajeto, pode-se encontrar — ainda — uma ideologia. A ideologia de quem se reveste de todo um aparato científico para fugir... de uma ideologia. Sua ideologia, nesse sentido, bem pode ser denominada, sem redundância, de Ideologia da Superação Ideológica, pois é justamente a pseudoconsciência da superação das ideologias sua pedra de toque — a universalidade seu fim. Nos momentos em que apregoa o fim das explicações através do "caráter nacional" (1954, 1969), ele cria a utopia de um "povo livre" (ou melhor, tão livre quanto as populações dos países industrializados capitalistas), um "brasileiro"[23] à altura dos povos desenvolvidos.

---

[21] São Paulo, Forense, 1968, p. 44.

[22] Georg Lukács, *Estrutura de classes e estratificação social*, 4ª ed., Rio de Janeiro, Zahar, 1973, p. 32.

[23] "Brasileiro" que, aliás, "em vão buscaremos encontrar; em cada geração encontrare-

D) VANGUARDA E CONFORMISMO, SEGUNDO ROBERTO SCHWARZ

> "O vanguardista está na ponta de qual corrida?"
> ROBERTO SCHWARZ

Menos envolvido com os mitos dos que labutavam na "problemática do homem brasileiro", ou com o destino do "caráter nacional da expressão estética" (como Ferreira Gullar), Roberto Schwarz emergia em 1967 com um texto crítico de suma importância — verdadeiro divisor de águas (turvas) — em que lançava dúvidas sobre as atividades da chamada vanguarda cultural. A apreciação radical de Schwarz chegará a vincular a produção de certas vanguardas ao fortalecimento do sistema sociopolítico: a vitória dessas vanguardas é alcançada na integração capitalista. Esse texto, que passou relativamente despercebido, adquire agora grande limpidez na medida em que as tendências nele criticadas cumpriram sua trajetória e colapso — com a integração e/ou esvaziamento político de seus representantes. Trata-se de uma "Nota sobre vanguarda e conformismo",[24] e nela estarão apoiadas as reflexões que se seguem.

O texto de Schwarz configura a radicalização de uma linha teórica que vinha sendo trabalhada desde, pelo menos, 1960 e cujos frutos foram colhidos em *A sereia e o desconfiado*. Da altitude da abordagem e da densidade do momento cultural o leitor poderá dar-se conta ao ler "A sereia desmistificada" (1965), de Bento Prado Jr.[25] Se nos ensaios dos anos 60-64 encontra-se o crítico testando seus instrumentos e aprimorando conceitos na linguagem mais sofisticada de Lukács, ou Adorno, Horkheimer e Benjamin, em 1967 eliminará alguns obstáculos que o levarão da teoria à prática, na defesa de uma concepção artesanal da cultura, em contraposição aos ajustamentos da produção intelectual e artística a um mercado em larga escala.

Como as ambiguidades de certas vanguardas intelectuais se revelassem muito acentuadas por essa época, Schwarz passa a levantar dúvidas sobre a concepção de cultura — e de História — que as informavam. Distante de um marxismo linear e pouco criativo, aquele marxismo esclerosado demais para apreender as especificidades das novas manifestações que abafavam o avanço

---

mos indivíduos diferentes, resultantes da vida renovada a cada instante", segundo assinalava na primeira edição de seu trabalho, *Boletim da FFCL-USP*, n° 230, p. 225.

[24] Publicada em *Teoria e Prática*, São Paulo, 1967, n° 2, pp. 127-32.

[25] Crítica publicada em *Teoria e Prática*, 1967, n° 2, pp. 58-73.

relativo da cultura política no país, Schwarz não se integrava tampouco nos quadros da elite pensante que, de maneira algo apressada, se entregava a pesquisas marcadamente formalistas — num momento em que, é bom convir, a radicalização e o revisionismo intensificavam as diferenças dentro da esquerda no Brasil.[26]

A nota crítica de Schwarz incide na ambiguidade da produção cultural de setores de vanguarda que, segundo escreve, pretendem anular "a distância entre a vanguarda e o popular, entre a cultura 'séria' e de consumo" (p. 128). A ambiguidade da própria noção de progresso é que está em questão: para Schwarz, progresso técnico e conteúdo social reacionário às vezes andam juntos, e aí poderá estar a raiz do desvio. Conforme a vertente escolhida, se desembocará na integração capitalista — ou na sua negação.

A noção de vanguarda presta-se à confusão. "O vanguardista está na ponta de qual corrida?" Com tal preocupação inquietante, o crítico analisa uma entrevista sobre industrialização e *mass media*, à busca do contorno ideológico para saber das vinculações entre política, vanguarda cultural e integração capitalista.

Por trás da coerência e do otimismo revelado no corpo da entrevista com quatro músicos, realizada por Júlio Medaglia,[27] Schwarz esforça-se por desvendar a linha ideológica articuladora das formulações dos "mais informados e atualizados" músicos. Indicador do momento cultural, o elogio do profissional descola-se na entrevista em detrimento do amador — este, o músico à antiga, artesanal, desligado das vicissitudes do mercado cultural. Schwarz mostra o que há de novo nos horizontes culturais e com graves implicações ideológicas. "Se no alinhamento habitual, esquematicamente, amador é quem não rompe com a segurança burguesa — compromisso cujo preço é inconsistência e incompetência — no alinhamento novo, como veremos, é o contrário; competência e sucesso econômico são uma coisa só." No quadro dos novos meios de comunicação de massa, "o que parece fundamental é que o 'artístico' é que está pifado", recolhe Schwarz para seu estudo. E indica com alguma ironia que essa observação é avançada (progressista), uma vez que "registra o que os outros não percebem, o impasse entre a potência social crescente da comunicação — fruto de um esforço industrial e,

---

[26] Basta relembrar os temas colocados em tela nas revistas *Revisão*, *Revista Civilização Brasileira*, *Aparte* e *Teoria e Prática*, dentre outras.

[27] "Música, não-música, antimúsica", entrevista com os compositores Damiano Cozzella, Rogério Duprat, Willy Corrêa de Oliveira e Gilberto Mendes, no "Suplemento Literário" de *O Estado de S. Paulo*, 24/4/1967.

portanto, coletivo — e o uso privado e idiossincrático, 'artístico', que faz dela a arte burguesa".

Na argumentação do entrevistador ficava aparentemente desqualificada a utilização individual — individualista — do produto cultural. A própria característica coletiva do *mass media* eliminava o traço individual, seja na perspectiva da produção, seja na do consumo. Desaparecia o artista/artesão e o ouvinte/fruidor. Para o público novo, para o "mercado em escala nova", sem tradição e critério específico, "consumo de 'arte' é consumo de *status*", pouco importando a intenção do artista, conforme enfatiza Schwarz, ao dar forma à nova tendência que atingiu as estruturas da própria linguagem cotidiana:

"(...) instalado o comércio de significados em grande escala, a própria linguagem cotidiana — o material do artista — se reconstela de forma tal, que é como se espontaneamente aspirasse à publicidade, à forma da mercadoria (é difícil dizer, por exemplo, se o *Jornal da Tarde* imita os nossos prosadores mais vivos ou se é o contrário); a nova difusão é tamanha que outro esquema de circulação, que não o comercial, parece risível; e, finalmente, os bons honorários."[28]

A linha geral das entrevistas proclama o fim do produtor artesanal, e Schwarz mostra como descolar das afirmações vanguardistas a ideologia segundo a qual a figura do produtor cultural progressista, "avançado", seria aquela que produz muito, regularmente e com mercado certo:

"Concebe a produção já na forma de mercadoria, incorpora a ela as exigências da circulação, e não se humilha portanto, pois não há tensão entre os dois momentos."[29]

* * *

O texto de Schwarz serve como ponto de referência para o estudo das transformações de importantes setores da intelectualidade burguesa de esquerda. Aprisionada dentro das malhas de um sistema em que a participação política foi sendo paulatinamente restrita, a busca de novas formas por vezes implicou a perda — ou venda[30] — de velhos conteúdos.

---

[28] "Nota sobre vanguarda e conformismo", p. 129.

[29] *Idem*, p. 129.

[30] O crítico parece atingir, falsamente dubitativo, o cerne da questão, quando encerra

A noção de trabalho intelectual, de produção cultural em termos de fabricação artesanal estava sendo superada por uma vaga econômico-política em que a massificação cultural e, portanto, ideológica e política, se fazia sentir em setores menos consistentes da *intelligentsia*. "Significados se evidenciam ao nível do consumo e basta", dizia um dos entrevistados. No interior do sistema ia sendo secretada sua ideologia, e o absolutismo político deixava como única alternativa no plano cultural a busca de novas *técnicas* em que se multiplicavam os artifícios. E, àquela altura, as "descobertas" não apenas se manifestavam no plano formal, discursivo e altamente imitador. Incluíam também os avanços da linguística, que não deixaram de repercutir negativamente por terem propiciado e estimulado discussões adjetivas, de sentido puramente biográfico, valorizando algumas personagens — como Oswald de Andrade — em ângulos nem sempre inéditos.

O observador das vicissitudes da possível história das ideologias no Brasil notará que, por esta época, como em outros países, viveu-se a ruptura com um quadro de valores que vinha sendo elaborado, sobretudo em termos de teoria da História, desde, pelo menos, 1930. A intelectualidade mais progressista, vivendo o colapso do populismo,[31] viu-se obrigada a renunciar ao ideal mannheimiano de intelectual (sempre acima e à frente do processo histórico) e a integrar-se no sistema, ou, num outro caminho, a partir para posições mais radicais, fora dos quadros consentidos. Ou ainda a desenvolver técnicas rebuscadas, menos do que novos métodos, para a revisão ("reinstauração", o termo dileto) dos processos de explicação do passado: neste caso, não foi rara a vez em que formas barrocas conformaram-se com estruturas absolutistas — como no século XVIII. Não poucos viveram a radicalização ideológica que se organizara em dois polos: um deles, marcado pela orientação rígida de um marxismo cristalizado e que fica tão bem caracterizado na obra de Nelson Werneck Sodré,[32] que nem mesmo após as observações de Caio Prado Jr. em *A revolução brasileira* deu-se ao trabalho de se rever, preservando não só as teorias veiculadas na obra do jovem Marx,

---

suas reflexões: "Pela coerência franca e virulenta de seus resultados, o cinismo apologético não é fácil de distinguir da crítica materialista. Entre os dois há uma zona furta-cor, dileta do brilho e do humorismo do intelectual burguês de esquerda, que nela encontra o correspondente preciso de sua própria posição intermediária. Vendeu-se, está criticando, ou vendeu-se criticando?" (p. 132).

[31] Retiro a expressão do conhecido estudo de Octavio Ianni.

[32] A persistência de velhas coordenadas pode ser reverificada em *Síntese de história da cultura brasileira* (1970).

como os primeiros trabalhos de Lucien Goldmann e de Henri Lefebvre; no outro polo, as frentes inovadoras que organizaram seus discursos a partir das noções de ruptura e de descontinuidade dos processos histórico-ideológicos. Nessa tendência, diversa da primeira, as noções de linearidade, etapa, processo, ficavam estouradas por dentro.

Ante a impossibilidade de organizar o mundo social e manipular o processo histórico, frações da intelectualidade de esquerda deixavam-se penetrar de teorias impossibilistas relativizadoras. O processo histórico tornava-se penoso à *intelligentsia*; urgia pulverizá-lo para torná-lo suportável,[33] da mesma forma que era necessário — para a primeira tendência — reduzi-lo a esquemas simples e lineares para torná-lo pretensamente utilizável.

Entre a linearidade da primeira posição e a descontinuidade radical da segunda, encontrava-se esta zona furta-cor, apontada por Schwarz, a posição intermediária, "dileta do brilho e do humorismo do intelectual burguês de esquerda, que nela encontra o correspondente preciso de sua posição intermediária". "A mistura de veneração e desprezo pelo consumo, que é da natureza desta posição, como do neocapitalismo, aparece de mil maneiras."

A contundência de Schwarz vai até o ponto-limite e o tom dubitativo não deixa margem a considerações imprecisas quando pergunta se essa frente intelectual "vendeu-se, está criticando, ou vendeu-se criticando?".[34]

E) ANTONIO CANDIDO: DA LITERATURA
E DA CONSCIÊNCIA NACIONAL. ANÁLISE DE UMA PROPOSTA
PARA UMA HISTÓRIA DA CULTURA NO BRASIL

Mais temperada, nem por isso menos profunda e significativa para o estudo da emergência, no plano historiográfico, de uma nova angulação para a história das ideologias no Brasil, é a análise de Antonio Candido sobre a consciência nacional, estudada a partir de registros literários. Não se vincula, como Gullar, à perspectiva da busca imediatista do "caráter nacional" de expressões estéticas com (ou sem) vínculos políticos, nem se dirige, como

---

[33] Curioso notar que só recentemente as declarações de Foucault a uma revista brasileira (*Veja*), vieram a recolocar alguma possibilidade de reencontro de posições antagônicas, ao valorizar a orientação de M. Bloch e L. Febvre, espécie de matriz aceita, verdadeiro campo "neutro" de "marxistas" e "estruturalistas"...

[34] "Nota sobre vanguarda e conformismo", p. 132.

Schwarz e Gullar, a setores específicos da produção brasileira contemporânea. Não está preocupado tampouco, como Dante Moreira Leite, em refazer a história de uma ideologia — a do caráter nacional brasileiro, presente nas obras de grandes explicadores do Brasil. Atento a todas essas instâncias, por vezes mascaradas por fortes coberturas ideológicas que tornaram tradicionais e batidos os caminhos explicativos para a chamada história das ideias (literárias, políticas, religiosas, filosóficas etc.) no Brasil, Antonio Candido não as esmiúça. Procura, antes, a partir de indicações muito precisas, levantar pontos (articulados entre si) para uma revisão da *história da cultura* (o termo é do autor). Um autêntico programa de trabalho fica exposto no seu ensaio "Literatura e consciência nacional",[35] cujos pontos básicos procuramos levantar para os devidos comentários.

Parece claro, a partir da consideração de suas indicações, que se trata de texto básico para o estabelecimento de momentos fundamentais para o estudo do processo de emergência de uma historiografia relativa ao problema da cultura brasileira, menos isenta talvez de traços ideológicos que outras tentativas anteriormente apontadas.

Delinear, em poucos traços, as vicissitudes do pensamento político-cultural no Brasil nos anos que medeiam entre 1966 e 1969 implica considerar alguns elementos básicos vividos pela intelectualidade mais empenhada. Não só a cultura de massa já começava a inquietar várias frentes de reflexão — Gullar e Schwarz representam dois exemplos distintos — como também a temática do nacionalismo, que voltava a rondar os horizontes "culturais", sutil ou abertamente. Procuramos mostrar anteriormente que nem mesmo um crítico instrumentado como Dante Moreira Leite conseguiu, ao realizar a desmistificação, excluir-se totalmente de tais marcos ideológicos. Em contraste com o período posterior de abertura para a América Latina,[36] este será marcado por um reencontro — nem sempre radical, antes revisionista, em seu sentido lato — com a temática da identidade nacional. E o revisionismo registrado no plano intelectual, onde germinavam projetos nacionalistas, possuía correspondência insuspeitada no plano mais geral — onde o nacionalismo se ligava à necessidade de proteção estatal às grandes empresas privadas, que resistiram à crise do período anterior. Estas empresas, depen-

---

[35] "Literatura e consciência nacional", "Suplemento Literário" de *Minas Gerais*, Belo Horizonte, 6/9/1969, edição especial do 3º aniversário (IV), nº 158.

[36] Bom indicador para nossa periodização, vale notar que a primeira edição de *Formação econômica da América Latina*, de Celso Furtado, é de 1969.

dentes então de grandes grupos internacionais, marcam a vida econômica do período, que pode ser melhor entendido no contexto da então proclamada "interdependência".

A chamada fraqueza estrutural da burguesia brasileira não deixaria de se fazer sentir no plano das produções teóricas mais articuladas — o projeto nacional em suas múltiplas facetas e problemas continuaria parasitando as reflexões, seja no sentido de seu combate e desmistificação, seja no estabelecimento de um roteiro que procurasse reconstruir os patamares do processo de evolução no sentido de se estabelecer uma cultura com fisionomia própria.

No plano propriamente intelectual, vinha para a linha de frente a preocupação com o problema da identidade nacional.

Neste estudo de Antonio Candido, já não se está em face de uma investigação sobre a história da literatura brasileira, em sentido estrito. A própria constituição dessa literatura aparece como apenas *um* dos problemas a serem enfrentados. A montagem e as determinações próprias do quadro ideológico, em que essa possível literatura viceja, talvez sejam o problema maior a ser perscrutado pelo estudioso da história das ideologias no Brasil.

O ensaio "Literatura e consciência nacional" torna-se útil, pois, para tipificar a situação vivida: oferece um roteiro no qual uma série de pontos básicos ficam estabelecidos para a consideração da emergência de uma identidade nacional, em perspectiva histórica. Embora privilegie o plano da literatura, as considerações sobre o problema do controle social, a historicidade do fato literário ou a utilização ideológica do passado para ajustamento ao presente são suficientes para fundamentar uma teoria da história da cultura, não desvinculada de um (por assim dizer) projeto nacional. Não desconhecendo as investigações em que a linearidade de certas elaborações propriamente históricas ficavam terminantemente contestadas — através de estudos percucientes como os de Paula Beiguelman (crítica severa de Nelson Werneck Sodré) ou de Emília Viotti da Costa, Florestan Fernandes, Maria Sylvia de Carvalho Franco, para ficarmos em exemplos de seu ambiente paulistano —, Antonio Candido formula uma interpretação ampla da história da cultura no Brasil, sem perder de vista as noções de continuidade e de *processo*. Elabora uma visão não cumulativa da História, sem desconhecer os marcos da abordagem culturalista. O fato literário é, antes de tudo, cultural, o que, para ele, significa tratar-se também de um fato social. Logo, histórico.

Mais do que de revisão radical, o texto em questão é de abertura e consolidação. Se a análise de Roberto Schwarz ataca e qualifica uma produção específica, a proposta de Antonio Candido consolida uma ótica geral. O caráter político não estará ausente das duas, como se verá.

Conhecedor das teorias que pressupõem a descontinuidade entre as produções intelectuais e o mundo, bem como as que proclamam a continuidade, o autor foge à abordagem paralelística encontradiça, por exemplo, na obra de Cruz Costa. Não se trata de delinear o desenvolvimento da história da literatura (ou do pensamento) em confronto com a história social (ou econômica). A proposição teórica surge mais abrangente, a literatura entendida como sistema de obras que são também instrumentos de comunicação:

> "Neste estudo, a literatura do Brasil será encarada mais como fato de história da cultura do que como fato estético, pois tentar-se-á mostrar de que maneira está ligada a aspectos fundamentais da mentalidade e da civilização brasileira, em vários momentos de sua formação" (p. 8).

A maneira pela qual se instaura uma história da cultura, incorporando determinações do nível das mentalidades, eis a proposta que interessa no estudo de história das ideologias. E a proposta, aqui, é encarada de maneira direta, uma vez que se pode submeter o texto a uma análise ideológica — com vistas ao estabelecimento de um conceito de verdade, também passível de ser desvendado — através da qual seja estabelecido o quadro das variáveis que estão presentes na sustentação mesma do texto, apoiado num eixo (o foco discursivo) central. Eixo em torno do qual se organiza uma *história*. E uma teoria da História.

A postura assumida, de fato, é a do historiador. Explicita a cada passo o ângulo adotado para analisar o processo cultural, fugindo todavia à perspectiva de uma cronologia linear. Os momentos decisivos dessa história vão sendo desvendados através de considerações sobre manifestações significativas, "descendo e subindo entre os séculos XVI e XIX, durante os quais o país adquiriu uma fisionomia própria" (p. 8).

A chave mestra para a compreensão do processo cultural está consubstanciada na investigação da imposição e adaptação cultural. A partir dessa chave o autor elabora um conjunto de posições que implicam na revisão radical de teses consagradas (algumas já criticadas pelo próprio autor em escritos anteriores):

I. A tese veiculada, por exemplo, pela crítica romântica, segundo a qual "as normas clássicas não se prestavam a exprimir a realidade natural e social do país", no período colonial. Já se está, segundo o autor, num

momento em que não mais há necessidade de se "inventar um passado tanto quanto possível nacional", como fez a intelectualidade da jovem nação no século XIX.
II. Como o resto do "equipamento cultural do português", a literatura foi algo "imposto, inevitavelmente imposto". Não se pode dizer, como para países que conheceram desenvolvidas civilizações pré-colombianas, que a colonização acarretou a destruição de uma produção literária original. Não somos os "hijos de la Malinche", lembra, com Octavio Paz, e devemos abandonar os sonhos nativistas dos tempos de Joaquim Nabuco. "Em verdade, a nacionalidade brasileira e suas diversas manifestações espirituais só se configuravam mediante processos de pressão e transferência cultural" (p. 11).
III. No período colonial, criou-se uma disciplina intelectual firme. "Os padrões clássicos foram eficazes." Em suas diversas formas (humanismo de influência italiana no século XVI, barroco de influência espanhola no século XVII, neoclassicismo de influência francesa no século XVIII), com condições para a definição de uma cultura consistente e de resistência, "na sociedade atrasada e por vezes caótica do período colonial". "A convenção greco-latina era fator de universalidade", e por ela a produção local se integrava na "civilização do Ocidente" (p. 11). O classicismo, por exemplo, possuía certos traços positivos: com sua disciplina, com suas convenções, permitiu a intelectuais participarem de maneira menos provinciana dos grandes temas contemporâneos. Neutralizou as "tentações da vulgaridade e o perigo potencial de absorção pelo universo do folclore". "O que havia de *artificial* na moda clássica foi compensado largamente por esta circunstância, graças à qual a maioria dos escritores de valor dos séculos XVII e XVIII parecem menos provincianos, mais abertos para os grandes problemas do homem que os românticos do século XIX" (*idem*). Para mostrar que a disciplina não excluía a liberdade, aponta os exemplos de Gregório de Matos e dos arcádicos.
IV. No tocante à "esfera essencial da expressão, a imposição e a adaptação dos padrões culturais permitiram à literatura contribuir para a formação de uma consciência nacional" (*idem*). Nesse sentido, o romantismo teria propiciado a participação de níveis sociais mais modestos, enquanto a literatura clássica pressupunha público mais informado. Não se pode, entretanto, falar em ruptura histórica como houve a ruptura estética. Com o romantismo, no século XIX, prosseguiu-se na dupla tendência de integração e diferenciação: incorporando "a mentalidade e normas

do Ocidente culto" para a expressão dos "aspectos novos que iam surgindo no processo de civilização do país". No fecho do texto, Antonio Candido é relativamente enfático quanto ao problema da consciência nacional:

"Esta circunstância dá continuidade e unidade à nossa literatura, como elemento de formação da consciência nacional do século XVI, ou, pelo menos do século XVII, até o século XIX. A essa altura, tanto a literatura quanto a consciência nacional já podem considerar-se amadurecidas e consolidadas, como a sociedade, porque já são capazes de formular conscientemente os seus problemas e tentar resolvê-los" (p. 11).

O ensaio, fruto de uma conferência no estrangeiro, partindo de uma reflexão sobre nossa formação cultural, abre perspectivas para uma história das ideologias. A emergência de uma produção nacional, com o que possui de irremediavelmente adaptado, com os empréstimos e com os vícios gerados na situação colonial — que marcou por três séculos nossa história da cultura — fica investigada a partir da base social. Sem incorrer nos pecados do sociologismo mecanicista (resguardando, por exemplo, o que denomina de substância do ato criador), estabelece as teias sutis que unem a vida social à esfera intelectual. E nessa articulação, o que é positivo é que nem sempre o resultado aparece marcado pela noção de processo linear, tão caro aos Enciclopedistas, que, apesar da distância no tempo, continua na base de tantas explicações de história da chamada cultura brasileira. "Consciência nacional" e processo cultural aparecem como níveis distintos, embora articulados, de um só quadro ideológico de uma mesma história. História que pressupõe a temática da dependência (e, portanto, dos compromissos e resíduos de um passado colonial).

Menos clara fica a análise quando desemboca no século XIX, por omitir a dependência mais sofisticada em relação à Inglaterra. A temática da "consciência nacional" fica delimitada por outras molduras não indicadas, sobretudo no tocante aos modelos que então inspiravam a produção nacional. O indianismo, tão importante para a formulação de uma possível identidade nacional, como aponta o autor, parece ter sido um ingrediente ideológico de grande peso, desviando a crítica de pontos nevrálgicos mais agudos dados pela situação de dependência (econômica e cultural) da Inglaterra e (cultural) da França.

Mas a contundência e eficácia de algumas posições de Antonio Candido se manifestam ao trabalhar com as relações entre vida cultural e controle social, ou com o problema da mestiçagem — ponto sempre vulnerável nas teorizações sobre a chamada cultura brasileira.

Ao estudar as relações entre a vida cultural e o controle social (quase se poderia inverter sem prejuízo os termos: vida social e controle cultural), Antonio Candido examina a atividade da Igreja no Estado, das Academias e o papel de obras literárias de vulto, no sentido de fabricar, estimular, procurar e/ou celebrar os valores ideológicos dominantes, até a crise do próprio sistema. Algumas, como a Sociedade Literária do Rio de Janeiro, deslizaram para a faixa política, louvando a Revolução Francesa e discutindo a situação colonial. Demais, algumas produções anteriores, elaboradas no bojo desse sistema ideológico, já revelaram caráter nativista: *O Uraguai*, por exemplo, que está na raiz do individualismo — "uma das mais poderosas alavancas de identidade nacional" (p. 9).

Uma das características mais fortes dessa interpretação está na maestria com a qual articula os diversos níveis da realidade sociopolítica e ideológica. O controle social exercido pelas instituições acima apontadas não se desvincula de um quadro maior em que a repressão, a proibição, a restrição, a discriminação eram exercidas a partir dos valores de setores dominantes da sociedade em formação, profundamente amarrados na tradição cultural do elemento colonizador. Nesse ângulo é que Antonio Candido parte para a "crítica à ideia errada de que a literatura brasileira seria o produto do encontro de três tradições culturais: a do português, a do índio e a do africano". Quanto à tradição cultural dos índios e africanos, é peremptório: a presença deles se faz sentir apenas — "e ainda aí menos do que se pensa" — no plano folclórico. Não se pode indicar, segundo sua análise, a existência de uma combinação das três tradições para "formar uma literatura"; está-se, antes, em face de "ampliação do universo de uma literatura que já existe, importada por assim dizer com a conquista e submetida, como a colonização, ao processo geral de ajustamento ao Novo Mundo" (p. 8).

O crítico vai encontrar exemplo cabal nas restrições impostas pelas forças coloniais às possibilidades de eventual desenvolvimento das "culturas dominadas" (o termo é do autor). Na Capitania de São Paulo, onde a presença indígena marcava os contornos das relações sociais, estabeleceu-se "uma competição cultural que foi resolvida, de um lado, pela fusão racial e espiritual; mas de outro, por uma acentuada repressão por parte das autoridades". Nessa medida, a Câmara proibia a participação de brancos nos festejos indígenas, bem como a sua promoção, punindo severamente os infratores. Ao lembrar que a população era composta em grande parte por indígenas,

Antonio Candido completa sua crítica, que por certo propõe a revisão das tradicionais "histórias sociais" e "histórias da literatura":

"Mais drástico ainda foi o caso da língua geral, falada correntemente por essa população bilíngue desde o século XVI e proibida na segunda metade do século XVIII, extinguindo-se rapidamente no meio cada vez mais estabilizado dentro da cultura europeia".

Registrem-se observações passageiras, mas de grande alcance para pesquisas sobre estilo de pensamento no Brasil, como aquela sobre o estilo barroco, de ressonância permanente na história cultural do país:

"O estilo barroco foi uma linguagem provincial, e por isso gerou modalidades tão tenazes de pensamento e expressão que, apesar da passagem das modas literárias, elas ficaram em parte, como algo visceral do nosso país" (p. 9).

A importância do texto reside, para além dessas passagens, na consideração e articulação de níveis de realidade tão distintos como o da "consciência coletiva" (p. 10), o da ideologia dos setores dominantes, o do universo do folclore, o do consumo de produção acessível a grupos sociais modestos (no século XIX). E sobretudo o nível da "consciência nacional" — considerados os horizontes das obras dos escritores focalizados no ensaio.

Duas anotações finais poderiam ser feitas, em caráter de discussão. A primeira sobre um conceito passageiro emitido sobre a sociedade do século XIX, uma "sociedade já constituída e orientada para seu destino próprio", onde "o senso rígido da ordem espiritual e estética era menos necessário". Que a estabilização relativa estava longe de ser atingida atestam os conflitos relacionados com a passagem do regime escravista ao assalariado, nas diferentes regiões; atestam as tensões sociais, culturais e religiosas que culminariam no movimento de Antônio Conselheiro, para não mencionar a problemática social e cultural relacionada com a ampliação das camadas médias urbanas no fim do século.

A segunda, em que se solicitaria maior ênfase na análise da relação entre o exercício de uma disciplina intelectual firme (de inspiração greco--latina, por exemplo) e o tipo de organização social (sociedade de base escravista, por exemplo). A esse tipo de disciplina intelectual corresponderam outras "disciplinas" (controle social) que provocaram a exclusão de fontes populares mais significativas — no texto circunscritas pela fórmula segundo a qual a literatura ficou preservada, ao serem neutralizadas "as tentativas da vulgaridade e o perigo potencial de absorção pelo universo do folclore" (p. 11).

Não se estaria, neste passo, nobilitando uma concepção de literatura em detrimento de manifestações de cunho menos sofisticado mas que, nem por isso, deixam de ser elementos participantes da cultura popular? Em caso negativo, por que não distinguir, para efeitos de análise, o plano (ideológico) de cultura nacional e o plano (real) da cultura popular?

6.

Impasses da dependência cultural
(1969-1974)

> "Marx somewhere says that history repeats itself, ocurring first as tragedy, then as farce, but there is a more sinister pattern of repetition: first tragedy, then despair."
>
> Eric J. Hobsbawm[1]

O quadro geral da radicalização política e cultural, provocada pelo progressivo fechamento do sistema, levou a formas de contestação de tal intensidade que se acabou por editar o Ato Institucional nº 5, a 13 de dezembro de 1968. A partir desse momento, pode-se notar uma série de modificações sensíveis nas várias frentes de produção cultural. As revisões radicais, observáveis de 1964 a 1969, foram envolvidas num círculo de ferro, e nesse sentido a censura e a autocensura exerceram papel decisivo. Retraçar alguns processos ocorridos na vida cultural do país de 1969 a 1974 torna-se tarefa difícil, não só pelas dificuldades teóricas e metodológicas inerentes ao tema, como pelo caráter fragmentário da documentação disponível. Afinal, uma cultura crítica só pode ser medida pelos seus produtos críticos, e estes não foram sistematicamente tolerados. Nessa medida, tentar-se-á fornecer algumas indicações gerais, para avaliação dos impasses em que se encontra o processo cultural no Brasil.

Valerá a pena, para efeito de exposição, desdobrar a tarefa em duas etapas. Na primeira, ao lado da apresentação de algumas posições gerais divergentes, procurar-se-á retraçar alguns dilemas da produção cultural global, considerados os níveis das atividades literária e teatral — com vistas a caracterizar concretamente a dimensão do impasse. Na segunda, considerar-se-á a esfera mais propriamente científica e universitária, tentando-se avaliar linhas gerais de trabalho e reflexão voltadas para uma reinterpretação dos processos culturais no Brasil. Frise-se, desde logo, que a perspectiva que orienta este esforço não abriga a preocupação em realizar arrolamento

---

[1] "Intellectuals and the Class Struggle". In: *Revolutionaries*, Nova York, Pantheon Books, p. 251.

sistemático, mas tão-somente fornecer indicadores gerais, para uma interpretação preliminar.

1. Situação da produção cultural brasileira

Em face dos impasses cruciais alcançados pela chamada cultura brasileira em 1974, a revista *Visão* publicou uma série de entrevistas que bem poderiam resumir as dificuldades enfrentadas.[2] Se José Celso Martinez Corrêa, o ex-diretor do Teatro Oficina, dirá que se está "num beco sem saída", e o teatro censurado e prostituído, já Carlos Estevam — que produziu no início dos anos 60 obra importante sobre cultura popular — procurará mais longe a raiz do problema cultural:

> "A pobreza atual da cultura brasileira não é determinada pela rigidez, pelo burocratismo do sistema. Nada disso. Dostoiévski produziu num período de muito maior rigidez política do que o nosso, hoje. Pode-se dizer que a censura serve para reforçar a ausência estrutural do pensamento, nos vários setores. Mas é também um álibi para certos intelectuais justificarem o fato de não produzirem nada de novo, nada de socialmente significativo. (...) Quando uma sociedade chega ao ponto de erigir o pragmatismo em virtude, essa sociedade não necessita mais pensar. Como bem definiu Oliveira Vianna, a nossa é uma sociedade amorfa. Aqui, os setores em que tecnicamente se divide a classe média dominante estão praticamente fundidos. É por isso que as camadas novas dessas classes são extremamente débeis, com pouco ou nenhum pensamento original" (p. 153).

Nessa perspectiva, nem mesmo a contracultura, no Brasil, escapa: "não passa de um negativo da cultura oficial, da cultura da classe média burocratizada", segundo Estevam. O que ocorre é que de 1930 aos dias atuais, as questões essenciais são resolvidas nos bastidores, no interior do próprio aparelho do Estado, o público não participando do esforço que leva à trans-

---

[2] Revista *Visão*, seção "Cultura", 11/3/1974, v. 44, n° 5, "A revolução aos dez anos". Dentre os entrevistados, Carlos Estevam, Glauber Rocha e Ruth Cardoso. A seção de "Cultura" da referida revista era coordenada por Vladimir Herzog, também diretor da TV Cultura de São Paulo (Canal 2) e professor da Escola de Comunicações e Artes da USP, que morreu assassinado nos órgãos de segurança de São Paulo a 25 de outubro de 1975.

formação: "Então, não há nenhum processo que engendre atividades culturais importantes".

De qualquer forma, e considerada apenas a esfera da produção teatral, a censura — instrumento pelo qual age o Sistema nesse setor de produção cultural — foi exercida com mão de ferro. Segundo Flávio Rangel, um dos encenadores mais respeitados do Brasil, "o que morreu foram os bons espetáculos", indicando a existência de "452 peças proibidas nos últimos dez anos — nove vezes mais que nos últimos 24 anos precedentes, com o Estado Novo de permeio".[3]

No plano das informações de ordem quantitativa, recorde-se que a *Revista Civilização Brasileira* alcançava a tiragem, em 1967, de 40 mil exemplares, cada número apresentando o formato de livro, com 300 a 400 páginas, em contraste com a revista *Argumento*, de 1973, fechada em 1974, cuja tiragem era de 25 mil exemplares — não levando em consideração o índice de crescimento da população brasileira nesses oito anos... Mas, nesse nível de constatações, bastará acolher a informação de Roberto Schwarz, diretamente relacionada àquilo que mais diretamente interessa nessa avaliação de impasses: a chamada "Cultura Brasileira". Segundo Schwarz, escrevendo em 1970, na revista *Les Temps Modernes*:

> "Nous avons longuement parlé de la culture brésilienne. Cependant, avec régularité et amplitude, elle ne doit atteindre que 50.000 personnes, dans un pays de 90 millions. Il est certain que ce n'est pas sa faute s'il y a impérialisme et société de classes. Mais, étant un langage exclusif, il est certain aussi qu'elle contribue par là à la consolidation du privilège. Pour des raisons historiques, que nous avons essayé d'esquisser, elle est parvenue à refléter la situation de ceux qu'elle exclut, et a pris leur parti. Elle est devenue un abcès à l'intérieur des classes dominantes" (p. 72).

E, naturalmente, para além das constatações apoiadas em números, vagas propostas de diálogo com o poder, como a de Glauber Rocha,[4] onde há

---

[3] *Visão*, 11/3/1974, p. 150.

[4] A quem Leandro Konder, aliás, chamava a atenção na *Revista Civilização Brasileira*, conforme se viu no capítulo anterior, a propósito dos descaminhos a que podiam conduzir interpretações como aquela veiculada em *Terra em transe*. Diga-se, a propósito, que o Sistema também procurou contato nos últimos meses com representantes lúcidos do processo cultural, como Chico Buarque de Holanda, em janeiro de 1975. Mas a entrevista de Glauber é de fevereiro de 1974... Para Glauber, e "para surpresa geral, li, entendi e acho o gene-

opções de ordem nacionalista. "Que entre a burguesia nacional-internacional e o militarismo nacionalista, eu fico, sem outra possibilidade de papo, com o segundo", diz o albuquerquista de 1968 e autor de *Antonio das Mortes* — filme este "profeta de Alvarado e Khadafi", segundo Glauber.

No plano universitário, há posições mais realistas que no período anterior: ao lado da desinformação imensa daqueles que ingressam nos cursos superiores (fato que deve ser encarado com o maior cuidado, dadas as implicações políticas negativas para a universidade), uma antropóloga como Ruth Cardoso indica a possibilidade de "o próprio fenômeno da expansão da rede de ensino" poder "criar uma massa capaz de suportar as manifestações críticas". Restando averiguar, valeria completar, se a capacidade de o corpo docente crítico e das instituições universitárias é suficiente para a resposta crítica ao processo de massificação. Para a antropóloga, há aspectos positivos na expansão do ensino, "exatamente porque esse tipo de democratização pode criar um maior número de pessoas com formação mínima". O que não seria um mal — é fácil concordar — se um número de pessoas igualmente com formação mínima não estivesse fornecendo cursos de pós-graduação (que deveriam ser cursos de excelência) nos principais núcleos universitários do país. De qualquer forma, sua posição não deriva de falso otimismo: "A universidade perdeu o papel de fator criador na cultura brasileira".[5]

As posições acima, embora não estejam assentadas em estudos mais detidos, permitem perceber o "teor violento da vida" da intelectualidade, bem como as linhas culturais e políticas com as quais se embaralharam — algumas eminentemente concretas, como massificação, despolitização e repressão.

Pode-se concordar apenas em certa medida com a antropóloga, quando afirma que a universidade perdeu o papel de "fator criador da cultura brasileira". De fato, embora no período aqui focalizado — 1969 a 1974 — se tenha registrado a eliminação dos quadros universitários de figuras do maior valor, de verdadeiros chefes de escola, não se poderá negar que, contra

---

ral Golbery um gênio — o mais alto da raça ao lado do professor Darcy" (*Visão*, 11/3/1974, p. 155).

[5] *Visão*, 11/3/1974, p. 155. No mesmo semestre dessa entrevista, ocorreram dois fatos marcantes na história da Faculdade que estruturalmente representa o núcleo da USP, a FFLCH, instituição responsável pelo conjunto mais significativo da produção cultural na história do Brasil. Esses dois fatos foram a comemoração dos quarenta anos de vida da Faculdade e a demissão de seu Diretor, *por pressão externa à Universidade*, Professor Eduardo d'Oliveira França, um dos mais antigos catedráticos, de orientação liberal, eleito para a lista tríplice pelo voto de número expressivo dos catedráticos da Congregação, e escolhido pelo Reitor.

todos os ventos e marés, a produção científica e cultural continua firme e empenhada em vários núcleos. Não se falando dos casos de Universidades, como a do Rio de Janeiro, em que foi exterminada até às raízes a (pequena) produção já estabelecida, não são poucos os núcleos que continuam operando em torno de temas e problemas brasileiros da mais alta significação, e com metodologia bastante avançada. A autonomia relativa de reflexão e debate foi descentrada dos grandes anfiteatros para centenas de salas de seminário, de graduação e pós-graduação, e uma série de trabalhos sobre movimentos sociais, vida política, tendências ideológicas, dependência etc. vão surgindo bastante descomprometidos com as velhas linhas de interpretação da História do Brasil, da qual eram "deduzidas" as premissas teóricas para a interpretação de monografias específicas. Nesse último lustro, uma tendência parece clara: as monografias, em geral, surgem rompidas com o alinhamento teórico dos autores progressistas-nacionais que produziram nos marcos do nacional-desenvolvimentismo, dados seja por Furtado, seja por Werneck Sodré etc. Uma razoável quantidade de obras sobre movimentos sociais, produzidas recentemente, talvez indique a existência atual de uma viragem na ciência social no Brasil: sobre o Contestado, sobre Canudos, um debate intenso sobre periodização da História do Brasil (Maurício Vinhas de Queirós, por exemplo, e seu painel de 1974 na Universidade de Brasília), movimentos do século passado como Sabinada, Praieira, ou as importantes histórias da República (como a de Edgard Carone, Paulo Sérgio Pinheiro, Manuel Correia de Andrade, Décio A. M. Saes), a preocupação que atravessa os centros mais consequentes de pesquisa sobre a natureza dos processos ideológicos no Brasil (de Antonio Candido, em curso sobre "Leitura ideológica", a Michel Debrun, em investigação sobre "A dissociação ideológica"). Mas a isto voltaremos em outra parte.

Claro que a questão não se esgota aí, de vez que muitos impasses não foram solucionados, e talvez não o sejam, a prosseguirem as linhas do processo na atual tendência. Alguns deles carregam uma dimensão política de difícil avaliação, e que incide diretamente no problema da dependência cultural. Aos nacionalistas como soará, a esta altura do desenrolar da dependência, o fato de se constatar que a maior e mais significativa parcela do conhecimento da história da República (para mencionar apenas esse período) provém de outros países, notadamente dos EUA?[6] Supondo que não seja uma ideologia a

---

[6] Em "A independência do historiador", "Suplemento Literário" de *O Estado de S. Paulo*, 25/2/1973, tivemos oportunidade de apontar esse problema, que vem associado a outros de não menor relevância.

mais, vale indagar: para onde vai o que resta da "memória nacional"? Numa perspectiva ampla, e curiosa, o estudioso futuro do nacionalismo e da cultura *sobre* o Brasil no século XX registrará que a maior parcela da produção dessa história não terá sido feita no Brasil, mas sim nos centros hegemônicos. Nesse sentido, será pouco mais que uma ideologia referir-se a uma cultura nacional: será, antes, uma ingenuidade a mais. No caso do Brasil, não será demais afirmar que apenas a historiografia marxista (não nacionalista) logrou fornecer uma visão integrada da história do país, considerando os vários níveis de realidade. Não há uma historiografia burguesa que tenha fornecido uma visão integrada, no velho, austero (e ideológico) estilo das "histórias das Nações"... Ao mesmo tempo, como não indicar, nesse estudo sobre os impasses, que a maior parte dos cursos de pós-graduação em ciências sociais está sendo dirigida por portadores de títulos estrangeiros (PhDs, em geral)? O fato em si não representaria um mal, obviamente. O mal reside nas orientações teóricas adotadas — bastante diversas da multifacetada, da universalizante orientação das missões contratadas pela Universidade de São Paulo — além das dotações orçamentárias, articuladas em última instância àquelas orientações fornecidas por instituições estrangeiras (norte-americanas, sobretudo) cuja finalidade não é simplesmente difundir o ideal de *universitas*... Numa palavra, para estudos inclusive sobre o nacionalismo no Brasil (como no resto da América Latina), parece uma contradição exagerada a existência de financiamento externo.

A complexidade desse tema se agrava quando se observa que, tolhendo ou inibindo o debate cultural — razão de ser da Universidade —, Serviços de Segurança zelam pelo "bom" andamento dos trabalhos e pelo apuro das contratações. O que ocorre, de ordinário, é que muitos docentes produzem suas reflexões e pesquisas aqui, lançando todavia os frutos no Exterior, em áreas onde exista liberdade de expressão, onde poderá verificar o acerto ou equívoco de seus achados. Suprema (e compreensível) contradição: os frutos de suas pesquisas e reflexões críticas, em geral, são bem recebidos nos EUA.

Ao lado desses dilemas da produção global valerá a pena descer, então, a algumas esferas específicas da atividade cultural, para realizar a verificação — através de exemplos — da natureza dos impasses. Considerar-se-ão apenas os níveis das atividades literária e teatral para, em seguida, tentar-se a avaliação de alguns frutos recentes da atividade universitária relativa à história do processo cultural no Brasil.

Primeiramente, o nível da produção literária.[7] Ao atingir-se a época dos impasses da dependência cultural e do fechamento do Sistema (1969-1974), valerá a pena remontar à linha demarcatória do Estado Novo, fixada por Mário de Andrade em seu balanço geral do Modernismo, quando se encerrava uma era em que chegava ao fim uma concepção aristocrática de intelectual. A partir de então, de maneira explícita, a "atitude interessada diante da vida contemporânea" impele o intelectual à participação, e esse critério estará funcionando, aberta ou veladamente, como divisor de águas para definir estilos na *maneira de produzir cultura*. O Estado Novo e a Segunda Guerra Mundial, enfim, exasperaram as tensões ideológicas, possibilitando o amadurecimento literário e político — processo captável em produções como *A rosa do povo*, de Carlos Drummond de Andrade, *Poesia liberdade*, de Murilo Mendes e *Memórias do cárcere*, de Graciliano Ramos.

A partir de 1946 começam as aventuras formalistas, apresentando traços ideológicos diferentes dos anteriores. Dá-se menor peso ao social, em benefício do formalismo (por assim dizer) estrutural. Já se indicou alhures, e de maneira geral, a cisão da "aventura formal" em duas frentes: uma, voltada para o aprimoramento da linguagem, em busca do aproveitamento máximo da forma; outra, preocupada com o aperfeiçoamento formal, mas com vincada atenção para os aspectos sociopolíticos. Esta segunda orientação, mais humanista e social — vanguardista no seu sentido mais amplo —, carregaria uma proposta mais abrangente, o que, na realidade, não ocorre. Já foi assinalada por alguns críticos sua tendência escapista.

Os anos 50, marcados pela ideologia do desenvolvimento nacional, assistiram a passagem de militantes da direita, nacionalistas, para frentes esquerdizantes, abrindo campo para uma nova visão social. No novo contexto, ao se colocar a necessidade de criação de mercados internos para o desenvolvimento econômico, de reforma agrária para a superação do "Brasil arcaico", e de mobilização popular para as reformas de base, esbarrou-se com novos estratos sociais até então estudados à distância pela intelectualidade: os estratos populares, fulcro da nova fase cultural — a da cultura popular.

É nessa ótica que se assistirão a "conversões" como as do "clássico" Vinicius de Moraes, e participações como as de Geir Campos, da "Geração 45", e José Carlos Capinam e Félix de Ataíde, mais recentes. Ao lado de

---

[7] Os comentários que se seguem não pretendem retomar, nem sequer complementar, as análises percucientes sobre os distintos níveis (literário, teatral etc.) realizadas, em perspectiva histórica, no diapasão de obras como as de Alfredo Bosi, Sábato Magaldi, Antonio Candido, Paulo Emílio Salles Gomes e Adhemar Gonzaga, José Guilherme Merquior.

poetas propriamente populares, como Solano Trindade, aparecem em *Violão de rua* (1962-1963). Dessa época, ainda, a atuação significativa de Ferreira Gullar, participante e estimulador dos movimentos de cultura popular, tendo sido um dos organizadores do espetáculo *Opinião*, e diretor do Teatro de Arena. Ligado aos Centros Populares de Cultura, rompeu com os quadros culturais da orientação anterior.

Para se fazer ideia, entretanto, dos meios-tons culturais de uma época de reformismo desenvolvimentista, bastará lembrar as vinculações existentes entre o CPC e o ISEB.[8] E mais: a chamada "ala ideológica" do Instituto passou à militância, buscando contato com operários e estudantes.

> "Foi erguida a bandeira do nacionalismo. 'Nada ocorrerá mais sem a participação do povo', proclamava o professor e general Nelson Werneck Sodré na aula inaugural do curso regular de 1959. *Para ele, a nova composição social incluirá 'uma burguesia capaz de realizar-se como classe' e que começava 'a compreender que a sua oportunidade é agora ou nunca' (!)*. A classe média parecia-lhe 'atenta e ideologicamente receptiva ao clamor que se levanta do fundo da história'."[9]

Em 1964 inicia-se o colapso do populismo. Na literatura parece dar-se a ascendência da poesia sobre o romance, passando aquela a ser gravada em discos, e chegando assim com maior impacto junto ao público. É a época dos festivais, onde floresce a melhor poesia cantada — como as de Torquato Neto, Capinam, Gilberto Gil, Caetano Veloso. A radicalização do processo político-ideológico retoma seu caminho e a produção poética cede passo à literatura política: *Quarup*, de Antônio Callado, representa o ápice. Com a repressão redobrada, chegam ao fim os festivais de música. Prisão e exílio.

A partir de 1969, acentuam-se na literatura as pesquisas marcadas pelo experimentalismo formal — correspondente na historiografia conservadora a um quantitativismo *naïf* e, na filosofia, ao apego extemporâneo à lógica matemática — que serve para demarcar a linha da "neutralidade" relativa do intelectual em face do exacerbamento da repressão e da luta armada. Raramente se encontrará na história da literatura de todos os tempos alheamento[10] maior que aquele verificado nesses duros anos da história social

---

[8] *Visão*, 11/3/1974, p. 139.

[9] *Idem*, p. 139.

[10] Na produção *musical*, onde pode ser melhor captado o clima cultural, "alheamen-

e política do Brasil: o enrijecimento do sistema como que voltou a operar a separação da esfera política em relação à esfera literária. As produções sofrem os efeitos do marasmo: sobressaem-se apenas — dentro dos limites do experimentalismo — Osman Lins, Dalton Trevisan e José Cândido de Carvalho, dentre poucos outros.

Uma exceção notável dentro desse quadro é a de Erico Verissimo, que, enquanto produtor de cultura, vive a radicalização ideológica.

Em segundo lugar, o nível da produção teatral. De 1955, quando, na era do nacionalismo teatral, estreou em São Paulo *A moratória*, de Jorge Andrade, até o momento da afirmação de Augusto Boal, que retoma após 64 as experiências dos recém-extintos CPCs, com o grupo do Arena encenando *Arena conta Zumbi*, as distâncias não serão tão consideráveis assim, se se lembrar que apenas oito anos separam a estreia, no Oficina, da grande peça de Oswald de Andrade, *O rei da vela* (1967), de *Um grito parado no ar*, de Gianfrancesco Guarnieri (1974). Na verdade, nesse nível da produção cultural, a mensuração não pode ser realizada de maneira linear, sob pena de se perder o essencial: *a despolitização do público e a falência dos conjuntos teatrais*.

Da desintegração da velha ordem senhorial e da montagem da sociedade de classes, em cuja descrição se esmerou Jorge Andrade nos anos 50, e a tentativa de sobrevivência da lucidez de Guarnieri numa sociedade de classes fortemente guardada nos anos 70, longa e árdua foi a trajetória. Não se trata aqui de descrever o processo, mas de indicar, na etapa dos impasses da dependência, que após o AI-5, o teatro brasileiro mais significativo foi banido dos palcos pela censura total, intransigente, castradora. Os autores

---

to" poderia ser substituído por "alienação", sobretudo se se atentar a progressão apontada em *Visão* (10/2/1975): entre 1965 e 1968 apareceram Milton Nascimento, Chico Buarque, Geraldo Vandré, Gilberto Gil, Caetano Veloso; os "acontecimentos" desde 1969 foram, sucessivamente, Ivan Lins (1969), Paulo Diniz (1970), Tim Maia (1971), Sá, Rodrix e Guarabira (1972), Secos e Molhados e Raul Seixas (1973). "E, finalmente, em 1974, ninguém." Não se trata, aqui, de realizar incursão em outras esferas para dimensionar a alienação. Mas o problema abrange todas as áreas culturais — daí a ideia de *sistema* cultural —, inclusive a *arquitetura*. Relativamente a esse importante e sempre referido indicador da "cultura brasileira", sempre caberiam as palavras de Mário de Andrade, um dos marcos referenciais deste ensaio: "A nossa arquitetura moderna é tão boa como a arquitetura moderna dos EUA ou da França. Agora falta apenas que nos igualemos à Inglaterra na consciência de reagir, à URSS na consciência de que seja proletário, aos EUA no exercício da democracia. Não é capacidade que nos falta, isso é tolice. O que nos falta?".

ficaram impedidos de abordar os grandes temas do Brasil em perspectiva crítica, especialmente os políticos e os que discutissem dependência externa e frustração interna. Poucas foram as brechas por onde penetrou algum ar: Leilah Assumpção, com *Fala baixo senão eu grito*, foi uma delas — produzindo algo estética e politicamente reconfortante. Plínio Marcos, além de ter proibidas suas novas peças, viu cassados os alvarás das antigas. Francisco de Assis, já muito atuante na época do nacionalismo, ensaia uma tentativa não de todo frustrada de teatro místico (*A missa leiga*). Debatendo-se, José Celso Martinez Corrêa inaugura uma nova encenação de cunho escapista (*Gracias señor*), escrita pela sua própria equipe: para não se calar enquanto artista, volta-se à pesquisa puramente formal, sempre na linha da agressão, de vez que o conteúdo se lhe tornara inacessível.[11] Dentro desses moldes, calados nossos encenadores, reinaugura-se a importação de formas novas (Arrabal, via Victor García, Genet) — note-se que a importação, neste caso, não se dá por carência da produção interna, mas por repressão. Não se trata, pois, de genérica proposta universalizante.

Autores como Guarnieri ainda escrevem as únicas formas possíveis de fazer peças passarem pelo crivo da censura — as formas do simbolismo.

Essa a tônica geral, o clima em que se desenvolvem os impasses da dependência cultural. Num plano ao mesmo tempo mais restrito, fundo e sistemático do processo cultural, o esforço de interpretação visível na produção de alguns analistas (historiadores, sociólogos, críticos, psicólogos), no sentido de melhor detectar os lineamentos gerais e caracterizar as singularidades do processo, fornece material expressivo para a temática da Ideologia da Cultura Brasileira.

---

[11] Sob o título "O fim de uma época", surge em 1974 o texto-ruptura da entrevista de José Celso, ao lado da de Glauber Rocha, nacionalista (mencionada anteriormente). Um trecho da entrevista: "Antigamente, antes da gente criar alguma coisa havia toda uma ditadura de estilo, de concepção. Hoje não existe mais isso, não existe mais nada por trás. Você é responsável por você mesmo e mais nada. Vivemos numa época sem direitos humanos e, como a treva em cima é total, nós temos que aprender tudo. O juiz de todos nós sempre foi alguma coisa fora de nós, algo que forçava a nossa relação. Hoje, por exemplo, é o dinheiro. O sistema, esse 'lugar-comum', é uma consciência corrosiva fantástica. Há, de um lado, o mundo desse 'sistema', o mundo de César, e de outro o mundo dos criadores, dos homens ligados, de Deus ou dos deuses. O mundo do 'sistema' foi desabitado, abandonado pelos artistas, pelos loucos, pelos revolucionários".

2. A REFLEXÃO CIENTÍFICA E UNIVERSITÁRIA

Quais as direções e qual o significado da produção cultural nesse último lustro, considerados alguns setores progressistas? Como a categoria "cultura brasileira" vem sendo trabalhada? Em que medida o nacionalismo impregna as concepções? Existe um "pensamento brasileiro"? Como a cultura popular está inserida nas investigações? E a importância cultural? Há condições para se realizar a autonomização nessa esfera? Quais os problemas que vêm sendo postos pelas frentes de reflexão na produção de uma história da cultura? Qual o instrumental conceitual disponível? Quais os conceitos de base para se operar em tal esfera?

Em primeiro lugar, parece óbvio não ser possível, ainda, oferecer respostas cabais a questões de tão amplas implicações. Em segundo lugar, noções como as de "nacionalismo cultural", "pensamento brasileiro", "cultura brasileira", "cultura popular" foram tratadas em perspectivas tão diversas nos últimos quarenta anos — e por vezes conflitantes, mesmo considerados apenas os setores progressistas da *intelligentsia* — que seria pouco consistente recair nas velhas e lineares histórias da "cultura brasileira" à busca de sucessões de "influências" que se desdobrariam até o presente — o qual, nessa perspectiva, não seria mais que o passado acumulado. Diga-se, contra essa postura ideológica, que se a experiência cultural do passado se acumulasse numa "cultura brasileira" (implicando, claro, num acúmulo de experiência política), os instrumentos para compreender e operar na situação crítica presente seriam conhecidos e manejados: o que se verifica é que, ao inverso, a noção de "cultura brasileira" gerada nos últimos quarenta anos dissolveu as contradições sociais e políticas *reais*, quando estas afloravam no nível da consciência dos agentes: numa palavra, a consciência *cultural* nunca incorporou sistemática e criticamente a implicação *política* de sua própria existência e por esse motivo pouco auxiliou na elaboração e adensamento de uma consciência *social*.

Esse legado dos estamentos dominantes da República Velha e do Estado Novo — a noção de "Cultura Brasileira" — mais serviu para embaçar as tensões estruturais geradas na montagem da sociedade de classes e mascarar a problemática da dependência. Nesse sentido, trata-se de um conceito autofágico, alienante, de raiz estamental e que, numa sociedade já de classes, nobilita aqueles que sobre ela tratam. Não existe, nesse sentido, uma Cultura Brasileira no plano ontológico, mas sim na esfera das formações ideológicas de segmentos altamente elitizados da população, tendo atuasdo como um fator dissolvente das contradições reais. "Democracia racial", "história incruenta" etc. transformam-se com facilidade em moedas correntes nessa "cultura". Ausência sistemática de estudos sobre movimentos sociais de porte (Farroupilha; Balaiada; 1930) e de linhagens ideológicas significativas transforma-se num *dado* que está a indicar a omissão exemplar em relação a temas centrais que deveriam marcar o travejamento central dessa cultura. A *omissão* de temas centrais e fundamentais na produção cultural de uma sociedade possui um valor decisivo para o estudioso das ideologias, preocupado em desenhar os contornos de um sistema ideológico. Note-se, a propósito, que somente após 1964 essa cultura produziu as primeiras (e poucas) pesquisas significativas sobre operariado no Brasil — o que é compreensível quando se trabalha *mais* com noções ideológicas como "cultura brasileira", "cultura nacional", "consciência nacional", "pensamento nacional", *do que* com *conceitos analíticos* como consciência de classe.

Em terceiro lugar, e ainda no plano dos conceitos, a noção de "cultura brasileira", ao se vincular à tradição estamental — ficando entendido que "os estamentos não foram extintos historicamente", como demonstra Florestan Fernandes[12] — colabora na manutenção de um sistema ideológico no qual se perde de vista aquilo que é relevante, isto é, que a tendência dos processos sociais, políticos e culturais ocorrentes dentro das premissas desse sistema, tendem a eliminar os polos tensos e a escamotear os dinamismos efetivos dos processos de apropriação dos excedentes, a impossibilitar a compreensão das linhas de ordenação social na qual se desenvolvem os mecanismos da produção cultural, obscurecendo a situação de carência e dependência culturais. Mais: além de indicar uma grave crise ideológica, que por certo é mais ampla e atinge outras frentes de diagnosticadores de situações culturais e políticas no Terceiro Mundo, tal noção dissolvente e relativizadora de cultura incorpora com relativa facilidade formulações díspares e até mesmo radicais, provenientes das mais diversas frentes teóricas (Freyre retira ingredientes desde o peruano Carlos Delgado até Roland Barthes), diluindo seu potencial crítico e contestador, como é a teoria marxista das classes sociais. Na noção de formação social, por exemplo, ao ser retirado seu potencial crítico, o privilégio, o desemprego sistemático, a exclusão cultural e política passam a ser dados estáveis e neutros nas "interpretações do Brasil", quando não omitidos.

Em quarto lugar, finalmente, e para além das constatações sobre a complexidade dos problemas levantados, que imporiam reflexões e desdobramentos teóricos outros — pode-se perceber a existência de *novas linhagens*

---

[12] *Capitalismo dependente e classes sociais na América Latina*, p. 38.

de interpretação tendentes a romper com a tradição de se focalizar a história da "cultura brasileira", ou a história do "pensamento brasileiro", enquanto universos mais ou menos coesos e fechados. Nessas abordagens a "cultura brasileira" não aparece enraizada na ideologia mais ou menos difusa (conforme a conjuntura) da "consciência nacional", presente nas interpretações de certos nacionalistas anteriores, na mesma medida em que o "pensamento brasileiro" não aparece como o simples "reflexo" das bases sociais, como entendiam os paralelistas dos anos 50. Idêntica modificação parece existir em formulações de marxismo ortodoxo: raramente se entende, hoje, em termos da história da cultura, o estágio cultural atual como apenas "uma etapa de um processo evolutivo" já pré-traçado.

Parecem nítidos os efeitos das "rupturas" que provocaram a série de impasses em que se encontram as frentes remanescentes da produção cultural. A definição desses rompimentos não foi provocada apenas pela compressão política, embora tal compressão por certo tenha exercido papel negativo, ao desorganizar sistematicamente linhas de produção. A massa crítica incipiente viu-se obrigada a buscar nutrição teórica em núcleos de atividade exteriores e, embora estivesse sofisticando e aprimorando o instrumental conceitual, na verdade ampliava o distanciamento das realidades concretas.

As rupturas mencionadas, de maneira geral, se acham definidas a partir da revisão de certas teses nacionalistas, teses criticadas com o apoio de teorias de classes sociais de inspiração marxista; ou a partir, numa fase de predomínio do *mass media*, da dificuldade de redefinição do intelectual "à antiga", isto é, da pouca plasticidade para a redefinição de padrões de organização cultural por parte dos remanescentes da ordem senhorial na sociedade de classes; ou a partir de uma série de pesquisas sobre a cultura popular, orientada segundo metodologia rigorosa. Em suma, a ruptura pode ser registrada, por exemplo, através de investigações em que o estudo dos dinamismos específicos da dissimulação cultural das relações de classes surge vinculado à problemática da massificação e do controle social em área periférica.[13]

De qualquer maneira, e como não poderia deixar de ser, tais rupturas não se operam de forma completa e sistemática, ainda que se considerem progressistas seus representantes. Considerada a comunidade progressista, por vezes há mais persistências e vínculos com antigos quadros teóricos do que propriamente rupturas. Considere-se, por exemplo, a *Síntese de história*

---

[13] Nessas investigações, ainda que o pesquisador esteja focalizando apenas um dos polos do circuito apontado, em geral é a ele que se refere.

da cultura brasileira, de Nelson Werneck Sodré (Rio de Janeiro, 1970; 3ª ed., 1973): a "cultura nacional" surge alçada ao plano de categoria analítica. A preocupação central do autor surge com o processo de descaracterização nacional em face do imperialismo e dos "meios de massa", como se a "caracterização nacional" fosse satisfatória e suficiente, e não acobertasse a questão central das condições sociais e da natureza da produção e consumo dos bens culturais. Ora, o controle social esconde-se sistematicamente na ideologia da cultura nacional.

Dentre as persistências, valerá a pena registrar a de Cruz Costa, sob muitos títulos inovador nos estudos da história do pensamento no Brasil nos anos 50 e 60: contra o biografismo, buscando sempre o embasamento social e econômico, criou uma das equipes mais críticas do pensamento filosófico no Brasil. Em 1971, coordenando o setor de "Introdução ao estudo do pensamento brasileiro", no Primeiro Seminário de Estudos Brasileiros,[14] expõe em traços gerais a "evolução do pensamento brasileiro". Em perspectiva eclética — saudável sem dúvida nos anos em que o stalinismo produzia famigerados "manuais de filosofia", sobretudo nos anos 50 — fornece uma série de características díspares, às vezes antagônicas, para nutrir um conceito de "cultura brasileira" (p. 3) suficientemente amplo para nele tudo se enquadrar, nada resultando definido. Em suma, existe um pensamento brasileiro e até mesmo uma "cultura nacional" (p. 29), mas seu matizamento social ou a conotação política, as condições de produção ou as razões das importações desse pensamento não são consideradas.[15]

---

[14] *Encontro Internacional de Estudos Brasileiros/Primeiro Seminário de Estudos Brasileiros*, São Paulo, IEB-USP, 13 a 25 de setembro de 1971, mimeo.

[15] Note-se: "cultura brasileira", "cultura nacional", "pensamento brasileiro" surgem com o peso de categorias fechadas, e não como problemas como, por exemplo: "existe cultura nacional"? Embora esses limites sejam bem definidos em pensamento, demarcando o perímetro dentro do qual passeia suas formulações ecléticas e pragmáticas, Cruz Costa realiza digressão com significativa abertura:

"No passado — e ainda, talvez, no presente — o nosso pensamento, como dizia Mário de Andrade, foi uma 'exposição sedentária de doutrinas alheias'. Os sistemas eram importados e estudados como *dogmas* e, daí, o ridículo dos *combates com armas emprestadas*, a irrisão das escolas *teuto*, *anglo* e *galo-brasileiras*. Falta, no exame das ideias filosóficas, mais uma perspectiva: a que resulta do impacto dos sistemas importados com a nossa dimensão histórica. É indispensável, necessário que a técnica seja perfeita no aprendizado e no trabalho filosófico, mas é mister também colocar a filosofia em face da nossa experiência histórica. É à luz dessa experiência que o nosso filosofar — *a imitação do modelo*, *a reflexão sobre o exemplo*, *o ensaio de interpretação* — pode adquirir sentido. Não devemos nem

No início dessa era de impasses da dependência cultural (1969-1974), sobretudo por volta dos anos 1970/72, Florestan Fernandes voltara a apresentar alguns dilemas da autonomização cultural e indicara novas dimensões das dificuldades de lograr-se mudanças substanciais na América Latina através do conhecimento científico:

"Se está preso ao contexto capitalista, mesmo sob a hipótese de preservação e de expansão do 'sistema', o ponto zero do desenvolvimento científico-tecnológico relativamente autônomo começa quando é possível *cortar* a incorporação ao espaço econômico, sociocultural e político dos países hegemônicos (portanto, através de uma 'revolução dentro da ordem'). Tanto os Estados Unidos quanto o Japão lograram rápida autonomização relativa do desenvolvimento científico-tecnológico nas fases iniciais e intermediárias da revolução burguesa usando esse artifício.

Conhecimentos, técnicas e talentos eram importados, uns ou outros em massa, mas a sua utilização obedecia a propósitos que não eram definidos, impostos e comercializados a partir de fora. Dada a presente situação do mundo capitalista, a 'continentalização' e a 'internacionalização' das estruturas econômicas, socioculturais e políticas tornam essa saída cada vez mais difícil, o que converte a ruptura através da revolução socialista numa necessidade histórica" (*Capitalismo dependente e classes sociais na América Latina*, pp. 138-9).

A revolução — dentro da ordem ou contra ela — não é uma criação dos sociólogos. Mas um fato da sociedade. Não se fazem

---

podemos separar a filosofia das condições sociais, econômicas, políticas e religiosas, em suma, do tudo que acompanha, que esclarece o aparecimento e o evolver do pensamento filosófico.

Um dos intelectuais da nova geração, um dos poucos que se preocupou com os problemas da filosofia no Brasil, dizia em um dos seus trabalhos, que a 'multiplicidade de formas de sugestões e de perspectivas do pensamento contemporâneo surgem (no Brasil) como um caos', o que parece exato. Mas é mister não esquecer que a filosofia sempre foi ordenadora, transformadora de *caos em cosmos*. O que podemos dizer é que, apesar dos pesares, começamos a ter mais clara consciência do que somos em face dos outros e nós mesmos. Para isso nos tem ajudado, bem ou mal — talvez mais bem do que mal —, o pensamento filosófico, até mesmo a 'exposição sedentária de doutrinas alheias'. Estamos liquidando o nosso *bovarysmo*, as ilusões que alimentávamos a nosso respeito e acerca dos outros; superamos ou estamos em via de superar um velho *complexo colonial*, embora ainda estejamos a resolvê-lo contraditoriamente" (*Encontro Internacional de Estudos Brasileiros*, pp. 30-1).

revoluções ao arbítrio dos cientistas e muito menos dos sociólogos. As 'potencialidades explosivas' da América Latina não nos devem fazer esquecer quão fracas e inconsistentes ainda são as impulsões revolucionárias (nacionalistas ou socialistas) na maioria dos países. Mais fortes e encarniçadas que elas, até o presente, são as forças contrarrevolucionárias, internas e externas, unificadas pelo subdesenvolvimento e pelo capitalismo dependente. Essa é uma barreira histórica. Diante dela cabe perguntar: é possível usar-se a ciência e a tecnologia científica como fatores de modernização autônoma em meios sociais tão conservadores e mais ou menos apáticos, nos quais o pensamento científico continua mal compreendido, a tecnologia científica mal consegue ser consumida com grande atraso, e até a 'revolução dentro da ordem' está comprometida? A ideia de que a ciência e a tecnologia científica sejam, em si mesmas, um fator de mudança social revolucionário não passou de uma utopia iluminista. Se não existem impulsões revolucionárias na sociedade, desencadeadas por uma 'revolução dentro da ordem' ou por uma 'revolução contra a ordem', a ciência e a tecnologia científica são usadas para fins conservadores, reacionários e contrarrevolucionários. Durante a evolução da humanidade, os homens distorceram e corromperam diferentes formas de saber (do conhecimento de senso comum ao saber mágico, religioso, artístico, filosófico, técnico e científico). Como a ciência e a tecnologia científica apareceram em uma civilização de alta complexidade e eficácia, e como produziram dentro dela desenvolvimentos e invenções sem paralelo, a distorção e a corrupção do saber científico e científico-tecnológico também atingiram proporções sem paralelo.

Isso nos faz voltar ao âmago da problemática latino-americana. A modernização autônoma requer uma transformação preliminar de natureza política. Diferentes grupos e classes sociais precisam fazer um esforço intenso para romper com estados mentais, modos de ver e de agir, valores consagrados e organizações institucionalizadas que mantêm um colonialismo invisível dentro de uma situação de dependência de alta visibilidade. A ciência e a tecnologia científica podem ajudar a criar, a intensificar e a dar viabilidade prática a tal processo. É necessário, porém, que os diferentes grupos e classes sociais desejem, historicamente, tal ruptura e se disponham socialmente a levá-la a cabo, até as últimas consequências" (*CDCSAL*, pp. 150-1).[16]

A angulação torna-se evidente: os personagens efetivos dessa história são os grupos e as classes sociais (no caso da América Latina, em situação dependente) e a temática não é a da cultura brasileira (ou das diversas culturas nacionais), mas a da ciência e da tecnologia e seu papel na autonomização relativa. É outro, portanto, o diapasão: menciona-se a "produção original", mas *fora* da demarcação da Ideologia da Cultura Brasileira tal como é alimentada pelos ideólogos.

3. Cultura Brasileira ou Ideologia da Cultura Brasileira?
Para uma História da Cultura no Brasil

O acirramento das contradições geradas pela situação dependente, e pelos processos de abafamento e neutralização camufladora da massificação cultural, acentuados após 68/70, desperta os interesses de investigadores para a pesquisa sobre temas voltados para o consumo *cultural popular*. Quais os ingredientes consumidos no universo do trabalho? Quais as formas e limites do controle social, focalizado o nível da produção (e consumo) cultural? Essas algumas das questões enfrentadas por Ecléa Bosi (*Cultura de massa e cultura popular: leituras de operárias*, Petrópolis, Vozes, 1972) e Sergio Miceli (*A noite da madrinha*, São Paulo, Perspectiva, 1972).

---

[16] E prossegue: "Por motivos egoísticos, por motivos altruísticos ou por uma combinação deles, grupos e classes sociais mais ou menos divergentes podem unir-se para combater a miséria, o subdesenvolvimento e a dependência, embora se mantenham divididos quanto às opções que conduzam a um *novo capitalismo* não dependente e ao socialismo. O essencial é que a revolução pela ciência e pela tecnologia científica só pode começar depois e através de uma revolução política, que modifique as presentes relações da ciência e da tecnologia com a economia, a sociedade e a cultura. Sentimentos coletivos de igualdade, equidade política e liberdade, impulsões nacionalistas profundas, ideais democráticos de vida, aspirações reformistas ou socialistas etc., não são nem poderiam ser produzidos pela ciência e pela tecnologia científica. Todavia, onde eles não existam, e não se combinam de acordo com certos padrões histórico-sociais bem conhecidos, também não existe um patamar político a partir do qual se possa impedir o uso de ambos, seja como instrumentos de dominação externa, seja como meios de perpetuação e reforçamento de iniquidades econômicas, sociais e políticas. Os cientistas podem trabalhar numa ou noutra direção, o que não podem é forjar a economia, a sociedade e a cultura *ideais* (com vistas a um novo capitalismo ou ao socialismo)" (*CDCSAL*, pp. 151-2).

Tais perspectivas correspondem a uma alteração funda nas aproximações intentadas anteriormente, no amplo quadro de indagações sobre a história das ideologias das camadas populares: à fase voluntarista dos anos 50 (e mesmo 60), em que se "outorgavam" ideologias ao mundo do trabalho,[17] corresponde, agora, uma fase mais madura, regulada segundo padrões de pesquisas empíricas mais adequados — e com resultados mais seguros, abrindo amplas perspectivas para uma história da cultura no Brasil.[18]

Como visão de conjunto, entretanto, a grande obra revisionista sobre a história geral da literatura no Brasil é a de Alfredo Bosi, *História concisa da literatura brasileira*. Não se trata de simples sequência dos "fatos" literários. A literatura surge, ao contrário, integrada nos grandes lineamentos da produção cultural e, esta, por sua vez, articulada às flutuações da vida social. Uma linha de conceitos de base muito bem articulada garante a força e o rigor da perspectiva crítica lançada, permitindo compreender a sucessão das montagens e desarticulação dos *sistemas culturais*. Notável, por exemplo, a "leitura" radical oferecida por Bosi da obra de Jorge Amado:

> "Ao leitor curioso e glutão a sua obra tem dado de tudo um pouco: pieguice e volúpia em vez de paixão, estereótipos em vez de trato orgânico dos conflitos sociais, pitoresco em vez de captação estética do meio, tipos 'folclóricos' em vez de pessoas, descuido formal a pretexto de oralidade... Além do uso às vezes motivado do calão: o que é, na cabeça do intelectual burguês, a imagem do *eros* do povo. O populismo literário deu uma mistura de equívocos, e o maior deles será por certo o de passar por arte revolucionária. No caso de Jorge Amado, porém, bastou a passagem do tempo para desfazer o engano.
>
> Na sua obra podem-se distinguir:
>
> a) um primeiro momento de águas-fortes da vida baiana, rural e citadina (*Cacau, Suor*) que lhe deram a fórmula do 'romance proletário';
>
> b) depoimentos líricos, isto é, sentimentais, espraiados em

---

[17] Ver, na *Revista Civilização Brasileira*, nº 4, de setembro de 1965, artigo de Sebastião Uchoa Leite, já citado.

[18] Para Ecléa Bosi, a questão se manifesta também no plano conceitual. E novas perguntas devem ser respondidas: "1) Dizer cultura do operário equivale a dizer cultura popular? 2) Dizer cultura do operário equivale a dizer *cultura operária*? Em outros termos: existe uma cultura especificamente operária?" (*Cultura de massa e cultura popular: leituras de operárias*, p. 162).

torno de rixas e amores marinheiros (*Jubiabá, Mar morto, Capitães da areia*);

c) um grupo de escritos de pregação partidária (*O Cavaleiro da Esperança, O mundo da paz*);

d) alguns grandes afrescos da região do cacau, certamente suas invenções mais felizes, que animam de tom épico as lutas entre coronéis e exportadores (*Terras do sem-fim, São Jorge dos Ilhéus*);

e) mais recentemente, crônicas amaneiradas de costumes provincianos (*Gabriela, cravo e canela, Dona Flor e seus dois maridos*). Nessa linha, formam uma obra à parte, menos pelo espírito que pela inflexão acadêmica do estilo, as novelas reunidas em *Os velhos marinheiros*. Na última fase abandonam-se os esquemas de literatura ideológica que nortearam os romances de 30 e 40; e tudo se dissolve no pitoresco, no 'saboroso', no 'gorduroso', no apimentado do regional" (*História concisa da literatura brasileira*, p. 457).

Embora ostentando colorações distintas, em 1972 aparece, nessa mesma linha de cogitações, um conjunto de textos da maior importância, intitulado *América Latina en su literatura* (México, Siglo XXI, 1972). Dele participam Haroldo de Campos, José Guilherme Merquior, Antônio Houaiss e Antonio Candido, dentre outros.

Haroldo de Campos indica a superação das linguagens exclusivas e o desenvolvimento de pesquisas de metalinguagem (com filiação que vem de Oswald de Andrade a José Celso Martinez Corrêa, no teatro, "Noigandres" na literatura e o "Grupo Baiano" na música), sobretudo após 1967, sugere conexões e realiza comparações com movimentos no Exterior. José Guilherme Merquior, num importante ensaio, mostra como se definiu para a "classe literária" um *campo intelectual* (conceito emprestado a Bourdieu) consolidado e autônomo, em termos de América Latina, que se traduz no "fortalecimento de suas próprias instâncias de seleção e consagração". Não desprezando as bases exteriores, alimentando o processo de autonomização, indica todavia problemas como os de baixas tiragens editoriais, censura, *brain's drain* e exílio. Este, sobretudo, tornou-se dramático: "Seu aumento indicará, como o da censura, a gravidade da pressão enfrentada pela consciência crítica no túnel do presente e dará uma das melhores medidas do destino da tendência ao aumento da tensão entre o escritor e a sociedade". Merquior, autor de *Arte e sociedade em Marcuse, Adorno e Benjamin*, escrevia essas palavras em 1971. Já Antônio Houaiss, em abordagem bastante convencional, estuda a pluralidade linguística, deixando indicadas algumas bases empíricas para se entender, nos temas fundamentais de uma possível e multiforme cultura latino-americana, forças de unificação e, entrando no século XX, estuda em contraposição, correntes nacionalistas dinamizadas pela maturidade literária em que se pretendem expressar as línguas "argentina", "chilena", "brasileira" etc.

No ensaio "Literatura e subdesenvolvimento",[19] Antonio Candido lança critérios fundamentais para a abordagem (periodização, interpretação etc.) dos processos de produção cultural na América Latina (no Brasil, em particular). Embora a análise focalize mais propriamente o plano da produção literária, fornece pedras de toque para outras esferas do saber.[20] Opera num eixo de exploração ao longo do qual se passa da "fase de consciência amena do atraso, correspondente à ideologia de 'país novo'" (por volta dos anos 30), para a "fase de consciência catastrófica de atraso, correspondente à noção de 'país subdesenvolvido'" (posterior à Segunda Guerra), alcançando a temática da massificação contemporânea. Em seu estudo, extrai consequências que se alçam ao nível de *critérios* para a realização da análise ideológica da produção cultural nos quadros da dependência. Dentre as conclusões destacam-se:

I. *Sobre a cultura de massa e dependência*:
"A alfabetização não aumenta proporcionalmente o número de leitores, como a entendemos aqui, mas atira os alfabetizados, junto com os analfabetos, diretamente da fase folclórica para essa espécie de folclore urbano que é a cultura massificada" (p. 339).

II. *Critério para pensar a superação da dependência cultural*:
"Um estágio fundamental na superação da dependência é a capacidade de produzir obras de primeira ordem, influenciadas, não por modelos estrangeiros imediatos, mas por exemplos nacionais anteriores. Isto significa o estabelecimento de uma causalidade interna, que torna inclusive mais fecundos os empréstimos tomados às outras culturas" (p. 346).

---

[19] Reproduzido em *Argumento*, São Paulo, 1973, nº 1.

[20] Afinal, na América Latina, a literatura tem sido com frequência um instrumento independente de conhecimento sociológico, muitas vezes o único, como aponta Merquior em seu ensaio.

III. *Sobre o nacionalismo cultural no Brasil e seus equívocos, o crítico, ao tratar das tendências regionalistas, indica a superação da modalidade como demonstração de amadurecimento*:
"Por isso muitos autores rejeitariam como pecha o qualificativo de regionalistas, que de fato não tem mais sentido. Mas isto não impede que a dimensão regional continue presente em muitas obras da maior importância, embora sem qualquer caráter de tendência impositiva, ou de requisito duma equivocada consciência nacional" (p. 353).

Acrescente-se a esses pontos a observação de que Antonio Candido opera com eficácia a noção de dependência e, sobretudo, de "consciência social" (p. 352). Homem de seu tempo, deixa de lado as preocupações com a consciência nacional e literatura e passa a dimensionamento maior (latino-americano) da literatura no quadro da dependência e do subdesenvolvimento: surgem radicais as reflexões do crítico sobre produções marcadas por "equivocada consciência nacional". *Esse o sinal dos tempos: as balizas para se pensar produção cultural não mais são dadas pela ideologia da "consciência nacional", mas pela noção de consciência social. Será o passo seguinte de sua trajetória mais marcada pelo conceito consciência de classe?*

Em 1973, as discussões fundamentais do pensamento progressista encontravam abrigo em poucas publicações, como a revista *Estudos Cebrap* (que, ao lado dos *Cadernos*, veiculou alguns dos temas fundamentais das ciências sociais e da crítica) e em *Visão* (seção "Cultura"), *Argumento, Debate e Crítica*, sendo que estas duas últimas revistas surgiram nesse ano. A primeira delas publicou ensaio fundamental para uma revisão da história da cultura e das ideologias no Brasil: trata-se de "As ideias fora do lugar", de Roberto Schwarz, em que, ao estudar o século passado, fornece novos e inquietantes ângulos. "Em matéria de racionalidade", aponta Schwarz, "os papéis se embaralhavam e trocavam normalmente: a ciência era fantasia e moral, o obscurantismo era realismo e responsabilidade, a técnica não era prática, o altruísmo implantava a mais-valia etc. E de maneira geral, na ausência do interesse organizado da escravaria, o confronto entre humanidade e inumanidade por justo que fosse acabava encontrando uma tradução mais rasteira no conflito entre dois modos de empregar os capitais — do qual era a imagem que convinha a uma das partes" (p. 153).

Essas revistas, ao lado de *Opinião* e mais duas ou três frentes de publicação, representam as vanguardas do pensamento crítico. Pensamento crítico consentido, vale acrescentar. *Argumento* não chegou ao quarto número,

Opinião viu sensivelmente alterado seu tom inicial, pela censura. Continuam em atividade publicações importantes, embora convencionais, como a *Revista Brasileira de Estudos Políticos*, da UFMG, ou as publicações da FGV, ou a revista *Dados*.

Importantes para a revisão da história da *cultura*, além dos textos mencionados de Antonio Candido (*Argumento*, n° 1) e Roberto Schwarz (*Estudos Cebrap*, n° 3), são as análises de Anatol Rosenfeld, "Teatro em crise" (*Debate e Crítica*, n° 1), de Moniz Bandeira, *A presença dos Estados Unidos no Brasil* (Rio de Janeiro, Civilização Brasileira, 1973), e de Fernando Henrique Cardoso, "São Paulo e seus problemas sociais" (*Cadernos Cebrap*, n° 14).

Anatol, para além de seus textos críticos de extrema lucidez, representava um tipo praticamente inédito de intelectual: vivia como *free-lancer* em São Paulo.[21] Mais que isso, como bem registrou Roberto Schwarz em seu necrológio: tratava-se de um "intelectual estrangeiro".[22] Um crítico do irracionalismo que tomou conta do teatro brasileiro a partir de 68.

Sobre a penetração da "cultura americana" na sociedade brasileira, a análise de Moniz Bandeira fornece informações de base para a compreensão dos processos culturais ligados ao imperialismo. Desde a participação progressiva de intelectuais brasileiros intensificando a tradução de certos autores norte-americanos, até a fase de montagem e controle do noticiário internacional na imprensa brasileira, passando pelo estudo de "simpatias" de intelectuais brasileiros (Lobato, Gilberto Amado, entre outros) pelos EUA, e detendo-se na penetração protestante, Moniz Bandeira fornece um painel amplo, deixando claras as linhas fortes do significado da passagem da esfera de dependência inglesa para a norte-americana, no plano cultural.

Nesta amostragem, finalmente, é relevante apontar um estudo sobre cultura e participação na cidade de São Paulo, publicado nos *Cadernos Cebrap*.[23] Trata-se de um estudo de caso: analisando o fenômeno do crescimento metropolitano, focaliza os efeitos da concentração da renda, descendo à composição social dos bairros, suas reações aos fluxos imigratórios, o sistema de comunicações, educação (escolaridade etc.), para verificar as implicações dessas condições na participação da vida da comunidade. Ao término do

---

[21] Anatol morreu em 1974. R. Schwarz escreveu sobre o significado de sua vida em *Debate e Crítica*: "Anatol Rosenfeld, um intelectual estrangeiro", São Paulo, 1974, n° 3.

[22] A epígrafe: "Este homem é brasileiro que nem eu" (Mário de Andrade).

[23] *Cadernos Cebrap*, 1973, n° 14, "Cultura e participação na cidade de São Paulo".

estudo a análise da situação cultural (em sentido lato) aponta a existência de fortes traços de pobreza e subdesenvolvimento no maior parque industrial da América Latina.

Apesar de várias frentes permanecerem exercendo atividade de pesquisa crítica, como as apontadas acima, a censura logrou vários êxitos. O clima geral pode ser captado numa lúcida análise realizada a partir de vários depoimentos de intelectuais de expressão, publicada por *Visão*,[24] em que se indica o peso e as razões do "espírito neutralizador":

"Criando uma atmosfera cultural bastante difundida — talvez mais a atmosfera do que propriamente produtos estéticos singulares —, a contracultura foi outro dos meios de preencher o vazio cultural, aceitando implicitamente as restrições que a situação geral impunha ao debate mais diretamente voltado para a realidade concreta.

Se a atmosfera evasiva da contracultura foi muito forte entre criadores e consumidores de arte, nos meios universitários — onde a exigência de rigor científico e de sistematização aparece mais intensamente — começaram a dominar algumas correntes preocupadas mais com os instrumentos técnicos e metodológicos da abordagem dos fatos culturais do que com os fatos mesmos. Tenderam assim a ficar em segundo plano os problemas da história e as contradições da vida social. Essas correntes também desenvolveram, apesar de seus prováveis méritos científicos, um certo espírito neutralizador. Assim, não é casual que a partir de 1969 tenha aumentado substancialmente a publicação de livros sobre linguística e filologia. Enquanto a rubrica 'sociologia e estatística' passou de 141 lançamentos em 1969 para 219 em 1971, um crescimento quase vegetativo, a seção 'linguística e filologia' viu triplicados os seus lançamentos, que passaram de 42 para 129, crescimento que é comparado ao da rubrica 'arte e ciências militares', que passou de 8 para 24, enquanto a rubrica 'história e biografia' crescia ridiculamente de 127 para 134. (...)

Independentemente de qualquer avaliação sobre a função dessas correntes, todas elas — comerciais ou 'artísticas', neutrali-

---

[24] "Os impasses da cultura", *Visão*, agosto de 1973, v. 43, nº 6.

zadoras ou críticas — encontraram o mesmo obstáculo: a censura ou a autocensura. As dificuldades desse choque têm produzido os mais variados efeitos na criação e nos criadores dos últimos tempos: desde a euforia cínica até a apatia quase quietista, passando pelo triunfalismo irresponsável ou pelo derrotismo apocalíptico. Mas em compensação nunca deixou de haver em todos os setores ensaios e tentativas — às vezes lúcidas, outras desesperadas, algumas heroicas — de rejeição, resistência e não capitulação à mediocridade e às facilidades (...)."

4. Fechando o circuito

Assim, chega-se a 74, num quadro de impasses e num fechamento do circuito. A obra de Gilberto Freyre, filha da República Velha, comemora os quarenta anos, sem grandes efusões. Nos quarenta anos de sua existência, a Faculdade de Filosofia, Letras e Ciências Humanas, núcleo da USP, criada pelo estímulo de Armando de Salles Oliveira, Júlio de Mesquita Filho e Paulo Duarte, entre tantos outros, e foco de uma tradição radical de pensamento de classe média, vê afastado de sua direção um diretor liberal, dos mais antigos catedráticos, por forças externas à Universidade. A cultura popular, em suas várias formas de manifestações, por sua vez, vê-se integrada progressivamente nas grandes linhas do processo de massificação. Os representantes da contracultura, finalmente, não parecem encaminhar-se para melhor destino:

"Vivendo entre o impulso de se homiziarem num marginalismo que ameaça levar sua criação a um perigoso autismo e o risco de serem consumidos pelo que rejeitam, esses artistas malditos, mais pelo que aparentam ser do que pelo que produzem, talvez deixem para a cultura brasileira mais uma atitude do que uma obra."[25]

Os impasses, em 1974, parecem ter atingido um grau de clareza maior. A sensação de se viver o fim de um ciclo cultural invade as diversas frentes de trabalho crítico.

[25] *Visão*, agosto de 1973, v. 43, n° 6.

No plano da universidade, e dos assuntos ligados à Universidade Brasileira, é finalmente publicado o livro de Florestan Fernandes (pronto desde 1968), *Universidade brasileira: reforma ou revolução?*[26] Escrevendo em 1968, advertia aquele educador:

"Hoje, contamos com uma 'universidade-problema'. Amanhã contaremos com uma 'universidade-corporativista', se não soubermos resguardar a reforma universitária e realizá-la como expressão da liberdade de pensamento crítico e da responsabilidade científica dos próprios universitários" (p. 19).

[26] São Paulo, Alfa-Omega, 1975.

Conclusões

> "E apesar de nossa atualidade, da nossa nacionalidade, da nossa universalidade, uma coisa não ajudamos verdadeiramente, duma coisa não participamos: o amilhoramento político-social do homem. E esta é a essência mesma da nossa idade."
>
> MÁRIO DE ANDRADE, 1943

> "Reduzir uma sociedade de 100 milhões de pessoas a um mercado de 25 milhões exige um processo cultural muito intenso e muito sofisticado. É preciso embrutecer esta sociedade de uma forma que só se consegue com o refinamento dos meios de comunicação, dos meios de publicidade, com um certo paisagismo urbano que disfarça a favela, que esconde as coisas."
>
> ODUVALDO VIANNA FILHO, 1974

I

A tentativa de estender um fio condutor que integrasse vários "momentos decisórios" (para usar a expressão de Mário), em que se assistiu à produção de reflexões sobre a chamada Cultura Brasileira nos últimos quarenta anos, permitiu o desdobramento de conclusões e abertura de perspectivas em três planos. O *teórico*, em que, tangenciando a problemática ontológica da existência de uma Cultura Brasileira, atingiu-se a formação clara segundo a qual a Cultura Brasileira existe apenas para seus ideólogos. O *político*, em que a ideologia da Cultura Brasileira funcionou como elemento de integração, num sistema cultural e político maior, de forças antagônicas, dissolvendo — no plano dos discursos ideológicos — as contradições que poderiam alterar as condições do controle social em vigência e fortalecimento progressivo desde, aproximadamente, o final do Estado Novo. *No processo de formação da sociedade de classes, a noção liberal de Cultura Brasileira teve o papel de diluir as tensões, permitindo "a liberdade de expressão" em múltiplas direções — na produção de instrumental crítico voltado contra a sociedade oligárquica (o Brasil "arcaico") e nos apelos e entusiasmos à mobilização da cultura popular.* Nesse plano, ao lado de indicações sobre os componentes do sistema cultural, preocupamo-nos com manifestações do pensamento radical — que por vezes logrou abrir brechas no sistema. Nesse sentido, e observadas as linhas da produção cultural nos últimos quarenta anos, não parece improvável a aplicação do diagnóstico de Lucien Goldmann, quando indica que "uma evolução radical para a modernização acarreta em sua sequência um conflito entre uma minoria privilegiada de produtores e as massas sobre as quais esta minoria se apoiou para realizar suas aspirações, mas que ela tentará em sua sequência eliminar da produção e da gestão, e desejará principalmente eliminar a influência".[1] A eliminação progressiva ou marginalização dos representantes do ISEB, de Celso Furtado, de Florestan Fernandes e sua equipe, e de tantos intelectuais e pesquisadores críticos etc., bem como dos estimuladores teóricos e práticos do MCP e dos CPCs, e, no último lustro, de pensadores liberais do antigo estilo, parece confirmar o viés desta abordagem.

Por outro lado, no plano *conceitual*, o sistema ideológico em que estava imbricada a ideologia da Cultura Brasileira continha outros componentes, como a da "consciência nacional". O "espírito de nacionalidade", de que fala Afrânio Coutinho,[2] não está distante das formulações que veiculam as "aspirações nacionais", enraizadas numa demasiadamente genérica "cultura nacional". Os ideólogos da Cultura Brasileira operam com categorias que, por vezes, encontram suas raízes no "subconsciente coletivo" de que falava Oliveira Vianna: vejam-se as formulações de Corbisier, apegadas à ideia de um "projeto de existência coletiva", ou de Álvaro Vieira Pinto, que refere a "nação ao projeto de uma consciência coletiva",[3] conferindo à "consciência coletiva" uma objetividade intencional.

Essas noções ideológicas excluem categorias de análise, que auxiliariam na instauração de um possível discurso científico. Ainda no plano dos conceitos, sabe-se, por outro lado, que "classe", "cultura de classe", "consciência de classe", "consciência adequada", "falsa consciência" etc. foram alguns dos conceitos trabalhados cuidadosamente por representantes de uma vertente de intelectuais críticos. Assim, ao lado de uma "tradição afortunada", carece lembrar a existência de uma incipiente mas fecunda tradição

---

[1] Lucien Goldmann, *Crítica e dogmatismo na cultura moderna*, Rio de Janeiro, Paz e Terra, 1973, p. 7.

[2] *A tradição afortunada: o espírito de nacionalidade na crítica brasileira*, Rio de Janeiro/São Paulo, Livraria José Olympio Editora/Edusp, 1968, prefácio de Afonso Arinos de Melo Franco.

[3] Álvaro Vieira Pinto, *Consciência e realidade nacional*, Rio de Janeiro, ISEB, 1966, v. 2, pp. 304 ss.

crítica. Não será difícil, não só pelas atitudes concretas, como também pelas escolhas dos temas abordados pela *intelligentsia*, e, ainda, pelo instrumental de análise utilizado, esboçar uma caracterização geral dos intelectuais, como se fez. Assim o intelectual empenhado (de que fala Antonio Candido) não corresponderá simplesmente ao intelectual apenas interessado (como o entende Alfredo Bosi), mas também não se confundirá com o intelectual propriamente engajado.

Não terá sido por acaso, aliás, que uma das melhores formulações teóricas de todos os tempos sobre o papel do intelectual proveio de um pensador *engajado*, como Gramsci, para quem os intelectuais constituem a expressão social concreta do vínculo orgânico entre estrutura e superestrutura. Esse vínculo, para Hugues Portelli, é o nó do bloco histórico, onde deve ser entendido o papel histórico dos intelectuais.[4] Para o caso do Brasil, essa afirmação parece relevante, se se atentar para o fato de que aos intelectuais têm competido — como alhures — o delineamento e instauração dos perfis interpretativos do processo histórico, bem como a retenção e manutenção da ideologia da memória coletiva, da consciência coletiva, ou da "memória social", de que fala Gilberto Freyre.[5] Em nome da qual, diga-se, se constroem outras tantas ideologias.

Nesse ângulo, ao se analisar os papéis dos intelectuais no processo histórico-cultural seria improfícuo perder de vista suas imbricações no sistema político. Parecerá claro, a partir de então, que as frentes de renovação cultural não se desenvolvem sem os estímulos provenientes das frentes de renovação política; e parecerá claro, em ampla perspectiva, *que a um momento de mobilização da cultura popular que apontava para um processo de socialização correspondeu a montagem de um aparelho de alto poder repressivo que, adaptando as técnicas da experiência frustrada, criou uma rede ampla de comunicação em que o potencial crítico da cultura popular foi neutralizado e mobilizado para os quadros da massificação* — realizada, agora, em escala massiva, à sombra da ideologia da Cultura Brasileira.

Na verdade, numa era do capitalismo monopolista, em área periférica, a massificação possui o papel de elemento desintegrador e nivelador das variadas formas de produção cultural, realizando essa tarefa, paradoxalmente, em nome da... cultura nacional.

---

[4] Hugues Portelli, *Gramsci y el bloque histórico*, pp. 144-5.

[5] *Casa-grande & senzala*, pp. 265-6.

II

Na etapa das conclusões finais, vale retomar resultados parciais apresentados no correr da investigação. Muitos foram os problemas levantados, mas nem sempre se obteve respostas cabais às questões formuladas. E por vários motivos. Em primeiro lugar, porque parece óbvio não ser possível oferecer respostas cabais a questões de tão amplas dimensões levantadas ao longo do ensaio. Em segundo lugar, noções como as de "nacionalismo cultural", "pensamento brasileiro", "cultura brasileira", "cultura popular" foram tratadas em perspectivas tão diversas nos últimos quarenta anos — e por vezes conflitantes, mesmo considerados apenas os setores progressistas da *intelligentsia* — que seria pouco consistente recair nas velhas e lineares histórias da "cultura brasileira", à busca de sucessões de "influências" que se desdobrariam até o presente — o qual, nessa perspectiva, não seria mais que o passado acumulado. Diga-se, contra essa postura ideológica, que se a experiência cultural do passado se acumulasse numa "cultura brasileira" (implicando, claro, num acúmulo de experiência política), os instrumentos para compreender e operar na situação crítica presente seriam conhecidos e manejados; o que se verifica é que, ao inverso, a noção de "Cultura Brasileira" gerada nos últimos quarenta anos dissolveu as contradições sociais e políticas *reais* quando estas afloravam ao nível da consciência dos agentes: numa palavra, a consciência *cultural* nunca incorporou sistemática e criticamente a implicação *política* de sua própria existência, e por esse motivo pouco auxiliou na elaboração e adensamento de uma consciência *social*. Esse legado dos estamentos dominantes da República Velha e do Estado Novo — a noção de "Cultura Brasileira" — mais serviu a embaçar as tensões estruturais geradas na montagem da sociedade de classes e a mascarar a problemática da dependência. Nesse sentido, trata-se de um conceito autofágico, alienante, de raiz estamental e que, numa sociedade já de classes, nobilita àqueles que dele cuidam.[6] Não existe, nesse sentido, uma Cultura Brasileira no plano ontológico, mas sim na esfera das formações ideológicas de segmen-

---

[6] Não se trata apenas de uma questão de nobilitação, tão simplesmente. A dimensão *política* do fenômeno surge em verdadeira grandeza quando se nota que a esmagadora maioria dos intelectuais (sejam "grandes intelectuais" ou "intelectuais funcionais") participaram em maior ou menor grau da montagem ou dinamização dos aparelhos do Estado, e nesse sentido foram porta-vozes das ideologias das camadas dominantes. No presente ensaio, procurou-se apontar, considerada a densidade desse quadro compacto, algumas fendas abertas (e quase sempre fechadas, em seguida) por críticos representativos do pensamento radical.

tos altamente elitizados da população, tendo atuado, ideologicamente, como um fator dissolvente das contradições reais. "Democracia racial", "história incruenta", "homem cordial", "caráter nacional" etc. transformaram-se com facilidade em moedas correntes nessa "cultura". A ausência sistemática de estudos sobre movimentos sociais de porte (Balaiada; Farroupilha; 1930) e de linhagens ideológicas significativas passa a ser um *dado* essencial que está a indicar a omissão exemplar em relação a temas centrais que deveriam marcar o travejamento central dessa "cultura". A *omissão* de temas centrais e fundamentais na produção cultural de uma sociedade possui um valor decisivo para o estudioso das ideologias preocupado em desenhar os contornos de um sistema ideológico. Note-se, a propósito, que somente após 1964 essa "cultura" produziu as primeiras (e poucas) pesquisas significativas, por exemplo, sobre operariado no Brasil — o que é compreensível quando se trabalha mais com noções ideológicas como "cultura brasileira", "consciência nacional", "caráter nacional" do que com *conceitos analíticos* como consciência de classe (por exemplo). A veiculação de noções como aquelas dão conta, no plano do vocabulário, da existência de um sistema ideológico que se *atualiza* no sentido de se manter unificado através de "interpretações" que soldam as contradições reais. Ainda no plano do vocabulário, não parece difícil visualizar o circuito percorrido de 1930 a 1974, no plano das produções culturais, indicando a existência de uma sucessão de *momentos* nos quais noções como "civilização brasileira", "cultura brasileira", "cultura nacional", "cultura popular", "cultura de massa" marcariam os horizontes ideológicos da intelectualidade progressista — incrustada, ela mesma, na camada dominante. Não será por acaso que, ao final do circuito, já nos anos 70, se verifica o acoplamento das duas noções (ideológicas) básicas: Cultura Brasileira nos quadros da massificação.[7]

Em terceiro lugar, e ainda no plano dos conceitos, a noção de Cultura Brasileira, ao se vincular à tradição estamental — entendido que "os estamentos não foram extintos historicamente", como demonstra Florestan Fernandes[8] —, colabora na manutenção de um sistema ideológico no qual se perde de vista aquilo que é relevante, isto é, que a tendência dos processos social, político e cultural correntes dentro das premissas desse sistema tendem a eliminar os polos tensos e a escamotear os dinamismos efetivos dos processos de apropriação dos excedentes, a impossibilitar a compreensão

---

[7] Exemplos: Mobral, Projeto Minerva, cursos de Problemas Brasileiros etc.

[8] *Classes sociais e capitalismo dependente na América Latina*, p. 38.

das linhas de ordenação social na qual se desenvolvem os mecanismos da produção cultural, obscurecendo em consequência a situação de carência e dependência culturais. Mais: além de indicar uma grave crise ideológica, que por certo é mais ampla e atinge outras frentes de diagnosticadores de situações culturais e políticas no chamado Terceiro Mundo, tal noção dissolvente e relativizadora de cultura nacional incorpora com relativa facilidade formulações díspares e até mesmo radicais, provenientes das mais diversas frentes teóricas (Freyre retira ingredientes desde o peruano Carlos Delgado até Roland Barthes), retirando seu potencial crítico e contestador, como é a teoria marxista das classes sociais. Na noção de organização social, por exemplo, ao ser retirado seu potencial crítico, o privilégio, o desemprego sistemático, *a exclusão cultural e a política passam a ser dados estáveis e neutros nas "interpretações do Brasil"*, quando não omitidos.

Em quarto lugar, finalmente, e para além das constatações sobre a complexidade dos problemas levantados que imporiam reflexões e desdobramentos teóricos outros — pode-se perceber a existência de *novas linhagens de interpretação* tendentes a romper com a tradição de se focalizar a história da "cultura brasileira", ou a história do "pensamento brasileiro", como universos mais ou menos coesos e fechados. Nessas poucas abordagens estudadas no ensaio, a "cultura brasileira" não aparece enraizada na ideologia mais ou menos difusa (conforme a conjuntura) da "consciência nacional" presente nas interpretações nacionalistas anteriores, na medida em que o "pensamento brasileiro" não aparece como simples "reflexo" das bases sociais, como entendiam os paralelistas dos anos 50. Idêntica modificação parece existir em formulações de marxismo ortodoxo: raramente se entende, hoje, em termos de uma possível história da cultura, o estágio cultural (ideológico) atual como apenas "uma etapa de um processo evolutivo" já pré-traçado. *Mais: observa-se o surgimento de traços de linhas de interpretação tendentes a dessacralizar radicalmente a noção de* Cultura, *que seria tão-somente a maneira de se articular, de se arranjar, de se definir uma* ideologia *numa "região" da superestrutura considerada uma formação econômico-social, num dado momento histórico.*

Parecem nítidos, pois, os efeitos das "rupturas" que provocaram a série de impasses em que se encontram as frentes remanescentes da produção cultural. A definição desses rompimentos não foi provocada apenas pela compressão política, embora tal compressão por certo tenha exercido papel significativo, ao desorganizar sistematicamente linhas de produção. A massa crítica incipiente viu-se obrigada a buscar nutrição teórica em núcleos de atividade exteriores, ampliando o distanciamento das realidades concretas, embora paradoxalmente estivesse sofisticando e aprimorando o instrumental conceitual.

As rupturas mencionadas, de maneira geral, se acham definidas a partir da revisão de teses nacionalistas, teses criticadas com o apoio de teorias de classes sociais de inspiração marxista; ou a partir, numa fase de domínio do *mass media*, da dificuldade de redefinição do intelectual "à antiga", isto é, da pouca plasticidade para a redefinição de padrões de organização "cultural" por parte dos remanescentes da ordem senhorial na sociedade de classes; ou a partir de uma série de pesquisas sobre a cultura popular, orientadas segundo metodologia rigorosa. Em suma, a ruptura pode ser registrada, por exemplo, através de investigações em que o estudo dos dinamismos específicos da dissimulação cultural das relações de classes surge vinculado à problemática da massificação e do controle social em área periférica. De qualquer maneira, e como não poderia deixar de ser, tais rupturas não se operam de forma completa e sistemática, ainda que se considerem progressistas seus representantes. Quando foram mais fundo em seus diagnósticos, o sistema não os tolerou.

III

Que os intelectuais sempre estiveram integrados nos aparelhos de Estado — participando portanto do estamento burocrático, conforme a crítica de Raymundo Faoro, no bloqueio às manifestações da "genuína" cultura brasileira[9] — não padece dúvida. Os grandes projetos pedagógicos, a noção de Patrimônio Histórico e os cuidados com a preservação *de um certo passado*,[10] as conferências no Estado Maior do Exército, na Escola Superior de Guerra, ou na AERP, a assessoria num organismo estatal como o ISEB, ou nos seminários da Sudene, ou nas cátedras universitárias — onde talvez a autonomia relativa tenha sido maior que em outras frentes, em relação à ideologia do desenvolvimento e às ideologias nacionalistas em geral — estão a indicar os limites estreitos das possibilidades de revisão radical dos processos políticos e culturais vividos.

---

[9] *Os donos do poder*, último capítulo.

[10] Só muito recentemente a noção de *patrimônio* se abre para a conservação das primeiras vilas operárias como monumentos de uma época — vilas dos começos do século, e que em larga medida já desapareceram com a urbanização.

Os "grandes intelectuais", para usar a expressão de Gramsci, estiveram nos cargos nobres, às vezes ainda com um pé na grande propriedade paterna. Os representantes radicais provinham da classe média, às vezes chegando a assessores de governadores e ministros, nos anos 40, ou a ministros nos anos 50 e 60. Ou, quando menos, a professores.

"E tempo houve, até o momento em que o Estado se preocupou de exigir do intelectual a sua integração no corpo do regime, tempo houve em que, ao lado de movimentos mais sérios e honestos, o intelectual viveu de namorar com as novas ideologias do telégrafo. Foi a fase serenatista dos simpatizantes."

Isto, Mário de Andrade escreveu na "Elegia de Abril". O ano era 1941.

Posfácio (1977)

Após a defesa da tese de Livre-Docência em maio de 1975, e que agora se publica com mínimas alterações, o processo histórico de fechamento e cristalização do *sistema ideológico* em questão foi completado. O número de peças teatrais censuradas, assim como o de músicas e de matérias da chamada imprensa alternativa só fez aumentar. Na lógica trágica desse processo é que se entende porque Vladimir Herzog, Diretor de TV (Cultura) e Professor de Comunicações (Universidade de São Paulo), responsável ainda pela seção de "Cultura" da revista *Visão*, apareceu morto nas instalações dos Serviços de Segurança de São Paulo (DOI-CODI).

Esse fato inqualificável soou como o último sinal de alerta para uma ampla comunidade, gerando uma discussão significativa do papel do intelectual — e suas formas de organização — em face da atividade cultural e política. Para muitos, tal acontecimento significou também um toque de alarme, chamando a atenção para a necessidade de revisão de *conceitos* nos estudos sobre a organização da cultura. Se algumas produções, a partir de então, não conseguiram superar os trilhos teóricos que ficaram como resíduos de fases anteriores, há que registrar o surgimento de um novo diapasão, um novo elã na organização da atividade cultural, nas diversas frentes de trabalho: debates no Teatro Ruth Escobar, tentando avaliar as dimensões da problemática da cultura; quadros acadêmicos passando a atuar mais consequentemente, reagindo (tardiamente, diga-se de passagem) à implantação dos equívocos "Estudos Sociais"; surgimento de textos como o de Florestan Fernandes, *A revolução burguesa no Brasil*, com uma avaliação histórico-sociológica do modelo autocrático-burguês em vigência. Por outro lado, reedições significativas de obras de História do Brasil vão sendo realizadas, como *Os donos do poder*, de Raymundo Faoro (edição esgotada rapidamente) e *Coronelismo, enxada e voto*, de Vitor Nunes Leal, para mencionar apenas dois exemplos. Novas teses de Mestrado, Doutoramento e Livre-Docência vêm à lume, mostrando o vigor insuspeitado de Universidades tantas vezes expurgadas, e hoje sob o controle de Serviços de Segurança — que ferem frontalmente, apesar de encobertos e "informais", o princípio tradicional e essencial da *Autono-*

mia da Universidade; peças de teatro popular ganham notoriedade, como *Gota d'Água*, de Paulo Pontes e Chico Buarque; entrevistas se multiplicam (Paulo Pontes, Florestan Fernandes, Ralph Della Cava, Alfredo Bosi, Antonio Candido, Willy Corrêa de Oliveira, Ferreira Gullar, Michel Debrun, Edgard Carone, Raymundo Faoro, José Arthur Giannotti, José Honório Rodrigues, Chico Buarque, e tantos, tantos mais em *Veja*, *Versus*, *Transformação* etc.), desenhando um novo perfil de intelectual; novos dados informativos surgem à tona, com o memorialismo, para a compreensão da História do Brasil Contemporâneo, como é o caso das memórias de Leôncio Basbaum, Paulo Duarte, Daniel Krieger, Erico Verissimo. Balanços sistemáticos, para avaliação da produção, começam a surgir, como os de Octavio Ianni, *Sociologia e sociedade no Brasil*, e de Florestan Fernandes, *A Sociologia no Brasil*. Ainda no plano dos levantamentos, Marcus Pereira completa seu mapa musical do Brasil; o Centro de Pesquisa e Documentação de História Brasileira (CPDOC) aprofunda e amplia seus projetos de organização de dados; o Centro Brasileiro de Análise e Planejamento (Cebrap) continua em sua atividade crítica; e é criado o Centro de Estudos de Cultura Contemporânea (Cedec), voltado para pesquisas multidisciplinares sobre a sociedade brasileira.

Na esfera oficial, surge finalmente em 1975 a *Política Nacional de Cultura*, depois de discussões secretíssimas do Conselho Federal de Cultura, em que a questão da Cultura aparece tratada como um problema de segurança nacional. Nas searas da imprensa alternativa, *Opinião* recusa-se, em março de 1977, a continuar saindo sob o pesado bloqueio da Censura (anteriormente, as revistas *Argumento* e *Debate e Crítica* optaram pelo mesmo caminho), tendo lançado *Opinião-Livre*, logo recolhido.

As frentes de tensão se multiplicam e não se reduzem, é claro, apenas a escaramuças com a Censura. Para ficar num exemplo, valerá a pena mencionar o surgimento de amplos setores das camadas médias urbanas, insatisfeitos com o tipo de ensino que vem sendo oferecido pelo Estado a seus filhos: o ensino oficial, gratuito, não mais tem condições de competir com o ensino particular, pago, na corrida dos vestibulares aos cursos superiores. A primeira seleção passa a ser, assim, essencialmente econômica: os "mais dotados" serão, necessariamente, os mais ricos. Abaixo dos colégios e cursinhos particulares — altamente seletivos, por sua vez —, e que se fortaleceram enormemente na última década, encontra-se a rede oficial absolutamente desamparada, seus professores com salários mais que aviltados, sem condições de cumprir seu papel crítico na formação da *Sociedade Civil* — e sem condições de reivindicação, dado o medo que vai assumindo características de neurose social. Os sucessores dos pedagogos da Escola Nova, que seriam os porta-vozes das aspirações desse setor da produção cultural, ou se refugiaram em seus castelos e poses liberais, ou foram aposentados compulsoriamente, sobrando espaço, apenas, para o saber "empresado"... e para a "Rainha do Meio-Dia" (segundo concepção de Ariano Suassuna, em *A onça castanha e a ilha Brasil: uma reflexão sobre a cultura brasileira*, Recife, Tese de Livre--Docência, UFPE, 1976).

A técnica da desmobilização e a lógica da exclusão acabam por desembocar num impasse. O sistema que apura a chefia única, que outorga reformas e constituições, torna difícil — senão impossível — o apelo à participação. "À medida que o estamento se descaracteriza e se burocratiza, apura-se o sistema monocrático, com o retraimento dos colégios de poder", para usar a formulação de Raymundo Faoro, no capítulo final de *Os donos do poder* (2ª edição).

Os dinamismos das *classes* sociais que timidamente se esboçam — com novas concepções sobre a produção cultural — mais uma vez veem-se marginalizados dos centros de decisão. Ao invés de se fortalecer, a sociedade como um todo se descobre enfraquecida. Ao contrário do que pensa o centro do poder, torna-se mais despolitizada. Anêmica, sem cultura política e sem debates amplos e esclarecedores, a Sociedade Civil, com sindicatos, universidades e imprensa abafados, pode tornar-se presa fácil dos interesses das multinacionais.

O impasse da dependência, assim, parece ir atingindo uma nova fase de contradições que merecerá, em breve, um estudo sistemático da produção cultural nos últimos anos, em prosseguimento a este livro-proposta.

Por fim, torna-se praticamente impossível agradecer a tantos amigos e colegas que participaram generosamente da pesquisa e seleção do material iconográfico: sem o empenho decidido de todos, a amostragem fotográfica apresentada não teria existido.

Carlos Guilherme Santos Serôa da Mota
São Paulo, 18 de abril de 1977

Caderno fotográfico

A Baía de Guanabara em fotografia de Marc Ferrez, 1880.

"Como diz o Carlos Drummond de Andrade, devido ao adiantado da hora, eu me sinto anterior às fronteiras" (Tom Jobim).

"O fato de as classes burguesas e suas elites se verem condenadas à contrarrevolução permanente conta, por si mesmo, outra história — *e toda a história*, que se desenrolou e está se desenrolando" (Florestan Fernandes, *A revolução burguesa no Brasil*, 1975).

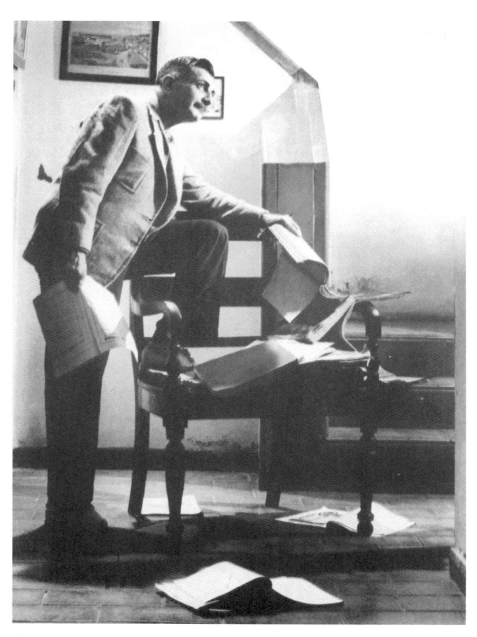

"Era como se tudo dependesse de mim e dos de minha geração, da nossa maneira de resolver questões seculares" (Gilberto Freyre, primeiro prefácio a *Casa-grande & senzala*, 1933).

A visão senhorial da "cultura brasileira"

Paulo Prado, autor de *Retrato do Brasil*, em 1933.
O ensaísmo não surge apenas como o terreno ideal,
mas como o discurso possível.

"Capanema escreve e esconde um retrato perverso de Getúlio, composto depois de vê-lo pela primeira vez, no Catete, em companhia de Francisco Campos: 'Impressão penosa. Homem frio, inexpressivo; não achei nenhuma flama, nenhuma simpatia para aquele momento criador; cheio de reticências, de silêncios, de ausência; olhando para cima, não olhando para a gente; um riso difícil, riso sem alegria, sem malícia, mas com maldade; um físico redondo, com pequena estatura, com um ventre dilatado, as pernas apertadas numas calças brancas curtas; sapatos de fantasia; sem gravidade, sem emoção; uma pronunciação estranha do gaúcho; enfim, uma figura incapaz de seduzir, de incitar ao trabalho, de convocar ao sacrifício, de organizar uma nação apenas saída da fornalha revolucionária'" (Darcy Ribeiro, *Aos trancos e barrancos*, 1985).

Getúlio Vargas e seu comando militar, em 1940. "Mussolini, Hitler, Mustafá Kemal Pacha, Roosevelt e Salazar (...). Todos eles para mim são grandes homens, porque querem realizar uma ideia nacional em acordo com as aspirações das coletividades a que pertencem" (Góes Monteiro, *A Revolução de 30 e a finalidade política do Exército*, 1937).

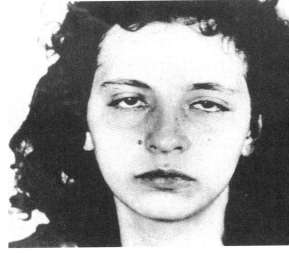

Pagu: musa do Modernismo nos anos 20, prisioneira política nos anos 30.

Gilberto Freyre e Salazar em 1951. "Hoje, com a independência dos povos africanos e com a luta dos negros norte-americanos pelos seus direitos civis, a posição de G. Freyre parece inevitavelmente datada e anacrônica. Finalmente, as posições políticas de G. Freyre — tanto no Brasil como em relação ao colonialismo português na África — contribuíram para identificá-lo com os grupos mais conservadores dos países de língua portuguesa e para afastá-lo dos intelectuais mais criadores. Disso resulta que G. Freyre é hoje, pelo menos no Brasil, um intelectual de direita, aceito pelos grupos no poder, mas não pelos jovens intelectuais" (Dante Moreira Leite, O caráter nacional brasileiro, 1969, 2ª ed.).

"O que estragou tudo foi a usina" (Gilberto Freyre para a revista *Veja*, 21/6/1972).

"Mas eis que chego a este paradoxo irrespirável: tendo deformado toda a minha obra por um anti-individualismo dirigido e voluntarioso, toda a minha obra não é mais que um hiperindividualismo implacável! E é melancólico chegar assim no crepúsculo sem contar com a solidariedade de si mesmo. Eu não posso estar satisfeito de mim. O meu passado não é mais meu companheiro. Eu desconfio do meu passado" (Mário de Andrade, "O Movimento Modernista", 1942).

O "quinto ato conclusivo"

Sérgio Milliet, com o cigarro na mão, ao lado de Júlio de Mesquita Filho. "Não posso deixar de aplaudir a essa rebelião de uma elite que há de preceder a das massas. Não no sentido daquela rebelião aristocraticamente temida por Ortega y Gasset, mas num sentido mais vertical e eficaz" (Sérgio Milliet, em *Testamento de uma geração*, 1944).

Fernando de Azevedo abraçando um de seus principais discípulos, Florestan Fernandes. "Um socialismo que saiba combinar a pessoa e a comunidade, e para lançar à base da educação e da cultura, a liberdade de consciência e o respeito aos direitos e à dignidade da pessoa humana" (Fernando de Azevedo, *A cultura brasileira*, 1943).

Almoço em homenagem a Aníbal Machado, Sérgio Milliet e Dyonélio Machado, presidentes das seções do Distrito Federal, de São Paulo e do Rio Grande do Sul da Associação Brasileira de Escritores, no Rio de Janeiro, em 10 de março de 1945, com a presença de Murilo Miranda, Pedro Nava, José Lins do Rego, José Américo de Almeida, Sérgio Buarque de Holanda e Octávio Tarquínio de Souza, entre outros.
Na primeira fila, sentado, de sapatos brancos, Arnon de Mello, então ligado à Esquerda Democrática, que se elegeria governador de Alagoas pela UDN em 1950.

Florestan Fernandes (terceiro da esquerda para a direita), com colegas do curso de Madureza em São João da Boa Vista, SP. "Tendo sido estudante notável, quando se formou, mais de um professor quis tê-lo como assistente. (...) ele acabou aceitando o convite de Fernando de Azevedo, que o indicou para a vaga de segundo assistente da cadeira de Sociologia II (...) Em fins de janeiro de 1945 realizou-se em São Paulo o I Congresso Brasileiro de Escritores, visando principalmente a arregimentar os intelectuais na luta contra a já abalada ditadura do Estado Novo. Florestan se encarregou de fazer a cobertura para um jornal, creio que a *Folha da Manhã*, cujo secretário era o seu amigo e correligionário Hermínio Sacchetta. (...) Naquele tempo éramos funcionários em tempo parcial, e o integral só nos veio em 1947 graças ao enorme prestígio de Fernando de Azevedo (...). Trabalhando em tempo parcial, tínhamos de completar os vencimentos com atividades extras, por isso Florestan continuou por algum tempo desenvolvendo as que exercia anteriormente, além de escrever para os jornais. Foi neles que publicou àquela altura diversos artigos seriados, verdadeiras exposições sobre teoria sociológica e comentários críticos sobre autores pouco divulgados aqui, como Freyer e Mannheim" (Antonio Candido, "O jovem Florestan", em *Florestan Fernandes*, 2001).

Do pensamento radical de "classe média"

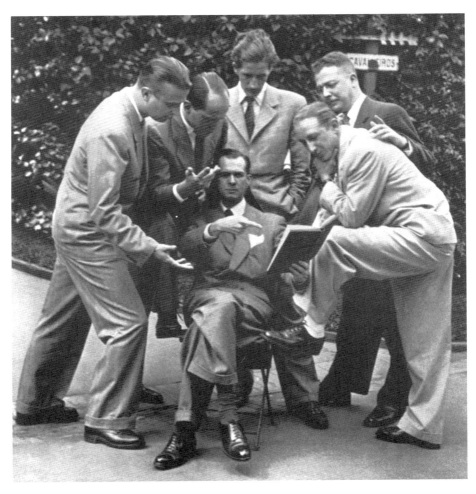

Décio de Almeida Prado, Paulo Emílio Salles Gomes,
Lourival Gomes Machado e Antonio Candido (sentado),
entre outros. "Cada um com as suas armas. A nossa é essa:
esclarecer o pensamento e pôr ordem nas ideias"
(Antonio Candido, em *Plataforma da nova geração*, 1945).

"Sou eu, o poeta precário/ que fez de Fulana um mito" (Carlos Drummond de Andrade, *A rosa do povo*, 1943-1945).

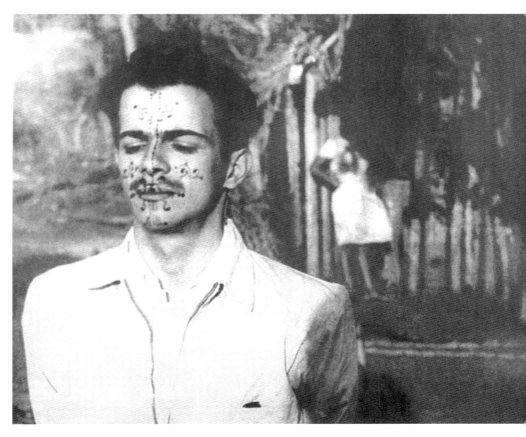

Darcy Ribeiro, antropólogo, ex-aluno da Escola de Sociologia e Política de São Paulo, com pintura feita pelos índios Kadiwéu, no Parque Indígena Presidente Alves de Barros, Mato Grosso, em 1947. "Meus heróis são dois: o Professor Anísio Teixeira e o General Rondon" (Darcy Ribeiro).

Jorge Amado, eleito deputado federal do Partido Comunista por São Paulo em 1945.

Marcel Camus e Jorge Amado em Salvador, 1975. "(...) tudo se dissolve no pitoresco, no 'saboroso', no 'gorduroso', no apimentado do regional" (Alfredo Bosi, *História concisa da literatura brasileira*, 1970).

Paulo Emílio visualizava, no leque de tendências ideológicas, a *direita*, com alguns jovens valores derrotados, "de uma maneira amena, diga-se de passagem", condenados a conviver com a não receptividade pública às suas teorias palavrosas, rígidas, caricaturadas, agora, manifestando apreço desmedido, "arrogante e ingênuo pelos generais reacionários da Argentina", ou chegando até a "valorização delirante do livro de D. Clarice Lispector" (Paulo Emílio Salles Gomes, em *Plataforma da nova geração*, 1945).

Solano Trindade, o poeta, homem de teatro e pintor em Embu, SP, em 1970. "Eu canto aos Palmares odiando opressores" (Solano Trindade, "Canto dos Palmares", 1944).

Hélio Jaguaribe, um estudioso dos fracassos da "classe média", "no seu já longo esforço de se tornar a base do Estado brasileiro".

Nacionalismo, desenvolvimentismo, radicalismo e o golpe de 1964

Roland Corbisier, na Assembleia Legislativa do novo Estado da Guanabara, em 1962, tenta impedir a posse de Lopo Coelho. Corbisier estava, inclusive, armado. "A cultura brasileira se reduzia a uma cultura de palavras, a uma construção verbal, cujo valor e eficácia jamais poderiam ser comprovados, pois jamais eram postos em confronto com o real" (Roland Corbisier, no ISEB, em 1956, em *Formação e problemas da cultura brasileira*, 1958).

O historiador Caio Prado Jr. em sua casa no bairro de Higienópolis, em São Paulo, nos anos 50. "O Brasil é um país atrasado... muito atrasado..."

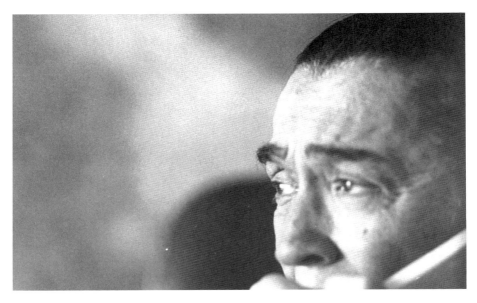

"Na velha e querida Diamantina eu era o Nonô, menino pobre, filho de Dona Júlia, que andava descalço e não tinha onde estudar..." (Juscelino Kubitschek).

Celso Furtado, o primeiro ministro do Planejamento, toma posse ao lado do presidente João Goulart e de Hermes Lima em 1962.

Antes da "Revolução": almoço de colaboradores do "Suplemento Literário" de O Estado de S. Paulo com a presença de Antonio Candido (à cabeceira), Júlio de Mesquita Filho, Lívio Xavier, Ruy Mesquita, Lourival Gomes Machado, Carlos Vergueiro, Luís Martins e Décio de Almeida Prado, entre outros.

"A principal consequência cultural do prolongado domínio do patronato do estamento burocrático é a frustração do aparecimento da genuína cultura brasileira" (Raymundo Faoro, *Os donos do poder*, 1958).

"O texto de contracapa que Tom Jobim escreveu em *Chega de saudade* é talvez o melhor que já se produziu no Brasil. À sua maneira, ele foi informativo, revelador e até profético naquelas treze linhas. Os contemporâneos podiam não entender muito o que ele dizia, mas estava tudo ali. 'João Gilberto é um baiano 'bossa-nova' de vinte e sete anos', comentava Tom. Era uma das duas referências à Bossa Nova no disco (a outra estava na letra de 'Desafinado'), embora a expressão ainda fosse levar alguns meses para pegar. E continuava: 'Em pouquíssimo tempo influenciou toda uma geração de arranjadores, guitarristas, músicos e cantores'. Para os primeiros compradores desavisados de *Chega de saudade*, em abril de 1959, parecia exagero. Como era possível que um cantor, de quem mal se ouvira falar, já tivesse influenciado 'toda uma geração'? Mas, por incrível que aquilo parecesse, era verdade"
(Ruy Castro, *Chega de saudade: a história e as histórias da Bossa Nova*, 1990).

O pianista, cantor e compositor Dick Farney. No dia 11 de julho de 1956, reuniram-se em São Paulo, no Teatro Cultura Artística, os músicos Dick Farney (piano), Casé (sax-alto), Rubinho (bateria) e Xu Vianna (baixo). O resultado foi o LP *Jazz After Midnight*, com músicas de George Gershwin interpretadas com citações de George Shearing, Dave Brubeck, Bach e Chopin.

A musa da bossa nova: Nara Leão.

Martim Gonçalves, Vivaldo Costa Lima, Glauber Rocha, Lina Bo Bardi e Luís Hossaka em São Paulo, por ocasião da exposição "Bahia no Ibirapuera", em 1959.
"O Brasil está conduzindo hoje a batalha da cultura. Nos próximos dez, talvez cinco anos, o país terá traçado os seus esquemas culturais, estará fixado numa linha evolutiva: ser um país de cultura autônoma, construída sobre raízes próprias, ou ser um país inautêntico, com uma pseudocultura de esquemas importados e ineficientes" (Lina Bo Bardi).

O filósofo Jean-Paul Sartre e a escritora Simone de Beauvoir, em visita a São Paulo em 1960, ladeados pelos professores Fausto Castilho (criador do IFCH-Unicamp) e Luiz Pereira (sociólogo).

Leonardo Villar e Glória Menezes em O *Pagador de Promessas* (1962), filme de Anselmo Duarte que recebeu a Palma de Ouro no Festival de Cannes.

Inauguração de Brasília, em 1960.

O paranaense Suplicy de Lacerda foi o pior ministro da Educação da história do Brasil. Fascista, foi nomeado em 1964 pelo "ilustrado" general Castelo Branco, dando início a uma época de obscurantismo e perseguições a intelectuais, artistas, professores, alunos, "suspeitos" em geral e membros de igrejas consideradas "progressistas". Livros foram queimados em praça pública, alguns sobre marxismo, incluindo obras sobre Cuba e... o cubismo (!). E, no sul do país, Bíblias protestantes foram para a fogueira.

Celso Furtado no exílio em Paris, após o golpe de 1964. Ao fundo, a Sorbonne.

Exílio: Darcy Ribeiro, criador da Universidade de Brasília, ex-ministro da Educação e chefe da Casa Civil de Jango despede-se da mãe no aeroporto, em 1964.

João Cruz Costa, um dos fundadores da Faculdade de Filosofia, Ciências e Letras da Universidade de São Paulo. "Convencido de que o pensamento é sempre o produto sutil da atividade de um povo, voltei-me mais para a nossa história — nas suas relações com a história universal — a fim de procurar apreender, se possível, o significado, o sentido do que realmente somos" (Cruz Costa, prefácio a *Brasil em perspectiva*, 1966).

Eurípedes Simões de Paula, um dos fundadores da FFCL-USP e diretor da faculdade no período de resistência à ditadura militar. "Não fosse a sua presença e os males seriam incomparavelmente maiores. Só quem viveu o período pós-64 sabe quanto houve de violência e insulto ao Direito neste país" (Francisco Iglésias).

Revisões e aberturas

"Clamar em países subdesenvolvidos pelo estudo e conhecimento de sua própria realidade, eis a verdadeira atitude internacionalista" (Ferreira Gullar, exilado, autor de *Vanguarda e subdesenvolvimento* [1969] e um dos fundadores dos Centros Populares de Cultura).

Hélio Oiticica, estandarte reproduzindo inscrição do
Bólide Caixa 18 — Homenagem a Cara de Cavalo, de 1966.

Paulo Autran e Cleyde Yáconis em *Édipo-Rei*, 1967. "Sinto pena do autor que, sem saber escrever sobre a realidade, cria peças que mais parecem panfletos do que teatro. Sinto pena daqueles que, ao longo da existência, não conseguiram armazenar um bom material de vida" (Paulo Autran, em depoimento ao autor e Adriana Lopez, *Brasil revisitado*, 1983).

Jardel Filho e Modesto de Souza em *Terra em Transe* (1967), filme de Glauber Rocha.

Caetano Veloso e Gilberto Gil, em 1968. "E na TV, se você vir um deputado em pânico/ Mal dissimulado/ Diante de qualquer, mas qualquer mesmo/ Qualquer qualquer/ Plano de educação/ Que pareça fácil/ Que pareça fácil e rápido/ E vá representar uma ameaça de democratização/ do ensino de primeiro grau/ E se esse mesmo deputado defender a adoção da pena capital/ E o venerável cardeal disser que vê tanto espírito no feto/ E nenhum no marginal/ (...)/ Pense no Haiti/ Reze pelo Haiti/ O Haiti é aqui/ O Haiti não é aqui" ("Haiti", 1993).

Gianfrancesco Guarnieri, em assembleia no Teatro Oficina,
em 1968, discutindo os dilemas da produção cultural.

Joaquim Pedro de Andrade, diretor de *Macunaíma* (1969). "Que Mário de Andrade, lá do outro lado — se é que existe outro lado — ilumine a juventude de hoje, esta juventude incompreendida, desprezada, perseguida e torturada, que porventura me poderá estar lendo" (Paulo Duarte em *Mário de Andrade por ele mesmo*, 1971).

Grande Otelo em *Macunaíma*, filme baseado na obra de Mário de Andrade.

A Faculdade de Filosofia, Ciências e Letras da USP,
na rua Maria Antonia: últimos momentos, em 1968.
"Ah, recomeçar, recomeçar/ Como canções e epidemias/ (...)
Ah, recomeçar como a paixão e o fogo/ E o fogo/ E o fogo..."
(Aldir Blanc e João Bosco, "Caça à raposa", 1975).

Impasses

> E agora José?
> A festa acabou,
> A luz apagou,
> O povo sumiu,
> A noite esfriou,
> E agora, José?
>
> Carlos Drummond de Andrade

Jaguar, no *Pasquim*, Rio de Janeiro, nº 60, agosto de 1970.

Bancada do PCB no plenário da Câmara, em 1946, com Carlos Marighella, Luís Carlos Prestes e Gregório Bezerra.

Capa da revista *Veja*, 20/11/1968. "Trinta anos atrás, o tempo de uma geração, Carlos Marighella foi abatido pelas forças de repressão da ditadura. Naquele momento elas não mataram apenas o militante intemerato de uma organização de luta, mas um líder que encarnava as aspirações de liberdade e justiça do povo brasileiro. Os que assumem a grave responsabilidade de combater pelo interesse de todos tornam-se símbolos e constituem patrimônio coletivo. Carlos Marighella deu a vida pelos oprimidos, os excluídos, os sedentos de justiça. Ao fazê-lo, transcendeu a sua própria opção partidária e se projetou na posteridade como voz dos que não se conformam com a iniquidade social" (Antonio Candido, 1999).

"Agora não pergunto mais pra onde vai a estrada" (Milton Nascimento e Ronaldo Bastos, "Fé cega, faca amolada", 1975).

Zé Celso Martinez Corrêa e Renato Borghi na peça *As Três Irmãs*, de Tchekhov, em 1972. "Nós temos que aprender tudo" (Zé Celso, em entrevista à revista *Visão*, 1974).

"O capitalismo, agora, precisa de um Estado mais aberto porque já foi capaz, na prática, de assimilar os focos de rebeldia. Ao mesmo tempo, se a abertura chegar ao pessoal lá de baixo... Se correr o bicho pega, se ficar o bicho come" (estudo introdutório à peça *Gota d'Água*, de Paulo Pontes e Chico Buarque, 8/12/1975).

"O único caminho que sobrava para nós era esse: eu só podia resistir" (Chico Buarque, entrevista à *Veja*, 27/10/1976).

Vladimir e Clarice Herzog em Nova York, no início dos anos 70.
No dia 25 de outubro de 1975, o jornalista Vladimir Herzog foi
assassinado nas dependências do DOI-CODI, do II Exército, em São
Paulo, horas depois de ter se apresentado para prestar depoimento.
Na sua sepultura no Cemitério Israelita do Butantã foi colocada uma
placa com uma frase do próprio Herzog: "Quando perdemos a capacidade
de nos indignar com as atrocidades praticadas contra outros, perdemos
também o direito de nos considerarmos seres humanos civilizados".

Ato ecumênico na Catedral da Sé, em São Paulo,
por intenção de Vladimir Herzog, em 31 de outubro de 1975.

"Reduzir uma sociedade de 100 milhões de pessoas a um mercado de 25 milhões exige um processo cultural muito intenso e muito sofisticado. É preciso embrutecer esta sociedade de uma forma que só se consegue com o refinamento dos meios de comunicação, dos meios de publicidade, com um certo paisagismo urbano que disfarça a favela, que esconde as coisas" (Oduvaldo Vianna Filho, 1974, pouco antes de seu falecimento).

"Nenhuma polícia no mundo, de países democráticos em que não há insurreição, mata como a do Rio e a de São Paulo" (Paulo Sérgio Pinheiro, membro da Comissão Teotônio Vilela de Direitos Humanos).

"Um estágio fundamental na superação da dependência é a capacidade de produzir obras de primeira ordem, influenciadas não por modelos estrangeiros, mas por exemplos nacionais anteriores" (Antonio Candido, "Literatura e subdesenvolvimento", revista *Argumento*, São Paulo, out. 1973, nº 1, p. 17).

"A gente encontra tanto de nós num mau filme [brasileiro] — que pode ser revelador em tanta coisa da nossa problemática, da nossa cultura, do nosso subdesenvolvimento, da nossa boçalidade, inseparável da nossa humanidade — que, em última análise, é muito mais estimulante para o espírito e para a cultura cuidar dessas coisas ruins do que ficar consumindo no maior conforto intelectual e na maior satisfação estética o produto estrangeiro"
(Paulo Emílio Salles Gomes, entrevista à revista *Cinegrafia*, julho de 1974).

Capa de *Veja* em 27/10/1976. "O ministro Severo Gomes vem incorrendo em frequentes deslizes que contrariam os objetivos permanentes da Revolução de 1964" (Sinval Boaventura, deputado mineiro da Arena, membro da Comissão de Segurança Nacional, em 1976).

"Nós somos os novos bárbaros" (Severo Gomes, senador e membro da Comissão de Defesa dos Índios, entre os ianomâmis, nos anos 80).

Conclusões

Roberto Marinho, Risoleta e Tancredo Neves, Ulysses Guimarães, Leonel Brizola, Darcy Ribeiro e André Franco Montoro.
"A 'conciliação' não se desenvolveu para evitar brigas incertas e custosas entre contendores de força comparável. Mas, ao contrário, para formalizar e regular a relação entre atores desiguais, uns já dominantes e outros já dominados. E para permitir que os primeiros explorassem em seu proveito a transformação dos segundos em sócios caudatários" (Michel Debrun, A *"conciliação" e outras estratégias*, 1983).

"Penso na ambiguidade desta nossa história de que são vítimas os negros, numa sociedade que os exclui dos benefícios da vida social, mas no entanto consome os deuses do candomblé, a música, a dança, a comida, a festa, todas as festas de negros, esquecida de suas origens." (Emanoel Araújo).

"Ninguém pode contar a vida num samba curto..." (Paulinho da Viola).

O filósofo Michel Debrun em debate promovido pelo "Folhetim" na *Folha de S. Paulo*, em 1980. "Existe um impasse no sentido de que o situacionismo está perdendo a capacidade de gerir os problemas da sociedade brasileira, sem que todavia as oposições tenham condições de arrebatar desde já o poder".

"A história do Amazonas é a mais oficial, a mais deformada, encravada na mais retrógrada e superficial tradição oficializante da historiografia brasileira. (...) Olhar para esta realidade é sentir-se um abandonado no interior de uma tradição formal e irritantemente oficial, onde o povo não aparece" (Márcio Souza, *A expressão amazonense*, 1977).

"O Estado nacional imitado perdeu o rumo da história, por ser exclusivamente nacional e excessivamente imitado. Aqui o imitado nunca foi delimitado. Procurou-se resolver essas questões pendentes, esse contencioso persistente, no âmbito global ou no facilitário da modernidade. No limiar do III milênio, ainda nos encontramos às voltas com o legado moderno, sem saber ao certo o que ele possa ter de lição e de mal-entendido" (Eduardo Portella, revista *Tempo Brasileiro*, dezembro de 1995).

"Acentuou-se no Brasil a propensão lusitana para confundir os domínios do privado e do público, este constantemente invadido por aquele. Os valores afetivos impuseram-se sobre os da razão coletiva. E o compadrismo tornou-se norma. Bem como a total ausência de solidariedade e responsabilidade fora dos laços de família. Aí estavam as raízes do atraso brasileiro" (Alberto da Costa e Silva, "Quem fomos nós no século XX: as grandes interpretações do Brasil", em *Viagem incompleta: a experiência brasileira*, 2000).

"O Brasil tem um bolsão de gente que vem da escravidão, oprimido, marginalizado, que é o peso que leva a nação. Enquanto não incorporar esse bolsão, o Brasil não existirá como gente civilizada" (Darcy Ribeiro, entrevista a Altair Thury Filho nas "Páginas Amarelas" da *Veja*, 18/1/1995).

"O Brasil é conservador, reacionário (...). As pessoas são de esquerda quando estão na oposição. No poder, são conservadoras (...). Sou conservador, mas não sou burro; vejo o vulcão social" (Cláudio Lembo, entrevista a Mônica Bergamo, *Folha de S. Paulo*, 31/12/2006, p. A11).

Octavio Frias de Oliveira entre seus filhos Luís Frias e Otavio Frias Filho, em 1999. "Embora os benefícios advindos do Plano Real (...) tenham evitado que o abismo social se tornasse ainda mais calamitoso, a distância se manteve, se é que não se ampliou. O *apartheid* informal que divide a sociedade brasileira não sofreu alteração de monta" (Otavio Frias Filho, "FHC na História", *Folha de S. Paulo*, 19/12/2002, p. 2).

"A ausência do Liberalismo que expressava uma dinâmica dentro da realidade social e econômica estagnou o movimento político, impedindo que, ao se desenvolver, abrigasse a emancipação, como classe, da indústria nacional. Seu impacto revelaria uma *classe*, retirando-a da névoa estamental na qual se enredou (...). O socialismo, numa fase mais recente, partiria de um patamar democrático, de base liberal, como valor permanente e não meramente instrumental (...). O Estado seria outro, não o monstro patrimonial-estamental-autoritário que está vivo na realidade brasileira" (Raymundo Faoro, "Existe um pensamento político brasileiro?",
conferência inaugural do Instituto de Estudos Avançados da USP, agosto de 1986).

"O que se pode concluir? A história humana não é uma *história natural*. É preciso vivê-la para captar suas conexões de sentido e, ainda mais, para expurgá-la das projeções ideológicas dos que pensam que 'constroem a história' quando, na verdade, apenas a 'sofrem', mesmo que através de e protegidos por uma posição privilegiada" (Florestan Fernandes, prefácio à 2ª edição de *A revolução burguesa no Brasil*, 1976).

"Conclui-se que não é por meio das sobrevivências da Ilustração, cara do liberalismo burguês, que poderemos dar validade humana às instituições de cultura superior. Mas sim por meio da luta popular, em favor de uma inversão estrutural que permita quebrar o ritmo da dança macabra dos extremos. Se quisermos ficar na terminologia romântica das nossas origens nacionais, digamos que a tarefa na América Latina é liberar a dimensão utópica da Ilustração por meio dos movimentos populares que obtenham, afinal, a difusão do saber. As revoluções da Independência foram canalizadas para as classes dominantes, que interpretaram a seu favor o que havia de elitismo supostamente redentor na Ilustração. As do nosso tempo deverão mostrar que as possibilidades de saber têm de ser finalmente abertas para todos, por meio das lutas sociais e políticas adequadas. As reformas de estrutura é que permitem as verdadeiras reformas de ensino" (Antonio Candido, em "E o povo continua excluído", *Jornal do Brasil*, Caderno B, 22/12/1985).

"Brasília foi concebida e nasceu como capital democrática, e a conotação de cidade autoritária que lhe pretenderam atribuir, em decorrência do longo período de governo autoritário, passará" (Lucio Costa, arquiteto e urbanista, 1995).

"Como seria bom este país se o teatro, o cinema e as artes plásticas não precisassem mendigar patrocínios; se os escritores pudessem viver apenas de sua literatura" (Edla van Steen, escritora).

"Se há alguma coisa em que devemos insistir, junto à juventude, às novas gerações, é exatamente o velho hábito de ler. Para isso se inventou a imprensa" (Francisco Brennand, artista plástico).

Lina Bo Bardi, sobre cultura popular e *arte povera*: "Cultura popular? Eu não entendo o que é isso".

"O Brasil não é para principiantes" (Tom Jobim).

"Meu medo é essa geração educada atrás de muralhas" (Paulo Mendes da Rocha, arquiteto, sobre os condomínios de classe média alta).

"No Brasil, o simples ato de aplicar a lei de forma igual para todos, já seria revolucionário" (Oscar Vilhena Vieira, jurista e cientista político).

"Sou totalmente a favor do fim do foro privilegiado. É uma racionalização da impunidade" (Joaquim Barbosa, ex-ministro do Supremo Tribunal Federal).

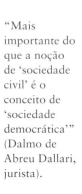

"Mais importante do que a noção de 'sociedade civil' é o conceito de 'sociedade democrática'" (Dalmo de Abreu Dallari, jurista).

"Se a educação sozinha não transforma a sociedade, sem ela tampouco a sociedade muda" (Paulo Freire, educador).

"Nas questões energética — sobretudo das fontes alternativas de energia — e do meio-ambiente, há um segmento da *intelligentsia* nacional que se comporta como se não acreditasse na Lei da Gravidade" (José Goldemberg, ex-reitor da Universidade de São Paulo, em cuja gestão foi criado o Instituto de Estudos Avançados, abrindo novas perspectivas para a pesquisa e a reflexão interdisciplinar no Brasil).

"A gente que trabalha na universidade tem que contestar os cretinos"
(Aziz Ab'Sáber, entrevista à revista *Forum*, julho de 2007).

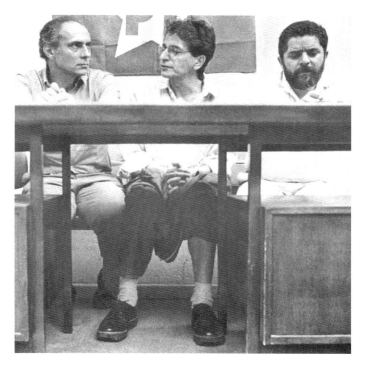

Eduardo Suplicy, Fernando Gabeira e Lula em reunião do PT, em 1986. "Na medida que o Congresso avança na decadência, começa também a colocar em risco um pilar da democracia" (Fernando Gabeira, em entrevista a *Rolling Stone*, maio de 2008).

"Postas fora da sociedade civil, as populações errantes convertem-se em uma mina de ouro para o sistema de poder. De um lado, delimitam a extensão do perigo representado por uma massa enorme de 'inimigos públicos da ordem'. Esta só pode conjurar o perigo mantendo e reforçando a exclusão, isto é, impedindo ou limitando a sua inclusão no mercado, no regime de classes e nos grupos institucionalizados dos trabalhadores assalariados. De outro, deixando-as entregues à própria impotência e desorganização e, concomitantemente, açulando-as ou acorrentando-as às ilusões de um falso paternalismo e clientelismo político. Isto significa associar promessa e demagogia populista, dentro de um espaço real dominado pela opressão política e pela repressão armada" (Florestan Fernandes, "Os desenraizados", *Folha de S. Paulo*, 21/8/1986, p. 2).

"E apesar de nossa atualidade, da nossa nacionalidade, da nossa universalidade, uma coisa não ajudamos verdadeiramente, duma coisa não participamos: o amilhoramento político-social do homem" (Mário de Andrade, 1943).

Bibliografia

Livros

Adorno, T. W. *Crítica cultural y sociedad*. Barcelona: Ariel, 1970.

Anais do Encontro Internacional de Estudos Brasileiros. I Seminário de Estudos Brasileiros, patrocinado pelo Instituto de Estudos Brasileiros da USP, setembro de 1971. São Paulo: IEB-USP, 1972, 3 v.

Andrade, Carlos Drummond de. *Obras completas*. Rio de Janeiro: Aguilar, 1964.

Andrade, Manuel Correia de. *A terra e o homem no Nordeste*. São Paulo: Brasiliense, 1973.

Andrade, Mário de. *Aspectos da literatura brasileira*. 5ª ed. São Paulo: Martins, 1974.

Andrade, Oswald de. *Ponta de lança*. Rio de Janeiro: Civilização Brasileira, 1972.

Atas do I Congresso Brasileiro de Escritores. São Paulo, 22 a 27 de janeiro de 1945. Promovido pela Associação Brasileira de Escritores.

Atas do Congresso Internacional de Escritores e Encontros Intelectuais, da Sociedade Paulista de Escritores. São Paulo: Anhembi, 1957.

Atas do I Congresso Paulista de Escritores. Promovido pela Associação Brasileira de Escritores (Seção de São Paulo). Limeira, 22 a 26 de setembro de 1946.

Azevedo, Fernando de. *A cultura brasileira*. São Paulo: IBGE, 1943. 5ª ed., São Paulo: Melhoramentos/Edusp, 1971.

_____. *História de minha vida*. Rio de Janeiro: José Olympio/CEC, 1971.

Bandeira, Moniz. *A presença dos Estados Unidos no Brasil*. Rio de Janeiro: Civilização Brasileira, 1973.

Bosi, Alfredo. *História concisa da literatura brasileira*. 2ª ed. São Paulo: Cultrix, 1972.

_____. *O pré-modernismo*. 3ª ed. São Paulo: Cultrix, 1969.

Bosi, Ecléa. *Cultura de massa e cultura popular: leituras de operárias*. Rio de Janeiro: Vozes, 1972.

Campos, Haroldo de. "Superación de los lenguajes exclusivos." In: *América Latina en su literatura*. Cidade do México: Siglo XXI, 1972.

Candido, Antonio. *Formação da literatura brasileira: momentos decisivos*. 4ª ed. São Paulo: Martins, 1971, 2 v.

_____. *O método crítico de Sílvio Romero*. São Paulo: Boletim 266 da FFCL-USP, 1961. 3ª ed., São Paulo: Edusp, 1988.

_____. "Literatura e cultura de 1900 a 1945." In: *Literatura e sociedade*. 3ª ed. revista. São Paulo: Companhia Editora Nacional, 1973.

_____. "Literatura y subdesarrollo." In: *América Latina en su literatura*. Cidade do México: Siglo XXI, 1972. Publicado em português, sob o título "Literatura e subdesenvolvimento", em CANDIDO, Antonio. *A educação pela noite e outros ensaios*. São Paulo: Ática, 1987 (3ª ed., 2000).

CAPELATO, Maria Helena. *A ideologia liberal de O Estado de S. Paulo*. São Paulo, Tese de Mestrado, 1974, mimeo. Ver CAPELATO, Maria Helena; PRADO, Maria Lígia. *O bravo matutino. Imprensa e ideologia: O Estado de S. Paulo*. São Paulo: Alfa-Omega, 1980.

CARDOSO, Miriam Limoeiro. *Ideologia do desenvolvimento: JK-JQ*. São Paulo, USP, 1972, mimeo. Ver CARDOSO, Miriam Limoeiro. *Ideologia do desenvolvimento no Brasil: JK-JQ*. Rio de Janeiro: Paz e Terra, 1978.

CASTELO, José Aderaldo. *José Lins do Rego: modernismo e regionalismo*. São Paulo: Edart, 1961.

CAVALHEIRO, Edgard (org.). *Testamento de uma geração*. Porto Alegre: Globo, 1944.

CHARNAY, Jean-Paul (org.). *De l'Imperialisme à la Décolonisation*. Paris: Minuit, 1965.

COHN, Amélia. *Crise regional e planejamento: o processo de criação da Sudene*. São Paulo: Perspectiva, 1976.

COLÓQUIO "HISTÓRIA SOCIAL: PROBLEMAS, FONTES E MÉTODOS". Colóquio da Escola Normal Superior de Saint-Cloud, 15 a 16 de maio de 1965. Trad. port. sob a orientação de V. Magalhães Godinho. Lisboa: Cosmos, 1973 (Coleção "Coordenadas").

COLÓQUIO "NÍVEIS DE CULTURA E GRUPOS SOCIAIS". Colóquio da Escola Normal Superior de Paris, 7 a 9 de maio de 1966, presidido por F. Braudel e E. Labrousse. Trad. port. dirigida por V. Magalhães Godinho. Lisboa: Cosmos, 1974 (Coleção "Coordenadas").

CORBISIER, Roland. *Formação e problema da cultura brasileira*. Rio de Janeiro: ISEB, 1958.

_____. *Reforma ou revolução?* Rio de Janeiro: Civilização Brasileira, 1968.

COSTA, João Cruz. "Introdução ao estudo do pensamento brasileiro". I Seminário de Estudos Brasileiros. São Paulo, IEB-USP, 13 a 25 de setembro de 1971, mimeo.

COSTA PINTO, L. A. (coord.). *Resistências à mudança: fatores que impedem ou dificultam o desenvolvimento*. Anais publicados pelo Centro Latino-Americano de Pesquisas em Ciências Sociais, Rio de Janeiro, 1960, nº 10.

COUTINHO, Afrânio. *A tradição afortunada: o espírito de nacionalidade na crítica brasileira*. Rio de Janeiro/São Paulo: José Olympio/Edusp, 1968. Prefácio de Afonso Arinos de Melo Franco.

DEBRUN, Michel. *A dissociação ideológica*. Campinas, Unicamp (tese em preparo).

FAORO, Raymundo. *Os donos do poder: formação do patronato político brasileiro*. Porto Alegre: Globo, 1958.

_____. *Machado de Assis: a pirâmide e o trapézio*. São Paulo: Companhia Editora Nacional, 1974.

FEBVRE, Lucien. *Combats pour l'Histoire*. Paris: Colin, 1953.

FERNANDES, Florestan. *Brancos e negros em São Paulo*. 3ª ed. São Paulo: Companhia Editora Nacional, 1971.

_____. *Capitalismo dependente e classes sociais na América Latina*. Rio de Janeiro: Zahar, 1973.

_____ (org.). *Comunidade e sociedade: leituras básicas de introdução ao estudo macrossociológico do Brasil*. São Paulo: Companhia Editora Nacional, 1972.

_____. *A integração do negro na sociedade de classes*. São Paulo: Dominus/Edusp, 1965.

_____. *O padrão de trabalho científico dos sociólogos brasileiros*. Belo Horizonte, Edições da RBEP, UFMG, 1958, nº 3 (Coleção "Estudos Sociais e Políticos").

_____. *Sociedade de classes e subdesenvolvimento*. Rio de Janeiro: Zahar, 1968.

_____. *A Sociologia numa era de revolução social*. São Paulo: Companhia Editora Nacional, 1963.

_____. *Universidade brasileira: reforma ou revolução?* São Paulo: Alfa-Omega, 1975.

FREYRE, Gilberto. *Casa-grande & senzala: formação da família brasileira sob o regime de economia patriarcal*. 14ª ed. Rio de Janeiro: José Olympio, 1969, 2 tomos.

_____. "Em torno de uma sociologia de processos revolucionários de transformação social: exemplos brasileiros". In: *O processo revolucionário brasileiro*. 2ª ed. Brasília: Assessoria Especial de Relações Públicas do Presidência da República (AERP), 1969.

_____. *Interpretação do Brasil: aspectos da formação social brasileira com o processo de amalgamento de raças e culturas*. Introdução e tradução de Olívio Montenegro. Rio de Janeiro: José Olympio, 1947.

_____. *Nação e Exército*. Rio de Janeiro: José Olympio, 1969.

_____. *Sobrados e mucambos: decadência do patriarcado rural e desenvolvimento do urbano*. 3º ed. Rio de Janeiro: José Olympio, 1961.

FURTADO, Celso. *Formação econômica da América Latina*. 2ª ed. Rio de Janeiro: Lia, 1970.

GILBERT, Felix. "Intellectual History: Its Aims and Methods". In: *Historical Studies Today*. Nova York: W. W. Norton, 1972.

Gilberto Freyre: sua ciência, sua filosofia, sua arte. Rio de Janeiro: José Olympio, 1962 (obra com ensaios de diversos autores sobre Gilberto Freyre comemorativa dos 25 anos de *Casa-grande & senzala*).

GOLDMANN, Lucien. *Crítica e dogmatismo na cultura moderna*. Rio de Janeiro: Paz e Terra, 1973.

GULLAR, Ferreira. *Cultura posta em questão*. Rio de Janeiro: Civilização Brasileira, 1965.

_____. *Vanguarda e subdesenvolvimento: ensaios sobre arte*. Rio de Janeiro: Civilização Brasileira, 1969.

HOBSBAWM, Eric J. "Intellectuals and the Class Struggle". In: *Revolutionaries*. Nova York: Pantheon Books, 1973.

HOUAISS, Antônio. "La pluralidad lingüística." In: *América Latina en su literatura*. Cidade do México: Siglo XXI, 1972.

IANNI, Octavio. *O colapso do populismo no Brasil*. Rio de Janeiro: Civilização Brasileira, 1968.

IGLÉSIAS, Francisco. "Celso Furtado: pensamento e ação". In: *História e ideologia*. São Paulo: Perspectiva, 1971.

_____. "Estudo sobre o pensamento reacionário de Jackson de Figueiredo". In: *História e ideologia*. São Paulo: Perspectiva 1971.

LAMBERT, Jacques. *Os dois Brasis*. 2ª ed. São Paulo: Companhia Editora Nacional, 1967.

LEFEBVRE, Henri. *A sociologia de Marx*. São Paulo: Forense, 1968

LEITE, Dante Moreira. *O caráter nacional brasileiro: história de uma ideologia*. São Paulo: Pioneira, 1969.

_____. *O caráter nacional brasileiro: descrição das características psicológicas do brasileiro através de ideologias e estereótipos*. São Paulo: Boletim nº 230 da FFCL-USP, 1954.

LÉVI-STRAUSS, Claude. *Tristes tropiques*. Paris: Plon, 1955.

LUKÁCS, G. "A consciência de classe". In: *Estrutura de classes e estratificação social*. 2ª ed. Rio do Janeiro: Zahar, 1969.

"MANIFESTO REGIONALISTA DO RECIFE (1926), O verdadeiro texto do". In: Gilberto Mendonça Teles, *Vanguarda europeia e modernismo brasileiro: apresentação e crítica dos principais manifestos vanguardistas*. 2ª ed. Petrópolis: Vozes, 1973.

MANUEL, Frank E. "The Use and Abuse of Psychology in History". In: *Historical Studies Today*. Nova York: W. W. Norton, 1972.

MERCADANTE, Paulo. *A consciência conservadora no Brasil*. Rio de Janeiro: Saga, 1965.

MERQUIOR, José Guilherme. "Situación del escritor". In: *América Latina en su literatura*. Cidade do México: Siglo XXI, 1972.

MORENO, Cesar Fernandez (org.). *América Latina en su literatura*. Cidade do México: Siglo XXI, 1972.

MOTA, Carlos Guilherme. *Atitudes de inovação no Brasil (1789-1801)*. Lisboa: Livros Horizonte, 1970. Prefácio de Vitorino Magalhães Godinho.

_____. *Nordeste 1817: estruturas e argumentos*. São Paulo: Perspectiva/Edusp, 1972.

MILLIET, Sérgio. *Diário crítico*. São Paulo: Martins, 1945.

_____. *Ensaios*. São Paulo: Brusco e Cia., 1938.

_____. *De ontem, de hoje, de sempre*. São Paulo: Martins, 1962.

NEME, Mário (org.). *Plataforma da nova geração*. Porto Alegre: Globo, 1945.

PEREIRA, Astrojildo. *Crítica impura*. Rio de Janeiro: Civilização Brasileira, 1963.

PEREIRA, Luiz. "Florestan Fernandes e a Sociologia no Brasil". In: *Estudos sobre o Brasil contemporâneo*. São Paulo: Pioneira, 1971.

PINTO, Álvaro Vieira. *Consciência e realidade nacional*. Rio de Janeiro: ISEB, 1960, 2 v.

PORTELLI, Hugues. *Gramsci y el bloque histórico*. Buenos Aires: Siglo XXI, 1974.

PRADO JR., Caio. *A revolução brasileira*. São Paulo: Brasiliense, 1966.

PRADO, Maria Lígia Coelho. *A ideologia do jornal* O Estado de S. Paulo *(1932-1937)*. São Paulo, USP, 1974. Tese de Mestrado, mimeo. Ver CAPELATO, Maria Helena; PRADO, Maria Lígia. *O bravo matutino. Imprensa e ideologia:* O Estado de S. Paulo. São Paulo: Alfa-Omega, 1980.

ROBIN, Régine. *Histoire et linguistique*. Paris: Colin, 1973.

RODRIGUES, José Honório. *Aspirações nacionais: interpretação histórico-política*. 4ª ed. Rio de Janeiro: Civilização Brasileira, 1970.

_____. *Conciliação e reforma no Brasil: um desafio histórico-político.* Rio de Janeiro: Civilização Brasileira, 1965.

SCHWARTZ, Benjamin I. "A Brief Defense of Political and Intellectual History... with Particular Reference to Non-Western Countries". In: *Historical Studies Today.* Nova York: W. W. Norton, 1972.

SKIDMORE, Thomas E. *Black into White: Race and Nationality in Brazilian Thought.* Nova York: Oxford University Press, 1974.

SODRÉ, Nelson Werneck. *Síntese de história da cultura brasileira.* Rio de Janeiro: Civilização Brasileira, 1970. 3ª ed., 1974.

TOLEDO, Caio Navarro de. *ISEB: fábrica de ideologias.* São Paulo: Ática, 1977.

REVISTAS, SUPLEMENTOS, CADERNOS, PROJETOS, ANUÁRIOS

Anhembi
Argumento
Cadernos Cebrap
Ciência e Cultura (SBPC)
Dados
Debate e Crítica
Les Temps Modernes
Política Externa Independente
Revista Brasileira de Ciências Sociais
Revista Brasileira de Estudos Políticos
Revista Brasiliense
Revista Cebrap
Revista de Ciência Política
Revista Civilização Brasileira (RCB)
Revista de História
Revista do Instituto de Estudos Brasileiros
Suplemento "Cultura Brasileira" do *Correio da Manhã*
"Suplemento Literário" de *O Estado de S. Paulo*
"Suplemento Literário" do *Minas Gerais*
Transformação (FFCL de Assis)
Tel Quel
Tempo Brasileiro
Teoria e Prática
Veja
Visão
Anuário da FFCL da USP de 1939-1949 (v. 1, 1953)
Discurso de orador da turma de 1943: Bacharel Florestan Fernandes
Discurso de orador da turma de 1944: Bacharel Paulo Emílio Salles Gomes
Discurso de paraninfo da turma de 1944: Professor Mário Schenberg
Discurso de paraninfo da turma de 1947: Professor Antonio Candido

Azevedo, Fernando de. "Revolução Industrial — Revolução na Educação". *RCB*, set. 1965, n° 4.

Bachelard, Gaston. "Conhecimento comum e conhecimento científico". *Tempo Brasileiro*, jan.-mar. 1972, n° 28.

Beiguelman, Paula. "A propósito de uma interpretação da história da República". *RCB*, set.-nov. 1966, n° 9/10.

Bresciani, M. Stella. "A concepção de Estado em Oliveira Vianna". *Revista de História*, São Paulo, 1973, n° 94.

Brito, Mário da Silva. "Quase verbete sobre Sérgio Milliet". *RCB*, set.-nov. 1966, n° 9/10.

Candido, Antonio. "Sobre o trabalho teórico". Entrevista para a revista *Transformação*, 1974, n° 1, FFCL de Assis, SP.

_____. "Dialética da malandragem". *Revista do Instituto de Estudos Brasileiros*, São Paulo, 1970, n° 8, p. 67. Republicado em *O discurso e a cidade*. São Paulo: Duas Cidades, 1993 (2ª ed., 1998).

_____. "Literatura e consciência nacional". "Suplemento Literário" do *Minas Gerais*, Belo Horizonte, 6/9/1969, edição especial do 3° aniversário (IV), n° 158. Republicado em *A educação pela noite e outros ensaios*, sob o título "Literatura de dois gumes". São Paulo: Ática, 1987 (3ª ed., 2000).

Cardoso, Fernando Henrique. "Cultura e participação na cidade de São Paulo". *Cadernos Cebrap*, São Paulo, 1973, n° 14.

Chagas, Wilson. "Antonio Candido e o nacionalismo". "Suplemento Literário" de *O Estado de S. Paulo*, I, II, III (1, 8 e 15/6/1963).

"Cultura". Seção "Cultura", *Visão*, 11/3/1974, v. 44, n° 5 ("A revolução aos dez anos").

Debrun, Michel. "O problema da ideologia do desenvolvimento". *Revista Brasileira de Ciências Sociais*, Belo Horizonte, jul. 1962, v. 2, n° 2.

Dourado, Autran. "Autran Dourado fala de romance e de criação literária", entrevista a Delmiro Gonçalves. *O Estado de S. Paulo*, 9/3/1975, p. 24.

"Escalada cultural no Brasil de hoje". *RCB*, dez. 1966-mar. 1967, n° 11/12.

Febrot, Luiz Izrael. "Teatro do trabalhador e teatro de massas". *RCB*, mar.-abr. 1968, n° 18.

Fernandes, Florestan. "Sociologists: the New Mandarins?". Canadá, Universidade de Toronto, 1969. Publicado em português, sob o título "Sociólogos, os novos mandarins?", em *Debate e Crítica*, São Paulo, 1974, n° 4. Republicado em *A Sociologia no Brasil*. Petrópolis: Vozes, 1977.

Freyre, Gilberto. "Entrevista" a *Veja*, 21/6/1972.

_____. "Gilberto Freyre faz sugestões à Arena". *O Estado de S. Paulo*, 4/6/1972, p. 5.

Gullar, Ferreira. "*Quarup*". *RCB*, set. 1967, n° 15.

Ianni, Octavio. "A mentalidade do homem simples". *RCB*, mar.-abr. 1968, n° 18. Republicado em *Sociologia e sociedade no Brasil*. São Paulo: Alfa-Omega, 1975.

Inojosa, Joaquim. "O movimento imaginário do Recife". "Suplemento Literário" de *O Estado de S. Paulo*, 25/6/1972, pp. 4-5.

JAGUARIBE, Hélio. "Pensamento e vida no Brasil na primeira metade do século XX". Suplemento "Cultura Brasileira" do *Correio da Manhã*, Rio de Janeiro, 15/6/1951, pp. 1, 5 e 11.

KEINERT, Ruben Cesar. "O desenvolvimento como preocupação sociológica". II Encontro de História e Desenvolvimento, FFCL de Assis, 14-19 ago. 1972, mimeo.

KONDER, Leandro. "A rebeldia, os intelectuais e a juventude". *RCB*, set. 1967, n° 15.

LAFETÁ, João Luiz. "Estética e ideologia: o modernismo em 1930". *Argumento*, nov. 1973, ano 1, n° 2. Republicado em *A dimensão da noite e outros ensaios*. Organização de Antonio Arnoni Prado. São Paulo: Editora 34/Duas Cidades, 2004.

LEBRUN, Gérard. "A 'realidade nacional' e seus equívocos". *Revista Brasiliense*, São Paulo, nov.-dez. 1962, n° 44.

LEITE, Sebastião Uchoa. "Cultura popular: esboço de uma resenha crítica". *RCB*, set. 1965, n° 4. Republicado em FÁVERO, Osmar (org.). *Cultura popular e educação popular: memórias dos anos 60*. Rio de Janeiro: Graal, 1983.

MARSON, Adalberto. "Dimensões políticas do modernismo na década de 1920". *Ciência e Cultura*, São Paulo, nov. 1973, v. 25, n° 11.

_____. "Sobre a ideologia do caráter nacional: uma revisão". *Revista de História*, São Paulo, 1971, n° 86.

MARTINS, Carlos Estevam. "Construção de teoria na ciência social brasileira". *Dados*, 2° sem. 1966, n° 1.

MEDEIROS, Jarbas. "Introdução ao estudo do pensamento político autoritário brasileiro, 1914-1945: Oliveira Vianna". *Revista de Ciência Política*, abr.-jun. 1974, v. 17, n° 2.

MEYER, Augusto. "Seu e senhor". "Suplemento Literário" de *O Estado de S. Paulo*, 25/7/1964, p. 1.

MOTA, Carlos Guilherme. "A independência do historiador". "Suplemento Literário" de *O Estado de S. Paulo*, 25/2/1973, p. 4.

_____. "Os fazendeiros do ar". "Suplemento Literário" de *O Estado de S. Paulo*, 2/9/75, p. 5, n° 840.

_____. (org.). "Mudanças sociais e estruturas mentais e ideológicas no Brasil (1789-1945)". Projeto da disciplina "História Social das Ideias no Brasil" (pós-graduação FFLCH-USP, 1971-1974. Apresentado na reunião da Associação Nacional dos Professores Universitários de História, Belo Horizonte, set. 1973, *Anais do VII Simpósio Nacional dos Professores Universitários de História*, São Paulo, 1974.

"Oduvaldo Vianna Filho (1936-1974)". *Veja*, 24/7/1974.

"Os impasses da cultura". Seção "Cultura", *Visão*, ago. 1973, v. 43, n° 6.

PEIXOTO, Fernando. "Problemas do teatro no Brasil". *RCB*, set. 1967, n° 15.

PRADO JR., Bento. "A sereia desmistificada". *Teoria e Prática*, São Paulo, 1967, n° 2. Republicado em *Alguns ensaios: filosofia, literatura e psicanálise*. Rio de Janeiro: Paz e Terra, 1985 (2ª ed., 2000).

PRADO JR., Caio. "Perspectivas da política progressista e popular brasileira". Editorial da *Revista Brasiliense*, nov.-dez. 1962, n° 44.

PROENÇA, M. Cavalcanti. "As duas pontas da hierarquia". *RCB*, 1966, n° 9/10.

QUEIRÓS, Maurício Vinhas de. "História e periodização dos regimes de relação de trabalho nas zonas rurais brasileiras". Comunicação apresentada no "Painel sobre Estrutura e Mudança no Meio Rural Brasileiro", Brasília, 2º sem. 1974.

RABETTI, Maria de Lourdes. "Nacionalismo na imprensa: estudo das manifestações ideológicas da imprensa literária da cidade do Rio de Janeiro nas primeiras décadas republicanas" (pesquisa em andamento, USP).

ROSENFELD, Anatol. "Teatro em crise". *Debate e Crítica*, São Paulo, jul.-dez. 1973, nº 1.

SALLES, Fritz Teixeira de. "Pequena controvérsia em torno de *Literatura e humanismo*" (de Carlos Nelson Coutinho). *RCB*, mar.-abr. 1968, nº 18.

SCHWARZ, Roberto. "Anatol Rosenfeld, um intelectual estrangeiro". *Debate e Crítica*, São Paulo, 1974, nº 3. Republicado em *O pai de família e outros estudos*. Rio de Janeiro: Paz e Terra, 1978 (3ª ed., São Paulo: Companhia das Letras, 2008).

_____. "O cinema e *Os fuzis*". *RCB*, 1966, nº 9/10. Republicado em *O pai de família e outros estudos*. Rio de Janeiro: Paz e Terra, 1978 (3ª ed., São Paulo: Companhia das Letras, 2008).

_____. "As ideias fora do lugar". *Estudos Cebrap*, São Paulo, 1973, nº 3. Republicado em *Ao vencedor as batatas*. São Paulo: Duas Cidades, 1977 (5ª ed., São Paulo: Editora 34/Duas Cidades, 2000).

_____. "Nota sobre vanguarda e conformismo". *Teoria e Prática*, São Paulo, 1967, nº 2. Republicado em *O pai de família e outros estudos*. Rio de Janeiro: Paz e Terra, 1978 (3ª ed., São Paulo: Companhia das Letras, 2008).

_____. "Remarques sur la culture et la politique au Brésil, 1964-1969". *Les Temps Modernes*, Paris, nº 288, jul. 1970. Publicado em português sob o título "Cultura e política, 1964-1969" em *O pai de família e outros estudos*. Rio de Janeiro: Paz e Terra, 1978 (3ª ed., São Paulo: Companhia das Letras, 2008).

SILVEIRA, Ênio. "Segunda epístola ao Marechal: sobre a vara do marmelo". *RCB*, set. 1965, nº 4.

SKIDMORE, Thomas E. "Gilberto Freyre e os primeiros tempos da República brasileira". *RBEP*, Belo Horizonte, jan. 1967, v. 22. Republicado em *O Brasil visto de fora*. Rio de Janeiro: Paz e Terra, 1994 (2ª ed., 2001).

STAVENHAGEN, Rodolfo. "Sete teses equivocadas sobre a América Latina". *Política Externa Independente*, Rio de Janeiro, Civilização Brasileira, maio 1965, nº 1. Republicado em DURAND, José Carlos Garcia (org.). *Sociologia de desenvolvimento*. Rio de Janeiro: Zahar, 1969 (2ª ed., 1974).

TODOROV, Tzvetan. "Formalistes et futuristes". *Tel Quel*, Paris, 1968, nº 35.

VIANNA FILHO, Oduvaldo. "Os olhos da tragédia". *Visão*, 5/8/1974.

Opiniões sobre a obra

"Obra já clássica."
(FLORESTAN FERNANDES, no prefácio de seu livro *Contestação necessária*, São Paulo, Ática, 1995, p. 13)

"Uma grave e densa reflexão (...). Suas buscas levaram-no, enfim, a muitas conclusões sobre este deserto onde poucos estudiosos têm percebido sinais de vida."
(GERALDO MAYRINK, na apresentação da entrevista feita ao autor para as "Páginas Amarelas" da revista *Veja*, n° 356, 2/7/1975, p. 3)

"Trata-se de um sintoma, extremamente positivo, de uma tomada de consciência dos historiadores brasileiros, a fim de realizar uma sólida e corajosa autocrítica, procurando detectar o que se fez até hoje sobre a cultura brasileira."
(JOÃO MARCOS COELHO, revista *Banas*, junho de 1975, pp. 21-8)

"Caros Jaguar, Ziraldo e Ivan:
No dia seguinte ao do nosso papo, tão regado pela inteligência de vocês, comprei o livro *Ideologia da cultura brasileira*. Sua leitura confirmou e realçou mais ainda o que eu pensava — a partir de entrevistas e comentários — sobre a importância nacional do aparecimento de Carlos Guilherme Mota. É um desses livros que se transformam em marcos, em pontos de partida, em proposições básicas para o pensamento que se quer história."
(MOACYR FELIX, *Pasquim*, ano 9, n° 435, Rio de Janeiro, 28/10 a 4/11/1977, p. 5)

"An impressive book, which reached me safely in my semi-tropical environment."
(RICHARD M. MORSE, carta da Stanford University, Califórnia, ao autor, 21/11/1978)

"Carlos Guilherme Mota, intelectual do Tietê, publica *Ideologia da cultura brasileira*, tese acadêmica de louvação das grandezas da USP, escrita para os examinadores. Boa de ler, criticamente."
(DARCY RIBEIRO, *Aos trancos e barrancos*, Rio de Janeiro, Guanabara, 1985, verbete 2.271)

"Livro de briga. Com a mesma preocupação de rigor científico que caracterizou seu notável estudo anterior, de 1972, *Nordeste 1817*, Mota se propõe agora desnudar a ossatura ideológica que sustentaria a noção de 'cultura brasileira' e os efeitos políticos dessa ideologia, para ele um anestésico da consciência social."
(Luiz Weis, revista *Veja*, 21/9/1977, p. 133)

"A critique of Brazilian culture through the eyes of the radical *intelligentsia* of the São Paul school (...). Dr. Mota obviously stands with the people that he writes about and his grief at their failure is very apparent."
(Manoel Cardoso, *American Historical Review*, fevereiro de 1979)

"Um caso singular de 'intelectual empenhado' (*apud* Antonio Candido), bom de briga, impermeável a ilusões da nobreza, do poder (e, a partir de agora, espero, do estrelismo), iconoclasta sem o ranço do oportunismo. Da obra saem devidamente tosquiados não somente os marxistas cediços mas também os formalistas pretensamente 'apolíticos'."
(Nirlando Beirão, revista *IstoÉ*, 28/9/1977, pp. 52-8)

"Leituras recomendáveis ao leitor", em 1977:
Ideologia da cultura brasileira, livro recomendado por Severo Gomes, Golbery do Couto e Silva e Fernando Novais.
(Página de cultura da *Gazeta Mercantil*, 16/12/1977, p. 2)

"A tese, defendida na USP em 1975 e agora editada em livro, não admite temperamentos nem atenuações: isso que se chama Cultura Brasileira não passa de pura ideologia (...). Ora, voltando a *Casa-grande & senzala*, de Gilberto Freyre, não se pode criticar este livro por aquilo que ele não se propõe demonstrar, ou mostrar."
(Gilberto de Mello Kujawski, *Jornal da Tarde*, 1/3/1978, p. 2)

"O que o autor exige — e procura nos dar ao longo de seu valioso livro — é exatamente uma visão crítica de nossa cultura. Mas há que levar em conta que ideologia e cultura não são a mesma coisa e que, por essa razão, não se pode reduzir uma à outra."
(Ferreira Gullar, *Jornal do Brasil*, 26/10/1977, Caderno B, p. 2)

"Hoje, esse conceito de Cultura Brasileira está de acordo com a estrutura vigente nos cursos de Estudos de Problemas Brasileiros. Aceitar sua existência é aceitar a igualdade social! Um disparate! Agora, dizer que o livro do Mota é provinciano é querer negar o valor do mesmo."
(Maurício Tragtenberg, "Folhetim", *Folha de S. Paulo*, 1978)

"A crítica de provincianismo [atribuída ao livro *Ideologia da cultura brasileira*] é extremamente provinciana e tenta desviar a discussão séria, com artifícios de linguagem e fuga!"
(Oswaldo Mendes, "Folhetim", *Folha de S. Paulo*, 1978)

"É um nome estranho para mim" (...). Estamos numa revivescência da época do fanatismo comunista se contrapondo ao fanatismo integralista."
(Gilberto Freyre, "Não há crítica no Brasil", *Jornal do Brasil*, 8/10/1977, pp. 1-2)

"Este livro dificilmente poderia ser mais atual (...). Por isso mesmo, o sucesso desse trabalho está na razão mesma de sua capacidade de provocar controvérsias."
(José Eduardo Faria, revista *Visão*, 31/10/1977, p. 132)

"Eu tomo, recentemente, um livro de um professor jovem desta casa, o professor Carlos Guilherme Mota, que escreveu um livro do maior interesse sobre a cultura brasileira, também em grande parte do contra. Quer dizer, esse livro, às vezes, a meu ver, exageradamente do contra, é um livro que é muito a favor também, mas é curioso que quando ele é a favor ele é sempre a favor, dando base para se ser contra aquilo que está colocado a favor."
(Antonio Candido, "O tempo do contra", depoimento oral publicado no "Folhetim" da *Folha de S. Paulo*, nº 68, em 7/5/1978. In: *Textos de intervenção*, organização de Vinicius Dantas, São Paulo, Duas Cidades/Editora 34, 2002, p. 379)

"Apesar de *Ideologia da cultura brasileira* ter sido o livro mais lido, mais discutido, mais badalado e mais criticado no Brasil nos últimos tempos, pelo que pude ler aqui de fora, os pontos fundamentais de discussão parecem não ter sido tocados. E, no entanto, eles estão todos na tese central que Carlos Guilherme Mota defende."
(Renato da Silveira, de Paris, *Em Tempo*, 20/2/1978, p. 8)

"Fatos recentes, não raro, estão carregados de nuances emocionais, e mexer em ferida que não cicatrizou ainda pode trazer muito desgosto para quem, a partir dela, pretende desvendar a doença (...). Uma obra polêmica e, sobretudo, corajosa.

Glauber Rocha dele disse, em entrevista a *O Estado de S. Paulo*: '*Ideologia da cultura brasileira* é um livro sectário. O autor não conhece a cultura brasileira. Não fala de Guimarães Rosa, do Calazans Neto, do Vitalino, do Ariano Suassuna, do Darcy Ribeiro, malha Gilberto Freyre — meu novo líder — e ignora o Cinema Novo'.

É verdade, Guilherme Mota tece pouquíssimas considerações em torno da importância dos nomes destacados pelo cineasta, pai do Cinema Novo

— e que talvez por isso esteja tão ressentido —, e quanto a Gilberto Freyre, critica-o asperamente por sua atuação política — sempre tomando o partido do poder —, apesar de destacá-lo como um marco de importância transcendental no processo cultural brasileiro (...). Aliás, Gilberto Freyre não conseguiu, também, ficar calado..."

(CESAR FONSECA, revista *José*, Brasília, dezembro de 1977, ano 2, nº 71, p. 10)

"O pensamento da esquerda foi extremamente rico e agudo, mas em termos de desvendamento e desmistificação de outros pensamentos, como se viu no excelente trabalho de Carlos Guilherme Mota sobre a *Ideologia da cultura brasileira (1933-1974)*. Não em termos de síntese. Pois não se tentou fazer um balanço global das principais linhas de força — econômicas, sociais, políticas e culturais — que caracterizam o presente brasileiro."

(MICHEL DEBRUN, A *"conciliação" e outras estratégias*, São Paulo, Brasiliense, 1983, p. 172)

"O que aconteceu, na verdade, é que as transformações foram se acumulando no interior da sociedade sem que a cultura, posta à margem, se desse conta. (...) E este passou a ser o centro da crise da cultura brasileira: criou-se um abismo entre a complexidade da vida brasileira e a capacidade de sua elite política e intelectual de pensá-la. (...) Agora o quadro vai se modificando. Principalmente a partir dos dois últimos anos. A economia, a sociologia, a ciência política, setores da produção cultural voltados para a reflexão, começam a se pronunciar. (...) E surge uma forma insuspeitada de análise da sociedade: a tese de doutoramento. Podemos citar, apenas para dar um exemplo da variedade e da eficácia do novo instrumento, as teses *Ideologia da cultura brasileira*, de Carlos Guilherme Mota; *O boia-fria*, de Maria da Conceição [D'Incao]; *Capitalismo e marginalidade na América Latina*, de Lúcio Kowarick; *A expressão dramática do homem político em Shakespeare*, de Barbara Heliodora, etc."

(PAULO PONTES e CHICO BUARQUE, apresentação à peça *Gota d'Água*, Rio de Janeiro, Civilização Brasileira, 1975, pp. xviii-xix)

"Carlos Guilherme Mota nunca foi marxista e até comprou o ódio eterno de alguns trombas do Partidão, como Nelson Werneck Sodré, por causa desse livro, em que ousou fazer restrições à 'visão senhorial' que Gilberto Freyre tinha do Brasil e à excessiva bonomia de suas teses sobre a democracia racial brasileira e a cordialidade de nossos colonizadores. Ferido em sua faisanídea vaidade, Freyre limitou-se a aconselhar que cassassem a cátedra de Mota 'por incompetência'."

(SÉRGIO AUGUSTO, *Lado B*, Rio de Janeiro, Record, 2001, p. 261)

Índice onomástico

Ab'Sáber, Aziz, 13, 23
Abramo, Claudio, 29
Abreu, Capistrano de, 66, 69
Accioly, Breno, 177
Acioli, João, 177
Adonias Filho, 108
Adorno, Theodor W., 36, 42, 60, 247, 263, 285, 317
Alambert, Francisco, 17
Alcântara Machado d'Oliveira, José de, 74, 124
Alcântara Machado, Antonio de, 135, 137
Alencar, Chico, 23
Alencastro, Luiz Felipe de, 17
Alexandre, Isabel, 17
Almeida Júnior, Antônio Ferreira de, 114, 117, 213
Almeida, Candido M. de, 205
Almeida, Guilherme de, 134, 167, 178
Almeida, João Ferreira de, 20
Almeida, José Américo de, 100, 178
Almeida, Martins de, 177
Almeida, Miguel Osório de, 178
Almeida, Paulo Mendes de, 137
Almeida, Tácito de, 123
Alphonsus, João, 302
Alvarado, Juan Velasco, 302
Alves, Aluízio, 254
Alves, Osvaldo, 177
Amado, Genolino, 178
Amado, Gilberto, 96, 320

Amado, James, 177
Amado, Jorge, 93-4, 96, 172, 176-80, 188, 316
Amaral, Tarsila do, 135
Anderson, Perry, 16
Andrada e Silva, José Bonifácio de, 106
Andrade, João Batista de, 12
Andrade, Jorge, 81, 99, 307
Andrade, Manuel Correia de, 13, 15, 17, 57, 83, 193-4, 303
Andrade, Mário de, 7, 15, 19, 30, 48, 53, 121, 123-5, 134, 143-4, 148, 150, 157, 166-7, 176, 178, 268, 305, 307, 312, 320, 325, 332
Andrade, Oswald de, 134-5, 162-3, 178, 272, 288, 307, 317
Andrade, Rodrigo Melo Franco de, 177
Andreoli, Elena, 16
Antonil, André João, 15
Antunes, Fabrício, 166
Apollinaire, Guillaume, 137, 275
Aragon, Louis, 260
Aranha, Camargo, 134
Aranha, Graça, 141
Araripe, Tristão de Alencar, 109
Araújo, Emanoel, 10
Argan, Giulio Carlo, 262
Arinos de Melo Franco, Afonso, 97, 123, 125-8,
144, 165, 176-7, 206, 222, 326, 402
Arinos Sobrinho, Afonso, 166
Arrabal, Fernando, 308
Arruda, Ângelo Simões, 163
Artigas, Vilanova, 19
Assis, Francisco de, 177-8, 308
Assis, Machado de, 26, 144, 217, 402
Assumpção, Leilah, 38
Ataíde, Félix de, 305
Atcon, Rudolph, 259
Athayde, Austregésilo de, 177
Athayde, Tristão de, (ver Lima, Alceu de Amoroso)
Augusto, José, 178
Augusto, Sérgio, 16, 18
Austregésilo, Laura, 177
Autran, Paulo, 16
Avella, Nello, 17
Axelos, Kostas, 61
Ayrosa, Eduardo, 57
Azambuja, Darcy, 178
Azevedo, Fernando de, 29, 36-7, 60, 74, 79, 86, 89, 93, 108, 113-7, 119-20, 122, 144, 176, 178, 180, 182, 206, 213, 220, 247, 280
Bachelard, Gaston, 60
Balandier, Georges, 204-5, 208
Balzac, Honoré de, 125, 127
Bandeira, Antonio Rangel, 177
Bandeira, Beatriz, 178

Índice onomástico 413

Bandeira, Manuel, 124, 176-7
Bandeira, Moniz, 320
Baran, Paul, 259
Barante, Amable Guillaume P. Brugière de, 11
Barata, Antonio, 178
Barbeiro, Heródoto, 29
Barbosa, Francisco de Assis, 177-8
Bardi, Lina Bo, 10
Barka, Ben, 61
Barradas de Carvalho, Joaquim, 15-6
Barreto Filho, 178
Barros, Couto de, 134
Barros, Jaime de, 177
Barroso, Almirante, 106
Barthes, Roland, 50, 310, 330
Basbaum, Leôncio, 220, 334
Bastide, Roger, 75, 79, 176, 193, 221, 243
Bastos, Abguar, 144, 157
Bastos, Humberto, 177
Batini, Tito, 178
Beauvoir, Simone de, 133
Beckett, Samuel, 278
Beer, Max, 162
Behague, Gérard, 17
Beiguelman, Paula, 65, 82-3, 144, 258-9, 291
Beirão, Nirlando, 17
Benda, Julien, 130, 135, 157, 215
Benedict, Ruth, 102
Benedito, Mouzar, 23
Benjamin, Walter, 279, 285, 317
Bentley, Eric, 268
Bento, Antonio, 178
Beozzo, Padre Oscar, 17
Beraba, Marcelo, 29
Berdiaeff, Nikolai, 118
Bergson, Henri, 75, 142, 206-7
Berlusconi, Silvio, 22

Bernanos, Georges, 159
Bernardes, Arthur, 198
Berque, Jacques, 61
Bethell, Leslie, 29
Bettelheim, Charles, 202
Bezerra, Gregório, 166
Bilac, Olavo, 202
Bittencourt, Álvaro, 166
Blanc, Aldir, 13, 53
Blanche, Paul Vidal de la, 75
Bloch, Marc, 130, 289
Boal, Augusto, 307
Boas, Franz, 96, 100-2, 209
Bolaffi, Gabriel, 16
Bolle, Willi, 17
Bomfim, Manoel, 19
Bopp, Raul, 135
Borba, Osório, 177-9, 189
Borghi, Renato, 16
Bosco, João, 13, 53
Bosi, Alfredo, 13-4, 35, 57, 63, 87, 94, 99, 144, 305, 316, 327, 334
Bosi, Ecléa, 315-6
Boto, Carlota, 17
Bourdieu, Pierre, 317
Boxer, Charles Ralph, 20, 84
Braga, Newton, 177
Braga, Rubem, 125, 135, 149
Brandão, Ildeo, 177
Brandão, José Calazans, 178
Braudel, Fernand, 15, 75, 98, 119
Brecht, Bertolt, 254, 268-9
Bresciani, Maria Stella M., 100
Brito, Jomard Muniz de, 17
Brito, Mário da Silva, 178, 248, 258
Bruno, Ernani Silva, 166
Buarque de Holanda, Aurélio, 177
Buarque de Holanda, Chico, 20, 301, 307, 334
Buarque de Holanda, Sérgio, 19, 36, 65, 68-9, 72-3, 77-9, 83, 86, 99, 112, 124, 133, 140, 176, 177, 206-7, 281
Buarque, Cristovam, 23
Bueno, Amador, 146
Bukarin, Nikolai, 162
Burckhardt, Jacob, 15, 206-7
Burnham, James, 165
Bush, George W., 22
Cabral, Amílcar, 20-1
Caetano, João, 80
Caetano, Marcelo, 20
Calazans, João, 177
Calheiros, Renan, 23, 30
Callado, Antônio, 93, 248, 262, 306
Calmon, Pedro, 125, 141, 143-4, 177, 206, 276
Camargo, Ana Maria, 15
Camargo, Joracy, 178
Campello de Souza, Maria do Carmo, 16, 83, 414
Campos, Francisco, 199
Campos, Geir, 305
Campos, Haroldo de, 317
Campos, Paulo Mendes, 177
Campos, Peri de, 177
Campos, Roberto, 207
Canabrava, Alice Piffer, 65, 75-7, 193
Candido, Antonio, 12, 15, 17, 19-20, 26, 29, 47-8, 61, 63, 65, 67, 71-2, 79-81, 87, 93-4, 103, 112, 114, 119, 122, 125, 138-9, 144, 150, 164-70, 174, 176, 178-80, 182, 196, 212-4, 216, 220-4, 244, 270, 272, 276, 280, 283, 289-92, 294-6, 303, 305, 317-20, 327, 334
Caneca, Frei, 19
Capelato, Maria Helena Rolim, 15, 64, 117, 138
Capinam, José Carlos, 305-6
Cardoso, Fernando Henrique, 20, 25, 31, 65, 78, 79, 81-2, 84-5, 320

Cardoso, Miriam Limoeiro, 203
Cardoso, Ruth, 23, 300, 302
Carneiro, Edison, 176-8, 246
Carone, Edgard, 84, 303, 334
Carpeaux, Otto Maria, 84, 179, 248
Carta, Mino, 11, 16
Carvalho, José Cândido de, 307
Carvalho, José Ribeiro de Sá, 177
Carvalho, Orlando de, 177
Casanova, Pablo González, 15
Cascudo, Luís da Câmara, 123, 125, 132-3, 144, 177-8, 217
Castello, J. A., 98
Castelo Branco, Carlos, 176-7
Castelo Branco, Humberto de Alencar, 96, 111, 245, 247-8
Castelo Branco, Renato, 178
Castro, Josué de, 19
Castro, Moacir Werneck de, 177
Cavalcanti, Valdemar, 177
Cavalheiro, Edgard, 123-5, 132-3, 143, 150, 178
Celso, Afonso, 206
Cendrars, Blaise, 137
Cervantes, Miguel de, 130
Cesar, Guilhermino, 177-8
Chacon, Vamireh, 84
Chagas, Wilson, 214
Chalamel, Augustin, 11
Chamberlain, Neville, 163
Charnay, Jean-Paul, 61
Chaui, Marilena, 13, 20, 57
Chaves Neto, Elias, 179, 246
Chenier, André, 143
Chico, José, 16
Clinton, Hillary, 22
Coaracy, Vivaldo, 177
Cocteau, Jean, 137

Coelho Neto, 202
Coelho, Ruy, 166
Cohn, Amélia, 13, 93, 224
Cohn, Gabriel, 11, 82-3
Collor de Mello, Fernando, 25, 30
Comparato, Fabio Konder, 26
Comte, Auguste, 75, 414
Consorte, Renato, 15
Constant, Benjamim, 106
Cony, Carlos Heitor, 247, 261
Corbisier, Roland, 60, 196, 203-9, 211-2, 217, 222, 244, 246, 326
Corção, Gustavo, 111
Cordeiro, Cristiano, 177-8
Corrêa, José Celso Martinez, 16, 300, 308, 317
Corrêa, Viriato, 176-7
Cortesão, Jaime, 176, 180
Cortez, Marcius Frederico, 255
Cortez, Maria Cristina, 57
Cortez, Raul, 15
Costa e Silva, Alberto da, 20
Costa Filho, Odylo, 177-8, 180
Costa, Aguinaldo, 179-80
Costa, Dante, 178-9
Costa, Dias da, 177
Costa, João Cruz, 75-7, 79, 86, 175-6, 178, 180, 182, 193, 281, 292, 312
Costa, Lucio, 19
Costa, Sosigenes, 177
Costa, Tarcisio, 17
Coutinho, Afrânio, 326
Coutinho, Carlos Nelson, 9, 264, 271
Couto, Ribeiro, 125
Cozzella, Damiano, 286
Cristiano, Cícero, 166
Cunha, Euclides da, 44, 69, 157, 262
d'Abbeville, Claude, 133
d'Aquino, Ivo, 178

D'Horta, Arnaldo Pedroso, 178, 180
d'Ors, Eugenio, 132-3
Dahl, Gustavo, 259
Dallari, Dalmo de Abreu, 17
Dantas, Raimundo Souza, 177
Dantas, San Thiago, 194, 204, 206
Dantas, Vinicius, 12
Danton, Georges Jacques, 18
Davis, R. G., 263
De Decca, Edgard, 64
Dean, Warren, 16
Debret, Jean Baptiste, 133
Debrun, Michel, 13, 17, 25, 57, 203, 236, 303, 334
Del Picchia, Menotti, 134, 167
Del Rios, Jefferson, 16
Delgado, Carlos, 310, 330
Della Cava, Ralph, 334
Detrez, Conrado, 263
Di Cavalcanti, 123, 278
Dias, Gonçalves, 105
Diégues Júnior, Manuel, 83
Dimas, Antonio, 17
Diniz, Paulo, 307
Dirceu, José, 24
Dobb, Maurice, 14
Donghi, Tulio Halperin, 86
Dornas Filho, João, 177
Dostoiévski, Fiódor, 300
Dourado, Autran, 88
Drummond de Andrade, Carlos, 55, 62, 99, 124, 133, 149, 157, 166, 175, 177, 305
Duarte, Nestor, 19, 177
Duarte, Paulo, 68, 193, 322, 334
Duprat, Rogério, 286
Dupré, Maria José, 178
Durão, Santa Rita, 166
Durkheim, Émile, 140, 209, 243
Dutra, Eurico Gaspar, 39

Índice onomástico 415

Dutra, Lia Correia, 177-9
Eastman, Max, 165
Eco, Umberto, 276, 279
Einstein, Albert, 178
Eisenhower, Dwight D., 9
Eliot, T. S., 275
Ellis Júnior, Alfredo, 86
Ellis, Bernardo, 176-7
Ellison, Fred, 17
Erundina, Luiza, 23
Escorel, Lauro, 166
Etiene Filho, J., 177
Faoro, Raymundo, 8-9, 11, 13, 15, 17, 19-20, 25-7, 30, 57, 77-8, 80, 84, 144, 196, 217-9, 331, 333-5
Farhat, Emil, 177
Faria, Álvaro, 179
Faria, Glauco, 23
Faria, Octavio de, 166
Fausto, Boris, 83, 87
Febrot, Luiz Izrael, 264
Febvre, Lucien, 51, 59, 77, 90, 136, 214, 289
Feder, Ernesto, 179
Feijó, Diogo Antônio, 106
Felde, Zum, 204-5
Felix, Moacyr, 246, 257
Fernandes, Casemiro, 178, 187
Fernandes, Florestan, 8-10, 14-5, 17, 19-21, 27, 29, 30, 40, 43, 59, 65, 75, 78-9, 81, 84-5, 87, 95, 108, 114, 119, 166, 174, 179, 193, 196, 213, 220-4, 225, 227, 230, 236, 238, 240-1, 259, 283, 291, 313, 323, 326, 333-4
Fernandes, Heloisa, 13, 57
Fernandes, Laerte, 16
Ferraz, Aydano do Couto, 177
Ferraz, Socorro, 16
Fico, Carlos, 17
Figueiredo, Guilherme de, 177
Figueiredo, Jackson de, 142, 153
Figueiredo, João Baptista, 21
Figueiredo, Wilson A., 177
Fischer, Ernest, 275, 277, 279
Fishlow, Albert, 16
Fontes, Amando, 178
Foracchi, Marialice, 82, 246
Foucault, Michel, 289
Fraga, Clementino, 177
Franca, Antonio, 177, 182
França, Eduardo d'Oliveira, 57, 76-7, 302
Franca, Padre Leonel, 200
France, Anatole, 137
Francis, Paulo, 246-7, 261
Franco, Itamar, 25
Franco, Maria Sylvia de Carvalho, 13, 44, 57, 79, 82, 291
Franco, Virgílio de Melo, 176-7
Frei, Eduardo, 254
Freire, Jerônimo Campos, 14
Freire, Paulo, 8, 10, 19, 40, 253-7
Freitas Jr., Otávio, 178
Freud, Sigmund, 36
Freyre, Gilberto, 8, 9, 17-21, 36, 62, 64-5, 69-73, 77, 86, 89, 93-112, 114-5, 120, 122, 124, 133, 166-7, 169-70, 172, 176-7, 193, 204, 206-7, 217, 221-2, 281-2, 310, 322, 327, 330
Frias Filho, Otavio, 17
Frieiro, Eduardo, 125, 128-9, 130-2, 135
Furet, François, 60
Furtado, Celso, 8, 15, 19, 20, 41, 64, 75, 77-8, 80, 84-6, 91, 122, 170, 193, 195, 205-6, 217, 224, 243, 290, 303, 326
Furtado, Joaci Pereira, 17
Gabeira, Fernando, 23
Galbraith, John Kenneth, 22
Galvão, Walnice Nogueira, 13, 16, 17, 57
Galverton, V. F., 165
Gama, Maurício Loureiro, 178
Gama, Saldanha da, 106
Garcia, Hamílcar de, 178
García, Victor, 308
Geisel, Ernesto, 30
Genet, Jean, 308
Genro, Luciana, 23
Gerson, Brasil, 178
Giannotti, José Arthur, 79, 334
Gide, André, 136
Gil, Gilberto, 9, 10, 306-7
Gilbert, Felix, 60
Godechot, Jacques, 14
Godinho, Vitorino Magalhães, 14, 20, 59, 60, 84
Góes, Fernando, 166, 178
Goldemberg, José, 26, 32
Goldmann, Lucien, 50, 247, 254, 259-61, 263, 289, 326
Gomes, Dias, 246, 257, 270
Gomes, Eugênio, 177
Gomes, Paulo Emílio Salles, 80, 149-50, 156, 174, 178, 305
Gomes, Raul, 178
Gomes, Severo, 11, 17, 28
Gonçalves, Delmiro, 88
Gonzaga, Adhemar, 305
Goulart, João, 250
Graciano, Clóvis, 153
Graham, Richard, 17, 86, 101
Gramsci, Antonio, 15, 37, 42, 45-6, 60, 90, 92, 327, 332
Gregori, José, 17
Grieco, Agripino, 176-7
Guariba, Heleny, 15, 57
Guariba, Ulysses, 57

Guarnieri, Gianfrancesco, 15, 307-8
Guerra, Ruy, 258-9
Guimaraens Filho, Alphonsus de, 125, 177
Guimarães, Alberto Passos, 177-8, 190
Guimarães, Josué, 178
Guimarães, Vicente, 177, 187-8
Gullar, Ferreira, 8, 26, 47, 88, 122, 244, 246, 248, 251, 262-3, 270-80, 285, 289-90, 306, 334
Gurvitch, Georges, 208
Gusmão, Clóvis, 178
Hall, Michael, 16
Hasselmann, Padre, 200
Hauser, Arnold, 14, 277
Heckscher, August, 14
Hegel, Georg Wilhelm Friedrich, 47
Heidegger, Martin, 204
Heinke, Bernardo, 179
Henfil, 29
Hertz, Friedrich, 104
Herzog, Vladimir, 12, 57, 300, 333
Hitler, Adolf, 38, 128, 154, 163
Hobsbawm, Eric J., 14, 18, 32, 59-60, 299
Hoffmann, A., 179
Hook, Sidney, 165
Horkheimer, Max, 42, 285
Horta, Jair Rabelo, 177
Houaiss, Antônio, 317-8
Huizinga, Johan, 14, 103
Ianni, Octavio, 13, 29, 57, 59, 65, 78-9, 81-2, 84-5, 108, 246, 248, 263, 288, 334
Ibiapina, José Antônio Pereira, 106
Ibsen, Henrik, 104
Iglésias, Francisco, 13, 16,
57, 64, 80, 142, 153, 158, 176-7, 196, 224
Inojosa, Joaquim, 95, 100, 106
Iolovitch, Marcos, 178
Isaac, Jules, 75
Jaceguay, Barão de, 106
Jacinto, Juvenal, 178
Jackson, David, 17
Jacob, Max, 137
Jaguaribe, Hélio, 85, 122 196-7, 200-5, 207
Jakobson, Roman, 62
Jancsó, István, 15
Jardim, Luís, 100, 178
Jobim, Homero de Castro, 178
José, Paulo, 15
Joyce, James, 272, 275
Julião, Francisco, 111
Júlio, Sílvio, 181-2
Jurandir, Dalcídio, 178-9
Jurema, Aderbal, 193
Kafka, Franz, 202, 275
Kant, Immanuel, 131-2
Kautski, Karl, 164
Keinert, Ruben Cesar, 221
Kelly, Prado, 176-7
Khadafi, Muamar, 302
Koellreutter, Hans-Joachim, 10
Konder, Leandro, 9, 47, 247-8, 260-1, 263, 271, 301
Kopke, Carlos Burlamaqui, 166
Krieger, Daniel, 334
Kubitscheck, Juscelino, 250
Kugelmas, Eduardo, 16
La Torre, Raul Victor Haya de, 157, 165
Lacerda, Carlos, 158, 176-7, 180, 182, 187-9
Lacombe, A. J., 68
Ladurie, Le Roy, 60
Lafer, Horácio, 207
Lafetá, João Luiz, 63
Lambert, Jacques, 84, 207-8, 243
Lampedusa, Giuseppe Tomasi di, 102
Langlois, Charles Victor, 75
Lapa, J. R. do Amaral, 64, 83
Lazarini, José, 181
Leal, Vitor Nunes, 68, 75, 333
Leão, Nara, 16
Lebrun, Gérard, 120, 196, 203, 208, 212
Lefebvre, Henri, 284, 289
Lefévre, Antonio, 166
Lefort, Claude, 193
Leiria, Nogueira, 178
Leite, Ascendino, 178
Leite, Dante Moreira, 36, 64, 70-3, 84, 86, 94, 96, 100-1, 107-8, 113, 120, 221, 244, 280-3, 290
Leite, Padre Serafim, 96
Leite, Sebastião Uchoa, 249, 251, 255, 316
Lembo, Cláudio, 28
Leme, Cardeal, 153
Lenin, Vladimir, 164
Lévi-Strauss, Claude, 36, 75, 119
Lévy-Bruhl, Henri, 209
Lewin, Kurt, 127-8
Lima, Alceu de Amoroso 125, 142-3, 157-9, 177, 193, 200
Lima, Araújo, 177
Lima, Benjamim, 177
Lima, Heitor Ferreira, 176-7, 246
Lima, Herman, 177
Lima, Hermes, 176-7
Lima, Jorge de, 177
Lima, Luiz Costa, 255
Lima, Pedro Motta, 177, 182, 185
Linhares, José, 200
Lins, Álvaro, 177-8, 246
Lins, Ivan, 307

Índice onomástico 417

Lins, Osman, 307
Lisboa, Karen M., 17
Lispector, Clarice, 158
Lobão, Edison, 27
Lobato, Monteiro, 19, 123-4, 132, 157, 174, 176, 178, 320
Lopes, Antonio, 177
Lopes, Juarez Rubens Brandão, 17, 82
Lopes, Lucas, 207
Lopez, Adriana, 17, 20, 423
Lorena, Carmen, 179
Losada, Alejandro, 17
Lourenço Filho, 114, 213
Lousada, Wilson, 177
Love, Joseph, 16
Lukács, Georg, 42, 50, 253, 277, 282, 284-5
Lula da Silva, Luiz Inácio, 8, 23-5, 27, 29
Lutero, Martinho, 104
Luz, Clemente, 177
Luz, Nícia Vilela, 84, 167
Luzzatto, Gino, 15
Machado, Aníbal, 176-8, 181
Machado, Dyonélio, 178, 189
Machado, Lourival Gomes, 9, 80, 152-3, 157, 166, 178
MacLeish, Archibald, 130, 135, 157
Maeder, Algacir, 178
Magaldi, Sábato, 80, 305
Magalhães Júnior, R., 177
Magalhães, Couto de, 110
Magalhães, Fábio, 9
Magno, Hélio, 178, 180
Magno, Paschoal Carlos, 265
Maia, Tim, 307
Maiakóvski, Vladimir, 273
Mailer, Norman, 248
Makaiski, Waclaw, 165
Malet, Albert, 75
Mallarmé, Stéphane, 275
Malraux, André, 136, 260

Malta Campos Neto, Candido, 17
Malta Campos, Paulo, 32
Malta, Cesar, 258
Manchester, Alan Krebs, 74
Mangabeira, João, 177
Mannheim, Karl, 36, 221, 260
Manuel, Frank, 60
Marcel, Gabriel, 204
Marcos, Plínio, 308
Marcuse, Herbert, 247-8, 263, 274-5, 278-9, 317
Mariátegui, José Carlos, 15, 157
Marighella, Carlos, 29
Marinho, Gilda, 178
Maritain, Jacques, 153, 155, 157, 159
Markun, Paulo, 12
Marques, Saí, 178
Marson, Adalberto, 63, 280
Marson, Izabel, 64
Martinez-Alier, Verena, 72, 104
Martins, Amílcar, 16
Martins, Carlos Estevam, 244
Martins, José de Souza, 11, 27, 82, 87
Martins, Justino, 178
Martins, Luciano, 82
Martins, Luís, 178, 182
Martins, Wilson, 177-8
Marx, Karl, 18, 22, 36, 46-7, 61, 136, 157, 164, 276-7, 284, 288, 299
Massad, Anselmo, 23
Mata-Machado Filho, Ayres da, 177
Mata-Machado, Ayres da, 177, 186, 188
Mata-Machado, Edgar da, 149, 150-3, 156, 176-7
Matos, Gregório de, 293
Matos, Mário, 177
Mattos, Almir, 177

Mattos, Odilon Nogueira de, 64, 77
Mauro, Frédéric, 84
Mayrink, Geraldo, 16, 24
Mazzaropi, Amácio, 269
McLuhan, Marshall, 47
Mead, Margaret, 102
Medaglia, Júlio, 286
Medeiros, Jarbas, 100
Meireles, Cecília, 177
Mello, Arnon de, 177
Melo Neto, João Cabral de, 93, 108, 193, 249, 250
Mendes, Gilberto, 286
Mendes, Murilo, 86, 305
Mendes, Oswaldo, 15
Menegale, J. Guimarães, 177, 179
Mennucci, Sud, 13
Mercadante, Paulo, 244
Merquior, José Guilherme, 305, 317-8
Mesquita Filho, Júlio de, 117, 322
Meyer, Augusto, 94
Miceli, Sergio, 315
Milliet, Sérgio, 13, 17, 19, 123-5, 133-8, 140, 150, 157, 166, 167, 176, 178, 180, 206, 222, 258
Miranda, Pontes de, 176, 179, 189
Monbeig, Pierre, 75, 176
Mont'Alegre, Omer, 179
Montaigne, 133, 136
Monteiro, Maciel, 106
Montello, Josué, 177
Montenegro, Olívio, 178-9
Montenegro, Túlio Hostílio, 177
Moog, Clodomir Vianna, 86, 177, 280
Moraes, Eneida Costa de, 177-8
Moraes, Rubens Borba de, 77, 177
Moraes, Vinicius de, 305

Moraes Neto, Prudente de, 100, 177
Morais, Adail, 178
Morais, Carlos Dante de, 178
Moreyra, Álvaro, 177
Morse, Richard M., 29
Mota Filho, Cândido, 125, 133-4, 140, 143
Mota, Deusdá Magalhães, 13
Mota, Lourenço Dantas, 11
Moura, Reinaldo, 178
Mourão, Abner, 177
Muricy, Andrade, 178
Nabuco, Araújo, 178
Nabuco, Joaquim, 96, 293
Nandi, Ítala, 16
Nascimento, Milton, 307
Nava, Pedro, 177
Negrão, Odilon, 178
Neme, Mário, 93, 124, 149-52, 169, 178
Neutra, Richard, 262
Neves, Tancredo, 24
Nicolussi, Haydée, 179
Nomad, Max, 165
Novais, Fernando, 15, 82, 87
Obama, Barack, 22
Ohweillerg, Oto Alcides, 178
Oliveira, Armando de Salles, 75, 322
Oliveira, Francisco de, 22
Oliveira, Franklin de, 177
Oliveira, Plínio Correia de, 159
Oliveira, Rafael Corrêa de, 177
Oliveira, Willy Corrêa de, 286, 334
Ortega y Gasset, José, 139
Ortiz, Nicanor, 178
Paes, José Paulo, 7, 13, 57
Paim, Alina, 177
Pantaleão, Olga, 77
Passos, Jacinta, 177
Pato, Bulhão, 166
Paula, Eurípedes Simões de, 13-4, 57, 77
Paulinho da Viola, 15
Paz, Octavio, 293
Pedrosa, Mário, 262
Pedrosa, Milton, 177-8, 187
Péguy, Charles, 136
Peixoto, Afrânio, 177
Peixoto, Fernando, 263
Peixoto, Francisco Inácio, 177
Pellegrino, Hélio, 176-7, 189
Penido, Padre, 200
Peregrino Júnior, 178
Pereio, Paulo César, 15
Pereira, Astrojildo, 93, 107, 144, 148, 176-7, 179, 182, 185, 189
Pereira, José Geraldo Santos, 177
Pereira, José Renato Santos, 177
Pereira, Lúcia Miguel, 177, 179
Pereira, Luiz, 82, 221
Pereira, Marcus, 334
Pereira, Miguel, 17
Péres, Jefferson, 23
Pessoa, Reynaldo Xavier, 15
Petrone, Maria Tereza Schorer, 84
Pinheiro, Paulo Sérgio, 16, 25, 303
Pinho, Wanderley, 177
Pinto, Álvaro Vieira, 194, 205, 212, 326
Pinto, Edmundo Luiz, 178
Pinto, L. A. Costa, 79, 82, 84, 193
Pinto, Roquette, 177-8
Piolim, 269
Pirajá, Nair Miranda, 179
Pires, Homero, 177
Plekhánov, G., 162, 164
Polito, Ronald, 17
Pombo, José Francisco da Rocha, 70, 133
Ponce, José Adolfo de Granville, 7, 13, 57
Pontes, Paulo, 334
Poppovic, Pedro Paulo, 13
Portella, Eduardo, 16, 20-1
Portelli, Hugues, 60, 90, 92, 327
Portinari, Candido, 172
Pound, Ezra, 260, 272, 275
Prado Jr., Bento, 16, 79, 285
Prado Jr., Caio, 7, 15, 19, 20, 30, 36, 62, 65, 68-70, 73-4, 77, 80, 84-6, 103, 107, 112, 124, 133, 140, 172, 176, 178, 189, 195, 212-3, 243, 246, 258-9, 283, 288
Prado, Antonio Carlos, 24
Prado, Décio de Almeida, 80, 166
Prado, Maria Lígia Coelho, 64, 138
Prado, Paulo, 74, 86, 99, 128, 206, 280
Prestes, Luís Carlos, 29
Proença, Cavalcanti, 93, 246, 248, 257
Proust, Marcel, 75, 125, 127, 137
Psichari, Ernest, 132
Putin, Vladimir, 22
Quadros, Jânio, 194, 235, 250
Queirós, Maurício Vinhas de, 303
Queiroz, Dinah Silveira de, 177
Queiroz, Maria Isaura Pereira de, 83
Queiroz, Rachel de, 176-7
Quintas, Amaro, 72
Quirino, Célia, 16
Rabelais, François, 214
Rabetti, Maria de Lourdes, 57, 63
Rachel, Tereza, 16
Ramalhete, Clovis, 177
Ramos, Argeu, 177, 180

Índice onomástico

Ramos, Artur, 125, 127-8, 132, 177
Ramos, Graciliano, 177, 305
Ramos, Guerreiro, 205, 222, 229
Rangel, Flávio, 301
Rangel, Godofredo, 176-7
Rangel, Ignácio, 78, 207
Rao, Vicente, 117
Ratzinger, Joseph, 22
Reale Jr., Miguel, 16
Reale, Miguel, 93, 107, 205
Rebelo, Aldo, 30
Rebelo, Marques, 177
Rego, Alceu Marinho, 177, 179
Rego, Costa, 177
Rego, José Lins do, 99, 100, 113, 177
Reis, José, 20
Reis, Nélio, 178
Reis, Nestor Goulart, 19
Renan, Ernest, 127
Renault, Abgar, 177
Resende, Otto Lara, 177
Reverbel, Carlos, 178
Rezende, José, 16
Ribeiro, Darcy, 10, 17, 19, 75, 84, 114, 193, 235
Ribeiro, João, 98
Ricardo, Cassiano, 74, 99, 166, 206
Rilke, Rainer Maria, 202
Rio Verde, Barão do, 116
Ripoll, Lila, 178
Risério, Antonio, 10
Rivera, Bueno de, 177
Robespierre, Maximilien, 11, 18
Robin, Régine, 96
Rocha, Glauber, 10, 247, 261, 300-1, 308
Rodrigues, José Honório, 20, 64-6, 72, 78, 84, 102, 107-8, 115, 144, 176-7, 195, 205-6, 213, 244, 248, 334

Rodrigues, Leôncio Martins, 82, 246
Rodrigues, Miguel Urbano, 16
Rodrigues, Nelson, 111
Rodrigues, Nina, 127
Rolland, Romain, 136
Rolmes, Almiro, 166
Romero, Sílvio, 36, 44, 106, 170, 214
Rondon, Cândido, 110
Rosa, Guimarães, 49, 250
Rosenfeld, Anatol, 268, 320
Rossi, Clóvis, 29
Rossi, Edmundo, 166
Rubião, Murilo, 177-8
Rugendas, Johann Moritz, 133
Ruschel, Nilo, 178
Ryff, Raul, 177-8
Sá, Rodrix e Guarabira, 307
Sabino, Fernando, 176-7
Sacchetta, Hermínio, 29
Sacchetta, Vladimir, 17, 29
Sales, Almeida, 166
Salgado, Plínio, 68, 134, 140, 166, 199, 206
Salinas, Roberto, 16
Salles, Fritz Teixeira de, 177, 264
Salles, João Moreira, 25
Sampaio, Nelson de Sousa, 177
Santiago, Silviano, 17
Santos, Boaventura de Sousa, 20
Santos, Edgard, 10
Santos, Lúcio Pinheiro dos, 179
Santos, Máximo de Moura, 13
Santos, Milton, 32
Santos, Moacyr do Amaral, 14
Santos, Wanderley Guilherme dos, 194
Saraiva, Antonio José, 15

Sarkozy, Nicolas, 22
Sarney, José, 24
Sartre, Jean-Paul, 36, 130, 133, 136, 204, 208, 254, 259-60, 266, 275
Schenberg, Mário, 149-50, 166, 171-4, 236, 240
Schmidt, Augusto Frederico, 107, 177
Schneider, Ronald, 88
Schopenhauer, Arthur, 104
Schumann, Robert, 104
Schwartz, Benjamin, 60
Schwartz, Stuart, 16
Schwarz, Roberto, 44, 47, 64, 79, 81, 86, 115, 144, 244, 258-9, 273, 280, 285-7, 289-91, 301, 319-20
Schweitzer, Albert, 123
Secco, Lincoln, 17
Secos e Molhados, 307
Seignobos, Charles, 75
Seixas, Raul, 307
Serrão, Joel, 84
Serro Azul, Ildefonso, 178
Sfat, Dina, 16
Silone, Ignazio, 157
Silva, Arion Niepce, 178
Silva, Ciro, 178
Silva, Golbery do Couto e, 248
Silva, Hélio, 84
Silva, Marina, 23
Silva, Pirajá da, 177
Silva, Quirino da, 135
Silveira, Alcântara, 178
Silveira, Ênio, 68, 246-7
Silveira, Paulo da, 13, 57
Silveira, Tasso da, 129, 178
Simão, Aziz, 13
Simões, Hélio, 177
Simões, José Geraldo, 17
Simonsen, Roberto, 69, 73, 133-4, 138
Singer, Paul, 82
Siqueira, Sônia Apparecida, 57

Skidmore, Thomas, 72, 106
Soares, Macedo, 207
Soares, Mário, 21
Soboul, Albert, 14, 59
Sodré, Nelson Werneck, 7, 60, 66, 68, 74, 78, 80, 83, 91, 170, 195, 205-6, 218, 220, 243, 246-8, 258, 271, 276, 288, 291, 303, 306, 312
Sorel, Georges, 131
Sousa, Octávio Tarquínio de, 77, 83, 177
Souto, Theodureto, 14
Souvarine, Boris, 165
Souza, Pompeu de, 177-8
Souza, Roberto Pinto de, 166
Spengler, Oswald, 123, 163, 206
Stalin, Josef, 163
Stavenhagen, Rodolfo, 15, 85, 243
Stédile, João Pedro, 24
Stein, Barbara, 16, 86
Stein, Stanley, 64, 84
Stockler, Heitor, 178
Strenger, Irineu, 181
Suassuna, Ariano, 251, 335
Suplicy, Eduardo, 23
Sweezy, Paul, 259
Tahan, Malba, 177
Taine, Hippolyte, 75
Tamandaré, Almirante, 106
Tavares, Assis, 259
Tavares, Odorico, 177
Távola, Artur da, 23
Távora, Juarez, 110
Teixeira, Anísio, 10, 19, 84, 93, 114, 205, 213
Telles Jr., Goffredo da Silva, 17
Theodoro da Silva, Janice, 13, 17, 272
Thibaudet, Albert, 152
Todorov, Tzvetan, 62
Toledo, Caio Navarro de, 196, 202-3, 208

Torelly, Aparício, 177
Torquato Neto, 306
Torres, Alberto, 63, 140, 176
Toynbee, Arnold J., 123
Travassos, Nelson Palma, 175, 178, 186, 188
Trevisan, Dalton, 307
Trindade, Hélio, 68
Trindade, Solano, 306
Trotski, Leon, 164
Tsé-Tung, Mao, 246
Tude, Fernando, 177
Ungaretti, Giuseppe, 75
Valente, Ivan, 23
Vandré, Geraldo, 307
Vargas, Getúlio, 110, 194, 198-9, 200
Varnhagen, Francisco Adolfo de, 66, 69
Vellinho, Moisés, 177-8
Veloso, Caetano, 26, 306-7
Ventura, Mary, 17
Ventura, Zuenir, 18
Vergara, Telmo, 178
Verissimo, Erico, 307, 334
Veríssimo, Luís Fernando, 20
Viana Filho, Luiz, 93, 177
Vianna Filho, Oduvaldo, 16, 26, 59, 270, 325
Vianna, Hélio, 78
Vianna, Luiz Werneck, 9
Vianna, Oliveira, 64, 69, 70-1, 86, 100, 133, 205, 280, 300, 326
Viany, Alex, 246
Vidal, Ademar, 178
Viegas Neto, 177
Vieira, Atos Damasceno, 178
Vieira, José Geraldo, 178
Vieira, Oscar Vilhena, 17
Vieira, Padre Antônio, 35, 50
Vilalobos, João, 13
Vilhena, Luís dos Santos, 20
Villa-Lobos, Heitor, 206
Viotti da Costa, Emília, 15, 17, 64-5, 70, 72-3, 79, 82, 108, 113, 291

Virilio, Paul, 29
Voltaire, 131
Vouga, Claudio, 16
Wagley, Charles, 79
Walters, Vernon, 9
Wayne, Pedro, 178
Weber, Alfred, 102, 206-7
Weber, Max, 14, 36, 204, 221
Weffort, Francisco, 82, 84
Weis, Luiz, 16, 29
Werebe, Maria José Garcia, 82
Westphalen, Cecília, 65, 67
Witter, João Sebastião, 57
Wright Mills, Charles, 254
Xavier, Lívio, 176-7, 181
Zanelo, Hipérides, 178
Zilly, Berthold, 16-7
Zingg, Paulo, 178-80, 185

Índice onomástico 421

Créditos das imagens

Ana Ottoni: p. 395b
Antonio Andrade: p. 361
Arquivo do autor/Reprodução: pp. 337, 339, 340, 341, 342, 343b, 343c, 344, 345, 344, 347, 348, 350, 351, 354a, 355b, 357, 358, 359a, 359b, 360, 362, 363a, 363b, 364b, 365a, 365b, 366a, 366b, 367, 368a, 368b, 369, 370a, 371a, 373a, 373b, 374, 375, 376a, 376b, 378a, 378b, 379, 381a, 381b, 384a, 385, 386b, 387a, 388a, 388b, 389, 391, 392, 393a, 394a, 394b, 394c, 396a, 396b, 397a, 397b, 398b, 399, 400
Arquivo Fundação Casa de Rui Barbosa: p. 352
Arquivo Gilberto Gil: p. 371b
Arquivo Instituto Lina Bo e P. M. Bardi: p. 364a
Arquivo Mário de Andrade/IEB-USP: p. 346
Arquivo Paulo Gurgel Valente: p. 355a
Arquivo Público do Estado de Minas Gerais: p. 343a
Arquivo Teatro Oficina: p. 377b
Arquivo Yedda Braga Miranda: p. 349
Arthur Ikissima: p. 354b
Belmiro Zenha: p. 387b
Carlos Mancini: p. 395a
Carlos Namba: p. 372
Claudia Andujar: p. 384b
Claudio Edinger: p. 380
Clodomir Bezerra: p. 345
Daniel Garcia: p. 398a
Elias Nasser/Arquivo Funarte: p. 370b
Heinz Foerthmann/Arquivo do Laboratório de Antropologia da USP: p. 353
Lucio Marreiro: p. 377a
Madalena Schwartz: p. 386a
Nino Andrés: p. 396c
Paulo Giandalia: p. 390b
Ricardo Beliel: p. 393b
Rubens Barbosa: p. 338
Sérgio Andrade: p. 390a
Sergio Sade: pp. 382, 383
Walter Firmo: p. 356

Sobre o autor

O historiador Carlos Guilherme Mota nasceu em São Paulo, em 1941, e é professor titular de História Contemporânea da FFLCH-USP e de História da Cultura na Faculdade de Arquitetura e Urbanismo da Universidade Presbiteriana Mackenzie. Foi professor colaborador no mestrado da Escola de Direito da FGV-SP, foi fundador e primeiro diretor do Instituto de Estudos Avançados da USP (1986-1988), na gestão do reitor José Goldemberg, e diretor da Biblioteca Brasiliana Guita e José Mindlin em 2014. Foi professor visitante nas universidades de Londres, Texas, Salamanca e Stanford, membro da comissão de avaliação do Programa de América Latina da Universidade de Princeton e do Wilson Center, em Washington, e diretor de estudos da École des Hautes Études, em Paris. Em 2009 recebeu o título de Professor Emérito da Universidade de São Paulo.

É autor de diversos livros, entre eles *Atitudes de inovação no Brasil, 1789-1801* (Lisboa, Livros Horizonte, 1970), *Nordeste 1817* (Perspectiva, 1972), *Ideologia da cultura brasileira* (Ática, 1977), *1789-1799: a Revolução Francesa* (Perspectiva, 2007), *História do Brasil: uma interpretação* (com Adriana Lopez, Senac-SP, 2008; Universidade de Salamanca, 2009), além de ter coordenado *Brasil em perspectiva* (Difel, 1968) e *Viagem incompleta: a experiência brasileira, 1500-2000* (Senac-SP, 2000). Uma seleção de seus textos e entrevistas está reunida nos volumes *A ideia de revolução no Brasil* (Globo, 2008), *História e contra-história* (Globo, 2010), *Educação, contraideologia e cultura* (Globo, 2011) e *Historiador público* (no prelo). Em 2011 ganhou o Prêmio Machado de Assis, da Academia Brasileira de Letras, pelo conjunto da obra.

Este livro foi composto em Sabon, pela Bracher & Malta, com CTP da New Print e impressão da Graphium em papel Alta Alvura 75 g/m² da Cia. Suzano de Papel e Celulose para a Editora 34, em novembro de 2014.